新编经济法教程

主　编　沈益平
副主编　虞　嵘
　　　　高　映

浙江工商大學出版社

图书在版编目(CIP)数据

新编经济法教程 / 沈益平主编. — 杭州：浙江工商大学出版社，2010.8(2017.1 重印)

ISBN 978-7-81140-186-8

Ⅰ. ①新… Ⅱ. ①沈… Ⅲ. ①经济法—中国—教材 Ⅳ. ①D922.29

中国版本图书馆 CIP 数据核字(2010)第 160682 号

新编经济法教程

主编 沈益平

责任编辑 吴岳婷 刘 韵
封面校对 张振华
封面设计 刘 韵
责任印制 包建辉
出版发行 浙江工商大学出版社
(杭州市教工路 198 号 邮政编码 310012)
(E-mail:zjgsupress@163.com)
(网址:http://www.zjgsupress.com)
电话:0571－88904980,88831806(传真)
排 版 杭州朝曦图文设计有限公司
印 刷 虎彩印艺股份有限公司
开 本 787mm×960mm 1/16
印 张 27.5
字 数 509 千
版 印 次 2010 年 8 月第 1 版 2017 年 1 月第 7 次印刷
书 号 ISBN 978-7-81140-186-8
定 价 45.00 元

浙江工商大学出版社营销部邮购电话 0571－88904970

前　言

21世纪是一个变幻难测的世纪，是一个催人奋进的时代。科学技术飞速发展，知识更替日新月异。抓住机遇，寻求发展，迎接挑战，适应变化的制胜法宝就是学习——依靠自己，终身学习。

对非法律专业的学生，特别是经济管理类专业的学生，经济法律知识是他们知识结构的重要组成部分。掌握一些主要的经济法律知识，对他们将来从事经济管理工作或从事经营活动，保护自身合法权益非常必要。我们编写本教材，正是为了满足高等学校非法律专业的学生学习经济法律知识的需要。基于这一指导思想，我们在众多的经济法律规范中，选择了一部分常用的与经济活动有关的法律，将民商法和经济法结合在一起，但并不过多地寻求体系的合理或完整。同时，考虑到本教材主要为接受成人教育的学生使用，在编写方法上，更多地从适应学生自学需要的角度进行写作，以便于学生对法律的理解和对相关法律知识的应用，尽可能做到理论与实践的结合，将深奥的法学理论用较为通俗的语言进行表达，并在每章内容的最后选择了一些具有一定典型性的案例加以评析，使学生通过这些案例来理解、掌握和应用相关的法律知识。

本教材由浙江工商大学法学院具有丰富教学经验的教师撰写。具体各章撰稿人分别为：沈益平（前言，第一、二、三、四、五、六章），高映（第七、八、十一、十二、十四章），虞崃（第九、十、十三、十五、十六章）。本书在编写过程中参考了大量已有的成果，引用了一些专家学者的观点，但由于体例的关系，无法一一列出。为此，本书的编写人员谨向本书正文部分或在注解与文献部分所列明的或虽未列明但为本书完成提供了信息与资料的各位学界先贤、法律界精英表示衷心的感谢！

限于作者水平，本教材存有疏漏之处在所难免，敬请批评指正。

最后，还要感谢浙江工商大学出版社的领导和编辑们，正是有了他们的鼎力支持和协助，本书才得以顺利出版。

编　者

目　录

>>>>> 第一章

公 司 法

本章导读

公司是市场经济中最重要的组织形式。本章主要讲述公司一般问题和公司的设立条件、设立程序、内部组织机构以及公司法对公司的行为,如公司债券、合并、分立等方面的法律规定。

重点问题

1. 有限责任公司和股份有限公司的区别。
2. 有限责任公司和股份有限公司的设立条件、设立程序、内部组织机构。
3. 公司董事、监事、高级管理人员的资格和义务。

第一节 公司和公司法概述

一、法人制度

在讲述公司和公司法的内容之前,让我们先来简要了解一下什么是法人和法人制度,以及我国法律的相关规定。

法人和法人制度是民法、民法学的重要组成部分。直到 19 世纪末 20 世纪初,资本主义社会由自由竞争时期进入垄断阶段,生产经营进一步集中化、集团化,法人概念才被明确提出,法人制度开始确立。自从 1896 年颁布、1900 年施行的《德国民法典》首次以法律形式规定了系统、完整的法人制度以后,其他大陆法系国家民法典纷纷开始效仿《德国民法典》,英美法系国家则通过制定单行的法律和条例建立法人制度。各国法人制度具有共同的特征,但其内容不尽相同。不同的法人形成了不同的法人理论,法人制度理论成为世界各国建立和完善法人制度、规范经济秩序以及整个社会秩序的理论基础。资本主义社会在确立法人制度后，对促进资本集中、扩大生产规模、分散经营风险、巩固和发展资本主义制度起到了巨大的历史作用。法人制度是世界各国规范经济秩序以及整个社会秩序的一项重要法律制度。

在社会主义初级阶段，建立社会主义市场经济体制时，也必须实行法人制度。必须运用法人制度，确立企业法律地位，确定企业财产权和明确企业财产责任，克服"大锅饭"体制弊端，做到政企分开，使企业能真正以独立的经济实体和完整的法人主体身份进入市场。在 1986 年颁布的《中华人民共和国民法通则》(以下简称《民法通则》)中，对法人制度做了系统的规定。

《民法通则》第 3 章专章规定了"法人"：法人是具有民事权利能力和民事行为能力，依法独立享有民事权利和承担民事义务的组织。

《民法通则》第 37 条规定，法人必须同时具备四个条件，缺一不可。(1)依法成立。即法人必须是经国家认可的社会组织。在中国，成立法人主要有两种方式。一是根据法律法规或行政审批而成立。如机关法人一般都是由法律法规或经行政审批而成立的。二是经过核准登记而成立。如工商企业、公司等经工商行政管理部门核准登记后，成为企业法人。(2)有必要的财产和经费。法人必须拥有独立的财产，作为其独立参加民事活动的物质基础。独立的财产，是指法人对特定范围内的财产享有所有权或经营管理权，能够按照自己的意志独立支配，同时排斥外界对法人财产的行政干预。(3)有自己的名称、组织机构和场所。法人的名称是其区别于其他社会组织的标志符号。名称应当能够表现出法人活动的对象及隶属关系。经过登记的名称，法人享有专用权。法人的组织机构即办理法人一切事务的组织，被称作法人的机关，由自然人组成。法人的场所是指从事生产经营或社会活动的固定地点。法人的主要办事机构所在地为法人的住所。(4)能够独立承担民事责任。指法人对自己的民事行为所产生的法律后果承担全部法律责任。除法律有特别规定外，法人的组成人员及其他组织不对法人的债务承担责任，同样，法人也不对除自身债务外的其他债务承担民事责任。

我国《民法通则》按法人的功能、设立方法以及财产来源的不同，把法人分为四类，即企业法人、机关法人、事业单位法人、社会团体法人。

1. 企业法人。企业是从事生产、运输、贸易等经营活动，以获取利润为目的的经济组织，企业法人就是取得民事主体地位的企业。

《民法通则》又进一步对企业法人规定了具体条件。全民所有制企业、集体所有制企业，凡有符合国家规定的资金数额，有组织章程、组织机构和场所，能够独立承担民事责任，经主管机关核准登记，即可取得法人资格。其他在我国境内设立的外商投资企业，凡具备法人条件的，经工商行政管理机关核准登记，亦可取得中国法人资格。

根据《民法通则》规定，1988 年 6 月 3 日，国务院发布《中华人民共和国企业法人登记管理条例》（以下简称《法人登记条例》），将所有企业法人登记工作统一起来。《法人登记条例》规定可以依法办理法人登记的，除上述各类企业外，还有联营企业、私营企业以及实行企业化经营、国家不再核拨经费的事业单位和从事经营活动的科技性社会团体等具备企业法人条件的组织。符合规定的企业或其他组织经企业法人登记主管机关（各级工商行政管理局）核准登记，领取《企业法人营业执照》，即取得企业法人资格。

《法人登记条例》对申请企业法人登记单位应具备的条件又做了更为具体的规定：(1)名称、组织机构和章程；(2)固定的经营场所和必要的设施；(3)符合国家规定并与其生产经营和服务规模相适应的资金数额和从业人员；(4)能够独立承担民事责任；(5)符合国家法律、法规和政策规定的经营范围。

企业法人应当在核准登记的经营范围内从事经营活动，对其法定代表人和其他工作人员的经营活动，承担民事责任。

《民法通则》和《法人登记条例》对企业法人变更和终止的条件及程序也做了规定。

在确立和加强法人地位、法人制度的同时，《民法通则》也规定了对法人及其法定代表人的监督、管理和法律责任。如第 49 条规定，企业法人有下列情形之一的即应承担责任：(1)超出登记机关核准登记的经营范围从事非法经营；(2)向登记机关、税务机关隐瞒真实情况，弄虚作假；(3)抽逃资金，隐匿财产，逃避债务；(4)解散、被撤销、被宣告破产后，擅自处理财产；(5)变更、终止时不及时申请办理登记和公告，使利害关系人遭受重大损失；(6)从事法律禁止的其他活动，损害国家利益或者社会公共利益。

此外，对其法定代表人，可给予行政处分、罚款；构成犯罪的，依法追究刑事责任。

2. 机关法人。机关法人是获得法人资格的国家机关，依法直接设立。认定国家机关是否属于法人，应以其有无独立的财政预算经费和是否行使国家权力为标准来确认。国家机关只有在参加民事活动时，才被视作法人；若是在行使国家权力发号施令时，就不是法人，而是公法主体。根据我国宪法规定的政体，机关法人通常指中央及地方各级人民代表大会、国务院和地方各级人民政府、各级法院和检察院、中央军事委员会和独立编制的各级军事组织。

3. 事业单位法人。事业单位法人是被赋予民事主体资格的事业单位。所谓事业单位，以往是指由国家财政拨款、从事公益事业的社会组织。不过，实行经济体制改革后，有些事业单位已不再享有财政拨款，被改制为自负盈亏或实行企业化经营。尽管如此，必须注意事业单位的目的主要是公益，这是事业单位法人区别于企业法人的一个特征。

4.社会团体法人。社会团体法人由法人或自然人组成，是谋求公益事业、行业协调或志同道合的法人。《社会团体登记管理条例》第2条规定，社会团体是指中国公民自愿组成，为实现会员共同意愿，按照其章程开展活动的非营利性社会组织。第3条规定，社会团体需区分登记和免予登记两种。免予登记的团体有三类，即“参加中国人民政治协商会议的人民团体”、“由国务院机构编制管理机关核定，并经国务院批准免于登记的团体”和“机关、团体、企业事业单位内部经本单位批准成立、在本单位内部活动的团体”。其他需登记的社会团体法人，其设立的法律要件是：有50个以上的个人会员或者30个以上的单位会员，个人会员、单位会员混合组成的，会员总数不得少于50个；有规范的名称和相应的组织机构；有固定的住所；有与其业务活动相适应的专职工作人员；有合法的资产和经费来源，全国性的社会团体有10万元以上活动资金，地方性的社会团体和跨行政区域的社会团体有3万元以上活动资金；有独立承担民事责任的能力。社会团体法人的共同特征是不得从事以赢利为目的的经营性活动，只能从事与团体章程或法律规定相适应的事业。

法人的经营范围与法人的权利能力和行为能力是直接相连的。

法人的权利能力是指法人所具有的参加民事法律关系、享受民事权利和承担民事义务的资格。与公民的权利能力不同，法人的权利能力因其经营范围和工作性质不同而各有区别，这与公民权利能力都一致的情况是不一样的；此外，公民的有关人身的权利能力，法人也是不具备的。

法人的行为能力是指法人以自己的行为取得民事权利和承担民事义务的资格。法人的行为能力一般由法人的机关行使。法人机关不只是指一定组织，它包括个人和集体两种形式，个人如厂长、经理、院长、校长，等等；集体如董事会、职工代表大会、社员大会，等等。法人机关也可委托代理人从事民事行为。法人的行为能力和权利能力的范围是一致的，法人以自己的行为取得民事权利、承担民事义务的范围不能超出其权利能力范围。法人的行为能力与权利能力都是与法人共始终的，这点与自然人的行为能力不同，不存在无行为能力的问题。

西方国家的民法理论将法人根据不同标准进行分类，主要有以下三种分类方法。

(1)公法人和私法人。西方国家的法学将其法律分为公法与私法，与此相适应，在民法学上将法人分为公法人和私法人。公法人是指国家各级政府机关，它们主要由属于公法体系的行政法调整；私法人主要指经营私人事业的企业组织，由民法和其他私法调整。

(2)社团法人和财团法人。社团法人是由一定成员组成的,以为自身追求赢利为主要目的的法人(也有为谋求一定公共利益为目的的法人);财团法人则是由捐资集合而成的法人,成立的主要目的只能是为谋求一定的公共利益。

(3)营利法人和公益法人。营利法人是以取得经济利益并分配给其成员为目的的法人,如公司、银行等;公益法人是指以社会公共利益为目的而成立的法人,如教育、医疗、宗教、慈善、学术等团体。此外,介于这两者之间的还有一种被称为中间法人,即既不以营利为目的,又不符合以公共利益为目的的中间团体,如同学会等。

二、公司的概念、特征和分类

(一)公司的概念和特征

我国《公司法》没有对公司这一概念下一个概括性的定义,只在第 2 条中规定:"本法所称公司是指依照本法在中国境内设立的有限责任公司和股份有限公司"。在第 3 条规定:"公司是企业法人,有独立的法人财产,享有法人财产权。公司以其全部财产对公司的债务承担责任。有限责任公司的股东以其认缴的出资额为限对公司承担责任;股份有限公司的股东以其认购的股份为限对公司承担责任。"可见我国《公司法》并未规定公司的法律定义。但综合《公司法》的规定,可将公司的概念界定为,公司是指依照公司法律规定组织、成立和从事活动的,以营利为目的且兼顾社会利益的企业法人。

公司具有以下三个基本特征。

1. 公司是企业法人。公司必须具备法人资格,以其独立的财产自主经营,独立承担民事责任。

2. 公司是以营利为目的且兼顾社会利益的企业法人。公司必须连续不断地从事一定行业或者领域的生产经营活动,以获取利润为目的。但强调公司的营利性,并不否定公司的社会责任。《公司法》第 5 条规定,公司从事经营活动,必须遵守法律、行政法规,遵守社会公德、商业道德,诚实守信,接受政府和社会公众的监督,承担社会责任。

3. 公司是依法设立的企业法人。指公司是依《公司法》规定的条件和程序设立的企业法人,其他企业和经济组织改建为公司,包括国有企业公司制改建、一人公司的设立等都必须符合《公司法》规定的条件和程序。

(二)公司的分类

公司可从不同角度以不同标准进行多种划分。一般各国公司立法上的划分,都是以股东对公司所负责任的不同将公司划分为五种:(1)无限责任公司,简称无限公司，其股东不论出资额多少，均对公司债务承担无限连带责任；(2)有限责任公司，简称有限公司，其股东均以各自的出资额为限对公司债务承担有限责任；(3)两合公司，即由无限责任股东和有限责任股东所共同组成的公司；(4)股份有限公司，即公司全部资本分为等额的股份，股东均以其所持有的股份为限，对公司债务承担有限责任的公司；(5)股份两合公司，即由股份无限责任股东和股份有限责任股东共同组成的公司。目前，英、美等国家公司立法只承认无限公司、有限公司(保证有限公司)和股份有限公司这三类公司，我国《公司法》目前只承认有限公司和股份有限公司这两类公司。

公司除上述这一最基本的分类外，还可根据控制与被控制关系划分为母公司和子公司，母公司和子公司各自均具有独立的法人资格；根据公司之间的管辖与被管辖关系划分为总公司和分公司，分公司在经营上、财务上、法律上不具有独立性，不具备法人资格，而总公司具有法人资格；根据公司国籍不同分为本国公司、外国公司和跨国公司；根据公司对外信用的基础不同分为资合公司(包括有限公司和股份有限公司)和人合公司(包括无限公司、两合公司和股份两合公司)；根据掌握公司股份的对象不同分为上市公司(也称开放式公司)和不上市公司(也称封闭式公司)。

三、公司法的概念、特征和作用

(一)公司法的概念

公司法是规定各种公司的设立、组织活动和解散以及其他与公司有关的对内对外关系的法律规范的总称。公司法的概念有广义和狭义之分，狭义的公司法是指 1993 年 12 月 29 日八届全国人大常委会第五次会议通过，后经三次修改，最近由十届全国人大常务委员会第十八次会议于 2005 年 10 月 27 日修订通过的《中华人民共和国公司法》(以下简称《公司法》)；广义的公司法包括一切有关公司的法律、行政法规、规章以及最高司法机关的司法解释等。除《公司法》外，相关法律有《中华人民共和国证券法》、《股票发行与交易管理暂行条例》、《中华人民共和国公司登记管理条例》(以下简称《公司登记条例》)、《国务院关于股份有限公司境外募集股份及上市的特别规定》、《股份有限公司国有股权管理暂行办法》等，国家还将陆续发布有关配套的法律、法规和规章，以完善公司立法。

(二)公司法的特征

1. 组织法和行为法相结合，以组织法为主。公司法具有组织法和行为法相结合的特点。所谓组织法，主要规定公司的设立、变更、终止以及公司组织机构的设置及各自职权、相互关系等有关公司组织的事项；所谓行为法，并不是规范公司的一切行为，而是规范与公司组织特征紧密联系的行为，如公司股票、债券的发行和转让以及公司的财务会计管理等行为。

2.强制性规范和任意性规范相结合，以强制性规范为主。由于公司在国民经济中的重要地位和作用，公司活动涉及众多社会公众的利益（公司股东和债权人的利益），会对社会秩序发生重大影响，为避免公司的失范行为给国民经济及社会秩序稳定带来危害，公司立法中的强制性规范越来越占有重要的地位。但这里并不否认其任意性规范的重要性，公司作为市场经营主体具有自主经营的权利，其行为还要受到股东制定或通过的公司章程的规范，公司章程可在不违反法律和社会公共利益的前提下对公司有关组织、行为作出规定，对公司、公司股东、董事、监事、经理、职工乃至与公司发生关系的其他人具有不同程度的约束力。

3.公司法是制定法。无论是以制定法为主要法律渊源的大陆法系国家，还是以判例法为主的英美法系国家，公司法均采用制定法的形式，以便对公司的设立、变更、终止从组织活动、内外关系方面作出明确、具体而准确的规定。

4.公司法是具有一定国际性的国内法。各国的公司法虽属一国立法权，其适用范围也仅限于该国领域及与该国有关的人和事。但由于国际经济技术交流活动的迅猛发展，公司越来越频繁地参与国际经济活动，跨国设立子公司、分公司的情况越来越普遍，所以一国公司立法必须吸收世界各国公司立法中有关公司基本法律制度的规定，与国际惯例接轨。

（三）公司法的作用

我国《公司法》的作用主要有以下几个方面。

1.适应建立现代企业制度的需要。建立现代企业制度，是重塑社会主义市场经济体制的微观基础的要求，体现了企业成为独立法人实体和市场竞争主体的要求。现代企业制度具有产权明晰、权责明确、政企分开、管理科学的基本特征，而公司正是具有这些特征的现代企业最重要、最典型的组织形式。

2.规范公司的组织和行为。公司法具有组织法和行为法相结合的特点，能够有效规范公司的组织和行为，有效地实现出资者的所有权与公司法人财产权的分离，有利于独立自主经营，有利于公司规范地筹集资金、分散风险，有利于建立约束机制和激励机制相结合的公司经营管理体制。

3.保护公司、股东和债权人的合法权益，维护社会经济秩序。《公司法》明确了公司和股东之间的权利义务，明确了董事、监事、经理对公司应尽的义务和责任，有利于保护公司、股东的合法权益；明确规定了公司在未弥补亏损及提取法定公积金前不得向股东分配利润，以及公司变更、终止过程中保护债权人利益的程序，都维护了债权人的合法权益；还规定公司必须依法经营。这些都有利于维护正常的社会经济秩序。

4.促进社会主义市场经济的发展。前述三个作用的最终目的都是为了发展社会主义市场经济，推动我国经济建设的发展，实现我国的社会主义现代化。

第二节　有限责任公司的设立和组织机构

一、有限责任公司的概念和特征

根据《公司法》第3条及相关规定，有限责任公司是指股东以其出资额为限对公司承担责任，公司以其全部资产对公司债务承担责任的企业法人。

有限责任公司的基本特征反映在资本、股东及有限责任三要素上。其中资本和股东两大要素决定了有限责任公司既有资合因素，又有人合因素。它是资合公司和人合公司的结合。所以，有限责任公司兼具有资合公司和人合公司的特点(虽然两合公司也具有人合与资合的性质，但从特性上以人合性为主；而有限公司则以资合性为主)。其法律特征具体表现在以下几个方面。

(一)有限责任性

有限责任公司的股东都必须出资，不出资的人不能成为公司的股东。有限责任公司建立的基础是各股东的出资。而公司债务由公司以股东出资构成的公司资本和其他公司资产的总和负责。股东对公司债权人无直接责任关系，仅以其出资额为限对公司负有限责任。这一特征是有限公司与无限公司的根本区别。

(二)非公开性

这是相对于股份公司的公开性而言的。有限责任公司的非公开性表现为以下几点。

1.公司的经营活动不公开，公司与社会公众的联系不像股份公司那样紧密，对社会和公众的利益影响较小。《公司法》一般不要求有限责任公司向社会公布其经营、财务账目及年度报告。

2.不允许公开募集公司资本，不能公开发行股票。即有限责任公司不得通过发行股票募集公司资本的方式设立，只能是发起设立。股东的出资证书或股单只是证明股东出资的权利证书，与股票的性质有本质上的不同：它不是有价证券，不能自由买卖，不得上市流通。

3.股东转让出资有严格限制。有限责任股东虽持有出资证书，但它不是股票，不能在证券市场上流通。如果股东需转让出资，必须经过登记。如果是向股东以外的人转让出资的，还会受到严格的法律和公司章程的限制。我国《公司法》第72条规定，股东向股东以外的人转让股权，应当经过半数其他股东的同意。

（三）股东人数的有限性

对有限责任公司的股东人数，各国法律一般都有一定的限制。我国《公司法》规定有限责任公司股东人数为50人以下。

（四）公司机关简便灵活

有限责任公司可以根据自身的业务需要设立自身的权力机构，可以是股东会，也可以是董事会。股东人数较少和规模较小的，可以只设1名执行董事，执行董事可兼任公司经理；也可以不设监事会，而只设1至2名监事。这些规定都反映了其组织设置的灵活性。

（五）设立程序简便

在具有人合因素和非公开性的有限责任公司中，股东之间的关系更多地依靠内部协议来调节。资金的筹集、出资的转让对社会公共利益影响较小，政府干预相对较少。只要有符合法定资格和人数的股东发起，缴足各自认购的出资额并达到法定的最低限额，验资合格后，即可申请公司设立登记。只有法律有特别规定的才需履行批准手续。公司登记管理机关对提交的申请书及其他应提供的文件证明进行审查后认为合格的，即可予以登记，发给营业执照。

二、有限责任公司的设立

（一）有限责任公司设立的法定条件

根据我国《公司法》第23条及其他有关条款的规定，设立有限责任公司应具备下列几个条件。

1. 股东符合法定人数。有限责任公司由50个以下股东共同出资设立。

2. 股东出资达到法定资本最低限额。这是对有限责任公司设立所规定的资本条件。《公司法》第26条明确规定，有限责任公司的注册资本为在公司登记机关登记的全体股东认缴的出资额。公司全体股东的首次出资额不得低于注册资本的20%，也不得低于法定注册资本的最低限额，其余部分由股东自公司成立之日起2年内缴足；其中，投资公司可以在5年内缴足。有限责任公司注册资本的最低限额为人民币3万元，法律、行政法规对有限责任公司注册资本的最低限额有较高规定的，从其规定。第27条规定，股东可以用货币出资，也可以用实物、知识产权、土地使用权等可以用货币估价并可以依法转让的非货币财产作价出资;但是,法律、行政法规规定不得作为出资的财产除外。对作为出资的非货币财产应当评估作价,核实财产,不得高估或者低估作价;法律、行政法规对评估作价有规定的,从其规定。全体股东的货币出资金额不得低于有限责任公司注册资本的30%。

3.股东共同制定章程。公司章程是规定公司组织和行为基本准则的重要文件,不仅对章程的制定者、通过者(即股东)有约束力,而且对公司和公司董事、监事、经理、职工以及与公司发生权利义务关系的其他人有约束力,带有公司自治法的性质,相当重要。《公司法》第25条规定,有限责任公司章程应当载明下列事项:(1)公司名称和住所;(2)公司经营范围;(3)公司注册资本;(4)股东的姓名或者名称;(5)股东的出资方式、出资额和出资时间;(6)公司的机构及其产生的办法、职权、议事规则;(7)公司法定代表人;(8)股东会会议认为需要规定的其他事项。股东应当在公司章程上签名、盖章。股东在公司章程上签名盖章后即对股东发生效力,而公司章程对外正式生效则要经公司登记机关核准登记。

4.有公司名称,建立符合有限责任公司要求的组织机构。公司从事商事活动必须有自己的商业名称,作为区别于其他商事公司、企业的识别标志。公司对其经登记注册的名称,在规定的范围内享有专用权。按照我国公司名称管理要求,公司名称中应当包括地名、字号、经营业务,而且名称中必须标明有限责任公司字样。而符合有限责任公司要求的组织机构,是保证对内组织生产经营活动、进行管理,对外发生各种权利义务关系所必需的,也是建立一个权责明确、制约机制与激励机制相结合的科学的管理体系所必需的。有限责任公司一般应设立股东会、董事会和监事会。

5.有公司住所。公司住所的确定,既有利于公司业务活动的开展,又有利于国家对公司的监督管理。公司的住所是公司主要办事机构所在地。经公司登记机关登记的公司的住所只能有一个。

(二)有限责任公司设立的法定程序

有限责任公司符合公司的法定设立条件,并不能自然产生设立的后果,还必须经过一定的程序方能产生设立的法律效力。根据《公司法》和《公司登记条例》的规定,设立有限责任公司应当经过下列程序。

1.办理公司名称预先核准。并非所有的有限责任公司都应办理这一手续,而是指法律、法规规定要经政府审批设立的有限责任公司必须办理这一手续。这一手续的经办人为全体股东指定的代表或者共同委托的代理人。经办人应向工商行政管理机关提交下列文件:(1)有限责任公司的全体股东或者股份有限公司的全体发起人签署的公司名称预先核准申请书;(2)全体股东或者发起人指定代表或者共同委托代理人的证明;(3)国家工商行政管理总局规定要求提交的其他文件。经核准的名称保留期为6个月，在此期间不得以公司名称从事经营活动，不得转让公司。

2. 订立公司章程。有限责任公司章程应由全体股东共同制定，经协商一致后由全体股东签名、盖章。章程应记载《公司法》规定应载明的事项及股东认为应当规定的事项。没有章程或章程不符合法律规定的，公司登记机关不予登记。

3. 报经有关部门审批。这不是所有有限责任公司设立的必经程序。我国对有限责任公司的设立采取准则主义即登记主义原则，即公司只要符合法律规定的条件，直接向公司登记机关办理登记手续，经核准登记即可设立，而无须先经政府有关部门审批。而《公司法》又规定，法律、行政法规规定必须报经审批的应办理审批手续，即公司设立采取批准主义即许可主义原则，例如《烟草专卖法》、《食品卫生法》、《药品管理法》等规定的烟草、食品、药品行业的公司设立，必须报经政府有关部门批准。

4. 缴纳出资。股东以货币缴纳出资的，必须将货币转入拟设立的公司在银行开立的临时账户；而以实物、工业产权、非专利技术、土地使用权作价出资的，则应依法办理有形财产和无形财产的财产权转移手续，并由法定验资机构(会计师事务所等)验资，出具验资证明。股东不得以劳务、信用、自然人姓名、商誉、特许经营权或者设定担保的财产等作价出资。有限责任公司设立后，发现股东以非货币方式出资的实际价额显著低于公司章程规定的金额时，该股东应补足其差额部分，公司设立时的其他股东应对该股东补交出资负连带责任。股东缴纳出资后，要由法定验资机构验资，并出具验资证明。

5. 确立公司组织机构。股东实际缴纳出资而取得股东资格后，可由出资最多的股东召集并主持首次股东大会选举公司董事、监事，《公司法》规定应由职工选举产生的则由职工选举，以确立公司董事会、监事会或执行董事、监事，并由董事会或执行董事确定其聘任的总经理人选。

6. 办理设立登记。由全体股东指定的代表或共同委托的代理人向公司登记机关申请设立公司登记，申请时应提交：公司法定代表人签署的设立登记申请书；全体股东指定代表或者共同委托代理人的证明；公司章程；依法设立的验资机构出具的验资证明，法律、行政法规另有规定的除外；股东首次出资是非货币财产的，应当在公司设立登记时提交已办理其财产权转移手续的证明文件；股东的主体资格证明或者自然人身份证明；载明公司董事、监事、经理的姓名、住所的文件以及有关委派、选举或者聘用的证明；公司法定代表人任职文件和身份证明；企业名称预先核准通知书；公司住所证明；国家工商行政管理总局规定要求提交的其他文件。公司登记机关对符合《公司法》规定条件的申请，予以核准登记，签发《企业法人营业执照》，公司即告成立。

三、有限责任公司的组织机构

(一)有限责任公司的股东会

有限责任公司的股东会是由全体股东组成的公司权力机构。研究股东会,首先要了解公司法有关公司股东的规定。

1.有限责任公司的股东及其权利义务。有限责任公司的股东,是实际对公司出资,以出资为基础对公司亏损承担责任,并享有相应权利的人。有限责任公司的股东既可以是法人,也可以是自然人;既可是我国的法人和自然人,也可是外国的法人和自然人。

根据《公司法》的有关规定,股东的权利主要可归纳为以下几点。(1)股份收益权。具体包括:公司盈余分配权,即股东依法对公司税后利润获得分配的权利;股份转让权,即股东依法转让自己持有的股份并从中获得对价的权利;剩余财产分配权,即股东依法对公司解散清算后的剩余财产获得分配的权利。(2)参与公司管理权。具体包括:投票表决权,即股东出席或委托代理人出席股东会并依其所有的股份份额投票的权利,其中也包含了股东选举或被选举为公司管理者(负责人)的权利;提议权,即持有一定比例的公司股份的股东提议召开临时股东会或董事会临时会议的权利;召集权,即持有一定比例的公司股份的股东在董事会不能履行或者不履行召集股东会会议职责时,可以自行召集和主持股东会的权利;提案权,即持有一定比例的公司股份的股东可以向股东大会提出临时提案的权利;监督权,即股东对公司的经营提出建议或者质询的权利。(3)知情权。知情权是指股东对公司经营管理、财务状况、重要文件和重大事项知晓和了解的权利,如对公司章程、股东会会议记录、董事会会议决议、监事会会议决议和财务会计报告查询的权利,包括查阅、复制的权利,要求公司依法进行信息披露的权利等。(4)股东诉权。股东诉权是股东对损害公司利益和股东利益的行为向人民法院提起诉讼的权利。这是《公司法》修改后新增加的内容。(5)其他派生权利。这主要指基于前述权利派生的其他股东权利,包括对公司新增资本的优先认购权、异议股东股份回购请求权、有限责任公司股东向股东以外的人转让股份在同等条件下的优先购买权等。

《公司法》对股东义务的规定也是分散在有关条文中,大致可概括为以下几点。(1)依法和依照章程的规定向公司缴纳出资。(2)出资填补义务。有限责任公司设立后,发现股东以非货币方式出资的实际价额显著低于公司章程规定的金额时,则该股东应补交其差额部分,公司设立时的其他股东应对该股东补交出资负连带责任。(3)遵守公司章程。(4)依法行使股东权利,不滥用股东权利损害公司或者其他股东的利益,不滥用公司法人独立地位和股东有限责任损害公司债权人的利益。(5)不利用关联关系损害公司利益。(6)公司成立后,不得抽逃出资。(7)转让出资必须依法进行的义务。(8)退还款项的义务。即公司在未弥补亏损及提取法定公积金前向股东分配利润的,股东负有退还该款项的义务。(9)法律、行政法规及公司章程规定应当承担的其他义务。股东应当按照法律和公司章程的规定,全面履行自己的义务,否则就可能要承担相应的法律责任。

2.股东会的概念及性质。有限责任公司股东会,是由全体股东组成的公司权力机构。根据我国《公司法》的有关规定,有限责任公司股东会的性质可归纳为以下几点:(1)股东会是由全体股东组成的公司最高权力机关;(2)股东会是公司的意思形成机关,股东会所形成的公司的意思,是股东意思的总和,不等于任何一个股东的意思,但股东会并非公司意思的执行机关,因股东会对内并不执行业务,也不对外代表公司;(3)股东会是会议形式的公司机关,而不是常设机关。

3.股东会的职权。根据《公司法》第38条第1款规定,有限责任公司股东会享有下列职权:(1)决定公司的经营方针和投资计划;(2)选举和更换非由职工代表担任的董事、监事,决定有关董事、监事的报酬事项;(3)审议批准董事会的报告;(4)审议批准监事会或者监事的报告;(5)审议批准公司的年度财务预、决算方案;(6)审议批准公司的利润分配方案和弥补亏损方案;(7)对公司增加或者减少注册资本作出决议;(8)对发行公司债券作出决议;(9)对公司合并、分立、变更公司形式、解散和清算等事项作出决议;(10)修改公司章程;(11)公司章程规定的其他职权。对前款所列事项股东以书面形式一致表示同意的,可以不召开股东会会议,直接作出决定,并由全体股东在决定文件上签名、盖章。

4.股东会会议的召开及议决事规则。股东会会议分为首次会议、定期会议和临时会议。定期会议应当按照公司章程的规定按时召开。据《公司法》第40条规定,代表1/10以上表决权的股东、1/3以上的董事、监事会或者不设监事会的公司监事提议召开临时会议的,应当召开临时会议。股东会议除首次会议由出资最多的股东召集并主持外,其后的股东会议,由董事会召集、董事长主持,不设董事会的则由执行董事召集并主持。董事会或者执行董事不能履行或者不履行召集股东会会议职责的,由监事会或者不设监事会的公司的监事召集和主持;监事会或者监事不召集和主持的,代表1/10以上表决权的股东可以自行召集和主持。除公司章程另有规定或者全体股东另有约定以外,股东会议召开15日以前应通知全体股东。

股东会的议决事规则是指股东会的议事方式和表决程序,可分为法定议决事规则和章定议决事规则。《公司法》第44条规定:“股东会议议事方式和表决程序,除本法有规定的以外,由公司章程规定。”据此,股东会的法定议决事规则包括:一是股东按照出资比例行使表决权,明确了股东行使表决权的标准;二是对股东会会议作出修改公司章程、增加或者减少注册资本的决议，以及公司合并、分立、解散或者变更公司形式的决议，必须经代表2/3以上表决权的股东通过；三是股东会应当将所议事项的决定做成会议记录，出席会议的股东应当在会议记录上签名。

（二）有限责任公司的董事会

从法律上看，董事会拥有经营决策、业务执行和对外代表的权力。有限责任公司除了特殊的形式（一人公司）和股东人数较少或者规模较小的以外，应设立董事会。

1.董事会的概念及性质。有限责任公司的董事会，是根据《公司法》的规定设立的，由全体董事组成的公司经营决策和业务执行的法定常设机构。董事会的性质及其特征如下：(1)董事会是公司的经营决策和业务执行机构，对公司业务进行筹划管理，董事会对股东会负责，必须执行股东会的决议；(2)董事会成员由股东会选举产生，而不论其是否具备股东资格；(3)董事会是法定必备的常设机构。

2.董事会的组成及董事的任期。根据《公司法》第45条规定，有限责任公司董事会成员为3—13人，设董事长1人，可设副董事长。《公司法》第51条规定，股东人数较少或规模较小的有限责任公司，可以设执行董事1人，不设董事会，执行董事可以兼任公司经理。执行董事的职权由公司章程规定。

非职工董事由股东会选举产生，董事长、副董事长的产生办法由公司章程规定。两个以上的国有企业或者其他两个以上国有投资主体投资设立的有限责任公司，其董事会成员中应有公司职工民主选举的职工代表。

董事的任期由公司章程规定，但每届任期不超过3年，连选可以连任。董事任期届满未及时改选，或者董事在任期内辞职导致董事会成员低于法定人数的，在改选出的董事就任前，原董事仍应当依照法律、行政法规和公司章程的规定，履行董事职务。

3.董事会的职权。根据《公司法》第47条规定，董事会对股东会负责，行使下列职权：(1)召集股东会会议，并向股东会报告工作；(2)执行股东会的决议；(3)决定公司的经营计划和投资方案；(4)制订公司的年度财务预、决算方案；(5)制订公司的利润分配方案和弥补亏损方案；(6)制订公司增加或者减少注册资本以及发行公司债券的方案；(7)制订公司合并、分立、变更公司形式、解散的方案；(8)决定公司内部管理机构的设置；(9)决定聘任或者解聘公司经理及其报酬事项，并根据经理的提名决定聘任或者解聘公司副经理、财务负责人及其报酬事项；(10)制定公司的基本管理制度；(11)公司章程规定的其他职权。

4.董事会会议的召开及其议决事规则。董事会会议按章程的规定召开。董事会会议由董事长召集和主持；董事长不能履行职务或者不履行职务的，由副董事长召集和主持；副董事长不能履行职务或者不履行职务的，由半数以上董事共同推举 1 名董事召集和主持。

董事会的议事方式和表决程序，除《公司法》有规定的外，由公司章程规定。董事会决议的表决，实行一人一票。董事会应当将所议事项的决定做成会议记录，出席会议的董事应当在会议记录上签名。

5. 公司经理的设置及其职权。有限责任公司可以设经理，公司经理属于公司日常生产经营的管理者，是公司的助理执行机构，经理由公司董事会聘任或者解聘。经理对董事会负责，行使下列职权：(1)主持公司的生产经营管理工作，组织实施董事会决议；(2)组织实施公司年度经营计划和投资方案；(3)拟订公司内部管理机构设置方案；(4)拟订公司的基本管理制度；(5)制定公司的具体规章；(6)提请聘任或者解聘公司副经理、财务负责人；(7)决定聘任或者解聘除应由董事会决定聘任或者解聘以外的负责管理人员；(8)董事会授予的其他职权。公司章程对经理职权另有规定的，从其规定。经理列席董事会会议。

（三）有限责任公司的监事会或者监事

依照我国《公司法》的规定，除股东人数较少或者规模较小的有限责任公司外，监事会是有限责任公司必须设置的公司机关，是由股东会和公司职工选举产生并向股东会负责，对公司财务以及公司董事、经理和其他高级管理人员履行职责的行为进行监督，维护公司及股东的合法权益的公司常设机构。

1. 监事会或监事的性质及其设置。有限责任公司的监事会或监事属公司的监督机构。根据《公司法》的规定，有限责任公司设立监事会，其成员不得少于 3 人；股东人数较少或者规模较小的有限责任公司，可以设 1—2 名监事，不设立监事会。监事会设主席 1 人，由全体监事过半数选举产生。监事会主席召集和主持监事会会议；监事会主席不能履行职务或者不履行职务的，由半数以上监事共同推举 1 名监事召集和主持监事会会议。

监事会由股东选举产生的股东代表监事和公司职工民主选举产生的职工代表监事组成，其比例由公司章程规定。董事、经理及公司财务负责人不得兼任监事。监事的任期每届为 3 年。监事任期届满，连选可以连任。监事任期届满未及时改选，或者监事在任期内辞职导致监事会成员低于法定人数的，在改选出的监事就任前，原监事仍应当依照法律、行政法规和公司章程的规定，履行监事职务。

2. 监事会或者监事的职权。根据《公司法》第 54 条，监事会、不设监事会的公司的监事行使下列职权：(1)检查公司财务；(2)对董事、高级管理人员执行公司职务的行为进行监督，对违反法律、行政法规、公司章程或者股东会决议的董事、高级管理人员提出罢免的建议；(3)当董事、高级管理人员的行为损害公司的利益时，要求董事、高级管理人员予以纠正；(4)提议召开临时股东会会议，在董事会不履行《公司法》规定的召集和主持股东会会议职责时召集和主持股东会会议；(5)向股东会会议提出提案；(6)依照《公司法》第152条的规定，对董事、高级管理人员提起诉讼；(7)公司章程规定的其他职权。此外，监事可以列席董事会会议，并对董事会决议事项提出质询或者建议。

监事会、不设监事会的公司的监事发现公司经营情况异常，可以进行调查；必要时，可以聘请会计师事务所等协助其工作，费用由公司承担。

3.监事会会议的召开及其议决事规则。监事会每年度至少召开一次会议，监事可以提议召开临时监事会会议。监事会的议事方式和表决程序，除《公司法》有规定的外，由公司章程规定。《公司法》规定监事会决议应当经半数以上监事通过，监事会应当将所议事项的决定做成会议记录，出席会议的监事应当在会议记录上签名。

监事会、不设监事会的公司的监事行使职权所必需的费用，由公司承担。

(四)有限责任公司的股权转让

有限责任公司的股权转让涉及三种不同的形式，即股东间转让出资、股东向公司股东外第三人转让出资和公司回购。

1.股东内部的自由转让。有限责任公司的股东之间可以相互转让其全部或者部分股权。公司章程对股权转让另有规定的，从其规定。

2.股东向公司股东外第三人转让出资的限制性。股东向股东以外的人转让股权，应当经其他股东过半数同意。股东应就其股权转让事项书面通知其他股东征求同意，其他股东自接到书面通知之日起满30日未答复的，视为同意转让。其他股东半数以上不同意转让的，不同意的股东应当购买该转让的股权；不购买的，视为同意转让。

3.优先购买权制度。经股东同意转让的股权，在同等条件下，其他股东有优先购买权。两个以上股东主张行使优先购买权的，协商确定各自的购买比例；协商不成的，按照转让时各自的出资比例行使优先购买权。公司章程对股权转让另有规定的，从其规定。

4.股权强制执行制度。人民法院依照法律规定的强制执行程序转让股东的股权时，应当通知公司及全体股东，其他股东在同等条件下有优先购买权。其他股东自人民法院通知之日起满20日不行使优先购买权的，视为放弃优先购买权。

5.转让登记制度。依照上述规定转让股权后，公司应当注销原股东的出资证明书，向新股东签发出资证明书，并相应修改公司章程和股东名册中有关股东及其出资额的记载。对公司章程的该项修改不需股东会表决。

6. 异议股东的股权回购请求权。有下列情形之一的，对股东会该项决议投反对票的股东可以请求公司按照合理的价格收购其股权：(1)公司连续 5 年不向股东分配利润，而公司该 5 年连续赢利，并且符合《公司法》规定的分配利润条件的；(2)公司合并、分立、转让主要财产的；(3)公司章程规定的营业期限届满或者章程规定的其他解散事由出现，股东会会议通过决议修改章程使公司存续的。

自股东会会议决议通过之日起 60 日内，股东与公司不能达成股权收购协议的，股东可以自股东会会议决议通过之日起 90 日内向人民法院提起诉讼。

7. 股权继承制度。自然人股东死亡后，其合法继承人可以继承股东资格，但是，公司章程另有规定的除外。

(五)国有独资公司的组织机构

国有独资公司，是指国家单独出资、由国务院或者地方人民政府委托本级人民政府国有资产监督管理机构履行出资人职责的有限责任公司。《公司法》规定的国有独资公司的组织机构不同于一般有限责任公司之处主要有以下几点。

1. 国有独资公司不设股东会，由国有资产监督管理机构行使股东会职权。国有资产监督管理机构可以授权公司董事会行使股东会的部分职权，决定公司的重大事项，但公司的合并、分立、解散、增减注册资本和发行公司债券，必须由国有资产监督管理机构决定。其中，重要的国有独资公司合并、分立、解散、申请破产的，应当由国有资产监督管理机构审核后，报本级人民政府批准。上述所称重要的国有独资公司，由国务院确定。

2. 国有独资公司董事会的组成不同于一般有限责任公司。国有独资公司设立董事会，董事每届任期不得超过 3 年。董事会成员中应当有公司职工代表。董事会成员由国有资产监督管理机构委派，但是，董事会成员中的职工代表由公司职工代表大会选举产生。董事会设董事长 1 人，可以设副董事长。董事长、副董事长由国有资产监督管理机构从董事会成员中指定。

董事会除行使《公司法》规定的有限责任公司董事会的职权外，经国有资产监督管理机构授权，还可行使除前述国有资产监督管理机构决定的事项以外的股东会的职权。

经国有资产监督管理机构同意，董事会成员可以兼任经理。

3. 国有独资公司的董事长、副董事长、董事、高级管理人员，未经国有资产监督管理机构同意，不得在其他有限责任公司、股份有限公司或者其他经济组织兼职。

4. 国有独资公司监事会成员不得少于 5 人，其中职工代表的比例不得低于

1/3,具体比例由公司章程规定。监事会成员由国有资产监督管理机构委派,但是,监事会中的职工代表由公司职工代表大会选举产生。监事会主席由国有资产监督管理机构从监事会成员中指定。监事会行使一般有限责任公司监事会的第(1)项至第(3)项规定的职权和国务院规定的其他职权。

(六)一人有限责任公司的特别规定

所谓一人有限责任公司,是指只有一个自然人股东或者一个法人股东的有限责任公司。一人有限责任公司应当在公司登记中注明自然人独资或者法人独资,并在公司营业执照中载明;一人有限责任公司章程由股东制定。

1. 一人有限责任公司的出资。一人有限责任公司的注册资本最低限额为人民币 10 万元。股东应当一次性足额缴纳公司章程规定的出资额。

2. 一人有限责任公司的投资限制。一个自然人只能投资设立一个一人有限责任公司。该一人有限责任公司不能投资设立新的一人有限责任公司。

3. 一人有限责任公司的责任承担。一人有限责任公司的股东不能证明公司财产独立于股东自己财产的,应当对公司债务承担连带责任。一人有限责任公司应当在每一会计年度终了时编制财务会计报告,并经会计师事务所审计。

4. 一人有限责任公司不设股东会。股东作出《公司法》第 38 条第 1 款所列决定时,应当采用书面形式,并由股东签字后置备于公司。

(七)董事、监事、高级管理人员的资格和义务

董事、监事、高级管理人员在公司法理上可合称为公司负责人。由于其地位的特殊性,《公司法》设专章规定了公司负责人的资格和义务。

1. 董事、监事、经理的任职资格。世界各国公司立法一般都规定了董事、监事、经理任职的积极资格和消极资格。积极资格是指规定什么样的人可以担当公司有关职务,消极资格则指规定什么样的人不可担当公司有关职务。一般各国立法都对积极资格持放宽态度,对消极资格则作出极为明确的严格规定。我国《公司法》也采取这一做法,对董事、监事、经理任职的消极资格作了较严格的规定。

根据《公司法》第 147 条规定,有下列情形之一的,不得担任公司的董事、监事、高级管理人员:(1)无民事行为能力或者限制民事行为能力;(2)因贪污、贿赂、侵占财产、挪用财产或者破坏社会主义市场经济秩序,被判处刑罚,执行期满未逾 5 年,或者因犯罪被剥夺政治权利,执行期满未逾 5 年;(3)担任破产清算的公司、企业的董事或者厂长、经理,对该公司、企业的破产负有个人责任的,自该公司、企业破产清算完结之日起未逾 3 年;(4)担任因违法被吊销营业执照、责令关闭的公司、企业的法定代表人,并负有个人责任的,自该公司、企业被吊销营业

执照之日起未逾 3 年；(5)个人所负数额较大的债务到期未清偿。公司违反前款规定选举、委派董事、监事或者聘任高级管理人员的，该选举、委派或者聘任无效。董事、监事、高级管理人员在任职期间出现上述情形的，公司应当解除其职务。

2.公司董事、监事、经理的义务。根据《公司法》第 148—153 条的规定，董事、监事、经理的义务可归纳为以下几个方面：(1)忠实义务和勤勉义务，董事、监事、高级管理人员应当遵守法律、行政法规和公司章程，对公司负有忠实义务和勤勉义务；(2)不得利用职权收受贿赂或者其他非法收入，不得侵占公司的财产的义务；(3)不得挪用公司资金的义务；(4)不得将公司资金以其个人名义或者以其他个人名义开立账户存储的义务；(5)不得违反公司章程的规定，未经股东会、股东大会或者董事会同意，将公司资金借贷给他人或者以公司财产为他人提供担保的义务；(6)不得违反公司章程的规定或者未经股东会、股东大会同意，与本公司订立合同或者进行交易的义务；(7)不得未经股东会或者股东大会同意，利用职务便利为自己或者他人获取属于公司的商业机会，自营或者为他人经营与所任职公司同类的业务的义务；(8)不得接受他人与公司交易的佣金归为己有的义务；(9)不得擅自披露公司秘密的义务；(10)不得违反对公司忠实义务的其他行为的义务，董事、高级管理人员违反规定所得的收入应当归公司所有；(11)接受股东质询的义务；(12)配合监事(会)履行职责的义务；(13)执行职务违反法律或公司章程给公司造成损害，应承担损害赔偿责任的义务。

需要提醒的是，上述关于公司董事、监事、经理的资格和义务的规定，不仅适用于有限责任公司，也适用于股份有限公司。

第三节　股份有限公司的设立和组织机构

一、股份有限公司的概念和特征

根据《公司法》第 3 条及相关条款规定，股份有限公司是指公司全部资本分为等额股份，股东以其所持股份为限对公司承担责任，公司以其全部资产对公司的债务承担责任的企业法人。股份有限公司具有以下几点特征。

1.公司全部资本划分为等额的股份，证明股东出资的凭证是股票。

2.公司既可在股东内部筹集资本(发起设立)，也可向社会公众发行股票筹集资本。

3.股东持有的股份允许自由转让。

4.股东均以持有的股份为限对公司债务承担有限责任。

5. 股东只有最低人数限制而无最高人数限制。

6. 公司财务会计报告及经营状况必须向社会公开。

7. 公司设立程序较有限责任公司复杂。因其既可向社会公众集资，又属大中型企业，对国民经济影响较大，故国家对其设立规定必须履行审批、向社会公告等程序。

二、股份有限公司的设立

（一）股份有限公司设立的法定条件

根据《公司法》第 73 条及其他有关条款的规定，设立股份有限公司应具备下列条件。

1. 发起人符合法定人数。发起人与公司设立最初的股东既有联系又有区别，在公司采取发起设立方式设立时，发起人即为公司设立时的最初股东；在公司采取募集方式设立时，发起人仅为公司设立时最初股东的一部分。发起人是指参与倡议设立公司及公司筹建，并对公司设立负有责任的人。我国《公司法》规定，应当有 2 人以上 200 人以下作为发起人，其中半数以上的发起人在中国境内须有住所。

2. 发起人认购和募集的股本达到法定资本最低限额。股份有限公司的设立有发起设立和募集设立两种方式。发起设立是指由发起人认购公司应发行的全部股份而设立公司；募集设立是指由发起人认购公司应发行股份的一部分，其余股份向社会公开募集或者向特定对象募集而设立公司。所以股份有限公司的股本是由发起人认缴和社会公开募集而来的，一般发起人的出资方式与有限责任公司股东的出资方式相同，而向社会公众募集的出资方式一般仅为货币。股份有限公司采取发起设立方式设立的，注册资本为在公司登记机关登记的全体发起人认购的股本总额。公司全体发起人的首次出资额不得低于注册资本的 20%，其余部分由发起人自公司成立之日起 2 年内缴足；其中，投资公司可以在 5 年内缴足。在缴足前，不得向他人募集股份。股份有限公司采取募集方式设立的，注册资本为在公司登记机关登记的实收股本总额。股份有限公司注册资本的最低限额为人民币 500 万元。法律、行政法规对股份有限公司注册资本的最低限额有较高规定的，从其规定。

3. 股份发行、筹办事项符合法律规定。股份有限公司股份发行、筹办需经过审批、公告等程序并要符合有关规定，必须依法进行股份发行、筹办事项。

4. 发起人制定章程，采用募集方式设立的需经创立大会通过。股份有限公司章程的制定不同于有限责任公司，订立者为发起人而不是全体股东，因股份有限公司的全体股东在募集设立时会有成千上万，甚至几十万、几百万个股东，不可能都参加章程的制订。但认股人在参加公司创立大会时有通过章程的权利，通过时可对章程提出修改意见。股份有限公司章程应载明下列事项：(1)公司名称和住所；(2)公司经营范围；(3)公司设立方式；(4)公司股份总数、每股金额和注册资本；(5)发起人的姓名或者名称、认购的股份数、出资方式和出资时间；(6)董事会的组成、职权和议事规则；(7)公司法定代表人；(8)监事会的组成、职权和议事规则；(9)公司利润分配办法；(10)公司的解散事由与清算办法；(11)公司的通知和公告办法；(12)股东大会认为需要规定的其他事项。

5.有公司名称，建立符合股份有限公司要求的组织机构。

6.有公司住所。

(二)股份有限公司设立的法定程序

股份有限公司设立的程序因其设立方式的不同有较大的差异。

1.股份有限公司发起设立的程序：(1)必须办理公司名称预先核准。与有限责任公司的相关规定相同，只是有关规定中涉及"股东"的事项均改为"发起人"的事项。(2)发起人制订公司章程。(3)发起人以书面形式认足股份(即依章程规定认领自己将要购买的股份数额)。(4)报经国务院授权的部门或者省级人民政府批准设立。(5)认缴股款，以实物、工业产权、非专利技术、土地使用权抵作股款的，应依法办理财产权转移手续，并由法定验资机构验资出具验资证明。(6)选举公司董事会和监事会。(7)由公司董事会向公司登记机关申请登记。应报送设立公司的批准文件、公司章程、验资证明等文件，经公司登记机关核准登记，签发《企业法人营业执照》，公司即告成立。

2.股份有限公司募集设立的程序如下。(1)必须办理公司名称预先核准。(2)发起人制定公司章程。(3)发起人以书面形式认足股份。(4)报经国务院授权部门或省级人民政府批准设立股份有限公司。(5)发起人认缴股款并经法定验资机构验资出具验资证明。(6)报经国务院证券管理部门批准其向社会公开募集股份。(7)公告招股说明书并制作认股书。招股说明书应附有发起人制订的公司章程，并载明下列事项：发起人认购的股份数，每股的票面金额和发行价格，无记名股票的发行总数，认股人的权利、义务，募集资金的用途，本次募股的起止期限及逾期未募足时认股人可撤回所认股份的说明。认股书除应载明招股说明书应载明的事项外，由认股人填写所认股数、金额、住所，并签名、盖章。(8)由认股人缴纳股款，并由法定验资机构验资出具验资证明。(9)召开创立大会。创立大会应在发行股份的股款缴足后30日内召开，创立大会召开15日前应通知各认股人或予以公告。创立大会应有代表股份总数1/2以上的认股人出席方可举行。创立大会行使下列职权：审议发起人关于公司筹办情况的报告；通过公司章程；选举董事会成员；选举监事会成员；对公司的设立费用进行审核;对发起人用于抵作股款的财产的作价进行审核;发生不可抗力或者经营条件发生重大变化直接影响公司设立的,可以作出不设立公司的决议。创立大会对前述事项作出决议,必须经出席会议的认股人所持表决权的半数以上通过。(10)董事会应于创立大会结束后30日内向公司登记机关申请登记。申请公司设立登记应报送公司登记申请书,创立大会的会议记录,公司章程,验资证明,法定代表人、董事、监事的任职文件及其身份证明,发起人的法人资格证明或者自然人身份证明,公司住所证明;以募集方式设立股份有限公司公开发行股票的,还应当向公司登记机关报送国务院证券监督管理机构的核准文件。公司登记机关自接到申请之日起30日内作出是否予以登记的决定。核准登记的发给公司《企业法人营业执照》,股份有限公司即告成立。

在上述程序中,如发行股份超过招股说明书规定的截止期尚未募足的,或募足后30日内未召开创立大会的,或者召开了创立大会会议作出不设立公司的决议的,公司设立均告失败,发起人应向认股人返还股款并加付银行同期存款利息。在上述程序中无论哪一环节未能通过而公司不能设立的,发起人对设立行为所产生的债务和费用负连带责任。在公司设立过程中,由于发起人过失致使公司利益受到损害的,发起人应对公司承担赔偿责任。

三、股份有限公司的组织机构

(一)股份有限公司的股东大会

股份有限公司股东会是由全体股东组成的公司权力机构。

1.股份有限公司的股东及其权利义务。股份有限公司的股东是股份的所有人,是以其所持股份对公司享有权利并承担相应义务的人。股份有限公司股东的权利和义务与有限责任公司的股东的权利和义务基本一致,不再重复。

2.股东大会的性质及职权。股东大会是股份有限公司全体股东组成的公司最高权力机关,是公司法定必备的、会议形式的机构。这和有限责任公司股东会的性质相同,这里不再赘述。根据《公司法》第100条规定,股份有限公司股东会的职权与有限责任公司股东会的职权相同。

3.股东大会的召开以及议决事规则。股东大会会议分为定期会议和临时会议。定期会议也称为股东年会,《公司法》第101条规定"股东大会应当每年召开一次";临时会议,是为解决公司某些较为紧迫的特别事项而不定期召开的会议。根据《公司法》第101条规定,股东大会应当每年召开一次年会。有下列情形之一的,应当在2个月内召开临时股东大会:(1)董事人数不足本法规定人数或者公司章程所定人数的2/3时;(2)公司未弥补的亏损达实收股本总额的1/3时;

(3)单独或者合计持有公司10%以上股份的股东请求时;(4)董事会认为必要时;(5)监事会提议召开时;(6)公司章程规定的其他情形。

股东大会会议由董事会召集,董事长主持;董事长不能履行职务或者不履行职务的,由副董事长主持;副董事长不能履行职务或者不履行职务的,由半数以上董事共同推举1名董事主持。董事会不能履行或者不履行召集股东大会会议职责的,监事会应当及时召集和主持;监事会不召集和主持的,连续90日以上单独或者合计持有公司10%以上股份的股东可以自行召集和主持。

召开股东大会会议,应当将会议召开的时间、地点和审议的事项于会议召开20日前通知各股东;临时股东大会应当于会议召开15日前通知各股东;发行无记名股票的,应当于会议召开30日前公告会议召开的时间、地点和审议事项。单独或者合计持有公司3%以上股份的股东,可以在股东大会召开10日前提出临时提案并书面提交董事会;董事会应当在收到提案后2日内通知其他股东,并将该临时提案提交股东大会审议。临时提案的内容应当属于股东大会职权范围内,并有明确议题和具体决议事项。股东大会不得对前述通知中未列明的事项作出决议。无记名股票持有人出席股东大会会议的,应当于会议召开5日前至股东大会闭会时将股票交存于公司。公司法和公司章程规定公司转让、受让重大资产或者对外提供担保等事项必须经股东大会作出决议的,董事会应当及时召集股东大会会议,由股东大会就上述事项进行表决。

股东大会的议决事规则是指其议事方式和表决程序。股份有限公司股东行使表决权所依据的标准是以“所持每一股份有一表决权”,体现了股权平等、同股同权原则。其表决不论股东人数的多寡,而以股东所持的股份多少起决定性作用,故也称“资本多数决”的表决方式。但是,公司持有的本公司股份没有表决权。股东大会作出决议,必须经出席会议的股东所持表决权过半数通过。但股东大会作出修改公司章程、增加或者减少注册资本的决议,以及公司合并、分立、解散或者变更公司形式的决议,必须经出席会议的股东所持表决权的2/3以上通过。

股东大会选举董事、监事,可以根据公司章程的规定或者股东大会的决议,实行累积投票制。本法所称累积投票制,是指股东大会选举董事或者监事时,每一股份拥有与应选董事或者监事人数相同的表决权,股东拥有的表决权可以集中使用。

股东可以委托代理人出席股东大会会议,代理人应当向公司提交股东授权委托书,并在授权范围内行使表决权。股东大会应当对所议事项的决定作成会议记录,主持人、出席会议的董事应当在会议记录上签名。会议记录应当与出席股东的签名册及代理出席的委托书一并保存。

(二)股份有限公司的董事会

董事会拥有经营决策、业务执行和对外代表的权力。

1.董事会的性质及组成。股份有限公司董事会,是根据公司法规定设立的,由全体董事组成的公司经营决策和业务执行的法定常设机构。其性质与上一节阐述的有限责任公司的董事会性质相同,此处不再赘述。

股份有限公司设董事会,其成员为5—19人。董事会成员中可以有公司职工代表。董事会中的职工代表由公司职工通过职工代表大会、职工大会或者其他形式民主选举产生。董事会设董事长1人,可以设副董事长。董事长和副董事长由董事会以全体董事的过半数选举产生。董事任期由公司章程规定,但每届任期不得超过3年。董事任期届满,连选可以连任。董事任期届满未及时改选,或者董事在任期内辞职导致董事会成员低于法定人数的,在改选出的董事就任前,原董事仍应当依照法律、行政法规和公司章程的规定,履行董事职务。

2.董事会、董事长的职权。董事会的职权与有限责任公司董事会的职权相同,不再重述。

董事长召集和主持董事会会议,检查董事会决议的实施情况。副董事长协助董事长工作,董事长不能履行职务或者不履行职务的,由副董事长履行职务;副董事长不能履行职务或者不履行职务的,由半数以上董事共同推举1名董事履行职务。

3.董事会会议的召开及其议决事规则。董事会每年度至少召开两次会议,每次会议应当于会议召开10日前通知全体董事和监事。代表1/10以上表决权的股东、1/3以上董事或者监事会,可以提议召开董事会临时会议。董事长应当自接到提议后10日内,召集和主持董事会会议。董事会召开临时会议,可以另定召集董事会的通知方式和通知时限。董事会由董事长召集并主持,董事长不能履行职务时,由其指定副董事长或其他董事召集并主持会议。

董事会会议应有过半数的董事出席方可举行。董事会作出决议,必须经全体董事的过半数通过。董事会会议应由董事本人出席;董事因故不能出席,可以书面委托其他董事代为出席,委托书中应载明授权范围。董事会决议的表决,实行一人一票。董事会应当对会议所议事项的决定作成会议记录,出席会议的董事应当在会议记录上签名。董事应当对董事会的决议承担责任。董事会的决议违反法律、行政法规或者公司章程、股东大会决议,致使公司遭受严重损失的,参与决议的董事对公司负赔偿责任。但经证明在表决时曾表明异议并记载于会议记录的,该董事可以免除责任。

4.股份有限公司的经理设置及其职权。股份有限公司经理的性质、设置及职权与有限责任公司基本相同，此处不再赘述。略有不同的是股份有限公司经董事会决定，董事可兼任经理。

（三）股份有限公司的监事会

监事会是有限责任公司必须设置的公司机关，是由股东会和公司职工选举产生并向股东会负责，对公司财务以及公司董事、经理和其他高级管理人员履行职责的行为进行监督，维护公司及股东的合法权益的公司常设机构。

1.监事会的性质及其设置。股份有限公司的监事会属公司的监督机构。股份有限公司设立监事会，其成员不得少于3人。监事会应当包括股东代表和适当比例的公司职工代表，其中职工代表的比例不得低于1/3，具体比例由公司章程规定。监事会中的职工代表由公司职工通过职工代表大会、职工大会或者其他形式民主选举产生。监事会设主席1人，可以设副主席。监事会主席和副主席由全体监事过半数选举产生。监事会主席召集和主持监事会会议；监事会主席不能履行职务或者不履行职务的，由监事会副主席召集和主持监事会会议；监事会副主席不能履行职务或者不履行职务的，由半数以上监事共同推举1名监事召集和主持监事会会议。董事、高级管理人员不得兼任监事。

2.监事会的职权。监事会的职权与有限责任公司监事会或监事的职权相同，此处不再赘述。

3.监事会的议事方式和表决程序。监事会每六个月至少召开一次会议。监事可以提议召开临时监事会会议。监事会的议事方式和表决程序，除《公司法》有规定外，由公司章程规定。监事会应当将所议事项的决定作成会议记录，出席会议的监事应当在会议记录上签名。

（四）上市公司组织机构的特别规定

所谓上市公司，是指其股票在证券交易所上市交易的股份有限公司。由于上市公司对社会的影响比较大，因此《公司法》对上市公司作了特别规定。主要内容有：上市公司在1年内购买、出售重大资产或者担保金额超过公司资产总额30%的，应当由股东大会作出决议，并经出席会议的股东所持表决权的2/3以上通过。上市公司设立独立董事，具体办法由国务院规定。上市公司设立董事会秘书，负责公司股东大会和董事会会议的筹备、文件保管以及公司股权管理、办理信息披露事务等事宜。上市公司董事与董事会会议决议事项所涉及的企业有关联关系的，不得对该项决议行使表决权，也不得代理其他董事行使表决权。该董事会会议由过半数的无关联关系董事出席即可举行，董事会会议所作决议须经无关联关系董事过半数通过。出席董事会的无关联关系董事人数不足3人的，应将该事项提交上市公司股东大会审议。

第四节 公司股份与公司债券

一、股份有限公司股份的发行和转让

(一)股份的概念

股份有广义与狭义之分。广义的股份是指各类公司的股东对公司的出资,是公司资本的组成部分;狭义的股份是指均分股份有限公司的全部资本,并表示股东法律地位的基本计量单位。世界各国公司立法往往采用广义股份的概念,但并不妨碍其在股份有限公司立法中采用狭义股份的概念。我国《公司法》采用狭义股份的概念,本节中的公司股份即指狭义的股份。

股份具有以下特征:(1)股份为股份有限公司所特有。股份有限公司的全部资本划分为等额的股份,而有限责任公司的资本不划分为等额的股份。(2)股份具有平等性。其平等性一是体现在每一股份的金额相等上,或者说每一股份所代表的公司资产相等;二是体现在每一股份所表示的股东权利义务的平等性,每一股份在享有表决权、分取红利或公司终止时的剩余财产以及优先认购新股等权利相同,而每一股份对公司承担的义务也相同。(3)股份具有不可分性。股份作为均分公司资本并表示股东法律地位的基本计算单位,不能再行分割,否则就失去其作为基本计算单位的意义。(4)股份具有可转让性。其转让无须征得其他股东同意,更无须股东大会作出决议。(5)股份具有有价证券性。股份的书面表现形式是股票,股票是可流通转让的要式有价证券,而证明有限责任公司股东出资的出资证明(也称股单)不具有有价证券的性质。

(二)股票的概念、特征和形式

股票,是股份有限公司签发的证明股东按其所持股份享有股东权利和承担相应义务的可转让的书面凭证。股票和股份是形式和内容的关系,股票是股份的书面形式。

股票具有下列特征:(1)股票是一种要式有价证券。股票所代表的权利可用财产价值来衡量,必须载有股份的数额,所以它是有价证券;股票必须记载法定事项并由董事长签名、公司盖章方有效,所以它是要式证券。(2)股票是流通性的无期证券。股票可在证券市场流通转让,而股票持有人除非公司终止解散不得抽回股金,股份是永久性用于生产经营投资的资本金,因此它是无期证券。(3)股票是表明股东权的权利证券并且为证权证券。股票既不是物权凭证也不是债权凭证,股票持有人对公司享有股东权,而这种权利是以股份为基础,股份

的认缴先于股票的签发，股票只是证明原已存在的权利，故为证权证券，而不同于汇票、支票等设权证券，其权利原本不存在，由签发证券而设定权利义务关系。

我国股票的法定形式为纸面形式或者国务院证券管理部门规定的其他形式。纸面形式的股票即为实物券式股票，指发行人在证监会指定的印刷机构统一印制的书面股票；而其他形式的股票目前是指簿记券式股票，指发行人按照证监会规定的统一格式制作的、记载股东权益的书面名册。随着电子技术等科学技术的发展，股票还将会发展为其他形式，则由国务院证券管理部门根据情况再行规定。

《公司法》规定股票必须记载公司名称，公司成立的日期，股票种类、票面金额及代表的股份数，股票的编号等事项，并由法定代表人签名，公司盖章。

（三）股份的分类

股份可以从不同角度以不同标准进行划分。(1)根据股份享有的权利不同，分为普通股和特别股。普通股是指每一股份都享有平等权利的股份；特别股是指相对于普通股享有特殊权利的股份，特别股又分为优先股和后分配股。(2)根据股票是否记载股东的姓名或名称，分为记名股和无记名股。(3)根据股票上是否载明股份的金额，分为有面值股和无面值股。(4)根据股份享有的表决权不同，分为表决权股和无表决权股。表决权股又可分为一般表决权股（一股一个表决权）、限制表决权股（一股享有一个以下表决权）、多数表决权股（一股享有一个以上表决权）。(5)根据股票所表示的股份数额不同，分为单一股和复数股。(6)根据股份持有人的不同，分为国家股、法人股、个人股和外资股。

由于股票是股份的书面形式，因此股份的分类也就是股票的分类。

（四）股份的发行

股份的发行，是指设立中的股份有限公司为募集股本或者已设立的股份有限公司为增加股本，而依法向社会公众出售以及向发起人或原股东分配股份的行为。

1. 股份发行的原则。(1)公开、公平、公正原则。所谓公开是指股份的发行活动（包括发行工作及发行公司的状况等资料）应当全部向社会公开，接受社会的监督。公开对于保证公平、公正原则得以实行有重要意义。公平，是指社会公众在认购股份中应享有同等的发行价格和发行条件。公正，是指股份发行活动中一切问题的处理都应依法公正进行，保证其公正性。这一原则不仅对于保证股份的顺利发行极为重要，而且对维护社会公众利益及社会秩序稳定有重要意义。(2)同股同权、同股同价原则。同种类的每一股份应当具有同等权利。同次发行的同种类股票，每股的发行条件和价格应当相同；任何单位或者个人所认购的股份，每股应当支付相同价额。

2.股份发行的种类。股份发行分为设立发行和新股发行两种。

设立发行，是指为筹集设立股份有限公司所需的股本而进行股份的发行。由于股份有限公司的设立分为发起设立和募集设立两种方式，因此股份的设立发行也分为两种：一种是发起设立发行，指由股份有限公司的发起人认购公司应发行的全部股份以设立公司的股份发行；另一种是募集设立发行，指由股份有限公司的发起人认购公司应发行股份的一部分，而其余部分向社会公开募集，由社会公众认购以设立公司的股份发行。

新股发行，又称增资发行，是指已设立的股份有限公司为扩大经营规模需要增加股本(资本)而进行股份的再发行。新股发行也就是在以往已募集的股份的基础上再发行股份。

3.股份发行价格。《公司法》对股票发行的价格作了明确规定，因股份采取股票这一书面表现形式，所以股票的发行价格实际上也是股份的价格。《公司法》第128条规定："股票发行价格可以按票面金额，也可以超过票面金额，但不得低于票面金额。"从这一规定看，我国《公司法》允许股票的平价发行和溢价发行，而不允许其折价发行。股票的平价发行，是指股票发行价格按股票票面金额发行；股票的溢价发行，是指股票发行价格超过股票票面金额的发行；股票的折价发行，是指股票发行价格低于股票票面金额的发行。《公司法》规定不允许股票折价发行，这是因为我国对公司实行资本确定原则，要求公司设立时必须由股东缴足全部资本方可设立。股份有限公司的资本(股本)为公司所有股份之和，如果允许股票折价发行，必然会造成公司资本的虚假，造成公司资信不足，损害公司债权人的利益，公司本身也会由于资金不足而难以开展生产经营活动。

无论公司股份的设立发行还是新股发行，其股票均可采用平价发行或溢价发行。溢价发行常由多种因素决定，包括当时资金市场供求状况及利率高低，公司经营前景、发展潜力、经营现状以及公司资产增值与否等因素。在公司净资产高于其注册资本时，股票所代表的实际资产已高于股票的面值金额，溢价发行则是维护原股东的权益所必须采取的措施。但为防止公司利用溢价发行损害社会公众投资者的利益，在公司财务会计制度方面明确规定"以超过票面金额发行股票所得的溢价款列入公司资本公积金"，以避免公司随意利用溢价发行弥补其经营亏损。

4.新股的发行。新股发行是指股份有限公司成立后为增加注册资本(股本)再募集股份的行为。其意义在于解决股份有限公司为适应市场需要扩大生产经营规模而筹集资本的需要。新股发行可分为公开向社会募集和非公开募集，也可称为新股的公开发行和非公开发行。新股的非公开发行，是指原发起设立的股份有限公司向原有股东募集新股的行为；新股的公开发行，是指原募集设立的股份有限公司向原有股东或者社会公众募集新股的行为。

根据《中华人民共和国证券法》（以下简称《证券法》）第13条的规定，公司公开发行新股，应当符合下列条件：(1)具备健全且运行良好的组织机构；(2)具有持续赢利能力，财务状况良好；(3)最近3年财务会计文件无虚假记载，无其他重大违法行为；(4)经国务院批准的国务院证券监督管理机构规定的其他条件。上市公司非公开发行新股，应当符合经国务院批准的国务院证券监督管理机构规定的条件，并报国务院证券监督管理机构核准。

新股发行的程序根据《公司法》的规定可归纳为以下一些环节：(1)由董事会提出新股发行方案。(2)股东大会对新股发行作出决议。《公司法》规定，股东大会应对新股种类及数额、新股发行价格、新股发行的起止日期、向原有股东发行新股的种类及数额等事项作出决议。(3)报经政府主管部门批准。非公开发行的应报国务院授权的部门或省级人民政府批准，公开发行的则还须经国务院证券管理部门批准。(4)公开发行的必须向社会公告新股招股说明书和财务会计报表及附属明细，并制作认股书。(5)公开发行的应由证券承销机构承销，不公开发行的公司以利润向股东派送新股，或由原股东认购新股。(6)新股股款募足后由法定验资机构验资并出具验资证明。(7)向公司登记机关办理增加注册资本变更登记，并公告。(8)公司向新股认股人签发股票。

5.记名股票和无记名股票的发行。公司发行的股票，可以为记名股票，也可以为无记名股票。公司向发起人、法人发行的股票，应当为记名股票，并应当记载该发起人、法人的名称或者姓名，不得另立户名或者以代表人姓名记名。

公司发行记名股票的，应当置备股东名册，记载下列事项：(1)股东的姓名或者名称及住所；(2)各股东所持股份数；(3)各股东所持股票的编号；(4)各股东取得股份的日期。发行无记名股票的，公司应当记载其股票数量、编号及发行日期。

（五）股份的转让

股份的转让，是指股份有限公司的股份持有人依法将自己所持有的股份转让给他人，他人因此取得股份并取得公司股东资格的行为。股份转让的实质是股东资格及股东权利义务的转让。股份转让在形式上表现为股票的转让，包括股票的交易、赠与、交换、抵押和继承，最常见的主要是指股票交易。

1.股份转让的原则。股份转让采取自由转让原则，即出让方和受让方只要双方意思表示一致并履行了法定形式即发生了转让的效力，任何第三人、公司、政府部门都无权干涉。这对于发挥市场竞争机制的作用，优化资金的流向及配置都有积极作用。但对自由转让原则并不能绝对化，为维护股票交易的正常秩序，防止内幕人员的非法交易，各国公司立法对某些人员如公司发起人、董事、监事、经理持有公司股票的交易作了限制性的规定，以维护社会公众利益。

2.股份转让的时间、场所和方式。我国《公司法》规定“公司成立前不得向股东交付股票”，所以股份转让的时间必须在公司登记成立以后才能进行。这一规定可以避免公司尚未成立就发生利用股份转让投机牟利的行为，也可避免公司未登记则违法签发股票的行为发生。公司未登记签发股票，必然会造成股票上必须记载的“公司登记成立的日期”这一事项的空缺或虚假，股票作为要式证券会因此而失效。

我国《公司法》第140条第2款还规定，股东大会召开前20日内或者公司决定分配股利的基准日前5日内，不得进行上述规定的股东名册的变更登记。显然这段时间内记名股票的转让对公司无效。另外，公司进入清算之日起，其股份不得转让。前述规定都是为便于确定股东范围，以保证股东大会、公司分配股利或公司清算的顺利进行。

《公司法》对股份转让的场所规定“股东转让其股份，必须在依法设立的证券交易场所进行”，这对于规范股份转让行为，维护交易秩序及交易各方的合法权益均有重要意义。目前依法设立的证券交易场所主要有上海、深圳两个证券交易所，以及各省、市依法设立的证券交易场所。

股份转让的方式因记名股和无记名股而有所不同。我国《公司法》规定，记名股票由股东以背书方式或者法律、行政法规规定的其他方式转让，转让后由公司将受让人的姓名或者名称及住所记载于股东名册。因记名股票载有股票持有人的姓名或名称，未经其背书签章的股票转让就不具有合法性。而“法律、行政法规规定的其他方式转让”，要视电子计算机等科学技术发展的需要由法律、行政法规再行规定，这为记名股票转让实践的发展留下了余地。无论背书转让或其他方式转让，受让人均应向公司提示股票或以其他方式提示，请求公司将受让人的姓名或名称及住所等事项记载于股东名册以更换股东姓名（或名称），实践中称之为办理股票登记过户。否则股票的转让对公司无效，即转让人和受让人之间的股票转让不具有对抗公司的效力。无记名股票的转让则较为简便，只要在依法设立的证券交易场所将该股票交付给受让人后即发生转让的效力。

3.对股份转让的限制性规定。我国《公司法》对某些特定主体转让其股份作了限制性的规定。(1)规定发起人持有的本公司股份，自公司成立之日起1年内不得转让。公司公开发行股份前已发行的股份，自公司股票在证券交易所上市交易之日起1年内不得转让。这对于强化发起人设立公司的责任，避免发起人利用频繁设立公司投机牟利，甚为必要。(2)规定公司董事、监事、高级管理人员应当向公司申报所持有的本公司的股份及其变动情况，在任职期间每年转让的股份不得超过其所持有本公司股份总数的25%；所持本公司股份自公司股票上市交易之日起1年内不得转让。上述人员离职后半年内，不得转让其所持有的本公司股份。公司章程可以对公司董事、监事、高级管理人员转让其所持有的本公司股份作出其他限制性规定。这对于强化董事、监事、经理对公司的责任，防止其利用职务之便投机牟利，同样是十分必要的。

4.公司股票的收购与抵押。所谓公司股票的收购，是指公司收购本公司的股票。由于公司持有本公司的股票会造成公司产权关系的模糊，从而使公司失去其作为现代企业应具有的产权明晰的优点，也易造成公司利用公司的经济实力收购本公司的股票牟取利益，侵害股东权益。所以我国《公司法》第143条明确规定"公司不得收购本公司的股份"。

公司不得收购本公司的股份并不是绝对的，《公司法》规定公司有下列情形之一可以收购本公司的股份：(1)减少公司注册资本；(2)与持有本公司股份的其他公司合并；(3)将股份奖励给本公司职工；(4)股东因对股东大会作出的公司合并、分立决议持异议，要求公司收购其股份的。公司因前述第(1)项至第(3)项的原因收购本公司股份的，应当经股东大会决议。公司依照前款规定收购本公司股份后，属于第(1)项情形的，应当自收购之日起10日内注销；属于第(2)项、第(4)项情形的，应当在6个月内转让或者注销。公司依照上述第(3)项规定收购的本公司股份，不得超过本公司已发行股份总额的5%；用于收购的资金应当从公司的税后利润中支出；所收购的股份应当在1年内转让给职工。

由于我国《公司法》规定一般不允许公司收购本公司股份，因此绝对不允许公司持有本公司股份。根据同样的道理，《公司法》规定"公司不得接受本公司的股票作为质押权的标的"，以避免在出质人不能履行债务时，发生公司收购本公司股票的违法行为。

二、公司债券的发行和转让

(一)公司债券的概念及特征

公司债券，是指公司依照法定程序发行的、约定在一定期限还本付息的有价证券。

公司债券与公司股票相比较，既有共同点又有不同点。其共同点在于：一是发行公司债券和公司股票都是公司筹集资金的重要形式；二是公司债券和公司股票均为可流通的要式有价证券。但两者相比又有显著不同的特征。

1.公司债券是债权凭证，表明债券持有人与公司之间的债权债务关系；而公司股票是证明股票持有人对公司享有股东权并承担相应义务的凭证。公司股票既不是债权凭证也不是物权凭证，股票持有人有参与公司经营决策的权利，而债券持有人则无此权利。

2. 公司债券到期应归还本金，而公司股票除非公司终止解散不得向股东返还本金。

3. 公司债券的收益率(表现为债券利息)是固定的，而公司股票的收益率(表现为股利)则是不固定的，要视公司是否赢利及赢利多少而定。

4. 公司债券在公司终止解散时优先于公司股票得到公司财产的分配。

显然从上述几点不同可看到，股票的风险要大于债券。

对公司债券的种类目前我国《公司法》只规定有记名公司债券、无记名公司债券、可转换为股票的公司债券这三种(实际上与可转换为股票的公司债券相对应的还有不可转换为股票的公司债券)。

(二)公司债券的发行

1. 公司债券发行的条件。各国公司立法一般只允许股份有限公司发行公司债券，而有限责任公司由于其具有封闭性的特点，不向社会公开其财务状况而不便于社会对其监督，不利于维护债权人的利益，因此不允许有限责任公司发行公司债券。而我国《公司法》则不仅允许股份有限公司发行公司债券，而且允许国有独资公司和两个以上国有企业或者两个以上的国有投资主体投资设立的有限责任公司可以依法发行公司债券。这主要是出于对国有企业公司制改建资金需要的考虑，故在立法上与各国立法惯例不同。

《证券法》规定，发行公司债券，必须符合下列条件：(1)股份有限公司的净资产额不低于人民币3000万元，有限责任公司的净资产额不低于人民币6000万元；(2)累计债券余额不超过公司净资产额的40%；(3)最近3年平均可分配利润足以支付公司债券1年的利息；(4)筹集的资金投向符合国家产业政策；(5)债券的利率不超过国务院限定的利率水平；(6)国务院规定的其他条件。公开发行公司债券筹集的资金，必须用于核准的用途，不得用于弥补亏损和非生产性支出。

此外《证券法》还规定凡有下列情形之一的，不得再发行公司债券：(1)前一次发行的公司债券尚未募足的；(2)对已公开发行的公司债券或者其他债务有违约或者延迟支付本息的事实，仍处于继续状态；(3)违反《证券法》的规定，改变公开发行公司债券所募资金的用途。这三种情形下禁止再发行公司债券，有利于保证债券发行所投资项目的正确合理，有利于维护债券认购者的合法权益，避免公司以发行债券方式来弥补其亏损。

上市公司发行可转换为股票的公司债券，除应当符合上述规定外，还应当符合《证券法》关于公开发行股票的条件，并报国务院证券监督管理机构核准。

2. 公司债券发行的程序。发行公司债券的程序主要包括以下几个环节。(1)由公司董事会制订发行公司债券的方案，股东会作出发行公司债券的决议

(国有独资公司则由国有资产监督管理机构对发行公司债券作出决定)。(2)向国务院证券管理部门报请批准。公司应向国务院证券管理部门提交公司营业执照、公司章程、公司债券募集办法、资产评估报告和验资报告、国务院授权的部门或者国务院证券监督管理机构规定的其他文件,如果依法聘请保荐人的,还应当报送保荐人出具的发行保荐书等文件。国务院证券管理部门在国务院确定的发行规模范围内对符合《公司法》规定的发行公司债券的申请,予以批准;对不符合法定条件的申请,不予批准。(3)公告公司债券募集办法。公司债券募集办法应当载明公司名称、债券募集资金的用途、债券总额和债券的票面金额、债券利率的确定方式、还本付息的期限和方式、债券担保情况、债券的发行价格、发行的起止日期、公司净资产额、已发行的尚未到期的公司债券总额、公司债券的承销机构等事项。(4)由证券承销机构承销。承销分为代销和包销两种。代销是指承销机构在发行期结束后将未售出的债券全部退还给发行债券的公司的承销方式;包销则为承销机构在发行期结束后,将未售出的债券全部买下的承销方式。(5)置备公司债券存根簿。发行债券的公司应当置备债券存根簿。发行记名公司债券的,应在债券存根簿上载明下列事项:①债券持有人的姓名或名称及住所;②债券持有人取得债券的日期及债券的编号;③债券的总额,债券的票面金额、利率、还本付息的期限和方式;④债券的发行日期。发行无记名公司债券的,则应在债券存根簿上载明债券总额、利率、偿还期限和方式、发行日期及债券的编号。

(三)公司债券的转让

《公司法》对公司债券的转让作了明确规定。公司债券可以转让,转让价格由转让人与受让人约定。公司债券在证券交易所上市交易的,按照证券交易所的交易规则转让。

记名公司债券的转让,由债券持有人以背书方式或者法律、行政法规规定的其他方式转让;转让后由公司将受让人的姓名或者名称及住所记载于公司债券存根簿。无记名公司债券的转让,由债券持有人将该债券交付给受让人后即发生转让的效力。

(四)公司债券的还本付息及转换

我国《公司法》采用各国公司立法通例,对公司债券的还本付息不作明确详尽规定,但在对"公司债券"、"公司债券募集办法"及"公司债券存根簿"应载明的事项中都规定应载明利率、偿还期限及方式等事项。各国通常做法,债券的还本付息都依"公司债券募集办法"或者"公司债券应募书"、"公司债券"中的规定或约定办理。我国则依公司债券、公司债券募集办法及公司债券存根簿中的约定及规定办理。

可转换为股票的公司债券一经转换，也应视为公司债券本金已得到偿还，在公司资产负债表中应将其从负债栏中转到股东权益栏中。我国《公司法》规定在公司债券募集办法中应规定具体的转换办法，债券持有人对转换或不转换股票有选择权，公司不得拒绝转换或强制其转换。债券持有人只要在转换办法规定的转换期限内，向公司作出要求转换的单方意思表示，公司即应办理转换手续，换发股票。

第五节　公司财务会计的法律规定

一、公司的财务会计报告

《公司法》规定公司应当依照法律、行政法规和国务院财政部门的规定建立本公司的财务、会计制度。目前，建立公司财务、会计制度所依据的法律、法规及规章主要有《公司法》、《会计法》、《注册会计师法》等法律，以及财政部颁布的《企业财务通则》和《企业会计准则》及各行业会计制度。

公司的财务会计报告是公司向有关方面和国家有关部门提供本公司财务状况和经营成果等信息的书面文件，是对公司投资、营运、管理、贷款以及进行监督或进行经营决策的重要财务数据资料。规范公司财务会计报告的编制及提供十分重要。

《公司法》规定公司应当在每一会计年度终了时制作财务会计报告，并依法由会计师事务所进行审计验证。公司财务会计报告包括资产负债表、损益表、财务状况变动表、财务情况说明书以及利润分配表等财务会计报表及附属明细表。

《公司法》对公司财务会计报告的置备及提供、公告作了明确规定：有限责任公司应当按照公司章程规定的期限将财务会计报告送交各股东。股份有限公司的财务会计报告应当在召开股东大会年会的20日以前置备于本公司，供股东查阅；公开发行股票的股份有限公司必须公告其财务会计报告。

公司应当向聘用的会计师事务所提供真实、完整的会计凭证、会计账簿、财务会计报告及其他会计资料，不得拒绝、隐匿、谎报。公司除法定的会计账簿外，不得另立会计账簿。对公司资产，不得以任何个人名义开立账户存储。否则，公司及相关人员要承担相应的法律责任。

二、公司利润的分配

公司利润的分配涉及公司、公司股东、债权人及公司职工等各方面的利益。

公司利润是指公司营业利润、投资净收益及营业外收支净额在缴纳所得税后的税后利润，应按下列顺序及规定分配。

1. 公司法定公积金不足弥补公司以往年度亏损的，应首先用当年利润弥补亏损。

2. 提取法定公积金，提取比例为当年利润的10%，法定公积金累计提取金额达到公司注册资本的50%时可以不再提取。公司的公积金用于弥补公司的亏损、扩大公司生产经营或者转为增加公司资本。但是，资本公积金不得用于弥补公司的亏损。法定公积金转为资本时，所留存的该项公积金不得少于转增前公司注册资本的25%。股份有限公司以超过股票票面金额的发行价格发行股份所得的溢价款以及国务院财政部门规定列入资本公积金的其他收入，应当列为公司资本公积金。

3. 提取任意公积金。公司从税后利润中提取法定公积金后，经股东会或者股东大会决议，还可以从税后利润中提取任意公积金。

4. 公司弥补亏损和提取公积金后所余税后利润，有限责任公司依照《公司法》第35条的规定分配；股份有限公司按照股东持有的股份比例分配，但股份有限公司章程规定不按持股比例分配的除外。《公司法》第35条规定："股东按照实缴的出资比例分取红利；公司新增资本时，股东有权优先按照实缴的出资比例认缴出资。但是，全体股东约定不按照出资比例分取红利或者不按照出资比例优先认缴出资的除外。"

股东会、股东大会或者董事会违反上述规定，在公司弥补亏损和提取法定公积金之前向股东分配利润的，股东必须将违反规定分配的利润退还公司。公司持有的本公司股份不得分配利润。

第六节　公司的变更、终止和清算

一、公司的变更

公司的变更，是在市场经济条件下为适应市场需要，而进行企业组织结构、产品结构调整的重要措施。公司变更包括公司合并、分立、变更公司组织形式，增减注册资本以及其他重要注册登记事项的变更。

（一）公司合并

公司合并，是指两个或两个以上的公司依照法律规定和合同约定，合并成一个公司的行为。公司合并分为新设合并和吸收合并。公司的新设合并，是指两个或两个以上公司合并设立一个新的公司，合并各方解散；公司的吸收合并，是指一个公司吸收其他公司而存续，被吸收的公司解散。

公司合并的程序。(1)由董事会提出合并或分立的方案。(2)公司股东会对公司合并作出特别决议。有限责任公司股东会必须经代表2/3以上表决权的股东通过公司合并特别决议；股份有限公司股东大会必须经出席会议的股东所持表决权的2/3以上通过。而国有独资公司由于不设股东会，其合并由国家国有资产监督管理部门决定。(3)签订公司合并合同。由合并各方法定代表人或拟分立存续或新设的公司法定代表人草签合并合同或分立合同。合并合同要经董事会讨论通过后经股东会批准。(4)编制公司资产负债表及财产清单。(5)通知和公告债权人并经债权人异议。公司合并必然涉及公司股东、债权人的利益，股东可在股东会上对公司合并发表意见参与决议以维护自身利益，而对债权人合法权益的保护，我国公司法和世界各国公司立法通例都在公司合并或分立中规定了债权人异议程序。我国《公司法》规定公司应当自作出合并决议之日起10日内通知债权人，并于30日内在报纸上公告。债权人自接到通知书之日起30日内，未接到通知书的自公告之日起45日内，可以要求公司清偿债务或者提供相应的担保。(6)实施合并。应根据合并合同或分立合同的规定，移交财产和债权债务，转换出资或股份。合并后存续或新设的公司应召开股东会或公司创立会议，选举公司董事会和监事会成员，通过存续公司的章程修改或新设公司的章程。(7)办理登记。合并或分立中解散的公司应向公司登记机关办理注销登记手续；合并或分立中存续的公司则办理变更登记；合并或分立中新设的公司则应办理设立登记。上述登记被核准，公司合并或分立即告完成。

公司合并的效力是指公司合并或分立所产生的法律后果，主要包括以下几个方面。(1)公司设立、变更、消灭的效力。公司合并中新设的公司取得法人资格；存续的公司发生变更即法人实体发生变化；解散的公司则丧失法人资格。(2)股东转换对公司出资或股份的效力。合并前股东对公司的出资或持有的股份，应转换为对合并后存续或新设公司的出资或持有的股份。(3)合并前的公司的权利义务转移给合并后存续或新设公司的效力。公司合并时，合并各方的债权、债务，应当由合并后存续的公司或者新设的公司承继。

(二)公司分立

公司分立是指一个公司依照法律规定和合同约定，分立为两个或两个以上公司的行为。在实践中公司分立分为新设分立和派生分立。公司新设分立，是指一个公司法人资格消灭而以其财产分割新设立两个或两个以上具有法人资格的新公司；公司派生分立，是指一个公司法人资格存续情况下分出其一部分财产又成立一个具有法人资格的新公司。

公司分立，其财产作相应的分割。公司分立，应当编制资产负债表及财产清单。公司应当自作出分立决议之日起10日内通知债权人，并于30日内在报纸上公告。公司分立前的债务由分立后的公司承担连带责任。但是，公司在分立前与债权人就债务清偿达成的书面协议另有约定的除外。

（三）公司注册资本的增减

公司增加注册资本时，先要由董事会提出方案，股东会作出决议，股份有限责任公司增加注册资本则要发行新股，有限责任公司增加注册资本可要求原股东增加出资或以公司利润转增资本，或者增加股东人数吸收新股东的出资。出资后经法定验资机构验资并出具验资证明，最后要向公司登记机关办理变更登记，经核准变更登记，公司增加注册资本即告完成。

公司因适应市场需要而缩小经营规模或生产经营的范围就应减少注册资本，否则就会造成资本的浪费，并导致公司生产经营成本上升同时公司资本利润率的下降。公司减少注册资本的程序如下：(1)董事会提出减少注册资本的方案并负责编制资产负债表及财产清单。(2)股东会就减少注册资本作出决议。(3)法律、行政法规规定要经审批的有限责任公司和所有的股份有限公司要报经政府主管部门批准。(4)通知和公告债权人并经债权人异议，其做法同公司合并时的程序相同。(5)减少注册资本。可向原股东返还出资或收购股份。(6)验资并出具验资证明。(7)办理变更登记，经核准变更登记，公司减少注册资本即告完成。公司减资后的注册资本不得低于法定的最低限额。

二、公司解散

各国公司立法对公司终止事由的规定可分为任意终止事由和强制终止事由。任意终止，是指基于公司的意思而自愿终止；强制终止，是指公司基于法律规定或者有关机关的命令或裁判而终止。我国《公司法》规定的公司终止事由基本上也包括这两大类。

我国《公司法》第181条规定，公司因下列原因解散：(1)公司章程规定的营业期限届满或者公司章程规定的其他解散事由出现；(2)股东会或者股东大会决议解散；(3)因公司合并或者分立需要解散；(4)依法被吊销营业执照、责令关闭或者被撤销；(5)人民法院依照《公司法》第183条的规定予以解散。《公司法》第183条规定，公司经营管理发生严重困难，继续存续会使股东利益受到重大损失，通过其他途径不能解决的，持有公司全部股东表决权10%以上的股东，可以请求人民法院解散公司。

公司有上述第(1)项情形的，可以通过修改公司章程而存续。修改公司章程，有限责任公司须经持有2/3以上表决权的股东通过，股份有限公司须经出席股东大会会议的股东所持表决权的2/3以上通过。

三、公司清算

公司清算,是指法律或公司章程规定的公司终止事由出现后,对公司资产、债权债务进行清理处分,了结公司债务,并向股东分配剩余财产,终结公司所有法律关系的法律行为。

公司清算是公司终止中极为重要的法定程序,其最终目的是终结公司的一切法律关系,使公司法人资格消灭,清算中的公司法人资格依然存在,但只能从事与清算有关的活动,只有清算终结并办理注销登记后,公司法人资格才消灭。

公司因上述(1)、(2)、(4)、(5)条原因而解散的,应当在解散事由出现之日起15日内成立清算组,开始清算。有限责任公司的清算组由股东组成,股份有限公司的清算组由董事或者股东大会确定的人员组成。逾期不成立清算组进行清算的,债权人可以申请人民法院指定有关人员组成清算组进行清算。人民法院应当受理该申请,并及时组织清算组进行清算。

清算组在清算期间行使下列职权:(1)清理公司财产,分别编制资产负债表和财产清单;(2)通知、公告债权人;(3)处理与清算有关的公司未了结的业务;(4)清缴所欠税款以及清算过程中产生的税款;(5)清理债权、债务;(6)处理公司清偿债务后的剩余财产;(7)代表公司参与民事诉讼活动。

公司清算的程序主要包括以下几个环节。(1)成立清算组。(2)通知或公告债权人申报债权。清算组应当自成立之日起10日内通知债权人,并于60日内在报纸上至少公告三次。债权人应当自接到通知书之日起30日内,未接到通知的自第一次公告之日起45日内,向清算组申报债权。债权人申报其债权,应说明债权的有关事项并提供证明材料,清算组应当对债权进行登记。(3)制定清算方案并报股东会或有关主管机关确认。清算组在清理公司财产、编制资产负债表和财产清单后,应当制定清算方案,并报股东会、股东大会或者人民法院确认。如清算组在清理公司财产、债权债务中发现公司财产不足以清偿债务的,应即向人民法院申请宣告公司破产,经人民法院裁定宣告破产后,清算组应将清算事务移交给人民法院,公司清算即告终止,破产清算开始进行。(4)清偿债务。在清算方案被确认后,清算组应以公司财产分别支付清算费用、公司欠其职工的工资、劳动保险费用和法定补偿金,缴纳所欠税款,清偿公司债务。(5)向股东分配剩余财产。公司清偿债务后的剩余财产,应分配给股东。有限责任公司按股东出资比例分配,股份有限公司按股东持有股份的比例分配。公司财产在未清偿公司债务之前,不得向股东分配。否则,公司及有关人员应承担法律责任。(6)清算终结,办理注销登记。公司清算结束后,清算组应当制作清算报告,报股东会、股东大会或者人民法院确认,并报送公司登记机关,申请注销公司登记,公告公司终止。

案例评析

【案例 1】

(1)甲有限责任公司(以下简称“甲公司”)由A企业、B企业、C企业共同投资于2006年1月1日成立,注册资本为1000万元,其中A企业认缴的出资为600万元,B企业认缴的出资为300万元,C企业认缴的出资为100万元。根据公司章程的规定,A企业、B企业、C企业的首次出资额为各自认缴出资额的25%,其余75%的出资在2007年7月1日前缴足。

(2)2006年2月,甲公司为A企业100万元的银行贷款提供担保,该担保事项提交股东会表决时,A企业未参加表决,B企业赞成,C企业反对,股东会通过了该项决议。

(3)2006年4月,甲公司采取欺诈手段,与乙公司签订了1000万元的买卖合同,乙公司依约发货后,甲公司股东蓄意转移公司财产,以甲公司财产不足为由拒绝支付乙公司的货款。债权人乙公司要求股东A企业清偿1000万元的债务。

(4)2006年5月,丙公司侵犯了甲公司的商标专用权,给甲公司造成了200万元的经济损失。股东B企业直接向人民法院提起诉讼,要求丙公司赔偿损失。

(5)2006年6月,股东C企业拟将自己的全部出资对外转让给D企业,C企业就其股权转让事项书面通知A企业、B企业征求同意,但A企业、B企业自接到书面通知之日起满30日未予以答复。

(6)2006年7月1日,甲公司股东会通过了公司分立决议,在股东会表决时投反对票的B企业请求甲公司以合理的价格收购其股权,但B企业与甲公司在60日内未能达成股权收购协议。

问题:1.根据(1)所提示的内容,指出甲公司章程规定的股东出资期限是否符合法律规定?

2.根据(2)所提示的内容,指出甲公司股东会对担保事项的决议是否符合法律规定?

3.根据(3)所提示的内容,债权人乙公司要求股东A企业清偿债务的主张是否符合法律规定?

4.根据(4)所提示的内容,指出股东B企业能否直接向人民法院提起诉讼?

5.根据(5)所提示的内容,指出C企业能否转让自己的出资?

6.根据(6)所提示的内容,指出B企业还可以采取什么行动?

【评析】

1. 出资期限符合规定。根据《公司法》的规定，有限责任公司全体股东的首次出资额不得低于注册资本的20%，其余部分由股东自公司成立之日起2年内缴足。在本案中，甲公司全体股东的首次出资额、出资期限均符合规定。

2. 符合规定。根据《公司法》的规定，公司为股东提供担保的，必须经股东会决议，接受担保的股东不得参加表决，该项表决由出席会议的其他股东所持表决权的过半数通过。在本题中，接受担保的A企业未参加表决，该决议经出席会议的其他股东B、C所持表决权的过半数通过。

3. 符合规定。根据《公司法》的规定，公司股东滥用公司法人独立地位和股东有限责任，逃避债务，严重损害公司债权人利益的，股东应当对公司债务承担连带责任。

4. B企业可以直接向人民法院提起诉讼。根据《公司法》的规定，公司董事、监事、高级管理人员以外的他人侵犯公司合法权益，给公司造成损失的，有限责任公司的股东可以书面请求董事会或者监事会向人民法院提起诉讼，或者直接向人民法院提起诉讼。

5. C企业可以转让自己的出资。根据《公司法》的规定，股东向股东以外的人转让股权，应当经其他股东过半数同意。股东应就其股权转让事项书面通知其他股东征求同意，其他股东自接到书面通知之日起满30日未答复的，视为同意转让。在本题中，由于股东A企业、B企业自接到书面通知之日起满30日未答复，视为同意转让。因此，C企业可以转让自己的出资。

6. B企业可以自股东会会议决议通过之日起90日内向人民法院提起诉讼。根据《公司法》的规定，有限责任公司合并、分立、转让主要财产的，对股东会该项决议投反对票的股东可以请求公司按照合理的价格收购其股权，自股东会决议通过之日起60日内，股东与公司不能达成股权收购协议的，股东可以自股东会决议通过之日起90日内向人民法院提起诉讼。

【案例2】

2007年8月8日，甲、乙、丙、丁共同出资设立了一家有限责任公司(下称公司)。公司未设董事会，仅设丙为执行董事。2008年6月8日，甲与戊订立合同，约定将其所持有的全部股权以20万元的价格转让给戊。甲于同日分别向乙、丙、丁发出拟转让股权给戊的通知书。乙、丙分别于同年6月20日和24日回复，均要求在同等条件下优先购买甲所持公司全部股权。丁于同年6月9日收到甲的通知后，至7月15日未就此项股权转让事项作出任何答复。戊在对公司进行调查的过程中，发现乙在公司设立时以机器设备折合30万元用于出资，而该机器设备当时的实际价值仅为10万元。公司股东会于2008年2月就2007年度利润分配作出决议，决定将公司在该年度获得的可分配利润68万元全部用于分红，并在4月底之前实施完毕。至7月底丁尚未收到上述分红利润，在没有告知公司任何机构和人员的情况下，直接向人民法院提起诉讼，要求实施分红决议。

问题：1. 丁未作答复将产生何种法律效果？

2. 乙、丙均要求在同等条件下，优先受让甲所持公司全部股权，应当如何处理？

3. 如果乙出资不实的行为属实，应当如何处理？

4. 丁直接向人民法院提起诉讼的行为是否符合法律程序？并说明理由。

【评析】

1. 丁未作答复视为同意转让。根据《公司法》规定，股东应就其股权转让事项书面通知其他股东征求同意，其他股东自接到书面通知之日起满30日未答复的，视为同意转让。

2. 乙、丙均主张优先权时，协商确定各自的购买比例；协商不成的，按照转让时各自的出资比例行使优先购买权。

3. 对乙出资不实的行为，应当由乙补足其差额，公司设立时的其他股东甲、丙、丁承担连带责任。

4. 丁直接向人民法院提起诉讼的行为符合法律程序。根据《公司法》规定，公司董事、高级管理人员违反法律、行政法规或者公司章程的规定，损害股东利益的，股东可以依法向人民法院提起诉讼。

【案例3】

甲公司2007年12月31日的资产负债表显示的净资产为负，财务状况不断恶化。有关资产：商业用房一间，账面价值100万元；机器设备一套，账面价值20万元；银行存款30万元；应收乙的账款30万元(2008年1月20日到期)，应收丙的账款70万元(2008年2月6日到期)。甲公司有关负债：应付丙的账款50万元(2008年3月5日到期)；应付丁的账款180万元(2008年1月10日到期)。2008年以来，甲公司的资产处理及债权债务清偿情况如下。(1)1月20日，丁请求甲公司偿还欠款未果。但在1月28日丁发现甲公司曾于1月15日将机器设备赠送给了戊。(2)2月3日，甲公司将拥有的商业用房以60万元的价格(市场价格为120万元)转让给非关联企业己公司，己公司在不知情的情况下，受让该房产，并办理了过户登记手续。(3)2 月 21 日后，甲公司一直催告乙偿还债务，但乙到 8 月底仍未偿还，甲公司亦未采取其他法律措施。(4)3 月 15 日，甲公司向丙提出就 50 万元债权债务予以抵销。(5)4 月 10 日，甲公司与庚公司签订债权转让合同，将对丙的 20 万元债权以 18 万元的价格转让给庚。

问题：1. 丁是否有权请求人民法院撤销甲公司将机器设备赠送给戊的行为？

2. 丁是否有权请求人民法院撤销甲公司将商业用房转让给己公司的行为？

3. 丁是否有权代位行使甲对乙的债权？

4. 甲是否有权向丙主张就 50 万元的债权债务予以抵销？

5. 甲、庚之间的债权转让何时生效？何时对丙产生效力？

【评析】

1. 丁有权请求人民法院撤销甲公司将机器设备赠送给戊的行为。根据《公司法》的规定，因债务人无偿转让财产，对债权人造成损害的，债权人可以请求人民法院撤销债务人的行为。

2. 丁无权请求人民法院撤销甲公司将商业用房转让给己公司的行为。根据《公司法》的规定，债务人减少财产的处分行为中，以明显不合理的低价转让财产，对债权人造成损害，并且受让人知道该情形的，债权人可以请求人民法院撤销债务人的处分行为。本题中，己公司属于不知情的善意第三人，因此该行为丁公司无权撤销。

3. 丁有权代位行使甲对乙的债权。根据《公司法》的规定，债务人怠于行使其对第三人享有的到期债权，危及债权人债权实现时，债权人为保障自己的债权，可以自己的名义代位行使债务人对次债务人的债权。

4. 甲可以主张抵销。根据《公司法》的规定，当事人互负到期债务，债务标的物种类、品质相同的，任何一方均可主张抵销；标的物种类、品质不相同的，经双方协商一致，也可以抵销。

5. 甲、庚之间的债权转让于 4 月 10 日生效，丙接到债权转让通知后对丙产生效力。根据《公司法》的规定，债权人转让权利，不需要经债务人同意，但应当通知债务人。未经通知，该转让对债务人不发生效力。

【案例 4】

A 股份有限公司拟召开 2009 年度股东大会年会，审议批准董事会报告，审议批准监事会报告，审议批准年度财务预算方案、决算方案，审议批准公司的利润分配方案。公司在国务院证券管理部门指定的报纸上登载了召开股东大会年会的通知。通知内容如下：

A 股份有限公司关于召开 2009 年度股东大会年会的通知

兹定于 2009 年 5 月 15 日在公司本部办公楼二层会议室内召开 2009 年度股东大会年会，特通知如下：

一、凡持有本公司股份 50 万股以上的股东可向本公司索要本通知，并持通知出席股东大会会议。

二、持有本公司股份不足 50 万股的股东，可自行组合，每 50 万股选出一名代表，向本公司索要本通知，并持通知出席股东大会会议。

三、持有本公司股份不足 50 万股的股东，5 月 10 日前不自行组合产生代表的，本公司将向其寄送“通讯表决票”，由其通讯表决。

A 股份有限公司董事长＊＊＊

2009 年 5 月 5 日

问题：阅读上述资料，指出上述通知有哪些违法之处？根据是什么？

【评析】

有下列违法之处：(1)通知发出时间违反《公司法》。根据《公司法》规定，召开股东大会，应于会议召开 30 日以前通知各股东。(2)通知中未将审议的四个事项列出。根据《公司法》规定，召开股东大会，应将审议事项通知各股东。(3)通知中一、二项均违反《公司法》，剥夺了部分股东的表决权。根据是，违反股东平等原则，即《公司法》关于“股东出席大会，所持每一股份有一表决权”的规定。(4)通知的第三项，强行股东选择通讯表决形式，剥夺了股东的质询权。根据是，违反了《公司法》关于股东“对公司经营提出建议或者质询”的规定。(5)通知由董事长署名，而不是署公司董事会。违反了股东大会应由有召集权的人召集的规定。根据是，《公司法》规定，股东大会由董事会依《公司法》规定负责召集。

【案例 5】

单某为某市电器商场股份有限公司董事兼总经理。2006 年 11 月，单某以本市百货公司名义从国外进口一批家电产品，共计价值 80 多万元。之后，单某将该批家电产品销售给了本市五金交化公司。电器商场董事会得知此事后，认为单某身为本公司董事兼总经理，负有竞业禁止义务，不得经营与本公司同类的业务，单某的行为违反了有关法律规定，应属无效。于是，决议责成单某取消该合同，而将该批家电产品由电器商场买下。五金交化公司认为，该批家电产品的买卖，是在该公司与百货公司之间进行的，与电器商场无关。合同的成立是双方当事人意思表示一致，而且合同的内容不违法，所以是有效的。至于单某作为电器商场董事而经营与电器商场相同的业务，属于电器商场的内部事务，与百货公司和五金交化公司无关。双方争执不下，遂诉至人民法院。法院查明，单某曾于2006年2月决定以电器商场一幢楼房为电器商场第四大股东本市建筑工程公司的债务提供担保，于2006年1月将自己的一辆小轿车卖给电器商场，事后公司的股东才知晓情况。

问题：1. 单某买卖家电的行为是否合法？

2. 电器商场的主张有依据吗？

3. 对单某买卖家电的行为应如何处理？

4. 对单某为建筑工程公司提供担保的行为可能作出哪些处理？

5. 单某卖小轿车给电器商场的行为是否有效？

【评析】

1. 我国《公司法》第149条第1款第(5)项规定："未经股东会或者股东大会同意，利用职务便利为自己或者他人谋取属于公司的商业机会，自营或者为他人经营与所任职公司同类的业务。"此条规定即为董事、经理的竞业禁止义务。意思是指公司的董事、经理不得从事与本公司同类营业性质的商业活动，目的是禁止董事、经理利用其职务，损害公司利益。在本案中，电器商场的经营范围当然包括家电产品的购销。单某身为电器商场的董事兼总经理，却以百货公司的名义购销家电产品，实际上是为百货公司进行商业活动，显然属于与电器商场的同类营业行为，而且是以营利为目的。因此，单某的行为违反了《公司法》的规定。

2. 对于董事、经理违反竞业禁止义务的行为有无法律效力，《公司法》未作出明确规定。《公司法》规定董事、经理负有竞业禁止义务，这是公司与董事、经理之间的规则，也可以说是内部规则，如果董事、经理违反上述义务，就应按《公司法》的规定承担责任。但是《公司法》并没规定董事、经理的竞业行为无效，只是规定"董事、高级管理人员违反前款规定所得的收入应当归公司所有"，意思是董事、经理的竞业行为并非当然无效。本案中，单某为百货公司购买家电，又售给五金交化公司，该买卖是在百货公司与五金交化公司之间进行的，双方的合同是由双方意思一致而达成的，合同内容也不违法，所以不能认为是无效的合同。电器商场要求将这批家电产品转由其买受，没有法律依据，不足采信。所以不能因为单某违反竞业禁止义务，判定其竞业行为本身为无效民事行为。因为我国《公司法》没有作出这样的明确规定。

3. 根据《公司法》第149条第2款和第150条的规定，董事、经理违反竞业禁止义务，其所得应当归公司所有，以保护公司及股东的利益。因此，单某因买卖这批家电产品所得的一切收入，应当归公司所有。如果因单某的竞业行为而使公司的利益遭受损害的，公司还可以要求损害赔偿。

4.《公司法》第16条第2款规定:“公司为公司股东或者实际控制人提供担保的,必须经股东会或者股东大会决议。”单某为公司的股东提供担保这一行为,是股东事后才知道的,因此违反了《公司法》第16条第2款的规定。第149条第1款第(3)项规定:“违反公司章程的规定,未经股东会、股东大会或者董事会同意,将公司资金借贷给他人或者以公司财产为他人提供担保。”第149条第2款规定,董事、高级管理人员违反前款规定所得的收入应当归公司所有。第150条规定,董事、监事、高级管理人员执行公司职务时违反法律、行政法规或者公司章程的规定,给公司造成损失的,应当承担赔偿责任。因此,可做以下处理:(1)责令取消该担保;(2)由单某赔偿电器商场损失;(3)单某因担保所得收入归电器商场所有;(4)由电器商场给予单某处分。

5.《公司法》第149条第1款第(4)项规定:“违反公司章程的规定或者未经股东会、股东大会同意,与本公司订立合同或者进行交易。”本规定即是公司董事、经理的禁止自我交易义务。本案中单某未经股东会同意,擅自做主将自己的小轿车卖与公司,系违反禁止自我交易的行为,公司可主张该行为无效。

【思考练习】

一、名词解释

公司　有限责任公司　股份有限公司　公司债券

二、简答题

1.简述有限责任公司设立的条件。

2.简述有限责任公司的股份转让。

3.简述股份有限公司设立的条件。

4.简述公司董事、监事和高级管理人员的任职资格和义务。

5.简述公司利润的分配顺序。

6.简述公司的解散和清算。

第二章

合伙企业法律制度

本章导读

合伙是一项古老的民商事制度，合伙企业是具有一定主体资格的商事主体。本章主要讲述合伙企业法律制度，包括合伙企业的设立、合伙企业的财产权与法律地位、合伙人的权利与合伙事务的执行、合伙企业与第三人的关系、入伙与退伙等制度。

重点问题

1. 普通合伙企业的财产构成。
2. 普通合伙企业合伙事务的执行。
3. 普通合伙人对合伙企业债务的分担。
4. 特殊的普通合伙企业的概念与特征。
5. 有限合伙企业的特殊规定。

第一节　合伙企业法概述

一、合伙的概念、特征与分类

（一）合伙的概念

合伙制度起源于罗马法。在企业制度发展的历史上，合伙是最古老的一种企业形式之一。从某种意义上讲，只要有人与人之间的合作便有合伙。最早的合伙大概可以追溯到古巴比伦的合作收割和希腊、罗马的文艺复兴时期的贸易企业。中世纪后，在欧洲一些国家，合伙作为避免被指控为高利贷而采用的将商人与资金供应者结合起来的促进商业发展的重要手段与方式。即使在现代经济中，它也以设立简便、出资灵活、经营便利等特点而占有一席之地。以美国为例，虽然美国具有大批的现代公司，但合伙企业在其经济生活中仍发挥重要作用。目前美国约有 250 万家合伙企业，约占全部企业的 12%。合伙遍及美国经济的各个角落，涉及金融、保险、不动产、各类服务行业、批发与零售行业。德国、法国的情况也大体如此。

由于各国法律制度的差异，合伙形式的多样性和差异性，不同范畴下的合伙概念，其表述的侧重点是有所不同的。一般来说，民事合伙可表述为：以共同目的为基础，以合伙契约为纽带，各合伙人对外承担无限连带责任而形成的一种民事法律关系。而商事合伙的概念则可表述为：以营利为目的，以合伙契约为基础，具有一定程度的主体资格，但不具有法人资格的团体。

(二)合伙的特征

尽管民事合伙与商事合伙存在着一定的区别，两者在法律本质的定性认识上也存在着不同的侧重点，但是基于民商同源的关系，两者还是具有一些共同的法律特征的，主要表现在以下几个方面。

1. 合伙必须由两个或两个以上合伙人组成。两个或两个以上的合伙人是合伙得以成立的事实基础，单个主体是不可能构成合伙关系的。至于合伙人的主体资格，世界各国立法也不尽相同，有的国家立法要求合伙人仅局限于自然人，禁止法人公司成为合伙人，《瑞士债务法》、《日本商法》均持此观点。有些国家立法认为合伙人并不局限于自然人，其他类型的法律主体如公司也可成为合伙人，《美国标准公司法》、《德国商法典》就持此种观点。就我国立法来看，无论是《民法通则》，还是《合伙企业法》，均认为除自然人以外，其他类型的法律主体也可成为合伙人。《合伙企业法》第 2 条第 1 款规定："本法所称合伙企业，是指自然人、法人和其他组织依照本法在中国境内设立的普通合伙企业和有限合伙企业。"但是，我国《合伙企业法》也考虑到一些法律主体的自身特点，以及与其他法律规定相协调等因素，就国有独资公司、国有企业、上市公司以及公益性的事业单位、社会团体成为普通合伙人作了禁止性规定，上述主体不得成为普通合伙人。

2. 合伙契约是成立合伙关系的法律基础。无论民事合伙还是商事合伙，合伙契约都是建立合伙关系的法律基础，是全体合伙人意思表示一致的产物，是各个合伙人享有权利、承担义务的基础。

3. 合伙不具有独立的法人资格。无论民事合伙还是商事合伙，因合伙关系中未能形成合伙自身独立于各合伙人的财产，从而未能形成合伙独立的人格归属，合伙一般都不具有独立的法人资格。

4. 通常情况下，各合伙人承担无限连带责任。由于合伙不具备独立的法人资格，合伙亦没有完全独立的法人财产，因此，在通常情况下，民事合伙以及商事合伙的合伙人对外应承担无限连带责任，但是随着合伙形式的不断发展，个别合伙人按照合伙契约仅以出资额为限承担有限责任的有限合伙也成为了合伙的一种重要的法律形式。

5.合伙具有人合属性。合伙人之间彼此相互信任的关系，是合伙得以成立以及维系的重要基础。在罗马法中，合伙人之间的关系被认是一种特别的人身关系，近现代以来多种合伙形式的出现，也都没有改变合伙的存在是有赖于每一个合伙人信守诺言的信心。

(三)合伙的分类

从历史发展的角度，以不同的分类标准来认识合伙，会有不同的分类结果，有些已经被立法所采纳，有些则仅是学理研习的结果。

1.民事合伙与商事合伙。这是大陆法系国家对合伙最为传统的分类认识。就民事合伙与商事合伙的分类标准来看，从目的说的角度认为，以是否具有营利性目的对两者进行区分；从规范说的角度认为，以受民法调整还是受商法调整对两者进行区分，不同观点均有可取之处。无论是在民商分立还是在民商合一的国家，民事合伙与商事合伙各自的特征都是非常显著的，主要表现在以下几个方面。(1)民事合伙被认为是一种契约关系，具有不稳定性的特征，并未形成独立于各合伙人的主体概念，各合伙人之间权利义务关系完全依照合伙契约而定，各合伙人是民事合伙权利义务的实际归属者，民事合伙所取得的财产属于全体合伙人共有，其所要承担的义务也由全体合伙人连带承担。但是，商事合伙则具有了一定的主体性特征，成为了一个较为稳定的主体性组织体，表现出了某些法人的特征。例如，商事合伙可以以自己的名义从事经营活动，在权利享有上首先归属于合伙，在义务承担上也首先由合伙予以承担；在诉讼活动中，商事合伙也可以合伙的名义起诉、应诉；同时商事合伙也可以形成自身一定的组织结构，完成内部管理职能，这些都表明了商事合伙已经具有了一定的主体性特征。(2)民事合伙一般不涉及商号问题，全体合伙人即是当然的权利义务归属者。但是商事合伙是一个较为稳定的组织体，具有一定的主体性，既为主体，就需要具有主体之名称，并在该名义下对外开展活动。(3)民事合伙既为契约关系，也就无须进行登记，是否设立账簿也完全由各合伙人自行而定。但是商事合伙在绝大多数国家必须要进行商事登记，并建立商事账簿。

2.普通合伙与有限合伙。这种区分主要是针对商事合伙而言的，《公司法》是英美法系国家对合伙进行的区分。若全体合伙人对合伙债务均承担无限连带责任，则为普通合伙；若合伙组织体中，存在着一个或一个以上对合伙债务仅以出资额为限承担有限责任的合伙人，而其他合伙人承担无限连带责任的，此种合伙为有限合伙。

3.显名合伙与隐名合伙。显名合伙与隐名合伙是大陆法系国家对合伙进行的一个传统分类，其划分的标准是：在合伙存续过程中，全体合伙人是否公开其身份和姓名，是否参与合伙组织的经营管理，是否对合伙债务承担无限连带责任。在显名合伙中，全体合伙人均须公开其身份和姓名，如合伙体需要登记，全体合伙人均须在登记机关进行登记；全体合伙人共同出资、共同经营、共享收益、共担风险，而且全体普通合伙人对合伙组织的债务承担无限连带责任。显名合伙是一种典型的、常态的合伙形式。在隐名合伙中，存在着个别（至少一个）合伙人不公开其身份和姓名，不参与合伙组织的经营管理，仅仅出资并分配利益的情况，这些合伙人仅以出资额为限对合伙组织债务承担有限责任。在隐名合伙内部，完全依靠合伙契约来调整显名合伙人与隐名合伙人的权利义务关系。

4. 个人合伙与法人合伙。这是我国《民法通则》对合伙进行的一种划分，其以合伙人身份的不同为标准。所谓"个人合伙"是指由两个或两个以上自然人依照合伙契约，共同出资、共同经营、共享受益、共担风险，并对合伙债务承担无限连带责任的合伙方式。我国 1997 年制定的《合伙企业法》也采取个人合伙的态度，规定仅由自然人成立合伙企业，但 2006 年该法修订以后，则规定自然人、法人以及其他组织均可成为合伙企业的合伙人。所谓"法人合伙"是指由两个或两个以上的具备法人资格的企事业单位，依照合伙协议成立合伙组织，在我国《民法通则》中这种合伙被称为"联营"。《民法通则》第 52 条规定："企业之间或者企业、事业单位之间联营，共同经营、不具备法人条件的，由联营各方按照出资比例或者协议的约定，以各自所有的或者经营管理的财产承担民事责任。依照法律的规定或者协议的约定负连带责任的，承担连带责任。"这是我国《民法通则》明确规定的两种合伙类型，承认以上两种合伙类型，就必然会衍生出一种混合型合伙，即由自然人与法人依照合伙协议成立的合伙组织。这种以合伙人的身份为标准划分合伙的方法，随着 2006 年新《合伙企业法》的制定，已经没有多大现实意义，因为在新《合伙企业法》中各种类型的主体均可成为合伙人。

二、合伙企业的概念与特征

（一）合伙企业的概念

合伙企业是一种商事合伙，由于近现代商事合伙中存在着普通合伙企业与有限合伙企业两种类型，因此，所谓"合伙企业"是指以营利为目的，以合伙契约为基础，各合伙人依照具体合伙形式之不同，对合伙债务承担无限连带责任或有限责任的组织体。

我国《合伙企业法》以立法的形式承认了普通合伙企业与有限合伙企业两种合伙企业类型，并对两种合伙企业的含义作了明确规定。该法第 2 条规定："本法所称合伙企业，是指自然人、法人和其他组织依照本法在中国境内设立的普通合伙企业和有限合伙企业。普通合伙企业由普通合伙人组成，合伙人对合伙企业债务承担无限连带责任。本法对普通合伙人承担责任的形式有特别规定的，从其规定。有限合伙企业由普通合伙人和有限合伙人组成，普通合伙人对合伙企业债务承担无限连带责任，有限合伙人以其认缴的出资额为限对合伙企业债务承担责任。”依据我国《合伙企业法》对合伙企业的定义，可以理解为以下内容：(1)设立的主体包括自然人、法人和其他经济组织；(2)必须依照《合伙企业法》规定而设立；(3)必须是在中国境内设立；(4)合伙企业包括普通合伙企业和有限合伙企业两种组织形式。

（二）合伙企业的特征

合伙企业与普通民事合伙相比，其最主要的特征在于营利性。合伙企业与其他法律形式的企业相比较而言具有下列特征。

1.必须有两个或两个以上的自然人、法人或其他经济组织共同合作参与组建，这同独资企业或一人有限责任公司只有一个投资主体有区别。

2.合伙企业必须有人对企业债务承担无限连带责任，这同公司企业区别明显。

3.全体合伙人(有限合伙人除外)原则上都有权参与合伙事务的执行，并对执行合伙事务享有同等的权利，合伙人之间在合伙业务范围内形成相互代理关系，这同公司企业有区别。公司企业股东并不都有权直接管理企业，通常由股东选举产生的公司的机构管理企业，股东之间也不形成类似的代理关系。

4.合伙企业赖以存在的法律基础是合伙协议，它以合伙人之间存有信任关系为基础，这与公司企业是有区别的。有限责任公司的股东人数不多，也存在一定程度上要求有相互信任关系以维持良好的合作，但通常并没有合伙关系那样密切；股份公司是典型的资合企业，股东之间即使缺少信任关系也不会影响其运作。

5.合伙企业因以契约为前提，所以国家强制性要求较少，设立条件较公司企业要松，当事人有较多的权利与机会协商合伙条款，形成“合同即法律”的存在与发展空间。

6.合伙企业由于不具有法人资格，且合伙人必须要对企业的债务承担连带责任，故合伙企业并无注册资本的要求，只要其他合伙人同意，合伙人可以劳务、技能、社会信誉等方式参与投资(有限合伙人除外)；而公司股东则承担有限责任，公司本身拥有独立的法人资格，为保护债权人利益，公司有最低注册资本要求，而且股东不得以劳务等方式出资。

（三）合伙企业的分类

合伙企业按照合伙人对合伙债务承担责任的不同，可分为普通合伙企业和有限合伙企业。普通合伙企业，是指由普通合伙人组成，合伙人对合伙企业债务承担无限连带责任的营利性经济组织。有限合伙企业，是指由有限合伙人和普通合伙人共同组成，普通合伙人对合伙企业债务承担无限连带责任，而有限合伙人则以其认缴的出资额为限对合伙企业债务承担有限责任的营利性经济组织。我国 1997 年的《合伙企业法》仅规定了普通合伙，不承认有限合伙。而 2006 年新修订的《合伙企业法》对上述两种形态的合伙企业都进行了规定，承认了有限合伙。

三、合伙企业法的概念及其适用

合伙企业法，是指国家立法机关或者其他权力机关依法制定的，调整合伙企业关系的各种法律规范的总称。

为了规范合伙企业的行为，保护合伙企业及其合伙人、债权人的合法权益，维护社会经济秩序，促进社会主义市场经济的发展，第八届全国人民代表大会常务委员会第二十四次会议于 1997 年 2 月 23 日通过了《合伙企业法》，并于 1997 年 8 月 1 日起施行。此后，第十届全国人民代表大会常务委员会第二十三次会议于 2006 年 8 月 27 日对《合伙企业法》进行了修订，并于 2007 年 6 月 1 日开始施行。此外，国务院于 1997 年 11 月 19 日发布的《合伙企业登记管理办法》，目前仍为调整合伙企业经济关系的主要法律规范。

第二节 普通合伙企业

一、普通合伙企业的设立

(一)普通合伙企业的设立条件

根据我国《合伙企业法》的规定，设立普通合伙企业，应具备下述五个条件。

1. 有两个或两个以上合伙人，合伙人为自然人的，应当具备完全民事行为能力。合伙企业必须得有两个以上的投资主体共同投资，其设立不得低于两个人。《合伙企业法》规定，合伙人可以是自然人，也可以是法人或者其他组织。在投资人为自然人的场合，其必须具备完全民事行为能力；在投资人为法人或其他组织的场合，我国法律规定国有独资公司、国有企业、上市公司以及公益性的事业单位、社会团体不得成为普通合伙人。

2. 有书面合伙协议。合伙协议是合伙企业赖以存在的法律基础，合伙协议必须是书面协议，合伙协议对全体合伙人有法律上的约束力。《合伙企业法》第 18 条规定了合伙协议应具备的内容：(1)合伙企业的名称和主要经营场所的地点;(2)合伙目的和合伙经营范围;(3)合伙人的姓名或者名称、住所;(4)合伙人的出资方式、数额和缴付期限;(5)利润分配、亏损分担方式;(6)合伙事务的执行;(7)入伙与退伙;(8)争议解决办法;(9)合伙企业解散与清算;(10)违约责任。以上是《合伙企业法》所规定的合伙协议应当记载的事项,上述事项的缺失,将导致合伙企业不能获得工商登记。但是,在具备上述事项的前提下,全体合伙人认为有必要记载的其他事项,也可在合伙协议中进行记载。

需要注意的是,合伙协议是合伙企业内部具有最高效力的法律文件,是全体合伙人权利义务以及责任确定的依据,只在合伙企业内部有效,对合伙人产生约束力,但不得作为对抗合伙企业外部相对人的依据,即对合伙企业相对人而言不具有约束力。

3.有合伙人认缴或者实际缴付的出资。合伙企业作为营利性组织,必须拥有基于合伙人出资而形成的一定的财产,这是合伙企业开展经营活动的物质条件,也是合伙人在合伙企业中享有权利、承担义务的具体体现。就合伙人出资的数额来看,由于合伙企业不具有独立的法人资格,各普通合伙人对合伙企业债务承担无限连带责任,所以,各合伙人出资之和在法律上并无最低资本限额的要求。合伙人可用货币出资,也可用实物、知识产权、土地使用权、劳务等非货币财产出资;对作为非货币出资的财产需评估作价的,可由全体合伙人协商确定,也可由全体合伙人委托评估机构进行评估;合伙人以劳务出资的,其评估办法由全体合伙人协商确定,并在合伙协议中载明。合伙人应当按合伙协议约定的出资方式、数额和缴付期限,履行出资义务;以非货币出资的,根据法律、行政法规的规定,需要办理财产权转移手续的,应当依法办理。合伙人可以实际一次性缴付出资,也可以认缴的形式分期出资。

4.有合伙企业的名称和生产经营场所。合伙企业作为一个市场主体,应当具有自己的名称,这是不同市场主体相互区别的外观标志,同时也是合伙企业获得工商登记、进行诉讼活动以及在此名称下进行其他市场行为的条件之一。由于我国《合伙企业法》承认了多种合伙企业的类型,因此,该法在第15条、第56条和第62条还明确规定,任何合伙企业都应当在名称中标明具有表明其具体合伙类型作用的字样,例如“普通合伙”、“特殊普通合伙”、“有限合伙”等,这也是维护交易安全、保护合伙企业交易相对人利益的需要。同时,该法第94条还规定:“违反本法规定,合伙企业未在其名称中标明‘普通合伙’、‘特殊普通合伙’或者‘有限合伙’字样的,由企业登记机关责令限期改正,处以2000元以上1万元以下的罚款。”我国合伙企业的名称除满足上述条件外,还应当满足《企业名称登记管理实施办法》的具体要求。

生产经营场所是合伙企业实际开展经营活动的客观条件之一,没有生产经营场所，合伙企业的经营活动也就无法正常开展，相对人也无从了解合伙企业的生产经营状况。因此，从实际生产经营活动的开展、维护交易安全、方便主管机关管理等角度，生产经营场所都应当是合伙企业设立的必备条件之一，同时生产经营场所也是合同履行、确定诉讼管辖的依据之一。

5. 法律、行政法规规定的其他条件。这是一个兜底条款，由于合伙企业类型的多样化，不同合伙人进入合伙企业的角色、责任是不相同的，法律、行政法规有特殊要求的，除满足上述条件外，还应当满足法律、行政法规的特殊要求。例如，我国《合伙企业法》针对特殊的普通合伙企业还要求其必须建立执业风险基金，办理职业保险。

（二）普通合伙企业设立的程序

普通合伙企业的设立程序包括：合伙人订立合伙协议，合伙人缴付出资，申请合伙企业设立登记，企业登记机关予以登记，发给营业执照等步骤。我国《合伙企业法》规定，申请合伙企业设立登记，应当向企业登记机关提交登记申请书、合伙协议书、合伙人身份证明等文件。合伙企业的经营范围中有属于法律、行政法规规定在登记前须经批准的项目，该项经营业务应当依法经过批准，并在登记时提交批准文件。申请人提交的登记申请材料齐全、符合法定形式，企业登记机关能够当场登记的，应予以当场登记，发给营业执照。对于不符上述情形的申请，企业登记机关应当自收到申请登记文件之日起 20 日内，作出是否登记的决定。合伙企业营业执照签发日期，为合伙企业成立日期。合伙企业领取营业执照前，合伙人不得以合伙企业名义从事合伙业务。

二、普通合伙企业的内部关系

就合伙企业的内部关系而言，主要涉及合伙企业的内部财产关系、合伙企业合伙事务的执行、合伙人的同业竞争禁止及交易限制三个方面。

（一）合伙企业的财产管理及其使用

1. 合伙企业财产的构成。我国《合伙企业法》第 20 条规定：“合伙人的出资、以合伙企业名义取得的收益和依法取得的其他财产，均为合伙企业的财产。”合伙企业的财产，从其来源角度考察，可以分为原始财产和积累财产两大类。

(1)原始财产。原始财产即全体合伙人的出资，是合伙企业成立的必要条件，也是合伙企业积累财产的重要基础。但是，合伙企业合伙人的出资并非均能构成合伙企业的财产。比如，劳务虽然可以通过全体合伙人协商确定的办法或者法定评估机构评出价值，也可在合伙企业的生产经营活动中创造出新的价值，但因其内在的行为性特征使其不能成为合伙企业的财产。

(2)积累财产。所谓“积累财产”是指合伙企业成立以后以合伙企业名义依法取得的全部收益。合伙企业的积累财产由两部分组成:一是以合伙企业名义取得的收益,即营业性的收入。包括合伙企业的公共积累资金、未分配的盈余、合伙企业债权、合伙企业取得的工业产权和非专利技术以及合伙企业的名称(商号)、商誉等财产权利。二是依法取得的其他财产,即根据法律、行政法规等的规定合法取得的其他财产。比如合法接受赠与的财产等。

2.合伙企业财产的管理和使用。合伙企业成立以后,全体合伙人即享有对合伙企业财产共同管理和使用的权利,当然合伙人也可将该权利委托他人行使。合伙企业财产的管理和使用可按合伙协议的约定,由合伙事务执行人具体负责日常管理和使用。但是《合伙企业法》也明确规定下列涉及合伙企业财产的事务必须经全体合伙人一致同意:改变合伙企业的名称,改变合伙企业的经营范围、主要经营场所的地点,处分合伙企业的不动产,转让或者处分合伙企业的知识产权和其他财产,以合伙企业名义为他人提供担保,聘任合伙人以外的人担任合伙企业的经营管理人员。

就合伙企业经营所得的收益,应按照合伙协议的规定进行相应安排,合伙协议规定应当提取一定比例的存留或发展基金的,应当提取,该基金主要用于合伙企业亏损弥补和发展扩大。对于剩余利润,全体合伙人享有按照合伙协议要求获得利润分配的权利。

合伙企业财产的管理和使用等问题主要由合伙协议进行约定,全体合伙人应当遵守合伙协议约定的内容,但是就以下涉及合伙企业财产的问题,全体合伙人必须按照法律规定的要求执行。

(1)合伙人对合伙企业财产份额分割的禁止。合伙企业的财产具有独立性和完整性两方面的特征。所谓独立性,是指合伙企业的财产独立于合伙人,合伙人出资以后,一般而言,便丧失了对其作为出资部分的财产的所有权或者持有权、占有权,合伙企业的原始财产和积累财产的财产权主体都是合伙企业,而不是单独的每一个合伙人。所谓完整性,是指合伙企业的财产作为一个完整的统一体而存在。合伙人对合伙企业财产权益的表现形式仅是依照合伙协议所确定的财产收益份额或者比例。因此,合伙企业在最终清算前,有权保障其财产的独立性和完整性,以维护全体合伙人以及合伙企业债权人的合法权益。除法律另有规定外,任何合伙人都不得在合伙企业存续期间主张分割合伙企业的财产。

(2)合伙人对合伙企业财产份额的转让。合伙企业财产份额的转让,是指合伙人将自己在合伙企业中的全部或者部分财产份额转让于他人的行为。由于合伙企业及其财产性质的特殊性,合伙人在合伙企业财产中的份额与合伙人的身份是紧密联系的，故其财产的转让将会影响到合伙企业以及各合伙人的切身利益。因此，我国《合伙企业法》在合伙企业财产的转让方面作出了以下限制性的规定。

首先，合伙企业财产在合伙企业外部转让的场合，原则上须经其他合伙人一致同意。在此，所谓的合伙企业财产的外部转让，是指合伙人将其在合伙企业中的全部或者部分财产份额转让于合伙人以外的第三人的行为。合伙企业与公司企业的重要区别在于其存续的基础不同，即合伙企业的存续基础是人身信赖关系，而公司企业的存续基础主要是财产关系。为确保合伙企业的人合性质，我国《合伙企业法》第 22 条规定："除合伙协议另有约定外，合伙人向合伙人以外的人转让其在合伙企业中的全部或部分财产份额时，须经其他合伙人一致同意。"同时还作出了例外性的规定，即如果合伙人另有约定，则应执行合伙协议的规定。也就是说，《合伙企业法》在规制合伙企业财产在合伙企业外部转让的问题上采取了协议优先原则。

其次，合伙财产在合伙企业内部转让的场合，只需通知其他合伙人即可。合伙企业财产的内部转让，是指合伙人将其在合伙企业中的全部或者部分财产份额转让于其他合伙人的行为。由于合伙人内部的财产转让，没有导致新的合伙人加入，不影响合伙企业的人合性质，因此无须以其他合伙人的同意为条件，只需通知即可。

最后，合伙人向合伙人以外的人转让其在合伙企业中的财产份额时，在同等条件下，其他合伙人有优先购买权。其目的在于维护合伙企业现有合伙人的利益，维护合伙企业在原有基础上的稳定。

合伙人以外的人依法受让合伙人在合伙企业中的财产份额时，经修改合伙协议即成为合伙企业的合伙人，依照修改后的合伙协议享有权利和承担责任。

(3)合伙人以其在合伙企业中财产份额出质。质押是指在债务人或第三人将动产或财产权权利凭证移交债权人占有，作为债权的担保，债务人到期不履行债务时，债权人有权以质押标的物折价、拍卖、变现等获得的价款优先受偿。《合伙企业法》第 25 条规定："合伙人以其在合伙企业中的财产份额出质的，须经其他合伙人一致同意；未经其他合伙人一致同意的，其行为无效，由此给善意第三人造成损失的，由行为人依法承担赔偿责任。"由于合伙人将其在合伙企业中的财产份额出质，将面临债务人到期不能清偿债务、债权人就质物进行变现优先受偿的风险。因此合伙人以其财产份额出质的，也须经其他合伙人一致同意，否则，该出质行为无效，即不产生法律效力。由于合伙人该无效的出质行为给善意第三人造成损失的，善意第三人只能通过债权救济的方法获得法律保护，要求有过错的合伙人承担赔偿责任。

(二)合伙企业合伙事务的执行

合伙企业合伙事务的执行,是指合伙人为了实现合伙企业的经营目的所开展的各种业务活动。就"合伙事务"而言,其范围相当广泛,既包括入伙与退伙、转让与继承、解散与清算、处分合伙企业财产、改变合伙企业名称、延长合伙企业经营期限等行为,也包括合伙企业日常业务经营活动,如:日常生产管理、对外签订合同、制定经营计划、进行市场调研等。

1.合伙事务执行的一般原则——共同执行

合伙企业不具有独立的法人资格,它是一种人的组合与财产的组合,合伙企业的权利能力与行为能力都没有与合伙成员完全分离。因此,合伙企业不必像法人那样设立专门的意思产生、意思执行、意思监督等机构,加之合伙企业具有人合属性,各合伙人出于对合伙事务的关心,以及充分发挥各合伙人的经营管理等才能的考虑,每一个合伙人都有权利参与合伙事务的决策、执行、监督和检查。因此,原则上各合伙人对执行合伙事务享有同等的权利。

我国《合伙企业法》第26条第1款规定:"合伙人对执行合伙事务享有同等的权利。"也就是说,原则上每一个合伙人在合伙企业中享有平等的管理权、经营权、表决权、监督权和代表权。如果合伙协议中对合伙事务的执行没有特殊约定的,上述权利既是每一个合伙人的权利,也是每一个合伙人的义务。

我国《合伙企业法》针对合伙人执行合伙事务中的违法行为所应承担的法律责任亦作了明确规定,该法第96条规定:"合伙人执行合伙事务,或者合伙企业从业人员利用职务上的便利,将应当归合伙企业的利益据为己有的,或者采取其他手段侵占合伙企业财产的,应当将该利益和财产退还合伙企业;给合伙企业或者其他合伙人造成损失的,依法承担赔偿责任。"

2.合伙事务的委托执行与代表权

尽管法律规定每一个合伙人在合伙事务的执行上均享有同等的权利,但是在实际合伙事务的执行过程中,为了提高效率,便于经营管理,各国法律大多规定可以通过合伙协议的约定,委托一个或数个合伙人对外代表合伙人,执行合伙事务。需要特别强调的是,合伙人的对外代表权是合伙人合伙事务执行权的重要组成部分。由于合伙企业是一个人合性组织,并不具有独立的法人资格,因此,合伙企业中对外代表的问题本质上是每个合伙人相互之间互为代理的法律关系。法律也都规定根据合伙协议的特别约定或全体合伙人决定,可以委托一个或数个合伙人执行合伙事务,对外代表合伙企业,受委托的合伙人在委托权限范围内执行合伙事务,而其他合伙人则不再执行合伙事务,但是这些合伙人享有对执行合伙事务的合伙人的监督权。合伙协议约定或全体合伙人决定合伙事务的委托执行以及对外代表属于合伙企业的内部规定,是不能产生对外对抗善意第三人的法律效力的。从维护交易安全与秩序、合理分配交易中各自义务的角度出发，合伙企业的相对人没有义务了解到底谁是合伙企业事务执行人，相对人在善意的主观下，和任一以合伙企业名义的合伙人进行交易，均应受到法律的保护。如合伙人确系越权行为，合伙企业也应当承担该行为的法律后果，然后再向越权合伙人进行追偿。

我国《合伙企业法》第 26 条第 2 款规定："按照合伙协议的约定或者经全体合伙人决定，可以委托一个或者数个合伙人对外代表合伙企业，执行合伙事务。"同时该法第 37 条规定："合伙企业对合伙人执行合伙事务以及对外代表合伙企业权利的限制，不得对抗善意第三人。"《合伙企业法》针对不具有事务执行权的合伙人擅自执行合伙事务所应承担的法律责任在第 98 条中予以明确规定："不具有事务执行权的合伙人擅自执行合伙事务，给合伙企业或者其他合伙人造成损失的，依法承担赔偿责任。"

3. 合伙人的表决权

合伙人在合伙事务的执行过程中，按照合伙协议的约定行使表决权是全体合伙人享有的一项十分重要的权利，是全体合伙人共同执行合伙事务的直接体现。合伙人行使表决权的具体办法可由合伙协议进行具体约定，但是，当合伙协议没有就合伙人行使表决权的具体办法进行约定或者约定不明确时，通常情况下，合伙人行使表决权实行一人一票并经全体合伙人过半数通过的表决办法。由于合伙企业是一个人合性组织，普通合伙中全体合伙人对合伙债务均承担无限连带责任。因此，合伙企业合伙人表决权的行使不同于公司，公司股东会按照资本多数决原则行使表决权，而合伙企业合伙人则按照人数多数决的原则行使表决权。但是，在合伙企业中一人一票并且少数服从多数的表决办法也只是针对日常的合伙事务，当处理合伙企业重大事项时，则依然要求必须经全体合伙人一致同意。

《合伙企业法》第 30 条规定："合伙人对合伙企业有关事项作出决议，按照合伙协议约定的表决办法办理。合伙协议未约定或者约定不明确的，实行合伙人一人一票并经全体合伙人过半数通过的表决办法。本法对合伙企业的表决办法另有规定的，从其规定。"

4. 合伙人的重大事项决定权

所谓"重大事项"，是指关系到合伙企业存在之基础，以及构成合伙企业基本权利内容的事项。合伙企业可以通过合伙协议或全体合伙人决议，将合伙事务委托一人或数人行使，但是，这些事务通常是指合伙企业的日常经营管理事务，或者某一具体事务。当需要对关系到合伙企业全体合伙人根本利益的所谓"重大事项"进行表决时，各国法律均规定必须经全体合伙人一致同意方为有效。合伙人的重大事项决定权是全体合伙人共同执行合伙事务，行使表决权的一种衍生性权利，也可以说是合伙人行使商事权利的直接体现。

《合伙企业法》第31条将需要由全体合伙人一致同意的合伙企业的重大事项予以列举："除合伙协议另有约定外，合伙企业的下列事项应当经全体合伙人一致同意：(1)改变合伙企业的名称；(2)改变合伙企业的经营范围、主要经营场所的地点；(3)处分合伙企业的不动产；(5)转让或者处分合伙企业的知识产权和其他财产权利；(5)以合伙企业名义为他人提供担保；(6)聘任合伙人以外的人担任合伙企业的经营管理人员。"

由于上述事项直接关系到合伙企业的存续与经营基础，是合伙企业最为根本的一些重要事项，因此，法律要求这些事项必须经全体合伙人一致同意方为有效。同时，我国《合伙企业法》第97条还规定了合伙人擅自处理合伙企业重大事项应当承担的法律责任，该条规定："合伙人对本法规定或者合伙协议约定必须经全体合伙人一致同意始得执行的事务擅自处理，给合伙企业或者其他合伙人造成损失的，依法承担赔偿责任。

5. 合伙人的监督权

合伙人行使监督权的具体方式主要体现在以下三个方面。

(1)询问、检查与查阅的权利。合伙企业是一个人合性组织，每一个合伙人都有权了解合伙事务具体的执行情况，因此，不执行合伙事务的合伙人享有随时询问执行合伙事务的合伙人关于合伙事务执行情况的权利。同时合伙人还享有检查和查阅合伙企业合伙事务执行情况以及相关法律文件及财务资料等权利。《合伙企业法》第27条明确规定："依照本法第26条第2款规定委托一个或者数个合伙人执行合伙事务的，其他合伙人不再执行合伙事务。不执行合伙事务的合伙人有权监督执行事务合伙人执行合伙事务的情况。"同时该法第28条规定："由一个或者数个合伙人执行合伙事务的，执行事务合伙人应当定期向其他合伙人报告事务执行情况以及合伙企业的经营和财务状况，其执行合伙事务所产生的收益归合伙企业所有，所产生的费用和亏损由合伙企业承担。合伙人为了解合伙企业的经营状况和财务状况，有权查阅合伙企业会计账簿等财务资料。"

(2)提出异议、要求暂停执行的权利。提出异议的权利是合伙人监督权的重要组成部分，是维护合伙企业和全体合伙人共同利益的根本保证。提出异议后，为了避免有过错的合伙事务执行人给合伙企业造成的损害扩大，合伙人还有权要求暂停该项事务的执行。《合伙企业法》第29条第1款明确规定："合伙人分别执行合伙事务的，执行事务合伙人可以对其他合伙人执行的事务提出异议。提出异议时，应当暂停该项事务的执行。如果发生争议，依照本法第30条规定作出决定。"

(3)撤销委托的权利。撤销委托的权利是合伙人行使监督权的结果之一。受委托执行合伙事务的合伙人有滥用权利、不按照合伙协议约定或全体合伙人的决定执行合伙事务、超越委托权限范围或期限、从事与全体合伙人利益相抵触的行为等情形时，为了维护全体合伙人的共同利益，充分行使合伙人监督和管理合伙事务的权利，其他合伙人可以决定撤销委托。《合伙企业法》第29条第2款明确规定："受委托执行合伙事务的合伙人不按照合伙协议或者全体合伙人的决定执行事务的，其他合伙人可以决定撤销该委托。"

(三)合伙人的竞业禁止及交易限制

所谓"竞业禁止"，是指团体成员负有不得从事与其所在团体相竞争的事业的义务。各国合伙企业法中，均有关于合伙人竞业禁止的规定，这是对合伙人权利的一种限制。由于合伙企业是一个人合性组织，各合伙人均享有参与企业经营管理的权利，就合伙企业事务而言，各个合伙人之间是不存在经营秘密的。因此，各国立法均要求合伙人不得从事与合伙企业相竞争的业务，以此维护全体合伙人的共同利益。

所谓"交易限制"，是指某一团体成员在未经过团体全体成员一致同意的情况下，不得与本团体开展交易活动。这一规定同样是为了防止个别合伙人借执行合伙事务之便，同合伙企业进行交易，损害全体合伙人的共同利益。因此，合伙人要想同其所在的合伙企业开展交易，必须经全体合伙人一致同意才可进行。

我国《合伙企业法》参照其他国家相关立法，同样也规定了合伙人同业竞争禁止和交易限制的相关内容，而且我国立法规定得更为严厉。该法第32条规定："合伙人不得自营或者同他人合作经营与本合伙企业相竞争的业务。除合伙协议另有约定或者经全体合伙人一致同意外，合伙人不得同本合伙企业进行交易。合伙人不得从事损害本合伙企业利益的活动。"同时该法第99条规定："合伙人违反本法规定或者合伙协议的约定，从事与本合伙企业相竞争的业务或者与本合伙企业进行交易的，该收益归合伙企业所有；给合伙企业或者其他合伙人造成损失的，依法承担赔偿责任。"

三、普通合伙企业的外部关系

就合伙企业的外部关系而言，主要涉及执行合伙事务的合伙人的对外代表权、合伙企业及合伙人对合伙企业的债务承担、合伙人个人债务的承担与其在合伙企业中的财产份额的关系三个方面。

(一)对外代表权的效力

该问题在"合伙事务的执行"中已经有所阐述。执行合伙事务的合伙人在执行事务时，对外具有代表合伙企业的权利，其实质是通过代表合伙企业来间接代表全体合伙人。因此，执行合伙事务的合伙人执行合伙事务时的这种代表行为，对全体合伙人均具有法律效力，也就是在《合伙企业法》第 28 条第 1 款中所规定的“其执行合伙事务所产生的收益归合伙企业，所产生的费用和亏损由合伙企业承担”。

（二）合伙企业及合伙人对合伙企业的债务承担

所谓“合伙企业的债务”，是指在合伙企业存续期间基于合伙企业生产经营产生的债务，既包括合伙企业不履行相关合同而产生的违约之债，也包括由合伙企业的侵权行为所引起的侵权之债。

1. 合伙企业债务承担的一般原则

由于合伙企业并不具有完全独立的财产，不是完整意义上的法律主体，即不具有法人资格，所以通常认为在合伙企业债务承担上的一般原则是合伙人与合伙企业对合伙企业的债务承担无限连带责任。我国《合伙企业法》第 38 条规定：“合伙企业对其债务，应先以其全部财产进行清偿。”第 39 条规定：“合伙企业不能清偿到期债务的，合伙人承担无限连带责任。”

2. 合伙人的追偿权

所谓“合伙人的追偿权”，是指当合伙人由于对合伙债务承担无限连带责任而超过内部合伙协议关于其应当承担的比例时，享有的向其他合伙人进行追偿的权利。就合伙人相互之间来看，对合伙企业的债务承担无限连带责任，但是，其内部是可以通过协议、协商等方法约定各自应当承担债务或亏损的比例份额的，只是这种约定不具有对外效力。但在合伙企业内部全体合伙人应当完全遵守此约定，这是合伙人在自主自愿的基础上达成的一致意思表示，其应当信守各自的承诺。因此，承担了超过约定或法定比例债务的合伙人可以向其他合伙人进行追偿。

就合伙企业内部各个合伙人应当承担的亏损或债务比例，我国《合伙企业法》第 33 条规定得很清楚：“合伙企业的利润分配、亏损分担，按照合伙协议的约定办理；合伙协议未约定或者约定不明确的，由合伙人协商决定；协商不成的，由合伙人按照实缴出资比例分配、分担；无法确定出资比例的，由合伙人平均分配、分担。合伙协议不得约定将全部利润分配给部分合伙人或者由部分合伙人承担全部亏损。”同时《合伙企业法》第 40 条也对合伙人的上述追偿权作了明确规定：“合伙人由于承担无限连带责任，清偿数额超过本法第 33 条第 1 款规定的其亏损分担比例的，有权向其他合伙人追偿。”

（三）合伙人的债权人与合伙企业的关系

合伙企业存续期间，可能会发生个别合伙人因不能偿还其私人到期债务而被追索的情况。由于合伙人在合伙企业中拥有财产权益，合伙人的债权人可能向合伙企业提出清偿要求。为了维护合伙企业的利益，保障合伙企业财产关系的稳定，《合伙企业法》对合伙人的债权人行使债权做了一些限制，表现在以下方面。

1. 对合伙人的债权人抵销权的限制。即合伙人发生与合伙企业无关的债务，相关债权人不得以其对合伙人的债权抵销其对合伙企业的债务。因为，合伙企业的财产和合伙人自有财产实际上并不完全等同，合伙企业的财产属于合伙企业的共有财产，如果允许相关债权人以其债权抵销其对合伙企业的债务，就有可能产生新的法律关系，使得合伙人之间的法律关系复杂化，同时也有可能使得合伙企业的正常生产经营活动受到一定的影响。

2. 对合伙人的债权人代位权的限制。即合伙人发生与合伙企业无关的债务，相关债权人不得代为行使合伙人在合伙企业中的权利。合伙企业具有人合性质，合伙人之间相互了解和信赖是合伙关系稳定的基础。如果在合伙人发生与合伙企业无关债务的情况时，允许相关债权人在合伙企业中拥有代位权，由其行使合伙人在合伙企业中的所享有的诸项权利，必然会影响到其与其他合伙人的关系，影响到合伙企业的稳定。而且，该债权人无合伙人的身份，其行使合伙人的权利而不承担无限连带责任，这实际上是允许他将自己的行为的风险转嫁于合伙企业的全体合伙人，这显然是不公平的。

3. 合伙人的自有财产不足清偿其与合伙企业无关的债务的，该合伙人可以以其从合伙企业中分取得到的收益用于清偿。合伙人以其在合伙企业中的收益清偿个人债务的形式既保护了债权人的清偿利益，也无损于全体合伙人的合法权益。因为，在此场合，该债权人并未参与合伙企业的内部事务，也不妨碍该债务人作为合伙人正常行使其合伙权利。

当然，合伙人的债权人也可以依法向人民法院提请强制执行该合伙人在合伙企业中的财产份额用于清偿债务。在此值得注意的是，债权人只能获得合伙人在合伙企业中的财产份额，而不能获得合伙人的身份，也不能行使合伙人在合伙企业中的权利。人民法院强制执行合伙人的财产份额时，应当通知全体合伙人，其他合伙人有优先购买权；其他合伙人未购买，同时又不同意将该财产份额转让给他人的，依《合伙企业法》第 51 条的规定为该合伙人办理退伙结算，或者办理消减该合伙人相应财产份额的结算。

四、入伙与退伙

入伙和退伙是指合伙企业合伙人的变更，它涉及合伙企业的人合属性，同时关系到合伙人以及合伙企业债权人的切身利益，因此，是《合伙企业法》中比较重要的内容之一。

（一）入伙

入伙是指在合伙企业存续期间，新的合伙成员加入合伙企业，从而取得合伙人身份的法律事实。

1. 入伙的方式。

（1）从原始合伙人处取得全部或部分合伙权益，即新合伙人在取得原合伙人全体同意后，从一个或几个合伙人手中购买其全部或部分合伙份额，进入合伙企业。一般情况下，通过这种方式入伙，合伙企业原有资本总额以及净资产额均保持不变，只是合伙份额或合伙人发生一定的变化。

（2）投入资本，取得新的合伙企业的权益，即合伙人在取得原合伙人全体同意后，投入新的资本，进入合伙企业。通过这种方式入伙，合伙企业的资本和资产总额均会发生一定的变化。

2. 入伙的条件和程序。

我国《合伙企业法》第 43 条规定："新合伙人入伙，除合伙协议另有约定外，应当经全体合伙人一致同意，并依法订立书面入伙协议。订立入伙协议时，原合伙人应当向新合伙人如实告知原合伙企业的经营状况和财务状况。"因此，新合伙人入伙的条件和程序主要为下列 3 点。

（1）须经全体合伙人一致同意。合伙企业具有非常强的人合属性，合伙人之间的相互信任是合伙企业能够设立、存续的基础，合伙企业作为全体合伙人的一个利益共同体，通常是共同经营、共同管理、共享收益、共担风险。因此，当有新的合伙人加入时，这就涉及合伙企业合伙人的出资比例问题，涉及合伙人之间相互的信任关系，因此，各国法律都要求新成员加入时必须经过全体合伙人一致同意，这是新合伙人入伙的最为实质性的条件。

（2）合伙协议无特殊之约定。合伙协议是合伙企业存续的法律基础，是设立合伙企业的全体合伙人意思表示一致的书面体现，凡法律、行政法规未作强制性规定的，合伙人均可在合伙协议中进行约定。所以，如果合伙协议对新合伙人入伙还有其他限定性条件的，应当予以遵守。

（3）如实告知新合伙人原合伙企业的经营状况和财务状况。合伙企业既是一个利益共同体，也是一个责任共同体。每一个合伙人选择合伙企业这种商事组织形态，都想在承担风险或责任最小的情况下，获得利益的最大化，因此，新合伙人只有真实地了解了合伙企业的经营状况和财务状况，才可以作出相应的判断，并最终出于真实意思表示决定是否加入合伙企业。

（4）依法订立书面的入伙协议。入伙协议是新合伙人与原合伙人在平等自愿基础上，就新合伙人的入伙问题以及入伙后的权利义务问题所达成的协议。

从其内容上来看，入伙协议一般应当包括：入伙的条件、程序、时间、方式、出资，入伙后的损益分配与承担，以及其他全体合伙人认为需要约定的事项。从其效力上来看，入伙协议就是新合伙人与原合伙人所达成的新的合伙协议，其与原合伙协议共同形成了确定新合伙企业全体合伙人的基本权利义务的基础。

3.新合伙人的权利、义务与责任。

（1）一般原则。我国《合伙企业法》同其他各国的规定基本一致。该法第44条第1款规定："入伙的新合伙人与原合伙人享有同等权利，承担同等责任。入伙协议另有约定的，从其约定。"因此，如果入伙协议没有特殊约定的，新合伙人成为合伙企业正式成员后，即享有原合伙人所享有的一切权利。例如：对外代表权、事务执行权、监督权、表决权、利润分配请求权、剩余财产分配请求权等。同时也应与原合伙人一样，承担作为一个合伙人所应当承担的各种义务，例如：认缴出资的义务、亏损分担的义务、竞业禁止义务、限制交易义务等。这既是权利和义务对等的体现，也是合伙企业本质的体现。

（2）新合伙人对入伙前合伙企业债务的承担。关于新合伙人对入伙前合伙企业债务的承担问题，各国法律对此规定略有不同，但大陆法系国家基本都规定，新合伙人应当对入伙前合伙企业的债务与原合伙人一样承担无限连带责任。这既是在入伙时，原合伙人履行了如实告知义务后，新合伙人作出入伙决定所应当承担的责任，同时也是新合伙人与原合伙人在合伙企业中具有同等法律地位、享有同等权利、承担同等义务的真正体现。如入伙协议就该问题有特殊之约定，那么这种约定也只能产生内部效力，而不能以此作为对抗合伙企业债权人的理由。

（二）退伙

退伙是指合伙人退出合伙企业，从而使合伙人身份归于消灭的法律事实。

1.退伙的事由及其适用情形。

（1）协议退伙。所谓"协议退伙"，是指退伙人与其他全体合伙人就退伙达成协议，从而退出合伙企业，使自己合伙人身份归于消灭的一种退伙。协议退伙又可分为两种具体情况。①事前协议退伙，即在没有退伙前，合伙人已经在合伙协议中约定当某类事件发生时，合伙人就可以退出合伙企业，从而使其合伙人身份消灭。在这种情况下，只要合伙协议约定的事件发生，合伙人就可以退伙，而无须征得其他合伙人的同意。②事后协议退伙，即合伙协议事前没有就有关退伙的事由作出明确约定，而是在合伙企业经营过程中，退伙人就退伙相关事宜与其他合伙人达成一致，并签订退伙协议，从而退出合伙企业，消灭其合伙人身份。

我国《合伙企业法》第45条主要针对协议退伙进行了规定："合伙协议约定合伙期限的，在合伙企业存续期间，有下列情形之一的，合伙人可以退伙：①合伙协议约定的退伙事由出现；②经全体合伙人一致同意；③发生合伙人难以继续参加合伙的事由；④其他合伙人严重违反合伙协议约定的义务。”

(2)声明退伙。所谓“声明退伙”，又称自愿退伙，是指退伙人基于正当理由，在提前通知其他合伙人的情况下，自愿退出合伙企业，消灭其合伙人身份的退伙。声明退伙在通常情况下，应满足以下条件：①基于正当理由；②必须提前通知其他合伙人；③不得给合伙事务造成不良影响或损害合伙企业利益。

我国《合伙企业法》第 46 条规定：“合伙协议未约定合伙期限的，合伙人在不给合伙企业事务执行造成不利影响的情况下，可以退伙，但应当提前 30 日通知其他合伙人。”

(3)当然退伙。所谓“当然退伙”，又称法定退伙，是指当出现法定原因或条件时，导致合伙人退出合伙企业，消灭合伙人资格的退伙。

我国《合伙企业法》第 48 条规定：“合伙人有下列情形之一的，当然退伙：①作为合伙人的自然人死亡或者被依法宣告死亡；②个人丧失偿债能力；③作为合伙人的法人或者其他组织依法被吊销营业执照、责令关闭、撤销，或者被宣告破产；④法律规定或者合伙协议约定合伙人必须具有相关资格而丧失该资格；⑤合伙人在合伙企业中的全部财产份额被人民法院强制执行。”“合伙人被依法认定为无民事行为能力人或者限制民事行为能力人的，经其他合伙人一致同意，可以依法转为有限合伙人，普通合伙企业依法转为有限合伙企业。其他合伙人未能一致同意的，该无民事行为能力或者限制民事行为能力的合伙人退伙。”“退伙事由实际发生之日为退伙生效日。”

该法条既在第 1 款规定了五种当然退伙的情形，同时也在第 2 款中特别针对合伙人被依法认定为无民事行为能力人或者限制民事行为能力人时，其身份的转变和丧失(即退伙)进行了规定。此种规定主要是由于作为普通合伙企业，全体合伙人均享有共同参与经营管理合伙企业事务的权利，而作为无民事行为能力人或者限制民事行为能力人是不能够行使这一合伙人基本权利的。

(4)开除退伙。所谓“开除退伙”，又称除名退伙，是指当某一合伙人违反法律、法规或合伙协议的规定时，被其他合伙人开除出合伙企业，从而丧失合伙人身份的退伙。开除退伙必须在基于法定或合伙协议约定的事由，并经过其他合伙人一致同意的情况下，以书面通知被开除合伙人的方式进行。

我国《合伙企业法》第 49 条就开除退伙的理由、程序以及被开除人的异议和起诉权作了详尽的规定：“合伙人有下列情形之一的，经其他合伙人一致同意，可以决议将其除名：①未履行出资义务；②因故意或者重大过失给合伙企业造成损失；③执行合伙事务时有不正当行为；④发生合伙协议约定的事由。”“对合伙人的除名决议应当书面通知被除名人。被除名人接到除名通知之日，除名生效，被除名人退伙。”“被除名人对除名决议有异议的，可以自接到除名通知之日起30日内，向人民法院起诉。”

2.合伙人死亡时的继承问题。

合伙人死亡或者被依法宣告死亡的，对该合伙人在合伙企业中的财产份额享有合法继承权的继承人，按照合伙协议的约定或者经全体合伙人一致同意，从继承开始之日起，取得该合伙企业的合伙人资格。但是，有下列情形之一的，合伙企业应当向合伙人的继承人退还被继承合伙人的财产份额：(1)继承人不愿意成为合伙人；(2)法律规定或者合伙协议约定合伙人必须具有相关资格，而该继承人未取得该资格；(3)合伙协议约定不能成为合伙人的其他情形。合伙人的继承人为无民事行为能力人或者限制民事行为能力人的，经全体合伙人一致同意，可以依法成为有限合伙人，普通合伙企业依法转为有限合伙企业。全体合伙人未能一致同意的，合伙企业应当将被继承合伙人的财产份额退还该继承人。我国《合伙企业法》第50条即作了上述规定。

3.退伙的法律后果。

(1)退伙结算。合伙人退伙，其他合伙人应当与该退伙人按照退伙时的合伙企业财产状况进行结算，退还退伙人的财产份额。退伙人对给合伙企业造成的损失负有赔偿责任的，相应扣减其应当赔偿的数额。退伙时有未了结的合伙企业事务的，待该事务了结后进行结算。退伙人在合伙企业中财产份额的退还办法，由合伙协议约定或者由全体合伙人决定，可以退还货币，也可以退还实物。

(2)退伙的法律责任。正常情况下，退伙人退伙，依然要对基于退伙前发生的合伙企业债务承担无限连带责任。由于在退伙人退伙时合伙企业所得利润，退伙人是有权分享的，因此，退伙人也应当与其他合伙人一样，对其退伙前所发生的合伙企业的债务承担无限连带责任，这是权利与义务相对等的结果。同时，也是为了维护交易安全以及合伙企业债权人的利益。当退伙人有违规退伙时，即退伙人未按照退伙的条件、程序进行退伙的，还应当承担由此而给合伙企业造成损失的赔偿责任。

五、特殊的普通合伙企业

我国《合伙企业法》在2006年8月27日第十届全国人民代表大会常务委员会第二十三次会议上进行了重大修订，并于2007年6月1日起正式实施，其中具有代表意义的制度设计之一，就是在普通合伙企业一章中设有一种特殊的合伙企业类型，即特殊的普通合伙企业。

(一)概念

所谓“特殊的普通合伙企业”，是指在通常情况下，合伙人在执业活动中非因故意或者重大过失造成的合伙企业债务以及合伙企业的其他债务，由全体合伙人承担无限连带责任；而当一个合伙人或者数个合伙人在执业活动中因故意或者重大过失造成合伙企业债务的，应当承担无限责任或者无限连带责任，其他合伙人以其在合伙企业中的财产份额为限承担责任的一种合伙企业类型。

（二）特征

从特殊的普通合伙企业与普通合伙企业相比较的角度来认识其特征，两者具有核心区别。

在普通合伙企业中，各个合伙人对合伙企业债务承担的是一种单一的无限连带责任。而在特殊的普通合伙企业中，合伙人对合伙企业债务的承担因不同情形而有不同规定。通常情况下，合伙人在执业活动中非因故意或者重大过失造成的合伙企业债务以及合伙企业的其他债务，由全体合伙人承担无限连带责任；而对于合伙人在执业活动中因故意或者重大过失造成合伙企业债务的，应当承担无限责任或者无限连带责任，其他合伙人以其在合伙企业中的财产份额为限承担责任。因此，它应当是有限责任与无限连带责任的一种混合体，不同情形下，合伙人的责任有所不同。同时我国法律还规定，合伙人执业活动中因故意或者重大过失造成的合伙企业债务，以合伙企业财产对外承担责任后，该合伙人应当按照合伙协议的约定对给合伙企业造成的损失承担赔偿责任。

（三）特殊的普通合伙企业的适用对象

我国《合伙企业法》第 55 条第 1 款规定："以专业知识和专门技能为客户提供有偿服务的专业服务机构，可以设立为特殊的普通合伙企业。"同时该法第 107 条规定："非企业专业服务机构依据有关法律采取合伙制的，其合伙人承担责任的形式可以适用本法关于特殊的普通合伙企业合伙人承担责任的规定。"因此，这种合伙企业形式主要针对采用合伙企业形态的专业服务机构，例如：律师事务所、建筑师事务所、会计师事务所、审计评估机构等。

上述机构采用特殊的普通合伙企业这种合伙企业类型，通过对不同情况下风险与责任的不同界定，有利于各专业人员避免承担过度风险，从而使机构发展壮大。

（四）特殊的普通合伙企业的执业风险基金与职业保险

由于特殊的普通合伙企业中的有限责任合伙限定了合伙人对合伙企业债务承担无限连带责任的范围，因此，客观上需要增加对客户和第三人的补充保护制度。为此，我国《合伙企业法》规定，特殊的普通合伙企业名称中应当标明"特殊普通合伙"字样。这主要是为了使社会公众通过企业的名称就能够了解合伙企业的性质、责任形式，进而能够基本评价企业的实力、信用，保障交易的安全。

同时由于特殊的普通合伙企业是以专门知识和专门技能为客户提供有偿服务，因此，其服务事项往往具有较大风险。为了降低与化解这种执业风险，我国《合伙企业法》第 59 条规定："特殊的普通合伙企业应当建立执业风险基金、办理职业保险。执业风险基金用于偿付合伙人执业活动造成的债务。执业风险基金应当单独立户管理。具体管理办法由国务院规定。"

（五）特殊的普通合伙企业的法律适用

除上述关于特殊的普通合伙企业的特殊之处有特殊法律要求以外，特殊的普通合伙企业的其他方面均适用普通合伙企业的相关法律规定。

第三节　有限合伙企业

一、我国导入有限合伙制度的背景

有限合伙在至少有一名合伙人承担无限连带责任的基础上，允许其他合伙人承担有限责任，它将具有投资管理经验或技术研发能力的机构和个人，与具有资金实力的投资者进行有效结合，既鼓励管理者全力创业和创新，降低决策与管理成本，提高投资效益，又使资金投入者在承担与公司制企业同样责任的前提下，获取更高收益。有限合伙主要适用于风险投资，它使承担无限连带责任的合伙人在企业中行使事务执行权，负责企业的经营管理；并规定有限合伙人依据合伙协议享受投资收益，对企业债务只承担有限责任，但不能对外代表合伙企业，也不直接参与经营。根据我国建设创新型国家的需要，为鼓励推动风险投资事业发展，2006 年新修订的《合伙企业法》中增加了"有限合伙企业"一章，主要规定有限合伙人的权利与义务、有限合伙的事务执行以及有限合伙不同于普通合伙的特殊规定等内容。

二、有限合伙企业的设立

与普通合伙企业的设立不同，设立有限合伙企业，通常需满足以下几个特殊条件。

1. 有 2 个以上 50 个以下的合伙人，其中至少应当有 1 个普通合伙人。有限合伙企业是由普通合伙人和有限合伙人共同构成的企业，缺少任何一种类型的合伙人，有限合伙企业就无法成立。依照《合伙企业法》的规定，自然人、法人和其他组织可以依照法律规定设立有限合伙企业，但国有独资公司、国有企业、上市公司以及公益性的事业单位、社会团体不得成为有限合伙企业的普通合伙人。

2. 为便于社会公众及交易对象了解有限合伙企业的性质，有限合伙企业的名称中应标明“有限合伙”字样。

3. 与普通合伙企业一样，设立有限合伙企业也应有合伙协议。但有限合伙企业的合伙协议应当包含两部分内容，一是与普通合伙企业合伙协议相同的部分，二是与普通合伙企业合伙协议不同的部分。对于前者的场合，适用《合伙企业法》有关普通合伙企业合伙协议的规定，而对于后者，《合伙企业法》在第 63 条中作了特别规定，有限合伙企业的合伙协议应当载明下列事项：(1)普通合伙人和有限合伙人的姓名或者名称、住所；(2)执行事务合伙人应具备的条件和选择程序；(3)执行事务合伙人权限与违约处理办法；(4)执行事务合伙人的除名条件和更换程序；(5)有限合伙人入伙、退伙的条件、程序以及相关责任；(6)有限合伙人和普通合伙人相互转变程序等。

4. 与普通合伙企业一样，有限合伙企业虽然并无注册资本的要求，但有限合伙企业也应有各合伙人认缴或者实际缴付的出资。与普通合伙企业不同的是，有限合伙企业中的有限合伙人的出资只能以货币、实物、知识产权、土地使用权及其他财产权作为出资，而不能以劳务作为出资。这主要是由于有限合伙人并不参与有限合伙企业的日常经营活动，同时也为保护债权人利益的缘故。

三、有限合伙企业的事务执行

(一)有限合伙人不得执行合伙事务

有限合伙企业中合伙事务的执行是有限合伙企业经营管理中最为重要的事项。由于有限合伙企业的普通合伙人对有限合伙企业的债务承担无限连带责任，而有限合伙人仅以其认缴的出资额为限对合伙企业债务承担责任，因此，按照权利义务一致的原则，有限合伙企业的事务执行应由普通合伙人负责，而有限合伙人则不得执行合伙事务，也不得对外代表合伙企业。

执行事务合伙人由普通合伙人推举或由合伙协议约定而产生，有权对外进行经营活动，其经营活动的后果由全体合伙人共同承担。执行事务合伙人除享有(承担)与一般合伙人相同的权利(义务)外，还有接受其他合伙人的监督、善良执行合伙事务的义务，如因自己的过错造成合伙财产的损失，必须对合伙企业或其他合伙人承担赔偿责任。由于执行事务的合伙人较不执行事务的合伙人对有限合伙企业付出了劳动，甚至支出了费用，因此执行事务的合伙人可以要求在合伙协议中确定执行事务的报酬及报酬的提取方式。

许多国家法律规定，如果有限合伙人参与有限合伙企业事务的管理，则有限合伙人视为普通合伙人，与普通合伙人一起对有限合伙企业的债务承担无限连带责任。有限合伙人作为合伙企业的投资人，关注有限合伙企业的经营管理也是不可或缺的。因此，有必要界定“执行合伙事务”与“关注经营管理”之间的边界。对此，我国《合伙企业法》第68条规定，有限合伙人的下列行为，不视为执行合伙事务：(1)参与决定普通合伙人入伙或退伙；(2)对有限合伙企业的经营管理提出建议；(3)参与选择承办有限合伙企业审计业务的会计师事务所；(4)获取经审计的有限合伙企业财务会计报告；(5)对涉及自身利益的情况，查阅有限合伙企业财务会计账簿等财务资料；(6)在有限合伙企业中的利益受到侵害时，向有责任的合伙人主张权利或者提起诉讼；(7)执行事务合伙人怠于行使权利时，督促其行使或者为了本企业的利益以自己的名义提起诉讼；(8)依法为本企业提供担保。

(二)有限合伙人表现代理及无权代理

有限合伙企业中，有限合伙人不参与企业事务执行，也不拥有代表权。若有限合伙人未经授权以有限合伙企业名义与他人进行交易，给有限合伙企业或者其他合伙人造成损失的，该有限合伙人应当承担赔偿责任。此外，若第三人有理由相信有限合伙人为普通合伙人并与其交易的，该有限合伙人应当对该交易承担与普通合伙人同样的责任。

(三)有限合伙企业的利润分配

根据《合伙企业法》的规定，普通合伙企业的合伙协议不得约定将全部利润分配给部分合伙人。但是，有限合伙企业则不同，其合伙协议可约定将全部利润分配给部分合伙人。只有有限合伙协议无此约定的场合，企业才不得将利润全部分配给部分合伙人。

(四)有限合伙人与企业的交易、竞业

普通合伙企业的场合，合伙人不得自营或者同他人合作经营与本合伙企业相竞争的业务。而且除合伙协议另有约定或者经全体合伙人一致同意外，合伙人不得同本合伙企业进行交易。但是，有限合伙企业的场合，除非合伙协议另有约定，否则有限合伙人可以与本有限合伙企业进行交易及竞业。这主要因为，有限合伙人与普通合伙人不同，他并不参与有限合伙企业的事务执行，对有限合伙企业的重大决策并无实质的控制权，有限合伙人参与本企业的交易及竞业时，一般不会损害企业的利益。

四、有限合伙人的财产处理制度

(一)有限合伙人转让财产份额

有限合伙企业是兼具资合因素和人合因素的企业。其中，有限合伙人与普通合伙人之间的联系属于资本的联合，而普通合伙人之间的联合属于信用的联合。有限合伙人向合伙人以外的其他人转让其在有限合伙企业中的财产份额，

并不影响有限合伙企业的财产基础和有限合伙企业债权人的利益，因此，有限合伙人的财产份额可以对外转让。

但是，有限合伙人对外转让其在有限合伙企业中的份额应当依法进行。《合伙企业法》规定了两个方面的条件。一是按照合伙协议的约定进行转让。有限合伙人对外转让其在有限合伙企业中的财产份额，是有限合伙企业经营活动中的重要事项，合伙人应当在有限合伙协议中对此问题作出约定。转让发生时，应当按照协议的约定进行。二是应当提前30天通知其他合伙人，以便其他合伙人决定是否行使优先购买权。

（二）有限合伙人出质财产份额

有限合伙人在有限合伙企业中的财产份额，是有限合伙人的财产权益，在有限合伙企业存续期间，有限合伙人可以对该财产权利进行一定的处分。有限合伙人将其在有限合伙企业中的财产份额进行出质，产生的情况仅仅是有限合伙企业的有限合伙人存在变更的可能，这对有限合伙企业的财产基础并无根本的影响。因此，有限合伙人可以按照《担保法》及相关规定进行财产份额的出质，普通合伙人如果要禁止有限合伙人将其在有限合伙企业中的财产份额出质的，应当在合伙协议中作出约定。

（三）有限合伙人清偿债务

有限合伙人在清偿其与合伙企业无关的债务时，首先应当以自有财产进行清偿。只有在自有财产不足清偿时，有限合伙人才可以使用其在有限合伙企业中分取的收益进行清偿。当有限合伙人没有清偿到期债务时，其债权人可以要求有限合伙人以其在有限合伙企业中的财产份额清偿其债务。有限合伙人拒绝履行债务清偿义务的，债权人可以请求法院依法强制执行有限合伙人在有限合伙企业中的财产份额。

人民法院强制执行了该有限合伙人在有限合伙企业中的财产份额后，该有限合伙人的债权人可能会成为该合伙企业的有限合伙人，也有可能不成为该合伙企业的有限合伙人。不论出现何种情形，都必然导致该有限合伙企业构成成员的变化。若该被执行人在该合伙企业中的所有财产份额全部被执行，则合伙人需要召开会议对被执行人即该有限合伙人除名作出决定，同时也需要通过合伙人会议决定是否接纳该债权人成为该合伙企业的新有限合伙人。若该被执行人在该合伙企业中的财产仅部分被执行，由于其在合伙企业中现有的财产份额已减少，故合伙人也需要召开会议对其在该合伙企业中现有的财产份额及相应的权利义务重新作出界定。此外，人民法院强制执行有限合伙人在有限合伙企业中的财产份额时，在同等条件下，其他合伙人有优先购买权，因此，人民法院应当通知全体合伙人。

五、有限合伙人的入伙、退伙及资格继受

（一）入伙

新有限合伙人入伙，除合伙协议另有约定外，应当经全体合伙人一致同意，并依法订立书面入伙协议。这与普通合伙人入伙的场合并无区别。但是，新入伙的有限合伙人对入伙前的有限合伙企业的债务仅以其认缴的出资额为限承担责任，而不同于普通合伙企业中"新合伙人对入伙前合伙企业的债务承担无限连带责任"的规定。

（二）退伙

有限合伙人的退伙，也可分为任意退伙、法定退伙和除名退伙三种。有限合伙人退伙的条件及程序基本上可适用普通合伙企业中相关的规定。但是，由于有限合伙人仅以其认缴的出资额为限对有限合伙企业的债务承担责任，其即使丧失偿债能力也不会损害有限合伙企业其他合伙人及债权人的利益。因此，关于当然退伙的条件，普通合伙企业中"个人丧失偿债能力"的规定并不适用于有限合伙人。此外，由于有限合伙人对有限合伙企业只进行投资，而不负责事务执行，因此，作为有限合伙人的自然人在有限合伙企业存续期间丧失民事行为能力，但并不影响有限合伙企业的正常经营活动，其他合伙人不能要求该丧失民事行为能力的合伙人退伙。另外，应注意的是，有限合伙人退伙后，对基于其退伙前的原因发生的有限合伙企业债务，仅以其退伙时从有限合伙企业中取回的财产承担责任。

（三）资格继受

在有限合伙企业存续期间，因主客观条件的变化，有限合伙人的民事权利能力可能终止，这时有限合伙人作为独立民事主体的资格不复存在，其在有限合伙企业中的相关权利只能由其继承人或者权利继受人依法取得。《合伙企业法》第80条规定，作为有限合伙人的自然人死亡、被依法宣告死亡或者作为有限合伙人的法人及其他组织终止时，其继承人或者权利继受人可以依法取得该有限合伙人在有限合伙企业中的资格。

六、合伙人类型的转变

有限合伙企业中，普通合伙人转变为有限合伙人，或者有限合伙人转变为普通合伙人，其本质是两类法律责任的转变，这对有限合伙企业的生产经营会产生一定的影响。因此，对有限合伙企业两类合伙人的转变，除合伙协议另有约定

外，应当经全体合伙人一致同意。对于转变后的债务责任承担问题，依照《合伙企业法》的规定，有限合伙人转变为普通合伙人的，对其作为有限合伙人期间有限合伙企业发生的债务承担无限连带责任；普通合伙人转变为有限合伙人的，对其作为普通合伙人期间有限合伙企业发生的债务承担无限连带责任。另外，应注意的是，合伙人类型转变的结果将导致有限合伙企业结构的变化。当有限合伙企业仅剩普通合伙人时，该企业应当转为普通合伙企业；当有限合伙企业仅剩有限合伙人时，该企业应当解散。

第四节　合伙企业的解散、清算

一、合伙企业解散

（一）合伙企业解散的概念

合伙企业的解散，是指根据合伙协议约定或按照法律的规定，合伙企业停止经营活动，终止合伙协议的法律状态。因此，就解散的事由大体可以分为两类，即法定解散和约定解散。解散后的合伙企业即进入清算程序，并且只有通过清算，才能最终彻底终结合伙企业一定的主体资格。

（二）合伙企业解散的事由

我国《合伙企业法》第 85 条就合伙企业解散的事由作了明确的规定："合伙企业有下列情形之一的，应当解散：①合伙期限届满，合伙人决定不再经营；②合伙协议约定的解散事由出现；③全体合伙人决定解散；④合伙人已不具备法定人数满 30 天；⑤合伙协议约定的合伙目的已经实现或者无法实现；⑥依法被吊销营业执照、责令关闭或者被撤销；⑦法律、行政法规规定的其他原因。"

就上述合伙企业解散事由来看，其中第①、②、③、⑤项为约定解散，第④、⑥项为法定解散，而第⑦项作为一个兜底条款，指除了上述 6 项以外的其他解散事由，例如：企业被兼并的解散等。

二、合伙企业清算

（一）合伙企业清算的概念

合伙企业的清算，是指合伙企业宣告解散以后，为了终结企业现有的各种法律关系，而进行的依法清理合伙企业债权债务，分配剩余财产等一系列行为。合伙企业清算是合伙企业彻底终结前必经的一个步骤。我国《合伙企业法》第 86 条第 1 款规定："合伙企业解散，应当由清算人进行清算。"

(二)合伙企业清算的具体事宜

1.确定清算人。确定清算人是开展企业清算工作的第一步，根据我国《合伙企业法》第86条规定，清算人可以由全体合伙人担任；也可以经全体合伙人过半数同意，自合伙企业解散事由出现后15日内指定一个或者数个合伙人担任清算人；还可以委托第三人，担任清算人。自合伙企业解散事由出现之日起15日内未确定清算人的，合伙人或者其他利害关系人可以申请人民法院指定清算人。

2.通知、公告以及债权人债权申报。根据我国《合伙企业法》第88条规定："清算人自被确定之日起10日内将合伙企业解散事项通知债权人，并于60日内在报纸上公告。债权人应当自接到通知书之日起30日内，未接到通知书的自公告之日起45日内，向清算人申报债权。债权人申报债权，应当说明债权的有关事项，并提供证明材料。清算人应当对债权进行登记。清算期间，合伙企业存续，但不得开展与清算无关的经营活动。"因此，清算期间合伙企业的主体资格并不消灭，但其行为能力受到限制，只能开展与清算有关的活动。

3.执行清算事务。根据我国《合伙企业法》第87条的规定："清算人在清算期间执行下列事务：①清理合伙企业财产，分别编制资产负债表和财产清单；②处理与清算有关的合伙企业未了结事务；③清缴所欠税款；④清理债权、债务；⑤处理合伙企业清偿债务后的剩余财产；⑥代表合伙企业参加诉讼或者仲裁活动。"

4.合伙企业财产的清偿顺序。(1)支付清算费用。清算费用一般包括管理合伙企业财产的费用，如仓储费；处分合伙企业财产的费用，如评估费；清算过程中的其他费用，如诉讼费、咨询费。(2)支付职工工资、社会保险费用、法定补偿金。(3)缴纳所欠税款。(4)清偿合伙企业债务。(5)还有剩余财产的，依照《合伙企业法》第33条第1款的规定进行分配，即"合伙企业的利润分配、亏损分担，按照合伙协议的约定办理；合伙协议未约定或者约定不明确的，由合伙人协商决定；协商不成的，由合伙人按照实缴出资比例分配、分担；无法确定出资比例的，由合伙人平均分配、分担"。

5.清算终结、注销登记。清算结束以后，清算人应当编制清算报告，经全体合伙人签名、盖章后，在15日内向企业登记机关报送清算报告，申请办理合伙企业注销登记。

6.清算人的法律责任。根据我国《合伙企业法》第100、101、102条的规定，清算人未依照本法规定向企业登记机关报送清算报告，或者报送清算报告隐瞒重要事实，或者有重大遗漏的，由企业登记机关责令改正。由此产生的费用和损失，由清算人承担和赔偿。清算人执行清算事务，牟取非法收入或者侵占合伙企业财产的，应当将该收入和侵占的财产退还合伙企业；给合伙企业或者其他合伙人造成损失的，依法承担赔偿责任。清算人违反本法规定，隐匿、转移合伙企业财产，对资产负债表或者财产清单作虚假记载，或者在未清偿债务前分配财产，损害债权人利益的，依法承担赔偿责任。

（三）合伙企业注销后普通合伙人的法律责任

根据《合伙企业法》第 91 条的规定："合伙企业注销后，原普通合伙人对合伙企业存续期间的债务仍应承担无限连带责任。"这是普通合伙人对合伙企业债务承担无限连带责任的直接体现。

三、合伙企业的破产

合伙企业的破产也是合伙企业解散的情形之一，根据我国《合伙企业法》第 92 条规定："合伙企业不能清偿到期债务的，债权人可以依法向人民法院提出破产清算申请，也可以要求普通合伙人清偿。合伙企业依法被宣告破产的，普通合伙人对合伙企业债务仍应承担无限连带责任。"

案例评析

【案例 1】

田某是一名刚刚大学毕业的学生，由于工作不好找，因此想自己创业。后经人介绍，认识了跟他有同样想法的许某，许某已经参加工作两年了，对市场行情较熟悉。王某是许某的同事，也想与许某、田某共同做点事情。后三人商定，打算在软件行业发展，田某用编程技术出资；许某出资 10 万元并负责为产品寻找销售渠道；王某没有多少现金，但是对一朋友享有一年后到期的现金债权 20 万元。合伙成立后，田某研究开发了一项发明并申请了专利，合伙人约定该项专利所有权属于合伙企业，并约定经全体合伙人同意才能转让该专利。后来田某得知章某需要该技术，于是以个人名义将该项专利技术卖给了章某，章某并不知道这项专利技术属于田某所在的合伙企业。许某得知田某私自处分专利技术的消息后，将章某诉至法院，请求法院判决追回权利。在合伙企业经营期间，许某由于个人原因向陈某借款 10 万元，借款时约定：如果许某不能按时清偿陈某的债务，陈某可以直接行使许某在合伙企业中的权利。借款到期后，许某一直没有清偿陈某的钱，陈某来到合伙企业所在地，向合伙企业说明上述情况，打算直接行使许某在合伙企业中的权利。

问题：1. 合伙人是否可以用债权进行出资？

2. 合伙人在合伙企业清算前私自把合伙企业的知识产权转让给第三人，合伙企业是否可以对抗善意第三人？

3. 合伙人负有债务，其债权人是否可以直接行使该合伙人在合伙企业中的权利？

【评析】

1. 债是当事人之间的权利义务关系。债权是请求他人给予某种标的的一种请求权，是债权人实际享有、但还未到期的权利。债权能够为债权人带来经济利益，因此，也是一种财产。债权人可以处分该财产，如将债权转让给别人。债权人也可以用债权作为出资设立合伙企业。《合伙企业法》第 11 条规定："合伙人可以用货币、实物、土地使用权、知识产权或其他财产权利出资；上述出资应当是合伙人的合法财产及财产权利。"虽然法律中没有明确规定债权可以作为出资，但是第 11 条在列举了"货币、实物、土地使用权、知识产权"后又加了一句"或者其他财产权利"，因此，债权可以作为"其他财产权利"进行出资。只要该债权是合伙人实际享有的，并且合法，那么债权人就可以以该债权出资。当然，如果合伙人以不合法的债权出资，那么该出资本身是无效的，如合伙人用第三人欠的赌债进行出资。

本案中，如果王某用于出资的 20 万元的现金债权是合法的，那么可以作为出资；如果是非法的，那么出资就是无效的。目前，合伙人以债权进行出资的情况很少见，如何规范也不统一。《公司法》第 24 条规定："股东可以用货币出资，也可以用实物、工业产权、非专利技术、土地使用权作价出资。"但是却没有规定债权是否可以作为出资，而《合伙企业法》在这一点上有所突破，在其他国家，债权出资都是被允许的。

2. 合伙企业的财产由全体合伙人共同管理和使用，任何合伙人都无权在合伙企业清算前私自转移和处分合伙企业的财产。那么当合伙人擅自出让其无权处分的合伙企业财产时，合伙企业能否以合伙人无权处分为理由对抗不知情的受让人即善意第三人呢？立法应当保障合伙企业的权益，还是保障不知情的第三人的权益呢？这里有一个善意取得制度的问题。善意取得通常是指受让人以取得动产所有权为目的占有某项动产，即使出让人无权处分，受让人仍然可以取得其所有权。善意取得的要件为：一是标的物必须为动产，不动产不存在善意取得的问题；二是出让人无权出让而私自出让；三是受让人取得占有为公然、善意与有偿，即受让人不知道或者不应当知道这是无权出让。善意取得制度的确立，是在动产所有人利益和动产受让人利益选择上谋求最佳平衡，最终保护受让人的利益。立法在确定是保护合伙企业的利益，还是保护第三人的利益时，面临着两方面的选择。保护不知情的第三人的利益，意味着合伙企业对其财产所有权的追及力受到限制，剥夺了合伙企业向合伙企业出让人请求返还原物的权利。

同时,因为市场经济是诚信经济,交易双方无须在进行交易时向对方询问交易物是否有合法来源。在受让人的取得是公然、善意、有偿的情况下,如果不保护不知情的第三人的权益,则必然损害交易安全。在此种情况下,由谁来承担责任呢？其根据是过错责任原则,即谁有过错谁承担责任。合伙企业的损失只能向有过错的合伙人进行追偿,而不能向不知情的第三人追索。合伙企业也不能以合伙人无权处分其财产为理由对抗不知情的第三人的权利。当然,如果第三人是恶意取得,即明知合伙人无权处分而与之进行交易,或者与合伙人合谋共同侵犯合伙企业的权益,则合伙企业当然可以据此对抗恶意第三人。《合伙企业法》第 20 条规定:“合伙人在合伙企业清算前私自转移或处分合伙企业财产的,合伙企业不得以此对抗不知情的善意第三人。”本案中,田某没有经过其他合伙人的同意而擅自处分合伙企业的专利技术,但是受让人章某在取得该项专利技术时并不知道田某无权处分,并且支付了相应的价款,因此,章某属于善意的第三人,合伙企业不能以田某无权处分为抗辩理由对抗章某,合伙企业只能向田某索赔,而不能向章某要求返还权利。

3. 债权人对合伙个人的债权,与该债权人对合伙企业的债权不具有同一性,是完全独立的两个债权。合伙企业是建立在各合伙人相互间信赖的基础上的,合伙企业的存续与发展都离不开合伙人彼此间的信任。法律规定合伙人在合伙企业中的权利,其他人不得代为行使,就与合伙企业的上述性质息息相关。依照《合伙企业法》的规定,合伙人对合伙企业的权利主要有:合伙事务执行权、合伙企业经营权、合伙经营监督权、合伙企业利润分享权及经合伙人协商一致而产生的合伙财产转让权、合伙企业知识产权和其他权利转让权、企业名称变动权、合伙企业解散权等。这些权利都是专属于合伙人自己的,原则上债权人都不能代位行使。《合伙企业法》第 42 条规定:“合伙人个人负有债务,其债权人不得代位行使该合伙人在合伙企业中的权利。”本案中,许某与陈某的约定无效,陈某可以另行向许某主张清偿所欠的 10 万元钱,但是陈某不能直接行使许某在合伙企业中的权利。因为许某作为合伙企业中的合伙人,与田某、王某成立合伙企业的基础是彼此的信赖与信任,如果陈某加入合伙企业必须首先经过田某、王某的同意,否则,田某、王某完全有权不接受陈某的要求。

【案例 2】

王某是某地工商局的一位处级干部,张某是一家私营企业的老板,是王某的朋友。王某与张某打算设立一家合伙企业,主要从事副食品销售,张某出资 15 万元,占 75%;王某出资 5 万元,占 25%,并承诺合伙企业将很快取得工商注册。张某的表弟乙打算做一笔生意,但苦于没钱,就向张某借款,于是张某在未告知王某的情况下，将自己在合伙企业中的50%的份额向当地有关部门作了质押为乙借钱作担保。后来乙的生意赔了一大笔钱，债主索债不成，于是向有关部门主张实现张某在合伙企业中的50%的财产份额，王某不同意，并要求张某赔偿给他造成的损失。

问题：1.公务员是否可以成为合伙人？

2.张某以其在合伙企业中的财产份额出质的，其行为是否有效？

【评析】

1.张某是私营企业的老板，而王某却是国家公务员，两人的社会身份是不同的。《合伙企业法》第10条规定："法律、行政法规禁止从事营利性活动的人，不得成为合伙企业的合伙人。"但是《合伙企业法》并没有详细说明哪些人是法律规定的禁止从事营利性活动的人，只能参考其他法律规范的规定。《国家公务员暂行条例》第31条规定："国家公务员必须严格遵守纪律，不得有下列行为……（十三）经商、办企业以及参与其他营利性的经营活动……"第49条规定："国家公务员不得在企业和营利性事业单位兼任职务。"从这个《暂行条例》中可以看出，我国禁止公务员从事营利性活动，公务员也不得在营利性企业中任职，法律没有禁止私营企业的人员从事其他营利活动。因此，王某不能作为合伙人成立合伙企业，他只有在辞去国家公务员职务后才可以从事营利性活动。法律之所以作出这样规定，是从国家公务员廉洁奉公的角度出发的，如果不禁止国家公务员从事营利性或其他经营活动，那么公务员就会利用其身份或地位为个人牟取不正当的利益，从而直接或间接损害国家的利益。以上所说的国家公务员主要是指国家各级行政机关中除工勤人员以外的工作人员。国家机关包括立法机关、行政机关、司法机关及军事机关。这里指的公务员主要是行政机关的人员，不包括立法机关、司法机关及军事机关的人员。当然，立法机关、司法机关及军事机关的工作人员也是不可以从事营利性活动的，但这不是本题所设计的范围。

2.我国法律规定，合伙人可以以其在合伙企业中的财产份额作为质物，与他人签订质押合同，但必须取得其他合伙人的一致同意。质押，通常指债权人与债务人或第三人订立的以转移债务人或第三人的动产或权利载体的占有，担保债权人的债权得以履行或救济的法律行为。依照《担保法》的规定，质押有两种形式：动产质押和权利质押。债务人或第三人为出质人，债权人为质权人，移交的动产或权利载体为质物。质押与抵押的不同在于，抵押不转移抵押物的占有，而质押则转移质物的占有。两者的共同处在于都担保债权人的债权能够得以优先受偿。正是由于质押的上述特征，如果合伙人将其在合伙企业中的财产份额作为质物，与他人签订质押合同，担保债权人的债权得以实现，必然影响着合伙企业和其他合伙人的利益。基于合伙企业的人合特征及合伙企业财产的共同管理与使用,《合伙企业法》第 24 条规定:"合伙人以其在合伙企业中的财产份额出质的,须经其他合伙人一致同意。未经其他合伙人一致同意,合伙人以其在合伙企业中的财产份额出质的,其行为无效,或者作为退伙处理;由此给其他合伙人造成损失的,依法承担赔偿责任。"

本案中,张某作为合伙企业的合伙人,将自己在合伙企业中的财产份额出质时,必须征得其他合伙人的一致同意。因为出质行为本身不但关涉到张某的切身利益,同时也涉及其他合伙人的利益,毕竟合伙企业存续的基础是彼此的信任,如果张某的财产份额被实现了,就会有新的合伙人加入合伙企业,后加入的合伙人不一定被原有的合伙人所接受,因此,法律采用了较严格的限制方法。张某给合伙企业造成的损失,其他合伙人可以向张某追偿。至于乙的债主,只能向张某与乙要求承担责任,而不能直接要求实现张某在合伙企业中的财产份额。

【思考练习】

一、名词解释

合伙　普通合伙企业　有限合伙企业

二、简答题

1. 简述合伙的法律特征。
2. 简述普通合伙企业设立的条件和程序。
3. 简述普通合伙企业的财产构成。
4. 简述普通合伙企业合伙事务的执行及合伙企业的利润分配、亏损的分担。
5. 简述特殊的普通合伙企业的概念及合伙人的责任。
6. 简述普通合伙企业入伙的条件和程序。
7. 简述普通合伙企业退伙的事由及退伙的法律后果。
8. 简述有限合伙企业的特征。
9. 简述有限合伙企业合伙协议的特殊规定。
10. 简述有限合伙企业对外代表权的特殊规定。
11. 简述有限合伙企业的退伙。
12. 简述合伙企业的清算。

第三章

个人独资企业法

本章导读

本章主要讲述个人独资企业设立、个人独资企业所有权和责任制度、个人独资企业管理事务受托人或者被聘用的人的诚信勤勉义务及其制度。

重点问题

1. 个人独资企业的基本特征。
2. 个人独资企业投资人的权利和义务。
3. 个人独资企业的事务管理。

第一节　个人独资企业概述

一、个人独资企业的概念

个人独资企业，也称独资企业，通常是指由一个自然人投资，财产为投资人个人所有，投资人以其个人财产对企业债务承担无限责任的经济组织。

独资企业在法律上为自然人企业，不具有法人资格，是企业形式中最简单且最古老的一种。这种企业形式在现代市场经济发达国家仍然大量存在。

个人独资企业之所以在现代各国大量存在，是因为它具有许多优点。一是收入归个人所有，不需同别人分摊，财产所有权比较明确。二是经营上的制约因素比较少。由于业主是独资企业的唯一投资人，业主在管理方面完全自主决定，与大公司相比，比较灵活；且其经营资金需要较少，设立与歇业程序方便，不需要同别人商量。三是容易保密。在竞争激烈的市场经营中，保守秘密非常重要。竞争对手对你的销售数量、利润、生产工艺、财务状况的了解程度，直接影响到自身企业的市场占有率。四是业主可以按照自己的方式来经营企业，能够得到自我满足。

个人独资企业在我国也占有非常重要的地位，它与公司企业、合伙企业一同为我国市场经济企业主体的主要形式之一。但我国目前市场主体立法尚不完善，企业的区分标准和立法标准亦相互交叉和重叠，如按所有制关系来看，个人独资企业是私营企业的一种，与国有企业、集体企业一同构成我国三种主要的所有制形式（需要注意的是，依所有制关系安排的立法将逐渐被取消）。

另外，个人独资企业与我国目前大量存在的个体工商户很相似，而且实务中有些人也往往将个人独资企业称之为个体工商户。根据我国原有并仍在生效的法律规定，它们两者的区别只是所雇工人数是否达到 8 人以上。个体工商户是以个体劳动者的形式开始出现的，是私人资本运营的最低形态，其中一部分完全是个人劳动或个人经营，另一部分则有 8 人以下的雇工。我国的《个人独资企业法》却又未规定个人独资企业的雇工最低人数，故上述区别在法律上的科学性显然不足，需进一步研究和完善。

二、个人独资企业的法律特征

个人独资企业是依据《个人独资企业法》设立的。顾名思义，它是由单一的投资主体投资设立的。但是，不能仅仅以投资主体是单一的作为个人独资企业的法律特征，比如，在我国客观存在的企业形态中，还有其他以投资主体单一形式存在的企业，如国有独资企业、外商独资企业。但是我们知道，国有独资企业是由《中华人民共和国公司法》规范，外商独资企业则由《中华人民共和国外资企业法》规范，因此，我们这里讲的个人独资企业是指由《个人独资企业法》规范的独资企业。也即是指由中国的自然人投资设立的独资企业。

由自然人投资设立的企业，从组织形态上看一般包括合伙企业和独资企业。从国外的法律规范来看，将合伙企业和独资企业都称为自然人商。这说明合伙企业与个人独资企业存在着客观的内在联系性。考察这两种企业，我们可以发现，个人独资企业与合伙企业都是由自然人作为投资主体，而且自然人对于企业的债务都要承担无限责任；从对企业的控制和经营管理角度来看，也都是以投资者直接控制和管理为主（当然也可以聘请经理人），投资者的投资、占有、管理、经营各项职能往往合为一体；另外在税收待遇上，虽然两者都是以企业形态出现的，但一般各国都规定，这两类企业不需缴纳企业所得税，只需缴纳个人所得税，相对来说税负较轻。

但是，无论从个人独资企业的产生，还是从合伙企业的演进来看，这两类企业之所以能长期存在，并在各国得到发展（特别是企业数量在现代市场经济发达国家所占的较大比重），说明它们都有各自的生存空间，在各自的社会生活中发挥着作用。个人独资企业在法律上一般具有以下几个特征。

1.个人独资企业的投资者仅为一个自然人，这同合伙企业、公司企业（一人公司除外）要有两个以上的人联合投资有着显著的区别。

2.个人独资企业没有法人资格，无独立承担民事责任的能力。企业的全部资产，包括企业经营中以企业的名义获得的利润均属投资者个人所有。企业虽然有自己的名称或商号且以企业的名义开展经营，甚至以企业名义进行诉讼活动，但这只不过是投资人个人进行商业活动的特殊形态。

3.投资者个人对企业事务享有绝对的控制和支配权，投资者个人就企业事务作出个人决定时，在法律上没有义务去征询别人的意见，可以完全按自己的意志去经营所属的企业。

4.投资者对企业债务承担无限责任，当企业因各种原因而被解散或者企业存续期间，未能清偿在经营中所负债务的，投资者必须以个人的其他财产承担债务清偿责任。

三、我国的个人独资企业立法

我国《个人独资企业法》于 1999 年 8 月 30 日由第九届全国人民代表大会常务委员会第十一次会议通过，并于 2000 年 1 月 1 日起正式施行，该法共 6 章，48 条。主要规定了个人独资企业的基本含义、制订个人独资企业法的目的、个人独资企业的设立、个人独资企业的投资人及事务管理、个人独资企业的解散和清算以及违反法律的责任等内容。《个人独资企业法》的颁布对规范我国的个体、私营经济，保护和促进其发展，保护投资者和债权人的合法权益，维护社会经济秩序，都具有重要的意义。

第二节　个人独资企业的设立

一、个人独资企业的设立条件

个人独资企业的设立，应当符合法律所规定的条件。个人独资企业就其设立的条件和程序方面，相对于公司企业和合伙企业更容易和宽松，这是由个人独资企业的投资主体的单一性和企业责任的无限性所决定的。但是，不管如何简便，作为市场主体之一的个人独资企业，要参与市场经营活动，从整个市场秩序的有序性要求出发，对其设立的条件和程序作出相应的规定是十分有必要的。

我国《个人独资企业法》第 8 条对个人独资企业的设立条件作了明确规定。

(一)投资人为一个自然人

需要注意的是,虽然《个人独资企业法》对投资人的国籍未作明确规定,但该条款所指的自然人应是中国公民。对于外国公民作为投资人设立独资企业的,应适用《外资企业法》。

另外,对投资人的资格限制,《个人独资企业法》也没有明确规定,如对投资者是否必须为具有完全民事行为能力人,限制民事行为能力人是否可以作为投资者。我们认为,个人独资企业是以投资者自己控制和经营企业为特征,要实现这一目的,只有具有完全民事行为能力的人才有可能。因此,对个人独资企业的投资者应限定为具有完全民事行为能力的自然人。

(二)有合法的企业名称

个人独资企业的名称必须符合国家有关规定。如个人独资企业不得使用"有限"、"有限责任"等,依据我国《公司法》的规定和一般实践,公司指的是有法人资格的企业,故个人独资企业在其名称中也不可以使用"公司"二字。根据《企业名称登记管理规定》的规定,企业只准使用一个名称,且一般应当使用汉字,对于个人独资企业,投资人可以以其姓名作为企业名称中的字号。

个人独资企业的名称须经工商登记后,才能获得企业名称的专用权,以防止企业名称为他人冒用而损害企业的利益。

(三)有投资人申报的出资

资本是企业参与市场经营活动的前提条件,也是市场主体资格取得的内在要求。企业是最活跃的市场细胞,资本是市场的血液。个人独资企业的设立也必须要有相应的资本。但是,《个人独资企业法》对个人独资企业设立时的最低资本限额没有强制性规定,这主要是考虑到个人独资企业是承担无限责任的企业,不规定个人独资企业的最低资本既体现了设立简便的原则,也解决了企业交易相对人利益的保护问题,同时也有利于个人独资企业的发展。

(四)有固定的生产经营场所和必要的生产经营条件

这既是个人独资企业设立的必备条件之一,也是其他企业设立的必备条件之一,是企业存在和开展经营活动的基本物质条件。

(五)有必要的从业人员

这也是企业开展生产经营的必备条件之一。至于从业人员的具体数量,法律没有作出明确规定,可由企业根据经营的需要而雇用。当然,也有一些国家如德国《商法》规定,独资企业(个体商人)的雇用人数应不少于5人。而法国《商法》所规定的独资企业可以是"独立经营的夫妻和共同经营同一资产的商人夫妻"。

二、个人独资企业的设立登记

(一)设立登记时应提交的文件

设立个人独资企业需要经过工商登记。在向工商行政管理机关提出申请登记时,必须向工商行政管理机关提交相关的书面文件,借以判定对申请设立的个人独资企业是否符合法律规定的各项条件,从而决定是否予以登记设立。

根据我国《个人独资企业法》第9条的规定,申请设立个人独资企业,应当由投资人或者其委托的代理人向企业所在地的登记机关提交下列文件。

1.设立申请书。

根据《个人独资企业法》第10条规定,设立申请书应当载明下列事项:企业名称和住所;投资者的姓名和居所;投资者的出资额和出资方式;经营范围。个人独资企业申请书的内容应当能够反映出投资人的基本状况和个人投资企业的基本状况。个人独资企业的名称应当与其责任形式及从事的营业内容相符合。如前面我们提到的个人独资企业名称中不得使用"有限"、"有限责任"等,因为个人独资企业是无限责任企业,如果名不副实,容易误导交易相对人。企业的住所是指企业的主要办事机构所在地。企业住所的确立,有利于确定企业的登记管理机关,有利于确定企业债务的履行地,有利于确定企业受送达地点,有利于确定企业的诉讼管辖地点。

2.投资人的姓名和居所。

个人独资企业的设立文件关于投资者的姓名和居所的规定,也有特殊的意义。个人独资企业的对外债务应是无限责任,那么由谁承担该无限责任?是企业的具体经营者,还是企业的实际投资者?作为第三人来说很难判断。尽管个人独资企业的投资者与经营者往往是结合在一起的,经营者即是投资者,但立法上并没有限制个人独资企业的经理人制度,因此,也会出现投资者与具体经营者不一的情况。这时,对企业的无限责任应由谁承担,必须由法律加以明确规定。我国《个人独资企业法》规定,应由投资者承担无限责任,而且该投资者必须是登记于企业登记机关的登记簿上的。这对保护交易相对人的交易安全十分有利。投资者的居所与其住所同企业的住所的功能是一致的。

3.生产经营场所使用证明。

委托代理人申请设立登记时,应当出具投资人的委托书和代理人的合法证明。

从事法律、行政法规规定须报有关部门审批的业务,应当在申请设立登记时提交有关部门的批准文件。如从事餐饮业的,须提交卫生防疫站出具的《卫生许可证》。

《个人独资企业法》不仅规定了设立独资企业应当提交的各项文件，而且对每一文件应当具有的内容也作了规定，这样对申请人来说比较容易进行实际操作。

（二）个人独资企业的设立程序

设立个人独资企业的程序，相对比较简单。这主要反映在设立独资企业不需要经任何部门审批，而是可以直接向企业登记机关提出设立申请登记。在申请人提出申请时，向登记机关提交上述所讲的各项设立文件即可。

申请人提交上述各项设立文件后，登记机关应当对各项文件进行审查。《个人独资企业法》第 12 条规定，登记机关应当自收到设立申请文件之日起 15 日内，对符合本法规定条件的，予以登记，发给营业执照。这里登记机关的审查时间规定为 15 日，比《合伙企业法》和《公司法》规定的 30 天审核日期要短，适应了市场经济对效率的要求。

对不符合条件的，登记机关应当给予书面答复，并具体说明理由。也就是说，无论登记机关是否对设立申请予以批复，都应当给予答复，履行告知义务。当然，对于符合登记条件的，登记机关的批复本身就是一种说明；对于不符合条件的，给予书面答复，并说明理由，有利于投资者了解自己的设立申请有何不足，以便予以补救。对这一制度的设计，有利于维护申请人的权利——救济权。

个人独资企业的营业执照的签发日期即为个人独资企业的成立日期。领取营业执照前，投资者不得以个人独资企业名义从事经营活动。投资者以个人独资企业名义从事经营活动，必须在个人独资企业获得独立的民事主体资格以后才能进行。

个人独资企业设立分支机构，应当由投资人或者其委托的代理人向机构所在地的登记机关申请登记，领取营业执照。分支机构经核准登记后，应将登记情况报该分支机构隶属的个人独资企业的登记机关备案。

分支机构的民事责任由设立该分支机构的个人独资企业承担。

个人独资企业存续期间登记事项发生变更的，应当在作出变更决定之日起 15 日内依法向登记机关申请办理变更登记。

第三节　个人独资企业的投资人及事务管理

一、个人独资企业投资人的条件

关于投资者的条件，我国《个人独资企业法》第 16 条规定，法律、行政法规禁止从事营利性活动的人，不得作为投资者申请设立个人独资企业。这里立法上对于个人独资企业的投资者的资格条件是从消极方面加以规定的，即规定了不得从事个人独资企业经营活动的人，而没有从积极方面规定投资者的主体资格。根据我国现行法律、行政法规的规定，下列人员不得投资举办个人独资企业。

1. 法律、行政法规禁止从事营利性活动的人。这种规定主要是国家本着政企分开的原则，限制政府公务人员以及负有社会公共管理职责的人员经商办企业，防止他们利用职权之便牟取不正当的商业利益，并对政府的正常工作和威信带来损害。限制的对象主要是立法机关、行政机关、司法机关的工作人员及现役军人等，如法官、检察官、人民警察、国家公务员，其不得经商、办企业以及参与其他营利性的经营活动。

2. 无民事行为能力或限制民事行为能力的人。他们无法辨别事物的真伪，不能有效地控制自己的思想和行为，根本不具备经营商业的资格，国外称这为禁治产人。

3. 对企业破产负有个人责任的法定代表人或对因违法经营被吊销营业执照负有个人责任的法定代表人、投资者及其他人员，自相关事实发生起未满3年的。

二、个人独资企业投资人的权利和义务

（一）个人独资企业投资人的权利

1. 对企业财产的所有权。投资人以个人所有（或家庭所有）的财产投资于企业，其财产权利当然属于投资人。同时，企业在经营过程中，还会形成其他一些权利，如商号权、商标权、专利权等，这些也具有财产权性质，该权利也应当由投资人享有。

2. 对企业的经营管理权以及获得经营收益的权利。个人独资企业的经营管理权一般由投资人自己行使，投资人对企业的经营管理享有充分的自主权。由于是个人单独投资，个人的意志即是企业的意志。如企业有权依据经营发展的需要向银行申请贷款，可以取得土地的使用权等。根据谁投资谁收益的原则，投资人还享有对经营收益的完全占有权（依法纳税后）并可任意支配经营所得，而且个人独资企业也不需要像公司企业那样提取公积金等。

3. 对企业相关权利的转让继承权。对个人独资企业的财产权利，投资人可以通过继承、转让等方式行使处分权，而处分权的行使也十分便利，不需像公司企业那样通过股份转让、依法登记等这些程序。

（二）个人独资企业及其投资人的义务

个人独资企业投资人的义务，也可称为责任，主要是对企业债务承担无限责

任。《个人独资企业法》第 18 条规定:“个人独资企业投资人在申请设立登记时,明确以其家庭共有财产作为个人出资的,应当依法以家庭共有财产对企业债务承担无限责任。”这一规定完全符合个人独资企业的属性。目前,我国并没有实行财产登记制度,通常情况下个人财产与家庭财产并没有具体划分。因此,当设立企业或者享有权益时往往以投资人的全部家庭财产作为投资,而承担责任时则又限于投资人个人的财产。这种情况为投资人逃避法律责任提供了方便。基于此,我国《个人独资企业法》作了上述规定,以确定投资人以个人财产还是以家庭财产承担无限责任,这对于交易相对人来说是十分有效的。

同时,个人独资企业还应当建立会计账簿,进行会计核算。要求个人独资企业建立会计账簿,是为了对企业的经营情况进行适当地管理,以保证国家税收的足额、及时收入。当然,从企业自身的经营管理需要出发,建立会计账簿也有利于企业及时掌握自己的经营情况,调整经营策略。当企业发生债权债务纠纷时,会计账簿还具有证据作用。

个人独资企业的经济性质属于私有企业,其从事经营活动必然需要招用职工。因此,对如何保障劳动者的合法权益,也应当作出规定。当然,就劳动者的具体权利可以通过《劳动法》加以保护。为此,《个人独资企业法》第 6 条规定,个人独资企业应当依法招用职工。为保障劳动者的合法权益,企业应当依法与劳动者订立劳动合同。订立劳动合同时应当遵循平等自愿、协商一致的原则,不得违反法律、行政法规的规定。企业在招用职工时,应当保障职工的劳动安全,应准时、足额地发放职工工资,并应当为职工建立社会保险关系,依法缴纳各项社会保险费。

三、个人独资企业的事务管理

个人独资企业的投资人可以自己管理企业,自任企业的厂长、经理,管理企业的各项业务;也可以委托或聘用其他具有民事行为能力的人负责企业的事务管理。具体采用何种管理方式,由投资人个人决定。但是,从现代社会发展来看,如果是企业规模较大的个人独资企业,一般由专门的经理人管理比较普遍。这是由于现代社会是信息社会,市场信息对经营管理会产生十分重大的影响。对信息的处理、取舍等都需要由具有专门的知识的专业人才进行。如果仅由投资人自己管理,往往会限于个人的学识、经验、精力等的不足而影响企业的经济效益。

投资人委托或聘用他人管理企业,应当与受托人或被聘用的人订立书面的合同,合同中应当明确委托的事项或者授权的范围。在经营管理中,受托人或受聘人应当在委托或者授权的范围内从事活动。

作为受托人或受聘人，在授权范围内享有经营管理的权利，而且，其行使授权范围内的经营管理权所产生的一切法律后果均由投资者承担。投资者不得以任何理由对抗善意第三人。这里所说的善意第三人是指本着合法交易的目的，诚实地通过受托人或者被聘用的人员，与个人独资企业之间建立民事、商事法律关系的法人、非法人团体或者自然人。个人独资企业的投资人与受托人或者被聘用的人员之间有关权利的限制只对受托人或者被聘用的人员有效，对第三人并无约束力，受托人或者被聘用的人员超出投资人的限制与善意第三人的有关业务交往应当有效。

在确定受托经营管理者权利的同时，还应规定受托经营者的相应义务。根据我国《个人独资企业法》第 19 条第 3 款的规定，受托人或者被聘用的人员应当履行诚信、勤勉义务，按照与投资人签订的合同负责个人独资企业的事务管理。在个人独资企业中，受托人或被聘用人的法律地位相当于公司中的经理，而不是公司中的董事。

对企业的受托人或受聘人在行使企业经营管理职责时，除应履行诚信、勤勉义务外，同时不能实施任何损害企业利益的行为。《个人独资企业法》第 20 条具体列举了 10 项禁止性行为。

1. 利用职务上的便利，索取或收受贿赂。

2. 利用职务或工作上的便利侵占企业财产，也即将企业财产通过窃取、骗取等手段非法占为己有。

3. 擅自挪用企业的资金归个人使用或将企业资金借贷给他人。受托人或受聘人有运用企业资金的权利，但运用企业资金的目的应当是为了企业的经营活动。如果将企业资金运用于个人目的或者借贷给他人，则必将损害投资者的利益。因此，法律明确予以限制。

4. 擅自将企业资金以个人名义或者他人名义开立账户储存。

5. 擅自以企业财产提供担保的。担保行为，从某种程度上讲是对企业财产的处分行为。对这一权利的行使必须由投资者特别授权，否则不得擅自行使。

6. 未经投资者同意，从事与本企业相竞争的业务。这是竞业禁止的具体要求。

7. 未经投资者同意，同本企业订立合同或进行交易。这是由于交易双方角色的冲突而可能造成对企业利益的损害，因此也必须予以禁止。

8. 未经投资者同意，擅自将企业商标或者其他知识产权转让给他人使用。

9. 泄露企业的商业秘密。商业秘密会给企业带来巨大的经济利益，而一旦泄密也会给企业造成不可估量的损失。因此，现代各国在立法上都十分强调对商业秘密的保护。

10. 法律、行政法规禁止的其他行为。

第四节　个人独资企业的解散和清算

一、个人独资企业的解散

个人独资企业的解散是指个人独资企业因某些法律事由的发生而使其市场主体的资格归于消灭的行为。一般企业的解散，是其市场主体资格的彻底消灭，不但不能再从事经营活动，而且以企业名义形成的债权债务关系也同时消灭。公司企业一经解散，即对其债权债务进行清算。清算结束后，企业不能清偿的债务不再偿还。而个人独资企业的解散与公司企业的解散不同。从形式上讲，个人独资企业解散后，其市场主体资格消灭，不再从事经营活动，但其债权债务关系并不因清算而终结。由于投资者对企业债务承担无限责任，当个人独资企业解散后，其对尚存的企业债务，仍需继续偿还。

按照《个人独资企业法》第 26 条的规定，个人独资企业解散的原因主要有以下几种情形。

1. 投资人决定解散。这是根据当事人意思自治的原则，由当事人根据自己的意愿而解散企业。至于投资人为何要解散企业，很难进一步作出规定，这是由于社会经营环境的复杂性和人们经济生活的多样性而引起的。因此，法律规定，投资人可以自行根据具体情况决定解散企业。当然，这里的自由，与法律上的其他自由要求一样，都是相对的，即只有在法律允许范围内的自由。

2. 投资人死亡或者被宣告死亡，无继承人或继承人决定放弃继承。在这种情况下，个人独资企业的所有权主体不存在了，其作为个人所有的独资性也就不存在了。因此，企业自然应当解散。

3. 被依法吊销营业执照。这是个人独资企业解散的强制性原因。吊销营业执照是对企业违法行为的一种严厉的行政处罚措施。个人独资企业因实施了法律严格规定不得实施的违法行为，被依法吊销了营业执照，表明个人独资企业作为独立的市场主体资格已经消灭。因此，个人独资企业也即应当解散。

4. 法律、行政法规规定的其他情形。这是一种概括式的规定。在这种情况下，可能是由于任意性的解散原因，也可能是由于强制性的解散原因。

二、个人独资企业的清算

个人独资企业解散后，必须对企业的财产进行清理，应当收回的债权予以收回，应当清偿的债务予以清偿。因此，个人独资企业的清算指的是依法清理个人独资企业债权债务的行为。这里之所以使用清理，是为了与公司企业解散时的清算区别开来。公司企业解散时的财产处理即是对企业债权债务的清偿行为。而个人独资企业解散时,其债权债务的处理可能要延续到企业解散后的很长一段时期。因此,暂时无法进行完全清偿,只能先行清理,以明确债权债务的具体数额。

通常个人独资企业的清算主要包括以下程序:确定清算人、通告债权人、清理财产并编制文件、处理未了事务、清缴所欠职工工资和税款、清理债权债务、办理注销登记等。

个人独资企业的清算应当由清算人进行。清算人的确定,是根据企业解散的原因,由投资者自行选择或由债权人申请人民法院指定。清算人的职权主要是清理企业财产,分别编制资产负债表和财产清单;通知或者公告债权人;处理和清算企业有关未了结的业务;清缴所欠职工工资和税款;清理企业的债权、债务;处理清算债务后的剩余财产;代表企业参与民事诉讼活动等。

投资人自行清算的,应当在清算前15日内书面通知债权人,无法通知的,应当予以公告。债权人应当在接到通知之日起30日内,未接到通知的应当在公告之日起60日内,向投资人申报其债权。

个人独资企业解散后,对财产进行清理,并应依法定清偿顺序分配财产和清偿债务。《个人独资企业法》规定的清偿顺序,与其他诸如《公司法》、《合伙企业法》规定的企业财产清偿的顺序是一致的。《个人独资企业法》第29条规定,其顺序为:(1)所欠职工工资和社会保险费用;(2)所欠税款;(3)其他债务。

《个人独资企业法》关于财产清算顺序的规定中,没有如《公司法》关于公司解散后财产清偿顺序的规定中表述的"不足以清偿同一顺序的,按比例分配"。这是由个人独资企业的债务应由投资者承担无限责任所决定的。因此,从理论上讲不存在"不足以清偿"的问题。如果债权人的债权在企业解散后没有得到完全清偿的,在解散以后的时间仍享有继续要求清偿的权利。

为了稳定社会经济关系,也为了使债务人能够尽快摆脱债务,我国《个人独资企业法》第28条规定:个人独资企业解散后,原投资人对个人独资企业存续期间的债务仍应承担偿还责任,但债权人在5年内未向债务人提出偿债请求的,债务人的偿债责任归于消灭。这里的5年起算时间应从企业解散之日开始。

三、个人独资企业的注销登记

根据《个人独资企业法》第32条的规定,个人独资企业清算结束后,投资者或者人民法院指定的清算人应当编制清算报告,并于15日内到登记机关办理注销登记手续。通过办理注销登记,以消灭个人独资企业的市场主体资格。

第五节　违反个人独资企业法的法律责任

一、个人独资企业法律责任的立法特点

我国《个人独资企业法》第5章专门规定了法律责任。《个人独资企业法》包括附则2条，总共为48条，其中的法律责任即占14条，超过了全部法律条文内容的1/3。可见，“法律责任”在个人独资企业中的地位和作用。从个人独资企业关于违反法律应承担的具体责任形式和内容看，在立法上具有特殊性，特别是在经济处罚的一些规定上，往往不规定具体的处罚数额。从立法上考虑，由于我国地区之间经济发展不平衡，居民收入水平差距较大，独资企业的规模也很悬殊，因此，难以对具体的罚款数额作出统一的规定。所以，具体法律条款上只规定了有关禁止性条款和违法后应承担的责任。至于罚款的具体数额，可由国务院依照本法制定的实施办法加以规定。

二、个人独资企业及其投资人违反个人独资企业法的法律责任

1.投资人提交虚假文件或采取其他欺骗手段取得企业登记的违法行为所应承担的法律责任：(1)责令改正，处以5000元以下罚款；(2)情节严重的，并处吊销营业执照。

2.个人独资企业使用的名称与其在登记机关登记的名称不相符的违法行为所应承担的法律责任：责令限期改正，处以2000元以下罚款。

3.投资人涂改、出租、转让或者伪造营业执照的违法犯罪行为所应承担的法律责任：(1)责令改正或停业；(2)没收违法所得；(3)处以3000—5000元的罚款；(4)构成犯罪的，依法追究刑事责任。

4.个人独资企业成立后无正当理由超过6个月未开业或者开业后自行停业6个月以上的违法行为应承担的法律责任：吊销营业执照。

5.未领取营业执照以个人独资企业名义从事经营活动和个人独资企业登记事项发生变更时未办理变更登记的违法行为所应承担的法律责任：(1)责令停止经营活动；(2)处以3000元以下罚款；(3)责令限期履行变更手续；(4)不办理变更登记的，处以2000元以下罚款。

6.个人独资企业违反《个人独资企业法》规定，侵犯职工合法权益，未保障职工劳动安全，不缴纳社会保险费用的违法行为所应承担的法律责任：(1)按照有关法律、行政法规予以处罚；(2)追究有关责任人的责任。

7.个人独资企业及其投资者，在清算前或清算期间，隐匿或转移财产逃避债

务的违法犯罪行为所应承担的法律责任：(1)依法追回财产；(2)视情节依据有关规定予以处罚；(3)构成犯罪的，依法追究刑事责任。

三、受托人或受聘用人违反个人独资企业法的法律责任

1. 投资者委托或者聘用的人员，违反合同约定，给投资者造成损害的违法行为应承担的法律责任：承担民事赔偿责任。

2. 投资者委托或者聘用的人员违反《个人独资企业法》第 20 条规定(即本章第三节内容中受托人或者被聘用的人员的 10 种禁止性行为)，侵犯个人独资企业财产权益的违法犯罪行为应承担的法律责任：(1)责令退还侵占的财产；(2)给企业造成损失的，依法承担赔偿责任；(3)有违法所得的，没收违法所得；(4)构成犯罪的，依法追究刑事责任。

四、政府有关部门或其他单位和个人违反个人独资企业法的法律责任

政府有关部门或其他单位和个人违反法律、行政法规的规定，强制个人独资企业提供财力、物力、人力的行为所应承担的法律责任：(1)对责任主体按照有关法律、行政法规予以处罚；(2)追究有关责任人员的责任。

五、企业登记机关及其有关主管人员的法律责任

1. 登记机关对不符合规定条件的个人独资企业予以登记，或者对符合规定条件的企业不予登记的违法行为所应承担的法律责任：(1)对直接责任人员依法给予行政处分；(2)构成犯罪的，依法追究刑事责任。

2. 登记机关的上级部门有关主管人员强令登记机关对不符合《个人独资企业法》规定条件的企业予以登记，或者对符合规定条件的企业不予登记的，或者对登记机关的违法登记行为进行包庇的违法行为所应承担的法律责任：(1)对直接责任人员依法给予行政处分；(2)构成犯罪的，依法追究刑事责任。

当登记机关对符合规定条件的申请或者超过法定时限不予答复的，当事人可以依法申请行政复议或提起行政诉讼。

六、财产责任的承担顺序

投资人违反《个人独资企业法》的规定，应当承担民事赔偿责任和缴纳罚款、罚金，其财产不足以支付的，或者被判处没收财产的，应当先承担民事赔偿责任。

上述规定，体现了民事赔偿优先原则，即当民事责任、行政责任和刑事责任均涉及财产时，法律侧重于对受害人的保护，体现了法律的人本主义。

案例评析

【案例 1】

原告:沛县东光铸造有限责任公司(以下简称东光公司)

被告:徐州宏达水泵厂

被告:李传营

被告徐州宏达水泵厂系个人独资企业,在 2000 年至 2002 年间多次向原告购买配件。2002 年 6 月,双方结欠货款 57259 元,在支付 2 万元后,被告投资人李传营以水泵厂名义和原告于 2002 年 8 月达成还款计划,约定余款于 2003 年 5 月前还清。2002 年 11 月 8 日,李传营(甲方)与王某(乙方)达成转让协议,甲方决定将徐州宏达水泵厂转让给乙方,协议约定:(1)至转让之后所发生的债权债务由乙方承担;(2)乙方自签字之日方能有自由经营权;(3)本协议自签字之日起生效。协议签订的当日,徐州宏达水泵厂即在工商部门办理了企业投资人变更登记。

后原告依还款计划要求被告徐州宏达水泵厂偿还到期债务,但被告以投资人变更为由拒绝偿还。原告诉至沛县人民法院,要求徐州宏达水泵厂承担到期债务的清偿责任,在审理期间,又依原告申请追加李某为被告。被告徐州宏达水泵厂辩称,徐州宏达水泵厂为个人独资企业,原厂负责人是李传营,2002 年 11 月 6 日变更为王传沛,并办理了工商变更登记,依据协议的约定,转让前的债务应由李传营承担,请求驳回原告对徐州宏达水泵厂的诉讼请求。被告李传营辩称徐州宏达水泵厂负责人的变更不能影响债务的承担方式,故应由企业承担清偿责任。

[裁判要点]江苏省沛县人民法院经审理认为:原告东光公司与被告徐州宏达水泵厂买卖合同成立并合法有效,本案的争议焦点为两被告应由谁履行还款义务。徐州宏达水泵厂工商登记为个人独资企业。而个人独资企业因其有自己的名称,且必须以企业的名义进行活动的特性,使个人独资企业在法律人格上具有相对独立性,因此对企业债务的承担亦应具有相对独立性。即应先以其独立的自身财产承担责任,而不是既可由企业承担,亦可由投资人承担。本案中徐州宏达水泵厂所负债务应首先以企业财产偿还,在其财产不足偿还的情况下原告有权请求现在的投资人以个人所有的其他财产偿还,若由此而致现投资人利益受损,现投资人可依其与李传营签订的企业转让协议向李传营追偿。原告不能依投资人应对个人独资企业的债务承担无限责任的特性向徐州宏达水泵厂的原投资人李传营追偿。综上,依照《中华人民共和国合

同法》第60条第1款、第161条的规定，江苏省沛县人民法院于2003年12月18日作出判决：(1)被告徐州宏达水泵厂在本判决生效后十日内向原告支付货款18629.50元；(2)驳回原告对李传营的诉讼请求。判决作出后，原、被告均未提出上诉。

【评析】

由于个人独资企业的出售和转让行为近年来才大量出现，《个人独资企业法》对此无明确规定，因此，须根据我国个人独资企业的特点和《个人独资企业法》的相关规定分析。

从法律上看，我国的个人独资企业具有独立的经营实体地位，它既不同于自然人，也不同于法人，具有明显的非法人团体属性，主要表现在以下4个方面。

1. 人格的相对独立性。作为独立的经营实体，个人独资企业能够在民事活动中作出独立的意思表示。不仅有自己的企业名称，并且必须以企业的名义进行活动。有自己独立的住所。投资人死亡或者被宣告死亡，并不必然导致企业的解散。具有独立的权利能力和行为能力，并能以自己的名义参加诉讼，承担相应的责任。

2. 财产的相对独立性。企业财产是企业得以存在和发展的物质基础，应具有相对的稳定性。《个人独资企业法》第5条明确规定："国家依法保护个人独资企业的财产和其他合法权益。"个人独资企业的财产，即投资者的投资和企业的赢利积累，在企业财务制度上是独立于投资者个人其他财产的，企业在不违反业主意志的情况下可以独立地享有占用、使用、收益处分权。

3. 利益的相对独立性。随着个人独资企业人格和财产的相对独立，使个人独资企业有了相对独立的利益。独资企业的利益与出资人的个人利益在时空上有了较为显著的划分，尤其是独资企业把经营积累的财产投入在生产时更为显著。

4. 责任的相对独立性。个人独资企业在对其债务的承担上，应先以其独立的自身财产承担无限责任，而不是既可由企业承担，也可由投资人承担。《个人独资企业法》第31条规定："个人独资企业财产不足以清偿债务的，投资人应当以其个人其他财产予以清偿。"可见对企业债务立法上在坚持投资承担民事责任的同时，改变了要求其承担连带责任的做法，采取了补充主义。这意味着，只有当个人独资企业的财产不足清偿时，才以其个人的其他财产承担责任。法律已将个人独资企业和投资人作为不同的责任相分离，其责任财产也相分离。

总之，个人独资企业作为一种特殊的市场主体，投资人对其享有完全的支配权，所以其意思表示的独立性、财产的独立性、利益的独立性和责任的独立性又受到一定的限制。但是，这些相对性特点并不能否定个人独资企业作为一种独立的民事主体——非法人团体而存在。

作为本案而言，原投资人李某与王某转让企业的行为，只是引起徐州宏达水泵厂的投资人发生变化，并不能消除原企业而产生新企业，该企业具有法律人格上的延续性，其转让之前所欠之债，应由其企业承担，即首先由该厂以其企业资产偿还。这样做还有更重要的意义，即有利于交易安全和经济秩序的稳定，同样有利于企业的延续经营。如果投资人死亡、被宣告死亡或者变更就必然导致个人独资企业解散、消灭或承担责任主体发生变化，就使交易相对人对投资人的生死、变化时时处于担心之中，不利于交易的达成，而且，对已经达成的交易，也不利于合同的履行和交易的完成，并为个人独资企业投资人逃避债务打开方便之门。这就从根本上违背了促进交易、保护交易安全的市场经济法制原则和立法精神。据此，我们认为法院的判决是正确的。

此外，本案在审理中产生激烈争议的另一个焦点问题是企业承担责任后，企业财产不足以清偿债务时，两投资人由谁来承担责任，承担什么样的责任，对此有两种不同的看法。第一种观点直接依据《个人独资企业法》第 31 条的规定，认为应由现投资人王某承担补充责任，在现投资人已承担责任的情况下，原投资人李某不对原告承担责任。第二种观点则认为，由于个人独资企业的财产属投资人个人所有的特性，若不由现投资人承担补充责任，无异于企业不承担责任。但由现投资人承担补充责任，并不能完全免除原投资人对企业转让前所形成的债务的责任，而应对现投资人的补充责任承担连带责任。我们认为第二种观点更合理。理由是：(1)个人独资企业的出售和转让行为并不是单纯的财产所有权的转移，更涉及企业经营权的转移，这种转移的过程，便表现为新投资人的加入和原投资人的退出。在这一过程中，实际上是两位投资人共同经营该企业，从法律关系上看，两人已经形成一个实质上的合伙关系，根据《民法通则》第 35 条及其司法解释，《合伙企业法》第 45 条、第 54 条的规定看，均规定了入伙人对入伙前的债务、退伙人对退伙前形成的债务承担无限连带责任，故此原投资人虽已退出了企业经营，但仍应对退出前形成的债务承担责任，不过该责任应限于对现投资人的补充责任承担连带责任。(2)若原投资人对企业转让前所形成的债务不负任何责任，在法律上免除了债权人的追索，无疑将为原投资人的合法逃债打开了方便之门。由于债权人不可能对个人独资企业投资人的行为完全掌握，投资人转让企业完全可以在债权人不知情的情况下进行。其可以在抽走企业财产的情况下，把企业转让给没有偿债能力的第三人，由没有偿债能力的企业和第三人承担责任，而自己免于债权人的追索，从而达到逃债的目的。由原投资人对现投资人的补充责任承担连带责任，更加有利于保护和交易债权。

【案例 2】

刘某是某高校的在职研究生，经济上独立于其家庭。2000 年 8 月在工商行政管理机关注册成立了一家主营信息咨询的个人独资企业，取名为“远大信息咨询有限公司”，注册资本为人民币 1 元。

企业成立后，营业形势看好，收益甚丰。于是后来黄某与刘某协议参加该个人独资企业的投资经营，并注入投资 5 万元人民币。经营过程中先后共聘用工作人员 10 名，对此刘某认为自己开办的是私人企业，并不需要为职工办理社会保险，因此没有给职工缴纳社会保险费也没有与职工签订劳动合同。后来该独资企业经营不善导致负债 10 万元。刘某决定于 2001 年 10 月自行解散企业，但因为企业财产不足清偿而被债权人、企业职工诉诸人民法院。

法院审理后认为刘某与黄某形成事实上的合伙关系，判决责令刘、黄补充办理职工的社会保险并缴纳保险费，由刘某与黄某对该企业的债务承担无限连带责任。

问题：1. 该企业的设立是否合法？

2. 刘某允许另一人参加投资、共同经营的行为是否合法？

3. 该企业是否应当与职工签订劳动合同并为其办理社会保险？

4. 该企业的债权人在刘某不能清偿债务时能否向刘某的家庭求偿？

5. 刘某决定自行解散企业的做法是否合法？

6. 人民法院的判决是否正确？

【评析】

1. 根据我国《个人独资企业法》第 2 条、第 10 条的规定，自然人可以单独投资设立个人独资企业，设立时法律仅要求投资人申报出资额和出资方式但并不要求缴纳最低注册资本金。因此刘某单独以一元人民币经法定工商登记程序投资设立个人独资企业的做法，符合法律规定。但根据第 11 条的规定，“个人独资企业的名称应与其责任形式相符合”，而个人独资企业为投资人个人负无限责任。因此刘某将其取名为“远大信息咨询有限公司”违反法律规定，应予纠正。

2. 根据《个人独资企业法》第 2 条、第 8 条、第 15 条的规定，个人独资企业须为一个自然人单独投资设立，企业存续期间登记事项发生变更时应当在作出变更决定之日起 15 日内申请办理变更登记。因此，刘某如允许他人参加投资经营，必须依法办理变更登记，并改变为其他性质的企业，因为此时已经不符合个人独资企业的法定条件了。

3. 根据我国的社会保障方面的立法规定、《劳动法》的相关规定，该企业不与职工签订劳动合同、不为职工办理社会保险的做法违反法律的强制性规定。《个人独资企业法》第22条、第23条对此也作出了规定。“个人独资企业招用职工的,应当依法与职工签订劳动合同”,并“按照国家规定参加社会保险,为职工缴纳社会保险费”。因此刘某的理由不成立。

4.根据《个人独资企业法》第2条、第18条的规定,刘某经济上独立于其家庭,且法律规定只有投资人在申请设立个人独资企业进行登记时明确以其家庭共有财产作为个人出资的,才可以依法由家庭共有财产对企业债务承担无限责任。因此债权人不能向刘某的家庭求偿,而应当是由刘某个人负无限责任。

5.根据《个人独资企业法》第26条第(1)项的规定,刘某作为该企业的投资人,有权决定自行解散个人独资企业,因此刘某的做法并不违法。

6.就本案而言,由于黄某后来加入投资经营,因此该个人独资企业事实上已转变为公民之间的合伙关系。由此,法律责任也应当由合伙人刘某、黄某共同承担。因此,人民法院的判决是正确的。

【思考练习】

一、名词解释

个人独资企业

二、简答题

1.简述个人独资企业的特征。

2.简述个人独资企业投资人的权利和义务。

3.简述个人独资企业的清算。

4.简述个人独资企业的事务管理。

5.简述个人独资企业的设立条件。

第四章 外商投资企业法

本章导读

外商投资企业法涵盖了中外合资经营企业法、中外合作经营企业法以及外资企业法。本章主要阐述三种外商投资企业的设立制度、企业的组织形式与注册资本、企业投资者的出资方式以及出资期限、企业的权力机构和经营管理机构、企业的期限以及解散和清算制度。

重点问题

1. 外商投资企业的基本特征。
2. 法律关于中外合资经营企业、中外合作经营企业和外资企业的不同规定。
3. 中外合资经营企业的资本问题。

第一节 外商投资企业法概述

一、外商投资企业的概念和特征

我国的外商投资企业，又称三资企业，是指依照中华人民共和国法律，在中国境内设立的，由中国投资者和外国投资者共同投资或者仅由外国投资者独自投资组建的企业，包括中外合资经营企业、中外合作经营企业、外资企业。由于我国特殊的历史和现实情况，外商投资企业中的外商还包括港澳同胞和台湾同胞。

外商投资企业具有以下三个基本特征。

1. 外商投资企业是外国企业和其他经济组织或者个人以直接投资的方式设立的企业。外商投资企业不仅要求以直接投资方式设立，还必须是以私人直接投资方式设立，私人投资相对于政府投资而言，是指各国法人、自然人之间的投资活动。因此,外商投资企业排除以间接投资方式或以政府投资方式设立的企业。

2.外商投资企业是外国企业和其他经济组织或者个人参与或独立设立的企业。企业资本部分或者全部属于外国投资者,从而区别于完全由中国投资者出资设立的企业。

3.外商投资企业是依照中华人民共和国法律,在中国境内设立的企业。外商投资企业设立的依据是中国法律,这有别于依照外国法律设立的外国企业在我国境内的分支机构。企业的住所必须设在中国境内,从而区别于中国投资者和外国投资者在中国境外合资或合作设立的企业。

二、外商投资企业法概述

外商投资企业法是指调整外商投资企业在设立、变更、终止及经营过程中所发生的各种经济关系的法律规范的总称。由于我国对外商投资企业不是采取统一立法的形式,因此我国外商投资企业法不是指某一具体的单行法,而是由各种专项立法及相关的法律法规相互联系而形成的一个法律体系。这方面的立法主要有:全国人大于1979年7月1日通过、1990年4月4日第一次修正、2001年3月15日第二次修正的《中华人民共和国中外合资经营企业法》(以下简称《合营企业法》)及其实施条例,全国人大于1988年4月13日通过、2000年10月31日修正的《中华人民共和国中外合作经营企业法》(以下简称《合作企业法》)及其实施细则,全国人大于1986年4月12日通过、2000年10月31日修正的《中华人民共和国外资企业法》(以下简称《外资企业法》)及其实施细则,《国务院关于鼓励外商投资的规定》,《中外合资经营企业各方出资的若干规定》,国家工商行政管理总局颁布的《关于中外合资经营企业注册资本与投资总额比例的暂行规定》,等等。

作为完整的外商投资企业法,除了国内专门的涉及外商投资企业的特别立法之外,当然还应包括与此有密切关系的其他法规和国际条约,尤其是如《公司法》、《合同法》等国内立法及WTO中的《与贸易有关的投资措施协议》,以及我国与其他国家之间签订的相互鼓励政策、保护投资协定等。

我国在20世纪70年代末和80年代中后期先后开始制订、实施外商投资企业法,而1994年7月1日《公司法》开始在中国境内全面实施。《公司法》的实施,也为外商投资企业在国内的发展提供了更为有效的法律保障和法律依据。但两者在相关的法律制度方面存在差距和冲突。因此,《公司法》第218条规定:“外商投资企业的有限责任公司和股份有限公司适用本法;有关外商投资的法律另有规定的,适用其规定。”该规定明确了外商投资企业法与《公司法》的相互关系，公司法是公司企业法律体系中的一般法，外商投资企业法是我国公司企业法体系的一个组成部分，属于解决具有涉外因素的特别法。

2001 年 11 月，我国加入世界贸易组织。为了使我国的外商投资企业法与 WTO 的规则相一致，全国人大常委会在 2000 年 10 月 31 日通过了《合作企业法》和《外资企业法》的修正案，又大幅度地取消了对这两类企业的限制性规定。紧接着，又在 2001 年 3 月召开的全国人大九届四次会议上，通过了对《合营企业法》的修改决议。所有这些修改，从立法的角度努力保证了中国现行的外商投资企业法律法规与世界贸易组织的《与贸易有关的投资措施协议》的规定协调一致。

第二节 中外合资经营企业法

一、中外合资经营企业的概念及其特征

中外合资经营企业（以下简称合营企业）是指中国合营者与外国合营者，依照《合营企业法》的规定，在中国境内共同投资、共同经营，并按投资比例分享利润、分担风险及亏损的企业。中外合资经营企业具有如下法律特征。

1. 由中外合营者共同举办。就中方合营者而言，是指中国的公司、企业或其他经济组织；就外方合营者而言，包括外国的公司、企业和其他经济组织或个人，即外国的法人和自然人均可成为合营企业的投资主体。

2. 依中国法律，在中国境内设立。中外合资经营企业是依《合营企业法》及其实施条例而设立的，经中国政府批准注册，住所地在中国，是中国法人。

3. 中外合资经营企业是股权式企业，其组织形式为有限责任公司。中外合营者作为企业的股东，各自按照一定的投资比例出资，各以其出资额为限对企业承担责任，并按照出资比例享有权利，这就使之区别于契约式合营的中外合作经营企业。

二、中外合资经营企业的设立

（一）设立条件

根据《中外合资经营企业法实施条例》第 3 条的规定，设立中外合资经营企业，应当能够促进中国经济的发展和科学技术水平的提高，有利于社会主义现代化建设。国家鼓励、允许、限制或者禁止设立合营企业的行业，按照国家指导外商投资方向的规定及外商投资产业指导目录执行，因而该实施条例未作具体规定。

《中外合资经营企业法实施条例》第4条规定，申请设立合营企业有下列情况之一的，不予批准：(1)有损中国国家主权的；(2)违反中国法律的；(3)不符合中国国民经济发展要求的；(4)造成环境污染的；(5)签订的协议、合同、章程显属不公平，损害合营任一方权益的。

(二)设立程序

在中国境内设立合营企业，必须经中华人民共和国商务部审查批准。批准后，由商务部发给批准证书。

凡具备下列条件的，国务院授权省、自治区、直辖市人民政府或者国务院有关部门审批：(1)投资总额在国务院规定的投资审批权限以内，中国合营者的资金来源已经落实的；(2)不需要国家增拨原材料，不影响燃料、动力、交通运输、外贸出口配额等方面的全国平衡的。因此而批准设立的合营企业，应当报商务部备案。

商务部和国务院授权的省、自治区、直辖市人民政府或者国务院有关部门，以下统称审批机构。

申请设立合营企业，由中外合营者共同向审批机构报送下列文件：(1)设立合营企业的申请书；(2)合营各方共同编制的可行性研究报告；(3)由合营各方授权代表签署的合营企业协议、合同和章程；(4)由合营各方委派的合营企业董事长、副董事长、董事人选名单；(5)审批机构规定的其他文件。上述所列文件必须用中文书写，其中第(2)、(3)、(4)项文件可以同时用合营各方商定的一种外文书写。两种文字书写的文件具有同等效力。审批机构发现报送的文件有不当之处的，应当要求限期修改。

项目可行性研究报告是中外合营各方对举办的项目在经济上、技术上、财务上，以及在生产设施、管理结构、合作条件等方面完全达成一致意见后向我国审批机关上报的文件。可行性研究报告主要是在批准的项目建议书的基础上，对项目的各要素进行认真、全面地调查，并做详细的测算分析，具体论述项目设立在经济上的必要性、合理性、现实性，技术和设备的先进性、适用性、可靠性及财务上的赢利性和合法性，它是保证中外投资双方实现最佳经济效益的必要措施，是设立合营企业过程中的重要一环。

合营企业协议，是指合营各方对设立合营企业的某些要点和原则达成一致意见而订立的文件。合营企业的合同，是指合营各方为设立合营企业就相互的权利和义务关系达成一致意见而订立的文件，它是以书面方式合理地分配合营各方之间的权利和义务、风险和收益的协议。合营企业章程是按照合营企业合同规定的原则，经合营各方一致同意，规定合营企业的宗旨、组织原则和经营管理方法等事项的文件。它是根据合营企业合同确定的原则而制定的，它把合同中可以而且必须公开的内容(如合营企业的宗旨、经营范围、资本状况、企业董事会、总经理的职权等)向外界公开,以便公众更好地了解该企业。同时合营企业章程也是调整合营企业内部各机构之间和各主要成员之间关系的准则。

合营企业协议与合营企业合同有抵触时,以合营企业合同为准。经合营各方同意,也可以不订立合营企业协议而只订立合营企业合同、章程。

审批机构自接到中外合营者报送的全部文件之日起,3个月内决定批准或者不批准。审批机构如发现前述文件有不当之处,应当要求限期修改。

合营企业办理开业登记,应当自收到批准证书起1个月内,按照国家有关规定,向工商行政管理机关办理登记手续。合营企业的营业执照签发日期,即为该合营企业的成立日期。企业成立后,取得中国法人资格,其合法权益受国家法律保护。国家对合营企业不实行国有化和征收,在特殊情况下,根据社会公共利益的需要,对合营企业可依法律程序实行征收,并给予相应补偿。合营企业凭据《企业法人营业执照》可以刻制公章、开立银行账户、签订合同、进行经营活动。

三、中外合资经营企业的组织形式与组织机构

(一)合营企业的组织形式

根据《合营企业法》及其实施条例的规定,合营企业的形式为有限责任公司,合营各方对合营企业的责任以各自认缴的出资额为限,合营企业以其全部资产对其债务承担责任。这种做法,投资者承担的风险较少,可以起到鼓励投资的作用。所谓认缴的出资额,是指合营各方为设立合营企业同意投入的资金数额。合营各方应按合营企业合同规定的期限,一次或分几次缴清各自认缴的出资额。

(二)合营企业的组织机构

合资经营企业的组织机构是董事会和经营管理机构,或者说是董事会领导下的总经理负责制。

1. 董事会

合营企业的董事会,是合营企业的最高权力机构。董事会的职权是按合营企业章程的规定,讨论决定合营企业的一切重大问题:企业发展规划、生产经营活动方案、收支预算、利润分配、劳动工资计划、停业,以及总经理、副总经理、总工程师、总会计师、审计师的任命或聘请及其职权和待遇等。

董事会由董事组织。合营企业的董事会人数,则根据合营企业的规模大小、投资多少、业务繁简等情况,由合营各方协商,在合营企业合同、章程中确定,但最少不得少于3人。董事名额的分配,由合营各方参照出资比例协商确定。然后,由合营各方按照分配的名额分别委派董事。董事任期为4年,经合营者继续

委派的可以连任。

董事会设董事长1人和副董事长若干人。董事长和副董事长人选由合营各方协商确定或由董事会选举产生。中外合营者的一方担任董事长的,由他方担任副董事长。董事长是合营企业的法定代表人。董事长不能履行职责时,应授权副董事长或其他董事代表合营企业。

董事会会议每年至少召开一次,由董事长负责召集并主持。经1/3以上董事提议,可由董事长召开董事会临时会议,董事会会议应当有2/3以上董事出席方可举行。下列事项由出席董事会会议的董事一致通过方可作出决议:(1)合营企业章程的修改;(2)合营企业的中止、解散;(3)合营企业注册资本的增加、减少;(4)合营企业的合并、分立。其他事项可以根据合营企业章程载明的议事规则作出决议。

2.经营管理机构

合营企业的经营管理机构,负责企业的日常经营管理工作。经营管理机构设总经理1人、副总经理若干人、其他高级管理人员若干人。总经理、副总经理由合营企业董事会聘请,可以由中国公民担任,也可以由外国公民担任。

总经理执行董事会会议的各项决议,组织领导合营企业的日常经营管理工作。在董事会授权范围内,总经理对外代表合营企业,对内任免下属人员,行使董事会授予的其他职权。

经董事会聘请,董事长、副董事长、董事可以兼任合营企业的总经理、副总经理或者其他高级管理职务。总经理处理重要问题时,应当同副总经理协商。

总经理或者副总经理不得兼任其他经济组织的总经理或者副总经理,不得参与其他经济组织对本企业的商业竞争。

四、中外合资经营企业的注册资本与出资方式

(一)合营企业的注册资本

合营企业的注册资本,是指为设立合营企业在登记管理机构登记的资本总额,应为合营各方认缴的出资额之和。注册资本不同于投资总额,合营企业的投资总额,是指按照合营企业合同、章程规定的生产规模需要投入的基本建设资金和生产流动资金的总和。如果合营各方的出资额之和达不到投资总额,可以以合营企业的名义进行借款。在这种情况下,投资总额包括注册资本和企业借款。

合营企业的注册资本一般应当以人民币表示,也可以用合营各方约定的外币表示。外国合营者的投资在合营企业的注册资本中所占比例一般不低于25%。

合营企业的注册资本,应当与生产经营的规模、范围相适应。合营企业的注

册资本与投资总额的比例，应当遵守如下规定：(1)合营企业的投资总额在300万美元以下(含300万美元)的，其注册资本至少应占投资总额的7/10。(2)合营企业的投资总额在300万美元以上至1000万美元(含1000万美元)的，其注册资本至少应占投资总额的1/2，其中投资总额在420万美元以下的，注册资本不得低于210万美元。(3)合营企业的投资总额在1000万美元以上至3000万美元(含3000万美元)的，其注册资本至少应占投资总额的2/5，其中投资总额在1250万美元以下的，注册资本不得低于500万美元。(4)合营企业的投资总额在3000万美元以上的，其注册资本至少应占投资总额的1/3，其中投资总额在3600万美元以下的，注册资本不得低于1200万美元。合营企业如遇特殊情况，不能执行上述规定，由商务部会同国家工商行政管理局批准。合营企业增加投资的，其追加的注册资本与增加的投资额的比例，应按上述规定执行。

合营企业的注册资本在该企业合营期内不得减少，因投资总额和生产经营规模等发生变化，确需减少的，须经审批机构批准。合营企业注册资本的增加、减少，应当由董事会会议通过，并报审批机构批准，向登记管理机构办理变更登记手续。

合营一方向第三者转让其全部或者部分股权的，须经合营他方同意，并报审批机构批准，向登记管理机构办理变更登记手续。合营一方转让其股权时，合营他方有优先购买权，并且向第三方转让股权的条件，不得比向合营他方转让的条件优惠。

(二)出资方式

《合营企业法》第5条规定，合营各方可以现金、实物、工业产权等进行投资，《中外合资经营企业法实施条例》第22条进一步规定，合营者可以用货币出资，也可用建筑物、厂房、机器设备和其他物料、工业产权、专有技术、场地使用权等作价出资。

1.以货币出资。货币出资可以是人民币，也可以是外币。人民币和外币需要折算的，按缴款当日中国人民银行公布的基准汇率进行折算。

2.以实物出资。即可用建筑物、厂房、机器设备或其他物料作价出资。作为外国合营者出资的机器设备或者其他物料，应当是合营企业生产所必需的，其作价不得高于同类机器设备或者其他物料当时的国际市场价格。

3.以工业产权和专有技术出资。作为外国合营者出资的工业产权或者专有技术，必须符合下列条件之一：能显著改进现有产品的性能、质量，提高生产效率的；能显著节约原材料、燃料、动力的。

无论是以实物出资，还是以工业产权和专有技术出资，它们的作价都应该由合营各方本着公平合理、协商一致的原则来确定，或者由合营各方共同聘请的第三者评定；外国合营者出资的机器设备或者其他物料、工业产权或者专有技术，应当报审批机构批准。

4. 以场地使用权出资。根据《合营企业法》第 5 条的规定，中国合营者的投资可包括为合营企业经营期间提供的场地使用权，如果场地使用权未作为中国合营方投资的一部分，合营企业应向中国政府缴纳使用费。

根据《中外合资经营企业法实施条例》第 28 条的规定，合营各方应当按照合同规定的期限缴清各自的出资额。凡合营合同中没有具体规定出资期限，但规定一次缴清出资的，合营各方应当从营业执照签发之日起 6 个月内缴清；合营合同中规定分期缴付出资的，合营各方的第一期出资不得低于各自认缴出资额的 15%，并应当在营业执照签发之日起 3 个月内缴清。合营一方未按照合营合同的规定如期缴付或者缴清其出资的，即构成违约。守约方应当要求违约方在 1 个月内缴付或者缴清出资，逾期仍未缴付或者未缴清的，视为违约方放弃在合营合同中的一切权利，自动退出合营企业。守约方应当在逾期后 1 个月内，向原审批机关申请批准解散企业或者申请批准另找合营者。守约方可以依法要求违约方赔偿因未缴付或未缴清出资造成的经济损失。

五、中外合资经营企业的经营管理工作

（一）合营企业的物资购买

根据《中外合资经营企业法实施条例》第 51 条、第 52 条的规定，合营企业所需的机器设备、原材料、燃料、配套件、运输工具和办公用品等有权自行决定在中国购买或者向国外购买。需要在中国购置的办公、生活用品，按需要量购买，不受限制。

合营企业在合营合同规定的经营范围内，进口本企业生产所需的机器设备、零配件、原材料、燃料，凡属国家规定需要领取进口许可证的，须每年编制一次计划，每半年申领一次。

合营企业在国内购买物资的价格以及支付水、电、气、热、货物运输、劳务、工程设计、咨询、广告等服务的费用，享受与国内其他企业同等的待遇。

（二）合营企业的产品销售

中国政府鼓励合营企业向国际市场销售其产品。合营企业有权自行出口其产品，也可以委托外国合营者的销售机构或者中国的外贸公司代销或者经销。凡属国家规定需要领取出口许可证的，合营企业按照本企业的年度出口计划，每半年申领一次。

（三）合营企业的税务与外汇管理

合营企业应按中国有关法律的规定，缴纳各种税款。进口下列物资，合营企业可享有减税、免税的待遇：按照合同规定作为外国合营者出资的机器设备、零部件和其他物料；合营企业以投资总额以内的资金进口的机器设备、零部件和其他物料；经审批机构批准，合营企业以增加资本所进口的国内不能保证生产供应的机器设备、零部件和其他物料；合营企业为生产出口产品，从国外进口的原材料、辅料、元器件、零部件和包装物料。对于合营企业生产的出口产品，除中国限制出口的以外，依照中国税法的有关规定减税、免税或者退税。

合营企业凭营业执照，在境内银行开立外汇账户和人民币账户，由开户行监督收付。合营企业根据经营业务的需要，可以向境内的金融机构申请外汇贷款和人民币贷款，也可以按照国家有关规定从国外或者港澳地区的银行借入外汇资金，并向国家外汇管理局或者其分局办理登记或者备案手续。

（四）合营企业的财务与会计

合营企业的财务与会计制度，应根据中国有关法律和财务会计制度的规定，结合合营企业的情况加以制定，并报当地财政部门、税务机关备案。合营企业会计年度采用日历年制，自公历每年 1 月 1 日起至 12 月 31 日止为一个会计年度。合营企业的财务、会计工作应当贯彻执行财政部于 1992 年 6 月 24 日发布、自同年 7 月 1 日起施行的《外商投资企业财务管理规定》，以及经国务院批准，财政部于 1992 年 11 月 30 日发布、自 1993 年 7 月 1 日起施行的《企业财务通则》（2006 年修订）、《企业会计准则——基本准则》。

合营企业设总会计师，协助总经理负责企业的财务会计工作，并设审计师（小的企业可以不设），负责审查、稽核合营企业的财务收支和会计账目，向董事会、总经理提出报告。

合营企业会计采用国际通用的权责发生制和借贷记账法记账。一切自制凭证、账簿、报表必须用中文书写，也可以同时用合营各方商定的一种外文书写。合营企业原则上采用人民币作为记账本位币，经合营各方商定，也可以采用某一种外国货币作为记账本位币。合营企业的账目，除按记账本位币记录外，对于现金、银行存款、其他货币款项以及债权债务、收益和费用等，与记账本位币不一致时，还应当按实际收付的货币记账。以外国货币作为记账本位币的合营企业，其编报的财务会计报告应当折算为人民币。因汇率的差异而发生的折合记账本位币差额，作为汇兑损益列账。记账汇率变动，有关外币各账户的账面余额，于年终结账时，应当按照中国有关法律和财务会计制度的规定进行会计处理。合营企业应当向合营各方、当地税务机关和财政部门报送季度和年度会计报表。合营企业的下列文件、证件、报表，应当经中国的注册会计师验证和出具证明，方为有效：合营各方的出资证明书，合营企业的年度会计报表，合营企业清算的会计报表。

合营企业按照《企业所得税法》缴纳所得税后的利润分配原则如下：(1)提取储备基金、职工奖励及福利基金、企业发展基金，提取比例由董事会确定；(2)储备基金除用于垫补合营企业亏损外，经审批机构批准也可以用于本企业增加资本，扩大生产；(3)按照上述第(1)项规定提取三项基金后的可分配利润，董事会确定分配的，应当按合营各方的出资比例进行分配。以前年度的亏损未弥补前不得分配利润。以前年度未分配的利润，可以并入本年度利润分配。

(五)合营企业的劳动管理

合营企业职工的招收、招聘、辞退、辞职、工资、福利、劳动保险、劳动保护、劳动纪律等事宜，按照国家有关劳动和社会保障的规定办理。合营企业应当加强对职工的业务、技术培训，建立严格的考核制度，使他们在生产、管理技能方面能够适应现代化企业的要求。

合营企业的工资和奖励制度必须符合按劳分配、多劳多得的原则。

六、中外合资经营企业的合营期限、解散与清算

(一)合营企业的合营期限

《合营企业法》第 13 条规定："合营企业的合营期限，按不同行业、不同情况，作不同的约定。有的行业的合营企业，应当约定合营期限；有的行业的合营企业，可以约定合营期限，也可以不约定合营期限。"那么，什么样的合营企业应当约定合营期限呢？根据原对外经济贸易部于 1990 年 10 月 22 日发布的、经国务院批准的《中外合资经营企业合营期限暂行规定》(以下简称《暂行规定》)第 3 条的规定，举办合营企业，属下列行业或者情况的，合营各方应依照有关法律法规的规定，在合营合同中约定合营期限：一是服务性行业的，如饭店、娱乐、饮食、出租汽车、彩扩洗相、维修、咨询等；二是从事土地开发及经营房地产的；三是从事资源勘察开发的；四是国家规定投资项目的；五是法律、法规规定其他需要约定合营期限的。

举办合营企业，属于国家规定鼓励和允许投资项目的，除上述《暂行规定》第 3 条另有规定的以外，合营各方可以在合同中约定合营期限，也可以不约定合营期限。合营各方在合营合同中不约定合营期限的合营企业，经税务机关批准，可以按照国家有关税收的规定享受减税、免税的优惠待遇。如实际经营期未达到国家有关税收优惠规定的年限，应当依法补缴已经减免的税款。

在上述《暂行规定》于1990年10月22日施行之前已经批准设立的合营企业，按照批准的合营合同约定的期限内执行。但属于上述《暂行规定》第3条规定以外的合营企业，合营各方一致同意合营合同中合营期限条款修改为不约定合营期限的，合营各方申报理由，签订修改合营合同的协议，并提出申请，报原审批机关审查。原审批机关应当自接到申请文件之日起90日内决定批准或者不批准。约定合营期限的合营企业，合营各方同意延长合营期限的，应在距合营期满6个月前向审批机关提出申请。审批机关应自接到申请之日起1个月内决定批准或不批准。

（二）合营企业的解散

合营企业由于出现不能继续存在的事实而终止其经营活动即为解散。已经开业的合营企业，具有下列情况之一时解散：(1)合营期限届满；(2)企业发生严重亏损，无力继续经营；(3)合营一方不履行合营企业协议、合同、章程规定的义务，致使企业无法继续经营；(4)因自然灾害、战争等不可抗力遭受严重损失，无法继续经营；(5)合营企业未达到其经营目的，同时又无发展前途；(6)合营企业合同、章程所规定的其他解散原因已经出现。发生上述第(2)、(4)、(5)、(6)项情况的，由董事会提出解散申请书，报审批机构批准；上述第(3)项情况发生的，由履行合同的一方提出申请，报审批机构批准。

（三）合营企业的清算

清算是企业解散时，清理企业财产关系，终结企业法律关系的程序。合营企业宣告解散时，应当按照《公司法》的规定成立清算委员会，由清算委员会负责清算事宜。

清算委员会的成员一般应当在合营企业的董事中选任。董事不能担任或者不适合担任清算委员会成员时，合营企业可以聘请中国的注册会计师、律师担任；审批机关认为必要时，可以派人进行监督。

合营企业进行清算时，其资产净额或者剩余财产减除企业未分配利润、各项基金和清算费用后的余额，超过实缴资本的部分为清算所得，应当依法缴纳所得税。缴纳所得税后的剩余财产，按照合营各方的出资比例进行分配，但合营企业协议、合同、章程另有规定的除外。

合营企业的清算工作结束后，由清算委员会提出清算结束报告，提请董事会会议通过后，报告审批机构，并向登记管理机构办理注销登记手续，缴销营业执照。

第三节　中外合作经营企业法

一、中外合作经营企业的概念及其特征

中外合作经营企业，是指中国合作者与外国合作者依照中华人民共和国法律的规定，在中国境内共同举办的，按合作企业合同的约定分配收益或者产品、分担风险和亏损的企业。根据《合作企业法》第 1 条的规定，中国合作者包括中国的公司、企业或者其他经济组织；外国合作者包括外国的公司、企业和其他经济组织或者个人。合作经营企业与合资经营企业相比，具有自身的一些特点。

1. 合作经营企业合作各方的权利义务都在签订的合同中确定。包括投资或者提供合作条件、利润或者产品的分配、风险和亏损的分担、经营管理的方式和合作企业终止时财产的归属等事项。因此，合资经营企业属于股权式企业；合作经营企业属于契约式企业。

2. 合作企业的法人资格可以自行选择。合作企业可以是依法取得中国法人资格的企业，也可以是不具有法人资格的企业。具备法人资格的企业为有限责任公司，以其投资或者提供的合作条件为限对合作企业承担责任；不具备法人资格的合作企业及其合作各方，依照中国法律的有关规定承担连带责任。

3. 合作企业中的外国合作者可以先行回收投资。这对外国投资者具有较大的吸引力。合作期满后，合作企业的全部资产一般归中国合作者所有。

4. 合作企业的管理机构具有多样性。合作企业可以采用董事会制，也可以采用联合管理委员会制，还可以采用委托管理制，即委托中外合作者以外的他人经营管理合作企业。

5. 利润分配方式的特殊性。合作经营企业的利润是按照合作合同的约定方式和比例进行分配，可以采取净利润分成、产品分成和产值分成等分配方式。利润分配后，各方合作者各自依法缴纳相关税收。而合资经营企业则是就税后利润，由合营各方按照出资比例进行分配。

二、中外合作经营企业的设立

（一）设立条件

《合作企业法》第 4 条规定："国家鼓励举办产品出口的或者技术先进的生产型合作企业。"什么是产品出口企业和先进技术企业？根据国务院 1986 年 10 月

11日发布的《关于鼓励外商投资的规定》的规定，产品出口企业是指产品主要用于出口，年度外汇总收入额减除年度生产经营外汇支出额和外国投资者汇出分得利润所需外汇额以后，外汇有结余的生产型企业；先进技术企业是指外国投资者提供先进技术，从事新产品开发，实现产品升级换代，以增加出口创汇或者替代进口的生产型企业。

申请设立合作企业，有下列情形之一的，不予批准：损害国家主权或者社会公共利益的；危害国家安全的；对环境造成污染损害的；有违反法律、行政法规或者国家产业政策的其他情形的。

（二）设立程序

申请设立合作企业，应由中国合作者向审批机关报送下列文件：(1)设立合作企业的项目建议书，并附送主管部门审查同意的文件；(2)合作各方共同编制的可行性研究报告，并附送主管部门审查同意的文件；(3)由合作各方的法定代表人或其授权的代表签署的合作企业协议、合同、章程；(4)合作各方的营业执照或者注册登记证明、资信证明及法定代表人的有效证明文件，外国合作者是自然人的，应当提供有关其身份、履历和资信情况的有效证明文件；(5)合作各方协商确定的合作企业董事长、副董事长、董事或者联合管理委员会主任、副主任委员的人选名单；(6)审查批准机关要求报送的其他文件。上述各项文件，除第(4)项中由外国合作者提供的文件外，必须报送中文本，第(2)、(3)、(5)项所列文件可以同时报送合作各方商定的一种外文本。

根据《中外合作经营企业法实施细则》第6条规定，设立合作企业由对外贸易经济主管部门或者国务院授权的部门和地方人民政府（以下统称审批机关）审查批准。属于下列情形的，由国务院授权的部门或者地方人民政府审查批准：投资总额在国务院规定由国务院授权的部门或者地方人民政府审批的投资限额以内的；自筹资金，并且不需要国家平衡建设、生产条件的；产品出口不需要领取国家有关主管部门发放的出口配额、许可证，或者虽需要领取，但在报送项目建议书前已征得国家有关主管部门同意的；有法律、行政法规规定由国务院授权的部门或者地方人民政府审查批准的其他情形的。

审批机关应自收到规定的全部文件之日起45天内决定批准或不批准；审批机关认为报送的文件不全或者有不当之处的，有权要求合作各方在指定期间内补全或者修正。

设立合作企业的申请批准后，应当自接到批准证书之日起30天内向工商行政管理机关申请登记，领取营业执照，营业执照签发日期，为该企业的成立日期。合作企业应当自成立之日起30天内向税务机关办理税务登记。

三、中外合作经营企业的组织形式与组织机构

(一)合作企业的组织形式

《合作企业法》第2条第2款规定:“合作企业符合中国法律关于法人条件的规定的,依法取得中国法人资格。”在实践中,中外合作者可以申请设立具有法人资格的合作企业,也可以申请设立不具有法人资格的合作企业。

具有法人资格的合作企业,其组织形式为有限责任公司,其合作各方对合作企业的责任以各自认缴的出资额或提供的合作条件为限。合作企业以其全部资产对其债务承担有限责任。不具有法人资格的合作企业,其合作各方应根据其认缴的出资额或提供的合作条件,在合作合同中约定各自承担债务责任的比例,但不得影响合作各方连带责任的履行。不具有法人资格的合作企业的合作各方的关系是一种合伙关系。

(二)合作企业的组织机构

《合作企业法》第12条规定,合作企业应当设立董事会或者联合管理机构,依照合作企业合同或者章程的规定,决定合作企业的重大问题。此外,还规定合作企业成立后可改为委托中外合作者以外的他人经营管理。可见,合作企业在组织机构的设置上有较大灵活性,同中外合资经营企业有很大区别。合作企业的组织机构有以下三种。

1.董事会。具有法人资格的合作企业,一般采取董事会制。董事会是合作企业的最高权力机构,决定企业的重大问题。董事长、副董事长由合作各方协商产生,中外合作者的一方担任董事长的,由他方担任副董事长。董事会可以决定任命或者聘请总经理负责合作企业的日常经营管理工作。总经理对董事会负责。

2.联合管理机构。不具备法人资格的合作企业,一般采用联合管理机构,由中外合作各方选派代表组成,是合作企业的最高权力机构,决定企业的重大问题。中外合作者一方担任联合管理机构主任的,由他方担任副主任。联合管理机构可以决定任命或聘请总经理负责合作企业的日常经营管理工作。总经理对联合管理机构负责。

3.委托合作者之外的第三人经营管理。合作企业成立后改为委托第三人经营管理的,必须经董事会或者联合管理机构一致同意。合作企业应当与第三方签订委托管理合同,连同第三方的资信证明文件,报审批机关审批,并向工商行政管理机关办理变更登记手续。

四、中外合作经营企业的出资方式与出资期限

(一)合作各方的出资方式

《合作企业法》第8条规定,中外合作者的投资或者提供的合作条件可以是现金、实物、土地使用权、工业产权、非专利技术和其他财产权利。

合作各方以非现金出资的不必作价。合作各方以自有的财产权利作为投资或者合作条件,对该投资或者合作条件不得设置抵押权或者其他形式的担保。

中国合作者的投资或者提供的合作条件,属于国有资产的,应当依照有关法律、行政法规的规定进行资产评估。在依法取得中国法人资格的合作企业中,外国合作者的投资一般不低于合作企业注册资本的25%。在不具有法人资格的合作企业中,对合作各方向合作企业投资或者提供合作条件的具体要求,由对外贸易主管部门规定。合作各方缴纳投资或者提供合作条件后,应当由中国注册会计师验证并出具验资报告,由合作企业据此发给合作各方出资证明书。

(二)合作各方的出资期限

合作企业的合作各方应当根据合作企业的生产经营需要,依法在合作合同中约定合作各方向合作企业投资或者提供合作条件的期限。合作各方未按期缴纳投资、提供合作条件的,工商行政管理部门应当令其限期履行;期限届满仍未履行的,审查批准机关应当撤销其批准证书,工商行政管理机关应当吊销其营业执照,并予以公告。未按合作企业合同缴纳投资或提供合作条件的一方,应当向已经缴纳投资或提供合作条件的他方承担违约责任。

五、中外合作经营企业的经营管理工作

(一)合作企业的物资购买

合作企业可以自行决定在中国境内或者境外购买本企业自用的机器设备、原材料、照料、零部件、配套件、元器件、运输工具和办公用品等。

外国合作者作为投资进口的机器设备、零件和其他物料以及合作企业用投资总额内的资金进口生产、经营所需的机器设备、零部件和其他物料,免征进口关税和进口环节的流转税。

合作企业不得以高于国际市场同类产品的价格进口物资。合作企业进口属于进口许可证、配额管理的商品,应当按照国家有关规定办理申领手续。

(二)合作企业的产品销售

国家鼓励合作企业向国际市场销售其产品。合作企业可以自行向国际市场销售其产品,也可以委托国外的销售机构或者中国的外贸公司代销或者经销其

产品。

合作企业销售产品的价格，由合作企业依法自行确定，但不得以明显低于合理的国际市场同类产品的价格出口产品。

合作企业销售产品，应当按照经批准的合作企业合同的约定销售。

合作企业出口属于出口许可证、配额管理的商品，应当按照国家有关规定办理申领手续。

(三)合作企业的收益分配

根据《合作企业法》第 2 条规定，合作企业收益或者产品的分配，中外合作者应当依照本法的规定，在合作企业合同中约定。这就是说，合作企业在分配方式上，可以实行利润分成，也可以实行产品分成。至于利润分成、产品分成的比例，也是由中外合作者在合作企业合同中约定的。

《合作企业法》中关于“合作企业收益分配”的规定与《合营企业法》第 4 条关于“合营各方按注册资本比例分享利润”的规定相比，更具有灵活性。这在一定条件下适应了部分中外合作者的需要，有利于引进外资。当然，中外合作者约定的分配收益或者产品的合同条款，也必须遵守中国的法律法规，符合平等互利的原则。

(四)合作企业外国合作者投资的回收

《合作企业法》第 21 条第 2 款规定，中外合作者在合作企业合同中约定合作期满时合作企业的全部固定资产归中国合作者所有的，可以在合作企业合同中约定外国合作者在合作期限内先行回收投资的办法。外国合作者在合作期限内可以申请按照下列方式先行回收其投资：在按照投资或者提供的合作条件进行分配的基础上，在合作企业合同中约定扩大外国合作者的权益分配比例；经财政税务机关按照国家有关税收的规定审查批准，外国合作者在合作企业缴纳所得税前回收投资；经财政税务机关和审查批准机关批准的其他回收投资方式。

外国合作者依照规定先行回收投资的，中外合作者应当依照有关法律的规定和合作企业合同的约定，对合作企业的债务承担责任。合作企业的亏损未弥补前，外国合作者不得先行回收投资。

(五)合作企业必须在中国境内设置会计账簿，按规定报送会计报表

为了监督合作企业依法进行生产经营活动，履行规定的义务，《合作企业法》第 15 条规定，合作企业必须在中国境内设置会计账簿，依照规定报送会计报表，并接受财政税务机关的监督。合作企业违反上述规定，不在中国境内设置会计账簿的，财政税务机关可以处以罚款；工商行政管理机关可以责令停止营业或者

吊销其营业执照。

（六）合作企业的劳动管理

合作企业需要的工人、专业技术人员和经营管理人员（包括高级管理人员），由企业面向社会公开招聘，也可以从中国合作者推荐的人员中选聘；在本地区招聘职工不能满足需要时，可以跨省、自治区、直辖市招聘。合作企业从在职职工中招聘所需人员时，有关部门和单位应当积极支持，允许流动，不得加以限制。合作企业聘用的中方高级管理人员，在其聘用合同期内，未经企业同意，任何部门和单位无权调动他们的工作。合作企业有权按照合同和有关规定辞退职工，任何部门、单位或个人不得干预。合作企业职工的录用、辞退、报酬、福利、劳动保护、劳动保险等事项，应当依法通过订立合同加以规定。对于违反规章制度并造成一定后果的职工，企业可以根据其情节轻重，给予不同的处分，直到开除。

六、中外合作经营企业的合作期限与解散

（一）合作企业的合作期限

合作企业的合作期限由中外合作者协商并在合作合同中订明。建设用期短、资金回收快的项目，合作期限可以短一些；建设周期长、投资大、回收慢的项目，合作期限可以长一些。合作期满后，中外合作双方同意延长的，可以延长。中外合作者同意延长合作期限的，应当在距合作期满 180 天前向审查批准机关提出申请，审批机关应当自接到申请之日起 30 天内决定批准或不批准。经批准延长合作期限的，合作企业凭批准文件向工商行政管理机关办理变更登记手续，延长的期限从期限届满后的第一天起计算。

（二）合作企业的解散

合作企业因下列情形之一出现时解散：(1)合作期限届满；(2)合作企业发生严重亏损，或者因不可抗力遭受严重损失，无力继续经营；(3)中外合作者一方或者数方不履行合作企业合同、章程规定的义务，致使合作企业无法继续经营；(4)合作企业合同、章程中规定的其他解散原因已经出现；(5)合作企业违反法律、行政法规，被依法责令关闭。

上述(2)、(4)项所列情形发生，应当由合作企业的董事会或联合管理委员会做出决定，报审查批准机关批准。在第(3)项所列情形下，不履行合作企业合同、章程规定的义务的中外合作者一方或者数方，应当对履行合同的他方因此遭受的损失承担赔偿责任。履行合同的一方或者数方有权向审查批准机关提出申请，解散合作企业。

第四节　外资企业法

一、外资企业的概念及其特征

外资企业是指依照中华人民共和国法律的规定，在中国境内设立的，全部资本由外国投资者投资的企业，不包括外国的企业和其他经济组织在中国境内设立的分支机构。外资企业具有以下法律特征。

1. 外资企业是依照中国法律在中国境内设立的企业。外资企业设立的法律依据主要是《外资企业法》及其实施细则，外资企业具有中国国籍。符合法人条件的依法取得中国法人资格。这一特征，使外资企业区别于外国企业。

2. 外资企业的全部资本均由外国投资者投入。这使其区别于合营企业和合作企业。从资本结构看，合作企业与合营企业的资本中既有中资又含有外资，而外资企业的全部资本均由外国的公司、企业或其他经济组织或个人单方投入。

3. 外资企业是独立的经济实体。外资企业一般是独立核算、自负盈亏、独立承担民事责任的法人或经济组织。它区别与外国的企业和其他经济组织在中国境内的分支机构，因为分支机构在法律上和经济上没有独立性，而是受总公司的绝对控制。

二、外资企业的设立与变更

（一）外资企业的设立

设立外资企业，必须有利于中国国民经济的发展，能够取得显著的经济效益。国家鼓励外资企业采用先进技术和设备，从事新产品开发，实现产品升级换代，节约能源和原材料，并鼓励举办产品出口的外资企业。

国家禁止或者限制设立外资企业的行业，按照国家指导外商投资方向的规定及外商投资产业指导目录执行。

申请设立外资企业，有下列情况之一的，不予批准：(1)有损中国主权或者社会公共利益的；(2)危及中国国家安全的；(3)违反中国法律、法规的；(4)不符合中国国民经济发展要求的；(5)可能造成环境污染的。

外国投资者在提出设立外资企业的申请前，应当就下列事项向拟设立外资企业所在地的县级或者县级以上地方人民政府提交报告。报告内容包括：设立外资企业的宗旨，经营范围、规模，生产产品，使用的技术设备，用地面积及要求，需要用水、电、煤、煤气或者其他能源的条件及数量，对公共设施的要求等。县级或者县级以上地方人民政府应当在收到外国投资者提交的报告之日起 30 天内以书面形式答复外国投资者。

外国投资者设立外资企业，应当通过拟设立外资企业所在地的县级或者县级以上地方人民政府向审批机关提出申请，并报送下列文件：设立外资企业申请书，可行性研究报告，外资企业章程，法定代表人（或者董事会人选）名单，外国投资者的法律证明文件和资信证明文件，拟设立外资企业所在地的县级或者县级以上地方人民政府的书面答复，需要进口的物资清单，以及其他需要报送的文件。

设立外资企业的申请，由对外贸易经济主管部门审查批准后，发给批准证书。属于下列情形的，如投资总额在国务院规定的投资审批权限以内，不需要国家调拨原材料，不影响能源、交通运输、外贸出口配额等全国综合平衡的，由国务院授权省、自治区、直辖市和计划单列市、经济特区人民政府审查批准后，发给批准证书，并在批准后 15 天内报商务部备案。

审批机关应当在收到申请设立外资企业的全部文件之日起 90 天内决定批准或者不批准。审批机关如果发现报送的文件不齐备或者有不当之处，可以要求限期补报或者修改。

设立外资企业的申请经审批机关批准后，外国投资者应当在收到批准证书之日起 30 天内向工商行政管理机关申请登记，领取营业执照。外资企业的营业执照签发日期，为该企业成立日期。外资企业应当在企业成立之日起 30 天内向税务机关办理税务登记。

外资企业符合中国法律关于法人条件的规定的，依法取得中国法人资格。为什么符合法人条件的外资企业不是外国法人而是中国法人呢？因为法人的国籍是以其按照哪一个国家的法律设立，在哪一个国家登记注册来确定的。在中国的符合法人条件的外资企业，如前所述，是依照中华人民共和国法律的规定设立的，经中国国家机关审查批准后在中国登记注册的，所以它是中国法人。

（二）外资企业的变更

外资企业的分立、合并或者由于其他原因导致资本发生重大变动，须经审批机关批准，并应当聘请中国的注册会计师验证和出具验资报告；经审批机关批准后，向工商行政管理机关办理变更登记手续。

三、外资企业的组织形式与注册资本

（一）外资企业的组织形式

外资企业的组织形式为有限责任公司，经批准也可以为其他责任形式。外资企业为有限责任公司的，外国投资者对企业的责任以其认缴的出资额为限，外

资企业以其全部资产对其债务承担责任。外资企业为其他责任形式的,外国投资者对企业的责任适用中国法律法规的规定。

（二）外资企业的注册资本

外资企业的注册资本,是指为设立外资企业在工商行政管理机关登记的资本总额,即外国投资者认缴的全部出资额。

外资企业在经营期内不得减少其注册资本,但是因投资总额和生产经营规模等发生变化,确需减少的,须经审批机关批准。外资企业注册资本的增加、转让,须经审批机关批准,并向工商行政管理机关办理变更登记手续。

四、外资企业的出资方式与出资期限

（一）外资企业的出资方式

外国投资者可以用可自由兑换的外币出资,也可以用机器设备、工业产权、专有技术等作价出资。经审批机关批准,外国投资者也可以用其从中国境内举办的其他外商投资企业获得的人民币利润出资。

外国投资者以机器设备作价出资的,该机器设备应当是外资企业生产所必需的设备,该机器设备的作价不得高于同类机器设备当时的国际市场正常价格。对作价出资的机器设备,应当列出详细的作价出资清单,包括名称、种类、数量、作价等,作为设立外资企业申请书的附件一并报送审批机关。作价出资的机器设备运抵中国口岸时,外资企业应当报请中国的商检机构进行检验,由该商检机构出具检验报告。作价出资的机器设备的品种、质量和数量与外国投资者报送审批机关的作价出资清单列出的机器设备的品种、质量和数量不符的,审批机关有权要求外国投资者限期改正。

外国投资者以工业产权、专有技术作价出资的,该工业产权、专有技术应当为外国投资者所有。该工业产权、专有技术的作价应当与国际上通常的作价原则相一致,其作价金额不得超过外资企业注册资本的20%。对作价出资的工业产权、专有技术,应当备有详细资料,包括所有权证书的复制件,有效状况及其技术性能、实用价值,作价的计算根据和标准等,作为设立外资企业申请书的附件一并报送审批机关。作价出资的工业产权、专有技术实施后,审批机关有权进行检查。该工业产权、专有技术与外国投资者原提供的资料不符的,审批机关有权要求外国投资者限期改正。

（二）外资企业的出资期限

外国投资者缴付出资的期限应当在设立外资企业申请书和外资企业章程中载明。外国投资者可以分期缴付出资,但最后一期出资应当在营业执照签发之日起 3 年内缴清。其中第一期出资不得少于外国投资者认缴出资额的 15%，并应当在外资企业营业执照签发之日起 90 天内缴清。外国投资者未能在外资企业营业执照签发之日起 90 天内缴付第一期出资的，或者第一期出资后的其他各期的出资无正当理由逾期 30 天不缴付的，外资企业批准证书即自动失效。外资企业应当向工商行政管理机关办理注销登记手续，缴销营业执照；不办理注销登记手续和缴销营业执照的，由工商行政管理机关吊销其营业执照，并予以公告。

外国投资者有正当理由要求延期出资的，应当经审批机关同意，并报工商行政管理机关备案。

外国投资者缴付每期出资后，外资企业应当聘请中国的注册会计师验证，并出具验资报告，报审批机关和工商行政管理机关备案。

五、外资企业的用地及其费用

(一)外资企业用地的解决

外资企业的用地，由外资企业所在地的县级或者县级以上地方人民政府根据本地区的情况审核后，予以安排。

外资企业应当在营业执照签发之日起 30 天内，持批准证书和营业执照到外资企业所在地县级或县级以上地方人民政府的土地管理部门办理土地使用手续，领取土地证书。土地证书为外资企业使用土地的法律凭证。

外资企业的土地使用年限，与经批准的该外资企业的经营期限相同。

(二)外资企业用地的费用

外资企业在领取土地证时，应当向其所在地土地管理部门缴纳土地使用费。外资企业使用经过开发的土地，应当缴付土地开发费。该费用包括征地拆迁安置费用和为外资企业配套的基础设施建设费用。外资企业使用未经开发的土地，可以自行开发或者委托中国有关单位开发。

六、外资企业的经营管理工作

(一)外资企业的物资购买

外资企业有权自行决定购买本企业自用的机器设备、原材料、燃料、零部件、配套件、元器件、运输工具和办公用品等。外资企业在中国购买物资，在同等条件下，享受与中国企业同等的待遇，外资企业进口的物资以及技术劳务的价格不得高于当时的国际市场同类物资以及技术劳务的正常价格。

外国投资者作为出资的机器设备，依照中国规定需要领取进口许可证的，外资企业凭批准的该企业进口设备和物资清单直接或者委托代理机构向发证机关申领进口许可证。

外资企业在批准的经营范围内，进口本企业自用并为生产所需的物资，依照中国规定需要领取进口许可证的，应当编制年度进口计划，每半年向发证机关申领一次。

（二）外资企业的产品销售

外资企业可以在中国市场销售其产品。国家鼓励外资企业出口其生产的产品。外资企业有权自行出口本企业生产的产品，也可以委托中国的外贸公司代销或者委托中国境外的公司代销。外资企业可以自行在中国销售本企业生产的产品，也可以委托商业机构代销其产品。外资企业出口产品，依照中国规定需要领取出口许可证的，应当编制年度出口计划，每半年向发证机关申领一次。

外资企业的出口产品价格，由外资企业参照当时的国际市场价格自行确定，但不得低于合理的出口价格。用高价进口、低价出口等方式逃避税收的，税务机关有权根据税法规定，追究其法律责任。

（三）外资企业的财务与会计

《外资企业法实施细则》第56条规定："外资企业应当依照中国法律法规和财政机关的规定，建立财务会计制度并报其所在地财政、税务机关备案。"外资企业的财务、会计工作应当贯彻执行财政部发布的《财务管理规定》、《会计制度》和经国务院批准后由财政部发布的《企业财务通则》、《企业会计准则——基本准则》。外资企业的会计年度自公历的1月1日起至12月31日止。外资企业的自制会计凭证、会计账簿和会计报表，应当用中文书写；用外文书写的，应当加注中文。《外资企业法实施细则》第63条规定，外资企业应当在企业所在地设置会计账簿，并接受财政、税务机关的监督。违反这一规定的，财政、税务机关可以处以罚款，工商行政管理机关可以责令停止营业或者吊销营业执照。外国投资者可以聘请中国或者外国的会计人员查阅外资企业账簿，费用由外国投资者承担。

外资企业应当独立核算。外资企业的年度会计报表和清算会计报表，应当依照中国财政、税务机关的规定编制。以外币编报会计报表的，应当同时编报外币折合为人民币的会计报表。外资企业的年度会计报表和清算会计报表，应当聘请中国的注册会计师进行验证并出具报告。上述年度会计报表和清算会计报表，连同中国的注册会计师出具的报告，应当在规定的时间内报送财政、税务机关，并报审批机关和工商行政管理机关备案。

外资企业应当向财政、税务机关报送年度资产负债表和损益表，并报审批机关和工商行政管理机关备案。

(四)外资企业的利润分配

外资企业依照中国税法规定缴纳所得税后的利润,应当提取储备基金和职工奖励及福利基金。储备基金的提取比例不得低于税后利润的10%,当累计提取金额达到注册资本的50%时,可以不再提取。职工奖励及福利基金的提取比例由外资企业自行确定。外资企业以往年度的亏损未弥补时,不得分配利润;以往年度的未分配利润,可与本会计年度可供分配的利润一并分配。

(五)外资企业的劳动管理

外资企业可以根据生产经营需要,按照国际上通行的办法行使用人自主权。外资企业在中国境内雇用职工,企业和职工双方应当依照中国的法律法规签订劳动合同。合同中应当订明雇用、辞退、报酬、福利、劳动保护、劳动保险等事项。外资企业不得雇用童工。外资企业招聘、招收、辞退或者开除职工,应当向当地劳动人事部门备案。

外资企业应当负责职工的业务技术培训,建立考核制度,使职工在生产管理技能方面能够适应企业的生产与发展需要。

外资企业要按照所在地区人民政府的规定,缴纳中方职工退休养老基金和待业保险基金。职工在职期间的保险福利待遇,按照我国政府的有关规定执行;所需费用,从企业成本费用中如实列支。

七、外资企业受中国法律的管辖和保护

1.外资企业必须遵守中国的法律法规,不得损害中国的社会公共利益。在中国境内设立的外资企业是中国法人,不仅受中国法律的保护,而且受中国法律的管辖。我们不承认有些发达国家所谓的“域外管辖权”。无论外资企业的资本来自哪一个国家,任何其他国家都无权管辖在中国设立的外资企业。为了依法加强对外资企业的管理和监督,我国《外资企业法》对此作出了明确的规定。外资企业必须遵守包括涉外经济法律法规在内的中国的法律法规。与此同时,外资企业也不得损害中国的社会公共利益。

2.有效保护外资企业和外国投资者的合法权益。为了贯彻对外开放方针,吸引外国投资者来华开办外资企业,促进我国国民经济的发展,《外资企业法》第1条和第4条第1款分别规定,“保护外资企业的合法权益”,“外国投资者在中国境内的投资、获得的利润和其他合法利益,受中国法律保护”。《关于鼓励外商投资的规定》指出,各级人民政府和有关主管部门应当保障包括外资企业在内的外商投资企业的自主权。

3.对外资企业不实行国有化和征收。外资企业是否实行国有化和征收,如

果实行国有化和征收的是否给予合理补偿，这不仅是有关国家主权的问题，而且是有关保护外国投资的重要问题。英、美等发达国家反对对外国投资实行国有化和征收。当外国投资被当地国家实行国有化或征收时，英、美等国坚持必须给予所谓“充分的、有效的、及时的”补偿。发展中国家则主张，对外国投资实行国有化和征收是国家的主权；如果为了社会公众利益必须对外国投资实行国有化和征收时，应当给予补偿，但只能是适当的补偿。

我国《外资企业法》第5条明确规定：“国家对外资企业不实行国有化和征收；在特殊情况下，根据社会公共利益的需要，对外资企业可以依照法律程序实行征收，并给予相应的补偿。”这就是说，国家对外资企业不实行国有化，是不附条件的；国家对外资企业不实行征收，是附有条件的。如果出现了特殊情况，根据公共利益的需要，对外资企业可以实行征收，但是实行征收必须依照法律程序进行，并要给予相应的补偿。这样规定，既维护了国家主权，有利于我国经济发展，又保证了外国投资的安全，使外商能够放心大胆地来华投资。

4.禁止向外资企业摊派。禁止向外资企业进行摊派，这是保护外资企业和外国投资者合法权益的一个重要方面。为了禁止向依法在工商行政管理机关登记注册的企业(包括外资企业)进行摊派，保护企业的合法权益，国务院于1988年4月28日发布了《禁止向企业摊派暂行条例》。根据上述暂行条例的规定，任何国家机关、人民团体、部队、企业、事业单位和其他社会组织，不得在法律法规的规定之外，以任何方式要求外资企业和其他企业提供财力、物力和人力。外资企业有权拒绝任何单位的摊派，有权向审计机关或其他有关部门控告、检举、揭发摊派行为。

八、外资企业的经营期限、终止和清算

(一)外资企业的经营期限

外资企业的经营期限由外国投资者申报，可以根据不同行业和企业的具体情况，在设立外资企业的申请书中拟定，经审批机关批准。

外资企业的经营期限，从其营业执照签发之日起计算。期满需要延长的，应当在距经营期满180天前向审批机关报送延长经营期限的申请书。审批机关应当在收到申请之日起30天内决定批准或者不批准。外资企业自收到批准延长期限文件之日起30天内，向工商行政管理机关办理变更登记手续。

(二)外资企业的终止

外资企业有下列情形之一的，应予终止：(1)经营期限届满；(2)经营不善，严重亏损，外国投资者决定解散；(3)因自然灾害、战争等不可抗力而遭受严重损

失,无法继续经营;(4)破产;(5)违反中国法律法规,危害社会公共利益被依法撤销;(6)外资企业章程规定的其他解散事由已经出现。

外资企业如存在上述第(2)、(3)、(4)项所列情形,应当自行提交终止申请书,报审批机关批准。审批机关作出核准的日期为企业的终止日期。

(三)外资企业的清算

外资企业如果是由于上述第(1)、(2)、(3)、(6)项所列情形终止的,应当在终止之日起15天内对外公告并通知债权人,并在终止公告发出之日起15天内,提出清算程序、原则和清算委员会人选,报审批机关审核后进行清算。外资企业依照上述第(4)项的规定终止的,参照中国有关法律法规进行清算;依照第(5)项的规定终止的,依照中国有关规定进行清算。

清算委员会应由外资企业的法定代表人、债权人代表以及有关主管机关的代表组成,并聘请中国的注册会计师、律师等参加。清算委员会行使下列职权:(1)召集债权人会议;(2)接管并清理企业财产,编制资产负债表和财产目录;(3)提出财产作价和计算依据;(4)制定清算方案;(5)收回债权和清偿债务;(6)追回股东应缴而未缴的款项;(7)分配剩余财产;(8)代表外资企业起诉和应诉。

外资企业清算结束之前,外国投资者不得将该企业的资金汇出或者携带出中国境外,不得自行处理企业财产。清算费用应从外资企业现存财产中优先支付。清算终了,外资企业的清算净收益即清算所得,依法缴纳所得税。缴纳所得税后的剩余财产,按照外资企业章程的规定进行分配。外资企业清算处理财产时,在同等条件下,中国的企业或者其他经济组织有优先购买权。

外资企业清算结束,应当向工商行政管理机关办理注销登记手续,缴销营业执照。

案例评析

【案例1】

原告:某市电视机厂

被告:香港某有限公司

1999年3月4日,某市电视机厂(甲方)与香港某有限公司(乙方)签订了经营A电视机有限公司合同。合同内容大致如下:(1)该中外合资经营企业注册资本190万美元,甲方出资140万美元,乙方出资50万美元。(2)甲方以现金、先进设备、厂房、场地使用权作为出资,乙方以先进设备作为出资。乙方负责于1999年10月31日前从德国引进三条彩电E-4A型先进生产线,每条生产线单价为30万美元，共计90万美元，其中乙方负担设备款的50万美元作为出资，甲方向乙方支付余下的设备款40万美元。(3)乙方分三批将设备运至合营企业，并于每一次发货后，接货价的4/9开具发票，甲方见单后支付发票值的85%，整套设备试车合格后支付货款的10%，质量保证期过后再支付货款的5%。此外合同还规定了违约金等其他条款。

在此之后，乙方按规定期限将首批设备运到，并且开具了甲方应分摊的全部货款的40万美元发票。甲方对此亦未表示反对。甲方在乙方没有将全部设备交付之前，按乙方开具的发票支付了34万美元。后乙方按期交付了第二、三批设备。

1999年11月4日，该市商检局根据检验申请到合营企业进行检验。商检人员经过检查发现以下问题：(1)分三批到货的设备，大部分是通用彩电零部件，根本不构成生产线；(2)设备大部分是产自台湾地区，而不是德国。(3)乙方滥用A电视机有限公司的名义，在台湾地区以远远低于合同价格的费用收购设备。鉴于上述原因，为维护国家利益，该市商检局于1999年11月20日依法查封了该合营企业的全部设备。

甲方在上述情况下，去电通知乙方，要求退换设备并赔偿经济损失，并提出乙方如不同意甲方要求，甲方将解除合同。乙方一面回电辩驳，拒绝甲方的要求，一面立即派代表来内地与甲方协商，寻找解决办法。但终因协商未果而诉诸法律。

问题：1. 中外合资经营企业合营各方的投资形式有哪些？

2. 乙方的行为是否违反我国法律的有关规定？

【评析】

1. 我国的《合营企业法》第5条规定："合营各方可以现金、实物、工业产权等进行投资。"《中华人民共和国中外合资经营企业法实施条例》(以下简称《实施条例》)第22条进一步规定："合营者可以用货币出资，也可以用建筑物、厂房、机器设备或其他物料、工业产权、专有技术、场地使用权等作价出资。"可见，中外合资经营企业合营各方的投资形式有：(1)现金投资。在合资企业中，合营各方首先需商定现金投资的具体支付方式。《实施条例》第23条规定："外国合营者出资的外币，按缴款当日中华人民共和国国家外汇管理局公布的外汇牌价折算成人民币或套算成约定的外币。中国合营者出资的人民币现金，如需折合外币，按缴款当日国家外汇管理局公布的外汇牌价折算。"(2)实物投资。所谓实物投资是指合营者以合资企业生产所需的建筑物、厂房、机器设备或物料作价投资。根据《实施条例》第24条规定，作为外国合营者出资的机器设备或其他物料，必须符合下列各项条件：为合营企业生产所必需的，作价不能高于同类机器设备或其他物料当时的国际市场价格。此外，根据《合营企业法》第 5 条第 2 款的规定，外方作为投资的机器设备，必须符合“先进性”、“适用性”两项标准。《实施条例》第 22 条规定：“由合营各方按照公平合理的原则协商确定，或聘请合营各方同意的第三者评定。”(3)技术投资。所谓技术投资，是指合营者以工业产权或专有技术作价投资。这种投资的技术必须是合营者本身拥有所有权，而不是只拥有使用权的技术。此外，一般应是系统、全面、连续性和能制造有竞争力产品的技术。关于技术投资的条件，《合营企业法》第 5 条规定：“外国合营者作为投资的技术和设备，必须确实是适合我国需要的先进技术和设备。如果有意以落后的技术和设备进行欺骗，造成损失的，应赔偿损失。”可见，“先进”和“适用”是外国合营者技术投资不可或缺的两项标准。《实施条例》第 25 条进一步规定：“作为外国合营者出资的工业产权或专有技术，必须符合下列条件之一：能显著改进现有产品的性能、质量、提高生产效率的；能显著节约原材料、燃料、动力的。”《实施条例》第 22 条规定，合营各方可以“工业产权”、“专有技术”等作价投资，技术投资的作价由合营各方按照公平合理的原则协商确定，或聘请合营各方同意的第三者评定。(4)场地使用权投资。《实施条例》第 45 条规定：“合营企业所需场地的使用权，如已为中国合营者拥有，则中国合营者可将其作为合营企业的出资，其作价金额与取得该同类场地使用权所应缴纳的使用费相同。”该条例第 48 条规定：“场地使用费作为中国合营者投资的，在该合同期内不得调整。”

2. 乙方的行为违反了我国法律的有关规定。如前所述，我国法律规定，合营者以建筑物、厂房、机器设备或其他物料、工业产权、专有技术作为出资的，其作价由合营各方按照公平合理的原则协商确定，或聘请合营各方同意的第三者评定。外国投资者作为投资的技术和设备，必须确实是适合我国需要的先进技术和设备。如果有意以落后的技术和设备进行欺骗，应赔偿损失。作为外国合营者出资的机器设备或其他物料，必须符合下列各项条件：为合营企业生产所必需的，作价不得高于同类机器设备或其他物料当时的国际市场价格。外国合营者作为出资的机器设备或其他物料、工业产权或专有技术，应报审批机构批准。在本案中，乙方交付的设备大部分是通用彩电零部件，根本不构成生产线，并且设备大部分是台湾地区生产的，这显然违反了合同中规定的出资条件，也违反了我国法律的有关规定，严重损害了甲方的利益。因此，乙方应承担违约责任，赔偿甲方的经济损失。

【案例2】

中国某公司(甲)与某外国公司(乙)签订了在中国境内合资创办某有限责任公司的合同。合同规定,合营企业注册资本为320万美元,甲、乙双方各出资160万美元,双方应于合资企业领取营业执照后60天内,将全部出资缴至合营企业。甲方如期足额缴清了出资,但乙方缴纳了80万美元后,就再没有履行出资义务。经甲方多次催促,一个月后乙方声称由于自己投资前未作仔细论证,对合营企业的前途表示忧虑,要求退出合营企业,并已将其全部出资转让给香港某公司(第三者)。甲方表示同意接受转让,但提出乙应支付欠缴80万美元出资的违约金。乙声称自己已退出合营企业,不再承担任何责任,同时合营企业的法定代表人提出乙的违约金应支付给合营企业而非甲方。

问题:合营一方逾期未缴或未缴清出资的,应承担什么样的法律责任?

【评析】

《实施条例》第28条规定:"合营各方应按合同规定的期限缴清各自的出资额。逾期未缴或未缴清的,应按合同规定支付迟延利息或赔偿损失。"

在一些合资企业合同中,没有具体规定缴资期限,或者虽有规定缴资期限,但没有相应的违约责任条款予以保证。在此情况下,如果合营一方不履行缴资义务致使合营企业合同落空,合营另一方将无从获得救济。为此,1988年《中外合资经营企业合营各方出资的若干规定》(以下简称《出资规定》)对缴资期限和违约责任问题作了具体规定,进一步明确了合营各方的缴资义务以及未履行缴资义务所应承担的法律责任。其中规定,合营企业合同中规定一次性缴清出资的,合营各方应当从营业执照签发之日起6个月内缴清;合营企业合同中规定分期缴付出资的,合营各方第一期出资不得低于各自认缴出资额的15%,并且应当在营业执照签发之日起3个月内缴清,以后各期出资应按合营企业合同规定的出资期限缴清,最长宽限期为4个月。合营一方未按照合营企业合同的规定如期缴付或者缴清其出资的,即构成违约。守约方应当催告违约方在1个月内缴付或者缴清出资。逾期仍未缴付或者缴清的,视同违约方放弃在合营企业合同中的一切权利,并由合营企业对其已缴付的出资进行清理。在逾期后1个月内,守约方应向原审批机关申请批准解散合营企业或申请批准另找取代违约方的合营者。《实施条例》还规定,合营一方不履行合营企业协议、合同、章程规定的义务,致使企业无法继续经营,不履行合营企业协议、合同、章程规定义务的一方,应对合营企业由此造成的损失负赔偿责任。因此,不管合营企业解散与否,合营一方未按照合营合同的规定如期缴付或缴清其出资的,即构成违约,合营另一方(守约方)可要求违约方承担违约责任。而对于合营企业而言,只有在合营一方违反协议、合同、章程,导致企业无法继续经营而被解散、清算的情况下,才有权要求违约方承担赔偿责任。

根据上述规定,合营一方如在规定的期限内未缴资或缴资不足的,即被视为放弃在合营企业合同中的一切权利。在合营一方未缴资的情况下,这种处置是适当的。而在合营一方缴资不足的情况下,这种处置就不很妥当,也不一定有利于守约方。因为企业的解散或重组对守约方难免造成相当的甚至是严重的经济损失,而取得这种损失的赔偿由于种种原因又没有十分的把握。所以,与其立即承受这种损失,不如考虑采取一些补救措施。在《出资规定》颁布之前,实践中已采用的补救措施有:(1)按合营各方实际出资额重新确定注册资本和出资比例;(2)允许由守约方增资补足违约方的欠缴额,并相应调整出资比例。当然,在采取补救措施的同时,守约方仍有权要求违约方赔偿因缴资不足而造成的经济损失。1994 年 11 月国家工商行政管理局、对外贸易经济合作部颁布的《关于进一步加强外商投资企业审批和登记管理有关问题的通知》明确规定了外商投资企业分期出资的期限。合同经审批后,如确因特殊情况需要超过合同规定的缴资期限延期缴资的,应报原审批机关批准和登记机关备案,并办理相关手续。

本案中,乙方未按期足额缴纳出资额,且乙方在合营企业的出资额全部转让给第三方——香港某公司,香港某公司将承担原合营者在合同中的权利、义务,甲方与香港某公司组成新的合营企业主体,合营企业未被解散,继续存在。所以,由于乙方未按期足额缴纳出资额,根据上述分析,应按合同规定向甲方支付迟延利息或赔偿损失。

【案例 3】

1994 年 10 月 28 日,内地 A 公司与香港 B 公司签订了建立中外合资经营房地产开发有限公司(以下简称合营公司)合同。合同规定:合营公司生产经营的范围是建造、销售、出租商品房、厂房和写字楼;合营公司的生产规模为商品房 12 万平方米、厂房 2 万平方米、写字楼 6 万平方米;合营公司的投资总额为 1400 万元港币,注册资本为 1000 万元港币,双方出资各占 50%;合营公司首期出资 700 万元港币,由合营双方按其出资比例在合同、章程批准后 15 日出资到位;B 公司以现金出资,A 公司以现金和场地使用权出资;合营公司的董事会由 6 名董事组成,双方各有一名董事任合营公司总经理和副总经理;合营公司的期限为 10 年。1995 年 2 月 1 日,合营公司正式成立。

合同生效后,B 公司即按合同的规定将首期出资按时到位,但 A 公司首期出资没有按时到位,而是拖延了1个月。B公司就此曾多次按合营合同的规定向A公司索要违约金,后考虑到合营公司以后的顺利发展,就没有进一步追究A公司的违约责任。此后双方均按合同规定完成了出资。

合营公司成立后,房地产业务开展得比较顺利,但却多次发生A公司私自挪用合营公司钱款的情况。原因在于B公司仅委派了一位董事长,但却长期不在合营公司,合营公司的总经理由A公司人员担任,副总经理由B公司委派的人员担任。实际上,合营公司的一切经营活动都由总经理负责。B公司发现上述情况后,曾指出A公司的错误,要求其纠正,但效果甚微。随着时间的推移,B公司在合营公司的权利已完全被剥夺,B公司事实上已被完全排除在合营公司的管理之外。鉴于上述情况,B公司曾多次向A公司提出要求提前终止合营合同,并解散合营公司,对其进行清算。但由于A公司不同意,致使合营合同无法提前终止。原因在于合营公司章程明确规定,除合营期满终止合营合同外,合营公司的提前终止解散必须经过董事会一致通过。如前述,合营双方股份各占50%,董事人数各为3名,在这种情况下,B公司提前终止合营合同的提议不可能获得董事会一致通过。

在通过正常程序难以提前终止合营合同的情况下,B公司转而通过转让股权的方式退出合营公司。经过多次协商,合营双方达成转让股权的协议。1997年8月4日,合营公司董事会作出关于同意外方合营者转让股权的决议,合营双方签署了转股协议,协议的主要内容如下:B公司将其在合营公司中的股权全部转让给A公司,A公司应不迟于当年9月20日将600万元人民币的购股款汇给B公司。但在转股协议报批的过程中,审批机关提出,外方投资者将其在合营公司中的股权全部转让给中方合营者后,合营公司将失去有限责任公司的法人地位,建议新增一投资股东。

由于A公司坚持认为,寻找新的投资股东的责任是合营双方共同的责任,而B公司则认为,寻找新的股东是A公司的责任,双方因此发生争议,致使转股协议不能生效。在这种情况下,B公司遂提请仲裁,要求终止合营合同,并对合营公司进行清算。

仲裁结果:仲裁庭对合营双方进行了调解,在仲裁庭的主持下,争议双方达成了和解协议。双方继续寻找新的外方投资股东,以使合营公司能够继续保持中外合资经营企业的法人地位,并争取尽快使转股协议获得审批机关的批准。最后在双方的共同努力下,新的外方投资股东C公司同意购买B公司转让的25%的股权,B公司剩余25%的股权则转让给A公司。

问题:合营者转让在合营公司中的股权须具备哪些条件?

【评析】

中外合营者缴资以后，合营各方的出资额并非一成不变，由于合营者各自的财务状况、投资决策以及合营者之间关系的变化等原因，可能导致合营一方转让其全部或部分出资额的情况发生，其法律后果可能是合营者的变更、合营各方出资比例的变动甚至企业性质的改变。《合营企业法》第 4 条第 4 款规定："合营者的注册资本如果转让必须经合营各方同意。"《实施条例》第 20 条进一步明确规定："合营一方如向第三者转让其全部或部分出资额，须经合营他方同意，并经审批机构批准。合营一方转让其全部或部分出资额时，合营他方有优先购买权，合营一方向第三者转让出资额的条件，不得比向合营他方转让的条件优惠。违反上述规定的，其转让无效。"

对合资企业股份转让的限制，是由合资企业本身的特点所决定的。合营各方之所以决定设立合营企业，一般是因为各方希望利用对方的长处发挥各自的优势，从而取得较好的经济效益。在此情况下，如果合营一方将其股份任意转让给第三方，其他合营者的权益就可能受影响或损害。另一方面，合营企业的成功在很大程度上取决于合营各方之间的相互信任和合作关系。合营一方如转让其部分或全部股份，将导致增加一个合营方或由新的合营方完全取代其地位，显然必须取得其他合营方的同意，才可能维持合营者之间的正常关系和合营企业的正常经营。因此，在各国实践中，无论有关法律是否明文规定，合营企业合同一般都规定了合营一方转让股份时合营他方的同意权和先买权。《实施条例》第 24、36 条还规定了出资额转让的必经程序，即经合营他方同意、董事会会议一致通过和审批机构批准。在签订合营企业合同有关出资额转让的条款时，特别需要注意具体的程序性规定。但许多具体问题仍留待合营各方协商解决，诸如出资额的作价标准、出资额受让方（包括合营他方和第三方）的选择、在出资额部分转让时是否需要清理债权债务等，在合营企业合同中均应作出明确规定。

在本案中，外方合营者最初的方案是将其在合营公司中的全部股权转让给中方合营者，双方就此也达成了转股协议。根据《实施条例》的规定，合营一方如向第三者转让其全部或部分出资额，须经合营他方同意，并经审批机构批准。合营一方转让其全部或部分出资额时，合营他方有优先购买权，合营一方向第三者转让出资额的条件，不得比向合营他方转让的条件优惠。违反上述规定的，其转让无效。转股协议之所以没有能够生效，并不是转股协议本身存在任何问题（因为，合营双方已对转让股权问题达成一致），而是审批机关考虑到保持合营公司的有限责任公司的法人地位问题而向合营双方提出的建议。实际上，这里涉及到《合营企业法》与《公司法》之间的关系问题。根据我国 2005 年前《公司法》的规定，有限责任公司必须具有两个以上的股东。但同时《公司法》还规定了国有独资公司的类型，是指国家授权投资的机构或者国家授权的部门单独投资设立的有限责任公司。其特点主要有两点：一是投资者主体的单一性和法定性；二是投资者责任的有限性。本案的中方合营者如果符合上述条件，即使外方投资者将其全部股权转让给中方合营者也不会影响合营公司有限责任公司的法人地位，只是可能影响其继续作为外商投资企业的地位，而如果中方合营者不符合上述条件，则不仅会影响其继续作为外商投资企业的地位，而且也会影响其继续拥有有限责任公司的法律地位。但如果中外双方已经达成了转让股权的协议，即使合营公司因转股而不再具有上述性质，也与转让股权的一方当事人无关。对于审批机关来说，如果双方当事人关于转股的协议并不违反法律规定的条件，则其应该批准当事人的转股协议。因此，在本案中，审批机关建议增加一新的股东的做法是正确的。

【案例 4】

1992 年 8 月 8 日，中国某公司（以下简称中方合作者）与韩国某公司（以下简称外方合作者）签订了一份合作生产电子显像管的合同。合同规定：(1)中方合作者以场地使用权和厂房作为合作条件，外方合作者以设备、运输工具以及现金作为合作条件；(2)合作经营期限为 20 年，从合作企业正式成立之日起算；(3)合作期满后，合作企业的一切财产及权益归中方合作者所有，合作期前 10 年，合作企业总收入扣除一切经营成本费用和税金后的净利润，全部用于偿还外方合作者的投资，合作企业从第 11 年起，公司净利润按 6∶4 比例分成；如合作期前 10 年仍未还清外方合作者投资，则偿还期顺延至全部还清为止；如果提前还清外方合作者的投资，则从还清之日起按比例分成。合作合同经有关部门批准后生效。

合同生效后，中外合作双方均按合同的规定完成了向合作企业的出资。起初，合作企业经营顺利，合作企业的利润全部用以偿还外方合作者的投资。但到了第五个年头，由于国际国内市场竞争激烈，产品销路不畅，企业开始出现亏损。但外方合作者仍要求合作企业按上年利润数偿还其投资。合作双方因此发生争议，后发展到外方合作者擅自将合作企业账上一笔刚打入的货款转走。中方合作者在多次索还未果的情况下，遂根据合作合同规定的仲裁条款提请仲裁。

仲裁结果：仲裁庭受理此案后进行了调查，查明外方合作者确实从合作企业账上擅自转走款项，该行为并不具有法律和事实上的依据，裁决外方合作者应将该笔款项返还给合作企业。

【评析】

《中华人民共和国中外合作经营企业法实施细则》(下称《实施细则》)第44条规定,合作各方在合作企业合同中约定合作期限届满时,合作企业的全部固定资产无偿归中方的,外方在合作期限内可申请按下列方式先行回收其投资:(1)在按照投资或者提供合作条件进行分配的基础上,在合作企业合同中约定扩大外方的收益分配比例;(2)经财政税务机关按照国家有关税收的规定审查批准,外方在合作企业缴纳所得税前回收投资;(3)经财政税务机关和审批机关批准的其他回收投资方式。

1.合作企业合同有关外方先行回收投资方式规定不一,主要有以下三种。(1)固定资产折旧方式,即以固定资产折旧方式,按约定数额偿还外方当年应回收的投资原本,并列入成本摊还。摊提折旧费有两种方法:一是直线折旧法,即按合作期限不留残值地均摊折旧费;另一种是加速折旧法,即允许外方在合作前期若干年内将全部折旧费提取完毕。用提取折旧费的方式回收投资,可以使外方减少投资风险,因为将折旧费列入成本,不论企业盈亏,折旧费均可照提。(2)扩大外方利润或产品分成比例的方式为在合作企业合同中规定,合作前期外方占有企业利润或产品分成的较大比例,待外方单方面先行回收其投资后,再按新的利润或产品分成比例分配。(3)合作企业的利润或营业收入先行偿还的方式为在合作企业合同中规定,合作企业的利润或营业收入先行偿还外方投资后,再依约由中外合作者分成。

2.《中外合作经营企业法》第21条对上述外方先行回收投资的做法,规定了相应的前提条件。第一,凡在合作企业合同中约定外方在合作期限内先行回收投资的,必须同时约定合作期满时合作企业的全部固定资产无偿地归中方所有。这种规定公平合理,符合平等互利的原则。因为在这种前提下的利润分配过程,实质上隐含着合作企业内部外方的资本逐步向中方有偿转移或转让。换言之,是中方以理应分得的利润逐步购买外方的资本或股权。第二,凡在合作企业合同中约定外方在缴纳企业所得税以前回收投资的,由于直接减少了企业的应纳税所得额和纳税款额,事关国家税收权益。因此,该合作企业除必须具备上述第一个前提条件外,还必须向财政税务机关提出申请,由后者依照国家有关税收的规定逐一审查,决定是否予以批准。第三,凡是外方在合作期限内先行回收投资的,不论是采取加速折旧还是扩大利润分成的方式,在整个合作期限内,中外合作者应依照有关法律的规定和合作企业合同的约定,就整个合作企业的对外债务承担责任,借以保障第三者的债权利益。《实施细则》除重申上述规定外,还在第45条第2款中规定,合作企业的亏损未弥补前,外方不得先行回收投资,该款规定旨在保障合作企业的整体利益。

在本案中，合作双方在合作合同中规定采取先行回收投资的方法是符合法律规定的，而且从方式上看，其主要采取的是税后扩大外方合作者利润分成比例的方式。同时合作合同中也明确规定如果合作期前10年仍未偿还外方合作者的投资，则偿还期顺延至全部还清为止。这就意味着，在实施先行回收投资的10年期间，合作企业必须赢利，税后有利润可分才可以将其全部分给外方合作者，如果期间的任何一年合作企业是亏损的，该年度外方合作者就没有权利从合作企业中回收投资，而是应该顺延至下一个年度，但前提仍然是合作企业在下一个年度能够赢利。本案的外方合作者擅自转移货款的行为不仅不符合合作企业合同的规定，更违反了财务制度，因此，仲裁庭裁决其退回该笔货款的裁决是完全正确的。

【思考练习】

一、名词解释

中外合资经营企业合同　中外合资经营企业章程　外资企业　合营企业的注册资本和投资总额

二、简答题

1.简述注册资本和投资总额的比例关系。

2.简述中外合资经营企业合同、协议和章程的含义和关系。

3.简述中外合资经营企业和中外合作经营企业的组织机构。

4.试述外商投资企业的出资方式和要求。

5.试述中外合资经营企业和中外合作经营企业的区别。

第五章

破　产　法

本章导读

本章主要讲述破产的概念和特征，破产原因、破产财产和破产债权等概念的含义及构成要件；破产管理人的选任资格和任职条件、选任方式及职权职责、报酬支取及责任承担；破产重整的申请权主体、申请要件、重整计划的制定、制定权人、计划内容、议决程序和效力、计划的确认以及计划的执行；区别破产法中相关概念的界限，破产清算组的职权范围以及破产的程序，违反破产法所应承担的法律责任。

重点问题

1. 经济上的破产和法律上的破产的区别。
2. 破产管理人的任职条件和资格、职责范围。
3. 债权人会议的职权和议事规则。
4. 破产重整和破产和解的区别。
5. 破产财产和破产债权的区别。
6. 破产财产的分配顺序。

第一节　企业破产法概述

一、破产的概念和特征

一般人对破产的理解就是“还不起债”。无论是企业经营者抑或是普通老百姓，在经营活动中都难免会与他人发生债权债务关系，如果债务人均能按期如数偿还债务，破产自然就不会出现了。然而，事情未必都能尽如人意，事实上，债务人到期无法清偿债务是经常发生的，还不起债就意味着破产。

我们现在使用的"破产"这一概念，既是经济上的一种状况，更是一个法律术语。作为经济上的一种状况，主要指的是债务人不能清偿到期债务的事实状态，这种事实状态可以概括为两类：一类是资不抵债，债务人丧失了继续经营事业的财产承受能力，例如，债务人的财产不足以清偿债务，或者债务人的信用不足以担保清偿债务；另一类是指债务人发生了不能清偿债务的财务危机，例如，债务人由于经营管理不善难以清偿到期债务。作为法律术语的"破产"有着更为严格的内涵。法律意义上的破产是指债务人不能清偿债务时所适用的偿债程序，当然，还包括该程序终结后债务人的身份地位受限制的法律状态。

作为经济状态的破产与作为法律意义上的破产，其主要的区别即在于法律意义上的"破产"并不以"资不抵债"为要件。一个债务人如果有良好的信誉，可以借到新债来还清到期旧债，即使债务人的债务已经超过了资产，也不至于破产。这里有一个典型的例子，美国三大汽车制造公司之一的克莱斯勒公司，由于经营管理问题以及国际竞争的加剧，在 1979 年已经事实上处于破产边缘，舆论都认为克莱斯勒公司的破产只不过是迟早的问题了。然而，就在最后的关头，该公司总经理雅科卡经过多方努力，说服了国会，争取到了 15 亿美元的政府贷款，从而使克莱斯勒公司摆脱了破产的威胁。因此，作为经济状态的"破产"是一种不稳定的状态，而法律意义上的"破产"则是一种确定的状态，在这种状态下，由法院依据《破产法》的规定强制处理债务人的全部财产并按一定的顺序按比例分配给债权人。事实上，破产作为一种经济状态，只有与法律相结合，才能发挥其应有的功能。所以，本书所用的"破产"这一概念指的是法律意义上的破产。

综上所述，我们可以给破产下一个定义：破产是指当债务人即将出现破产原因或者已经出现破产原因时，对债务人实施的挽救性程序以及就债务人的总财产实行的概括性清算程序的统称。破产的概念有狭义和广义之分。狭义上的破产是指破产清算制度，是当债务人不能清偿到期债务并且资不抵债或者明显缺乏清偿能力时，为满足债权人正当合理的清偿要求，在法院的指挥和监督之下，就债务人的总财产实行的以分配为目的的清算程序。广义上的破产是指由破产清算程序与破产和解、破产整顿等预防性程序共同构成的一个统一的破产法律制度体系。这一定义体现了破产的四个特征。

第一，破产是一种由法律严格规范的经济状态。任何企业都不能自行宣布破产。破产是为了还债，但与一般偿债行为不同的是，破产是以债务人自体经济上的消灭，亦即以债务人的全部资产作为偿债基础的特殊清偿手段。这种清偿手段涉及到所有债权人与债务人之间关系的协调，也涉及到所有债权人之间关系的协调，各方面的利益冲突只能以法律的强制力方能保证其施行。

第二，破产是一种特殊的偿债手段。一方面，作为清偿对象的是债务人现实所有的全部资产;另一方面,在清偿完结后,债务人的经济生命也随之消失,法律上的民事主体资格以及相应的行为能力和权利能力亦随之消灭。债务人以全部资产一次性偿债,并因此而丧失主体资格,这是破产与一般偿债行为相比最直观的特征。

第三,破产的宗旨在于公平清偿债权。在债务人不能清偿债务时,往往亦意味着债务人的全部资产并不足以清偿所有的债务,利用破产程序就可以合理地协调多数债权人之间就债务人的有限财产如何受偿的利益冲突。所谓公平清偿,就是指如何使债权人共同分担损失和共同享受利益,保证同一顺序的债权人地位平等和受偿机会均等。公平清偿是破产的宗旨,也是处理破产过程中必须坚持的准则。如只有一个债务人,则只需通过一般民事诉讼程序即可解决。

第四,破产依靠审判程序来实施。破产是由法律严格规范的,破产自始至终都处在审判过程之中,它是一种特殊的审判执行程序。世界各国的破产制度无不由立法规范,同时由审判机构以国家强制力来保证实施。这就意味着,债务人不能清偿债务时,一旦选择了破产还债程序,就必须由审判机构介入主持,整个程序都处于审判机构的严格控制之下。

二、破产法的概念与特征

(一)破产法的概念

破产法是关于债务人出现破产原因时,宣告其破产并对债务人的全部财产进行清算以及为避免债务人进入破产清算程序所建立起来的破产预防法律制度的总称。从各国的破产立法及我国现行的破产法看,破产法从调整范围上可分为广义的和狭义的。狭义的破产法一般是指对债务人破产清算进行专门规范的法律;广义的破产法还包括以避免债务人破产为主要目的的破产和解与破产重整制度方面的法律。由于单纯以破产清算为目的的法律难以全面、妥善地解决债务人丧失清偿能力时的债务偿还问题,所以现代意义上的破产法通常均由规定破产清算与和解重整两方面内容的法律构成。

(二)我国的破产立法

我国在 1986 年 12 月 2 日由第六届全国人民代表大会常务委员会第十八次会议通过了《中华人民共和国企业破产法(试行)》(以下简称《企业破产法(试行)》),这是新中国第一部企业破产法,具有开创性的地位。为保障《企业破产法(试行)》的顺利实施,最高人民法院于 1991 年 11 月 7 日以"法(经)发〔1991〕35 号"文发布了《关于贯彻执行〈中华人民共和国企业破产法(试行)〉若干问题的意见》(以下简称《意见》)。这一司法解释文件从法院工作的角度,对"如何正确理解与执行企业破产法作出许多详尽的规定，为法院审理破产案件提供了更具操作性的法律根据”。为了弥补《企业破产法（试行）》所涉范围的不足，1991 年 4 月 9 日由第七届全国人民代表大会第四次会议通过的《中华人民共和国民事诉讼法》（以下简称《民事诉讼法》）第 19 章专门规定了“企业法人破产还债程序”，将破产程序扩大到其他企业法人。1992 年 7 月 14 日，最高人民法院以“法发〔1992〕22 号”文发布《关于适用〈中华人民共和国民事诉讼法〉若干问题的意见》，其第 16 部分对《民事诉讼法》第 19 章“企业法人破产还债程序”的适用作出了司法解释。并规定人民法院审理破产还债案件，除适用《民事诉讼法》第 19 章的规定外，可参照《企业破产法（试行）》的有关规定执行。1997 年 3 月 6 日，最高人民法院又以“法发〔1997〕2 号”文下发《关于当前人民法院审理企业破产案件应当注意的几个问题的通知》，2002 年 7 月颁布了《关于审理企业破产案件若干问题的规定》（以下简称《破产法规定》），自同年 9 月 1 日开始实施，对破产案件的审理作出更为具体的规定。此外，1993 年的《公司法》、1995 年的《担保法》等也涉及到有关企业破产的法律规定。

如果说《企业破产法（试行）》作为一部“试行”法，其宗旨在于初步建立起我国的企业破产制度并开始试运行的话，那么，现在该法已经完成了自己的历史使命。众所周知，十届全国人大常委会第二十三次会议于 2006 年 8 月 27 日通过新的《中华人民共和国企业破产法》（以下简称《企业破产法》），并于 2007 年 6 月 1 日生效实施，这是在对我国破产法作出新的定位的基础上，对《企业破产法（试行）》将近 20 年的实施效果进行全面的回顾和检讨，分析立法的利弊得失，并参考世界范围内自 20 世纪 80 年代就开始的破产法改革大势，结合 10 余年来已经发生巨大变革的我国社会情势以及与市场经济相适应的企业运行机制和各类民商事主体的财产结构，圆满完成的新一轮的破产法改革。它既吸收了我国相对成熟的破产法理论研究成果和国外比较成熟的立法经验，又反映出社会发展所蕴含的时代特质。

从《企业破产法》的立法结构和内容看，此次立法至少在以下方面实现了重要的突破。

1. 赋予非法人组织以破产清算的能力。《企业破产法》继续将其适用范围局限于企业法人，但在该法的附则部分增加了一条，即“其他法律规定企业法人以外的组织的清算，属于破产清算的，参照适用本法规定的程序”。

2. 设定了独立的破产清算、破产重整、破产和解程序。当事人提出破产申请时可以直接提出清算申请，也可以依法直接提出破产和解或者破产重整的申请。

3. 确立了（破产）管理人在破产程序中的中心地位。规定了管理人的任职资格和条件。按照规定，管理人可以由有关部门、机构的人员组成的清算组或者依法设立的律师事务所、会计师事务所、破产清算事务所等社会中介机构担任。人民法院根据债务人的实际情况，可以在征询有关社会中介机构的意见后，指定该机构具备相关专业知识并取得执业资格的人员担任管理人。

4. 对银行、非银行金融机构、保险公司等金融企业的破产采用了分离立法的模式。按照规定，商业银行、证券公司、保险公司等金融机构达到破产界限的，国务院金融监督管理机构可以向人民法院提出对该金融机构进行重整或者破产清算的申请。国务院金融监督管理机构依法对出现重大经营风险的金融机构采取接管、托管等措施的，可以向人民法院申请中止以该金融机构为被告或者被执行人的民事诉讼程序或者执行程序。金融机构实施破产的，国务院可以依据本法和其他有关法律的规定制定实施办法。

5. 对破产企业所欠职工的工资及其他依照 2006 年《企业破产法》应当享有优先权的相关费用及补偿金，实行"新旧划段"的处理方法。按照规定，2006 年《企业破产法》施行后，破产人在该法公布之日前所欠职工的工资和医疗、伤残补助、抚恤费用，所欠的应当划入职工个人账户的基本养老保险、基本医疗保险费用，以及法律、行政法规规定应当支付给职工的补偿金，依照该法规定的清偿顺序不足以清偿的部分，以该法规定的已经设定了担保权的特定财产优先于对该特定财产享有担保权的权利人受偿。

6. 允许一定范围内的国有企业破产在一定期限内继续实行特殊的处理方法。按照规定，2006 年《企业破产法》施行前国务院规定的期限和范围内的国有企业实施破产的特殊事宜，按照国务院有关规定办理。

（三）破产法的特征

从法律规范的内容上看，破产法专门调整破产关系。从破产法的法律规范的形式上看，破产法与其他法律相比较，也具有自身的一些特殊性。

1. 调整范围特定性。破产法只调整因债务人丧失清偿能力，不能清偿到期债务的特别情况。对债务人有清偿能力而不还债等问题，则由一般民事诉讼程序解决。一般而言，破产法所解决的是如何公平清偿的执行问题。对债权人与债务人间存在的实体性权利义务争议（如债是否存在、数额多少、有无担保等）则在破产程序外通过民事诉讼等制度解决。也就是说，通常只有债权债务双方没有争议的或是已经诉讼、仲裁程序确定的债务，才可直接进入破产程序接受清偿。这是由破产法的性质及其规范特点所决定的。破产法中一般不规定解决民事实体权利义务争议而引起的各项诉讼权利的有关法律制度。

2. 实体与程序的统一性。破产法确定的调整内容，既不能由单一的实体法解决，也不能由单一的程序法解决。因此，反映在破产法的规范内容上则是集实体与程序内容于一体。实体规范主要规定破产的原因，即破产界限、破产财产、破产债权、取回权、别除权、抵销权、撤销权、破产费用等内容。程序性规范主要规定破产案件的管辖、破产申请的提出与受理、破产宣告、债权人会议、破产管理人即清算组,破产财产的处理与分配、和解与整顿程序、破产程序的终结等内容。有的国家破产法还规定对破产违法行为的行政处分与经济制裁,以及对企业破产负有责任者的处罚等。在立法体例上各国并不一致。有的国家按实体规范、程序规范的不同性质的内容分编各自规定,如日本、德国等。有的国家则按破产案件进行的先后顺序依次规定,不作实体规范与程序规范之分,我国破产法的立法便是采取这一形式的。

3.破产法的基本制度是源于民事债权制度和民事诉讼执行制度。破产法的基本制度往往并非自身所独创,而是源于民事债权制度和民事诉讼执行制度。同时,根据破产制度的原则加以适当的变更,对当事人的权利义务予以必要的扩张或限制。因此,对破产法的理解与执行往往同对相关法律的正确把握有关。相关法律制度是否健全、完善也直接影响到破产法的实施与效果。由于破产法是一项社会涉及面甚广的立法,不仅民法、民事诉讼法与之相关,企业法、公司法、劳动法、社会保险法乃至刑法、行政法等都与之有密切联系。破产法的正确实施要依靠这些相关法律、配套制度的保障。实践已经证明,单靠一部破产法是难以广泛实施破产制度,并发挥其应有功能的。

三、破产法与民事执行程序的关系

从破产实务看,当债务人不能清偿到期债务时,可由法院强制执行其全部财产,公平清偿全体债权人。或者在法院监督下,由债务人与债权人会议达成和解协议,整顿复苏企业,清偿债务,避免倒闭清算。破产制度与民事诉讼执行制度有着密切的联系,两者都是为债权人利益而进行的,以实现债权为内容的执行措施。在一些程序性规定上有相似之处,而且破产的一些制度是从民事诉讼执行制度中发展而来的。为此,有的国家或地区法律规定,在破产程序中可以适用民事诉讼法的有关规定,我国破产法也是如此。破产制度与解决债务纠纷的一般民事诉讼执行制度相比,具有以下几个特征。

1.民事执行程序中的债务人通常具有清偿能力,只是拒不履行义务,所以需要强制执行。而破产程序中的债务人已无清偿能力,无论自愿与否均不能对全体债权人完全、公平地履行义务,所以必须以破产方式解决。在民事执行中,强调债务人的自动履行。而在破产程序中,因债务人对个别债权人的自动履行违背对全体债权人公平清偿的原则,反为法律所限制。

2.民事执行与破产制度虽都是为债权人利益进行,但前者是为个别债权人,后者是为全体债权人;前者的目的是为债的履行,而后者则更强调履行在债权人间的公平。破产制度的本质，就是在债务人丧失清偿能力的情况下，保障债务的最终公平清偿。

3.破产程序是对债务人全部财产与经济关系进行的彻底清算执行。在作出破产宣告的情况下，即应终结债务人的经营业务，并使其丧失民事主体资格。而民事执行的范围则仅限于债务人的相关财产，且不涉及民事主体资格问题。此外，民事执行的对象范围广泛，既包括对财产的执行，也包括对行为等义务的强制履行，而破产执行的对象仅为财产。

四、破产法律制度的意义

（一）对债权人利益的终极保护

破产制度的产生首先源于债权公正保护的终极理念。债权债务关系作为现代社会一类重要的社会关系，具有独特的“有期限性”、“平等性”、“易争执性”等诸多特征，这些特征一方面决定着债权债务纠纷通常可以通过当事人间的私下和解、个别诉讼、个别履行或者个别执行程序来解决；另一方面决定着当债务人出现资不抵债以及不能清偿债务的情势后，每个债权人都可能面临着与其他债权人的冲突和竞争，这就必然使正常的债权保护效应减弱和失灵。基于此，“为维持多数相互竞合的债权人间公平清偿起见，不能不特别考虑债权之实现方法，为此需要而产生的制度，则为破产制度”。这是破产法律制度的首要意义。一方面，当债务人不能清偿到期债务时，及时依法宣告其破产，既避免任其继续经营扩大亏损，也可避免债务人转移、隐匿其财产，这就可以使债权人的债权得到最大限度的实现。另一方面，通过破产程序防止个别清偿行为的出现，使债权人的债权得到公平清偿。

（二）对债务人的必要挽救与救济

破产程序较之于个别执行程序的不同功能还体现在对债务人的挽救和救济方面。具体表现在：(1)债务人不能清偿到期债务时，债务人自己可自愿提出破产申请，从个别诉讼和执行的繁琐中解脱出来，免去债务实现方面可能付出的时间和费用。(2)在破产程序进行过程中，债务人还可与债权人达成和解，从中享受到部分债务的免除、分期或延期偿还债务，进而避免破产清算的好处。(3)破产重整程序可以在债务人企业出现不能清偿的危险之时就及早开始挽救程序，并且允许债务人出现经营或者财务危机之时就主动寻求破产保护和挽救，避免“病入膏肓”之后不得不走向破产清算之路。(4)即使被宣告破产的企业，也可通过清算偿债并免除其不能清偿的债务，使其从困境中解脱出来，以获得新生。

(三)建立健康的财务危机处理机制和有序的市场主体退出机制

就社会经济而言,完备的破产预防制度可以对出现“病变”的企业及早进行诊断和治疗,为社会留存尽可能多的生产单元,同时为社会成员留存尽可能多的就业岗位。破产清算程序,可以通过对破产债务及时、合理的清理,消除破产状态下债务的恶性膨胀,避免连锁破产,使社会经济不致因某些企业主体的消灭而停止或中断循环。破产法通过对经营水平低下企业的淘汰,有助于合理调整产业和产品结构,实现资源的优化配置和合理利用,使企业在符合整个社会经济合理发展的基础上,实现更高层次的竞争,进而促进整个社会生产力水平的提高。破产法还可以通过对破产企业的处理,敦促社会一般企业增强危机意识,改善经营状况,避免和减少破产现象的发生。从而维护正常的社会经济秩序,有利于社会经济的发展。

第二节　破产申请与破产案件的受理

一、破产能力和破产原因

破产案件只有在具有破产能力的债务人发生破产原因时方可提出,两者缺一不可。

(一)破产能力

破产能力这一概念源于德国破产法理论,是指民事主体得以被宣告破产的资格。通俗地说即谁可以被宣告破产。这种资格源于法律的特别规定。立法上采用商人破产主义的,则只有商人具有破产能力;采用一般破产主义的,则一般法人和自然人均有破产能力。但取一般破产主义的国家通常都规定国家、地方公共团体和公法人没有破产能力。这是因为公法人的事业具有社会公益性,若其破产将给社会生活带来诸多不便和混乱。所以美国联邦破产法明确规定,除地方自治组织和铁路、保险和银行等领域之外的法人和自然人都可以成为破产人。这一规定说明地方自治组织和铁路、保险、银行等领域的法人不具有破产能力。

破产能力涉及的范围主要包括:(1)企业法人的破产能力问题;(2)特殊行业以及特殊企业如商业银行、保险公司等金融企业和公用企业的破产能力问题;(3)自然人尤其是作为消费者的自然人的破产能力问题;(4)外国人的破产能力问题。由于各国对私法人尤其是营利性私法人的破产能力多持肯定态度,这里仅对自然人的破产能力作一介绍。

随着一般破产主义在各国的推行，自然人的破产能力问题在国外的立法和理论上已经不存在什么争议。但基于我国的国情，就我国自然人在将来破产立法上的破产能力，理论上至少存在三种不同的主张。有的学者主张，对所有的自然人均应适用破产制度，消费者丧失清偿能力也应纳入破产法的调整范围；也有人主张，我国目前破产法的适用范围应限定在商法人和商自然人的范围内，包括个人独资企业及其出资人、合伙企业及其合伙人、领取营业执照从事工商经营活动的个体工商户，一般消费者则应排除在破产法的适用之外；还有人主张，破产法的适用范围只应扩大到个人独资企业、合伙企业等作为自然人企业的营利性组织，不应包括其出资人。

将合伙企业的合伙人以及个人独资企业的出资人与企业一同纳入破产法的调整范围，可使那些诚实而不幸的债务人企业主摆脱债务的重负而实现免责，同时对于最大限度地挖掘债务人的财产以增加债权人的受偿比例将起到一定的制度创新作用。因为，一方面，个人破产制度是迄今为止能够使自然人对个人债务的无限责任转化为有限责任的唯一途径(死亡除外)；另一方面，破产债务人在破产程序中对于其责任财产的申报负有较之于个别执行程序更为严格的义务，这无疑会增加对债务人财产的分配额度。

值得一提的是，2006 年《企业破产法》第 135 条规定："其他法律规定企业法人以外的组织的清算，属于破产清算的，参照适用本法规定的程序。"2006 年 8 月 27 日同时通过颁布的《合伙企业法》第 92 条规定："合伙企业不能清偿到期债务的，债权人可以依法向人民法院提出破产清算申请，也可以要求普通合伙人清偿。合伙企业依法被宣告破产的，普通合伙人对合伙企业债务仍应承担无限连带责任。"这表明，我国已经明确赋予了合伙企业以及其他非法人组织的破产能力。但《合伙企业法》一方面没有规定合伙企业自身能否提出破产申请，另一方面也没有规定合伙企业破产时是否同时允许宣告合伙人破产，再者，该法也没有明确合伙企业尤其是有限合伙企业能否适用破产清算以外的破产和解与破产重整程序。

（二）破产原因

破产原因是指就债务人存在的，能够对债务人开始破产程序的原因和根据。因为它是衡量债务人是否陷入破产的界限，故又称为破产界限。从各国的立法形式看，一般有两种立法模式：列举主义和概括主义。列举主义即在法律规范上列举若干表明债务人丧失清偿能力的具体破产行为，凡存在这些行为便认定达到破产界限；概括主义即对破产界限作抽象的概括规定，它着眼于破产发生的一般原因，而不是具体行为。也有的国家将两种立法方式结合使用，我国破产法采用的是概括主义立法模式。

我国《企业破产法》第2条规定:"企业法人不能清偿到期债务,并且资产不足以清偿全部债务或者明显缺乏清偿能力的,依照本法规定清理债务。企业法人有前款规定情形,或者有明显丧失清偿能力可能的,可以依照本法规定进行重整。"该法第7条同时规定:"债务人有本法第2条规定的情形,可以向人民法院提出重整、和解或者破产清算申请。债务人不能清偿到期债务,债权人可以向人民法院提出对债务人进行重整或者破产清算的申请。企业法人已解散但未清算或者未清算完毕,资产不足以清偿债务的,依法负有清算责任的人应当向人民法院申请破产清算。"

可见,我国《企业破产法》采用的破产界限标准在于:其一,债务人不能清偿到期债务并且资不抵债;其二,债务人不能清偿到期债务并且明显缺乏清偿能力。只要符合两项标准中的一项,就等于债务人达到了破产界限。

宣告债务人破产必须符合法律规定的破产界限,但并非所有达到破产界限的企业均应被宣告破产。各国出于社会政策的需要,通常都规定某些特殊情况下不予宣告破产。但能否认为,上述标准是衡量债务人应否进入破产清算程序的标准,如果仅仅是开始破产预防程序,或者破产申请是由债权人提出时,恪守上述标准的结果就会影响当事人对破产程序的适用。具体说来有以下几种情形。

1.债权人对债务人提出破产重整申请或者破产清算申请时,原则上只要债务人符合了《企业破产法》第7条规定的"不能清偿到期债务"的标准即可。

2.债务人自身提出破产重整申请的,只要符合《企业破产法》第2条规定的"有明显丧失清偿能力可能的"即可;提出破产和解申请亦同。

3.解散后的法人,仅仅适用《企业破产法》第7条规定的"资不抵债"的标准即可。

人民法院在审查当事人的申请并决定是否受理破产申请,或者决定是否开始破产和解、破产重整、破产清算程序之前,可以根据不同的标准进行衡量,以把握好债务人不至于过早或者过晚地进入破产预防程序或者破产清算程序,同时还要防止当事人对破产申请权的滥用。

二、破产申请与破产案件的管辖

(一)破产申请的主体

根据我国《破产法》的规定,当债务人出现破产原因时,债权人和债务人均有权提出破产申请。但按照《企业破产法》的规定,债权人只有在债务人"不能清偿到期债务"之时方可提出破产申请,而债务人则可以在濒临破产,也即有可能出现破产原因之时,便可提出破产和解或者破产重整的申请。

破产申请对于债权人和债务人均为其权利，但根据《企业破产法》第 7 条第 3 款的规定，“企业法人已解散但未清算或者未清算完毕，资产不足以清偿债务的，依法负有清算责任的人应当向人民法院申请破产清算。”

由于我国破产立法在程序的启动方面采用申请开始主义而排除了职权主义的适用，破产程序只能依债权人或债务人的申请而开始，即使法院在民事诉讼和民事执行程序中获悉债务人不能清偿到期债务时，也不能依职权径行宣告债务人破产或者裁定其进入破产程序。

（二）破产申请的形式

申请人提出破产申请时，应当向法院提交破产申请书和有关证据，破产申请书应当载明下列事项：(1)申请人、被申请人的基本情况；(2)申请目的；(3)申请的事实和理由；(4)人民法院认为应当记载的其他事项。债务人提出申请的，还应当向人民法院提交财产状况说明书、债务清册、债权清册、有关财务会计报告、职工安置预案以及职工工资的支付和社会保险费用的缴纳情况。债权人申请的，应当说明债权的性质、数额、有无财产担保等。

债务人或者债权人可以在人民法院受理破产案件前，请求撤回破产申请。但清算中的法人资不抵债的除外。

（三）破产案件的管辖

关于破产案件的管辖，国外立法有的设立专门的破产法院，并配有专门的破产法官，也有的是由普通法院管辖；我国并未设置专门的破产法院，破产案件由普通法院管辖，有些地方法院设有专门的破产法庭集中审理破产案件。

1.破产案件的地域管辖。破产案件只能由债务人所在地法院管辖，这是破产案件地域管辖的普遍原则。将破产案件的地域管辖确定为债务人住所地的理由，主要在于：其一，由于债权人和债务人均有权提出破产申请，故破产案件无如一般民事案件中的所谓原告、被告之分，不能适用民事诉讼法“原告就被告”的地域管辖原则。其二，破产案件一律由债务人住所地法院管辖，便于对债务人营业的处置和破产债务人财产的清理、变价和分配。其三，破产案件中的债权人通常人数众多，即便确定由债权人所在地法院管辖，也无法确定由哪一家债权人所在地法院管辖；两个以上法院都有管辖权的，一般由先收到破产申请的法院管辖。

2.破产案件的级别管辖。关于破产案件的级别管辖，不宜类比采用一般民事案件以案件的性质、影响范围、繁简程度或标的大小来划分管辖的做法。我国 2006 年《企业破产法》仍然未对破产案件的级别管辖作出规定，而此前最高人民法院于 2002 年发布的司法解释《破产法规定》第 2 条指出，基层人民法院一般管辖县、县级市或区的工商行政管理机关核准登记企业的破产案件；中级人民法院一般管辖地区、地级市(含本级)以上工商行政管理机关核准登记企业的破产案件;纳入国家计划调整的企业破产案件,由中级人民法院管辖。可以看出,最高人民法院和各省、市、自治区高级人民法院对破产案件一般不享有管辖权。

3.破产案件管辖权的移转。破产案件的级别管辖同样可适用一般民商事案件管辖权转移的相关规定,即上级人民法院有权审理下级人民法院管辖的第一审民事案件,也可以把本院管辖的第一审民事案件交下级人民法院审理。下级人民法院对它所管辖的第一审民事案件,认为需要由上级人民法院审理的,可以报请上级人民法院审理。

通常情况下,一般民事案件管辖权的移转限于上下级法院之间,即只能用来突破级别管辖的规则。但按照我国有关司法解释的规定,破产案件管辖权的移转也可突破地域管辖的规则,也就是说,省、自治区、直辖市范围内因特殊情况需对个别企业破产案件的地域管辖作调整的,须经共同上级人民法院批准。这对于一些特殊案件的有效处理以及克服一些法院地方保护主义的不良倾向不无裨益。随着我国一些连锁超市、证券公司、住宅商品房开发公司、母子公司等特殊破产案件的增多,管辖权移转的现象可能会更加普遍。

三、破产申请的受理及其法律效力

(一)破产申请的受理

我国破产程序的开始并不以破产申请的提出为标志,破产申请只有在符合法定条件并由人民法院受理后,才产生破产程序开始的效力。

根据《企业破产法》的规定,债权人提出破产申请的,人民法院应当自收到申请之日起5日内通知债务人。债务人对申请有异议的,应当自收到人民法院的通知之日起7日内向人民法院提出。人民法院应当自异议期满之日起10日内裁定是否受理。除此情形外,人民法院应当自收到破产申请之日起15日内裁定是否受理。

特殊情况下需要延长裁定受理的期限的,经上一级人民法院批准,可以延长15日。

人民法院受理破产申请的,应当自裁定作出之日起5日内送达申请人。债权人提出申请的,人民法院应当自裁定作出之日起5日内送达债务人。债务人应当自裁定送达之日起15日内,向人民法院提交财产状况说明、债务清册、债权清册、有关财务会计报告以及职工工资的支付和社会保险费用的缴纳情况。

人民法院裁定受理破产申请的,应当同时指定管理人。人民法院裁定不受理破产申请的,应当自裁定作出之日起5日内送达申请人并说明理由。申请人对裁定不服的,可以自裁定送达之日起10日内向上一级人民法院提起上诉。

《企业破产法》第14条规定:“人民法院应当自裁定受理破产申请之日起25日内通知已知债权人,并予以公告。通知和公告应当载明下列事项:(1)申请人、被申请人的名称或者姓名;(2)人民法院受理破产申请的时间;(3)申报债权的期限、地点和注意事项;(4)管理人的名称或者姓名及其处理事务的地址;(5)债务人的债务人或者财产持有人应当向管理人清偿债务或者交付财产的要求;(6)第一次债权人会议召开的时间和地点;(7)人民法院认为应当通知和公告的其他事项。”

(二)破产保全与破产冻结

为防止破产财产的流失,我国《企业破产法》第15条规定:“自人民法院受理破产申请的裁定送达债务人之日起至破产程序终结之日,债务人的有关人员承担下列义务:(1)妥善保管其占有和管理的财产、印章和账簿、文书等资料;(2)根据人民法院、管理人的要求进行工作,并如实回答询问;(3)列席债权人会议并如实回答债权人的询问;(4)未经人民法院许可,不得离开住所地;(5)不得新任其他企业的董事、监事、高级管理人员。”

破产冻结,是指在当事人向法院提出破产申请之后,所有有关债务人财产的执行行为及其他对债务人的财产构成消极影响的行为均应中止的一项制度。我国《企业破产法》规定:“人民法院受理破产申请后,有关债务人财产的保全措施应当解除,执行程序应当中止。”此时,债务人也不得对个别债权人的债务实施清偿,债务人的全部财产应当统一纳入破产管理人的管理之下。

(三)破产债权的申报

破产债权的申报是指拥有合法债权的债权人,在破产程序开始后的一定期间内,向法院(或其指定的机构)申明债权并由此作出的参加破产程序的意思表示。债权申报的意义主要表现为:其一,是债权人取得破产程序当事人地位,相应地取得破产程序参与权和分配请求权的必经程序;其二,债权申报的提出可昭示债权诉讼时效的中断。

债权的申报期间系指法律规定或法院指定的债权人向法院(或其指定的机构)申报债权的有效期间。关于申报期间的确定方式,各国立法大多采用立法限定基础上的法院酌定主义模式,即债权申报期间的长短,由受理案件的法院在法律的限定性规定基础上根据案件的实际情况予以确定。

我国《企业破产法》规定,人民法院受理破产申请后,应当确定债权人申报债权的期限。债权申报期限自人民法院发布受理破产申请公告之日起计算,最短不得少于30日,最长不得超过3个月。债权人应当在人民法院确定的债权申报期限内向管理人申报债权,债权人未依照本法规定申报债权的,不得依照本法规定的程序行使权利。但债务人欠职工的工资和医疗、伤残补助、抚恤费用,所欠的应当划入职工个人账户的基本养老保险、基本医疗保险费用,以及法律、行政法规规定应当支付给职工的补偿金,不必申报,由管理人调查后列出清单并予以公示,职工对清单记载有异议的,可以要求管理人更正;管理人不予更正的,职工可以向人民法院提起诉讼。

连带债权人可以由其中一人代表全体连带债权人申报债权,也可以共同申报债权;债务人的保证人或者其他连带债务人已经代替债务人清偿债务的,以其对债务人的求偿权申报债权;债务人的保证人或者其他连带债务人尚未代替债务人清偿债务的,以其对债务人的将来求偿权申报债权。但是,债权人已经向管理人申报全部债权的除外。

债权人申报债权时,应当书面说明债权的数额和有无财产担保,并提交有关证据。申报的债权是连带债权的,应当说明。

在人民法院确定的债权申报期限内,债权人未申报债权的,可以在破产财产最后分配前补充申报;但是,此前已进行的分配,不再对其补充分配。审查和确认补充申报债权的费用,由补充申报人承担。

管理人收到债权申报材料后,应当登记造册,对申报的债权进行审查,并编制债权表。债权表和债权申报材料由管理人保存,供利害关系人查阅。管理人编制的债权表还应当提交第一次债权人会议核查。债务人、债权人对债权表记载的债权无异议的,由人民法院裁定确认。债务人、债权人对债权表记载的债权有异议的,可以向受理破产申请的人民法院提起诉讼。

(四)破产案件受理的其他法律效力

破产程序旨在通过对债务人财产的总括执行来达到公平清偿债务的目的。基于此,《企业破产法》除了对个别执行、个别清偿、债权申报的时限及其后果等作出规定外,还就相关的债务履行及个别诉讼行为作了规定。按照规定:(1)人民法院受理破产申请后,债务人的债务人或者财产持有人应当向管理人清偿债务或者交付财产。债务人的债务人或者财产持有人,故意违反该规定向债务人清偿债务或者交付财产,使债权人受到损失的,不免除其清偿债务或者交付财产的义务。(2)人民法院受理破产申请后,管理人对破产申请受理前成立而债务人和对方当事人均未履行完毕的合同有权决定解除或者继续履行,并通知对方当事人。管理人自破产申请受理之日起 2 个月内未通知对方当事人,或者自收到对方当事人催告之日起 30 日内未答复的,视为解除合同。管理人决定继续履行合同的,对方当事人应当履行;但是,对方当事人有权要求管理人提供担保。管理人不提供担保的,视为解除合同。(3)人民法院受理破产申请后,已经开始而尚未终结的有关债务人的民事诉讼或者仲裁应当中止;在管理人接管债务人的财产后，该诉讼或者仲裁继续进行。(4)人民法院受理破产申请后，有关债务人的民事诉讼，只能向受理破产申请的人民法院提起。

《企业破产法》还规定，破产申请受理后，未到期的债权，在破产申请受理时视为到期；附利息的债权自破产申请受理时起停止计息。

第三节　破产管理人

一、破产管理人的概念

破产管理人是指依照破产法规定，在破产重整、破产和解和破产清算程序中负责债务人财产管理和其他事项的机构或个人。破产程序开始后，破产事务的管理和破产财产的清算工作繁杂沉重，加之大量的法律事务和非法律事务掺杂其间，因而远非法院的人力物力所能胜任。故有必要成立专门的清算或管理机构。破产管理人是破产程序中最重要的一个机构，它具体管理破产中的各项事务，破产程序进行中的其他机关或组织仅起监督或辅助作用。破产程序能否在公正、公平和高效的基础上顺利进行和顺利终结，与破产管理人关系至为重大。

二、破产管理人的任职资格与选任方式

(一)破产管理人的任职资格

关于破产管理人的任职资格，各国并无特别的限制。凡有行为能力者，无论其是否为债权人均可选任，但基于破产清算人系专司管理和清算事务，故以会计师、律师或其他通晓计算、经营、法律、经贸知识的中介机构或人员为宜。原则上，个人担任管理人的，应当参加执业责任保险。

我国《企业破产法》第 24 条规定："管理人可以由有关部门、机构的人员组成的清算组或者依法设立的律师事务所、会计师事务所、破产清算事务所等社会中介机构担任。人民法院根据债务人的实际情况，可以在征询有关社会中介机构的意见后，指定该机构具备相关专业知识并取得执业资格的人员担任管理人。"但有下列情形之一的，不得担任管理人：(1)因故意犯罪受过刑事处罚；(2)曾被吊销相关专业执业证书；(3)与本案有利害关系；(4)人民法院认为不宜担任管理人的其他情形。个人担任管理人的，应当参加执业责任保险。

此处所谓"与本案有利害关系"，按照最高人民法院 2007 年 4 月 12 日发布的《关于审理企业破产案件指定管理人的规定》(以下简称《指定管理人的规定》)第 23 条的解释，是指社会中介机构、清算组成员有下列情形之一，可能影响其忠实履行管理人职责的：(1)与债务人、债权人有未了结的债权债务关系；(2)在人

民法院受理破产申请前三年内，曾为债务人提供相对固定的中介服务；(3)现在是或者在人民法院受理破产申请前三年内曾经是债务人、债权人的控股股东或者实际控制人；(4)现在担任或者在人民法院受理破产申请前三年内曾经担任债务人、债权人的财务顾问、法律顾问；(5)人民法院认为可能影响其忠实履行管理人职责的其他情形。

此外，清算组成员的派出人员、社会中介机构的派出人员、个人管理人有下列情形之一，可能影响其忠实履行管理人职责的，人民法院可以认定为构成《企业破产法》规定的上述“利害关系”：(1)具有《指定管理人的规定》第 23 条规定的情形；(2)现在担任或者在人民法院受理破产申请前三年内曾经担任债务人、债权人的董事、监事、高级管理人员；(3)与债权人或者债务人的控股股东、董事、监事、高级管理人员存在夫妻、直系血亲、三代以内旁系血亲或者近姻亲关系；(4)人民法院认为可能影响其公正履行管理人职责的其他情形。

在进入指定管理人程序后，社会中介机构或者个人发现与本案有利害关系的，应主动申请回避并向人民法院书面说明情况。人民法院认为社会中介机构或者个人与本案有利害关系的，不应指定该社会中介机构或者个人为本案管理人。

(二)破产管理人的选任方式

破产管理人的选任方式理论上讲可有三种：一是由法院选任的，二是由债权人会议选任的，三是以法院选任为原则、同时允许债权人会议另行选任。

我国 1986 年《企业破产法(试行)》在破产清算组成员的产生方式和身份要求上曾采取了以政府官员为主导的做法。具体做法是：管理人成员由人民法院商同同级人民政府从企业上级主管部门、政府财政、工商行政管理、计委、审计、税务、物价、劳动、人事等部门和有关专业人员中用公函指定。上述做法在理论上和实务中遇到了许多难题，《企业破产法》改变了过去的做法。该法第 22 条规定：“管理人由人民法院指定。债权人会议认为管理人不能依法、公正执行职务或者有其他不能胜任职务情形的，可以申请人民法院予以更换。指定管理人和确定管理人报酬的办法，由最高人民法院规定。”

根据最高人民法院《指定管理人的规定》的内容要求，各高级人民法院应当根据本辖区律师事务所、会计师事务所、破产清算事务所等社会中介机构及专职从业人员数量和企业破产案件数量，确定由本院或者所辖中级人民法院编制管理人名册。人民法院应当分别编制社会中介机构管理人名册和个人管理人名册。符合企业破产法规定条件的社会中介机构及其具备相关专业知识并取得执业资格的人员，均可申请编入管理人名册。已被编入机构管理人名册的社会中介机构中，具备相关专业知识并取得执业资格的人员，可以申请编入个人管理人名册。人民法院不受理异地申请，但异地社会中介机构可在本辖区内设立分支机构。

人民法院应当将管理人初审名册通过本辖区有影响的媒体进行公示，公示期为 10 日。公示期满后，人民法院应审定管理人名册，并通过全国有影响的媒体公布，同时逐级报最高人民法院备案。

按照《指定管理人的规定》要求，受理企业破产案件的人民法院指定管理人，一般应从本地管理人名册中指定。对于商业银行、证券公司、保险公司等金融机构以及在全国范围内有重大影响、法律关系复杂、债务人财产分散的企业破产案件，人民法院可以从所在地区高级人民法院编制的管理人名册列明的其他地区管理人或者异地人民法院编制的管理人名册中指定管理人。

受理企业破产案件的人民法院，一般应指定管理人名册中的社会中介机构担任管理人；对于事实清楚、债权债务关系简单、债务人财产相对集中的企业破产案件，人民法院可以指定管理人名册中的个人为管理人。

《指定管理人的规定》指出，企业破产案件有下列情形之一的，人民法院可以指定清算组为管理人：(1)破产申请受理前，根据有关规定已经成立清算组，人民法院认为符合本规定第 19 条的规定；(2)审理《企业破产法》第 133 条规定的案件；(3)有关法律规定企业破产时成立清算组；(4)人民法院认为可以指定清算组为管理人的其他情形。

人民法院一般应当按照管理人名册所列名单采取轮候、抽签、摇号等随机方式公开指定管理人。但对于商业银行、证券公司、保险公司等金融机构或者在全国范围内有重大影响、法律关系复杂、债务人财产分散的企业破产案件，人民法院可以采取公告的方式，邀请编入各地人民法院管理人名册中的社会中介机构参与竞争，从参与竞争的社会中介机构中指定管理人。参与竞争的社会中介机构不得少于三家。采取竞争方式指定管理人的，人民法院应当组成专门的评审委员会。评审委员会应当结合案件的特点，综合考量社会中介机构的专业水准、经验、机构规模、初步报价等因素，从参与竞争的社会中介机构中择优指定管理人。被指定为管理人的社会中介机构应经评审委员会成员二分之一以上通过。采取竞争方式指定管理人的，人民法院应当确定一至两名备选社会中介机构，作为需要更换管理人时的接替人选。

对于经过行政清理、清算的商业银行、证券公司、保险公司等金融机构的破产案件，人民法院除可以按照成立清算组的方式指定管理人外，也可以在金融监督管理机构推荐的已编入管理人名册的社会中介机构中指定管理人。

三、破产管理人的职责与监督

(一)破产管理人的职责

既然破产管理人系经专门选任并接受报酬专司破产财产管理和破产清算事

务之人，那么，从法理上说，凡合于破产程序进行的目的、与其作为破产财团的代表机关的身份相适应的一切行为均应解释为在其职责范围之内，原无必要就其应尽的职责一一列举，也不可能列举穷尽。然而，破产管理人的过失甚至违法行为终究很难避免，为便于其履行职责时对其行为能力的范围有所判断和遵循，同时便于相关利害关系人的制约和监督，各国立法都或简或繁地对其职责范围作了列举。

我国《企业破产法》第25条就围绕破产财产的保管、清理、估价、处理和分配等对破产管理人的职责作了如下规定，主要包括：(1)接管债务人的财产、印章和账簿、文书等资料；(2)调查债务人财产状况，制作财产状况报告；(3)决定债务人的内部管理事务；(4)决定债务人的日常开支和其他必要开支；(5)在第一次债权人会议召开之前，决定继续或者停止债务人的营业；(6)管理和处分债务人的财产；(7)代表债务人参加诉讼、仲裁或者其他法律程序；(8)提议召开债权人会议；(9)人民法院认为管理人应当履行的其他职责。

《企业破产法》同时规定，在第一次债权人会议召开之前，管理人决定继续或者停止债务人的营业或者实施《企业破产法》第69条规定的下列行为之一的，应当经人民法院许可：(1)涉及土地、房屋等不动产权益的转让；(2)探矿权、采矿权、知识产权等财产权的转让；(3)全部库存或者营业的转让；(4)借款；(5)设定财产担保；(6)债权和有价证券的转让；(7)履行债务人和对方当事人均未履行完毕的合同；(8)放弃权利；(9)担保物的取回；(10)对债权人利益有重大影响的其他财产处分行为。

债权人会议设立债权人委员会的，管理人实施上述行为应当向债权人委员会报告。债权人委员会不同意管理人实施上述行为的，可以依照《企业破产法》第68条规定，就监督事项请求人民法院作出决定，人民法院应当在5日内作出决定。

(二)破产管理人的义务与报酬

按照我国《企业破产法》的规定，管理人应当勤勉尽责，忠实执行职务。管理人没有正当理由不得辞去职务，管理人辞去职务应当经人民法院许可。经人民法院许可，管理人可以聘用必要的工作人员。

根据《企业破产法》的规定，管理人履行企业破产法规定的职责，有权获得相应报酬。管理人报酬由审理企业破产案件的人民法院依据《最高人民法院关于审理企业破产案件确定管理人报酬的规定》(以下简称《规定》)的要求加以确定。

依据《规定》的要求，人民法院应根据债务人最终清偿的财产价值总额，在以下比例限制范围内分段确定管理人报酬：(1)不超过100万元(含本数，下同)的，在12%以下确定；(2)超过100万元至500万元的部分，在10%以下确定；(3)超过 500 万元至 1000 万元的部分，在 8%以下确定；(4)超过 1000 万元至 5000 万元的部分，在 6%以下确定；(5)超过 5000 万元至 1 亿元的部分，在 3%以下确定；(6)超过 1 亿元至 5 亿元的部分，在 1%以下确定；(7)超过 5 亿元的部分，在 0.5%以下确定。

按照上述《规定》的要求，担保权人优先受偿的担保物价值，不计入前款规定的财产价值总额。高级人民法院认为有必要的，可以参照上述比例在 30%的浮动范围内制定符合当地实际情况的管理人报酬比例限制范围，并通过当地有影响的媒体公告，同时报最高人民法院备案。

管理人、债权人会议对管理人报酬方案有意见的，可以进行协商。双方就调整管理人报酬方案内容协商一致的，管理人应向人民法院书面提出具体的请求和理由，并附相应的债权人会议决议。人民法院经审查认为管理人的请求和理由不违反法律和行政法规强制性规定，且不损害他人合法权益的，应当按照双方协商的结果调整管理人报酬方案。

人民法院确定管理人报酬方案后，可以根据破产案件和管理人履行职责的实际情况进行调整。人民法院应当自调整管理人报酬方案之日起 3 日内，书面通知管理人。管理人应当自收到上述通知之日起 3 日内，向债权人委员会或者债权人会议主席报告管理人报酬方案的调整内容。

人民法院确定或者调整管理人报酬方案时，应当考虑以下因素：(1)破产案件的复杂程度；(2)管理人的勤勉程度；(3)管理人为重整、和解工作作出的实际贡献；(4)管理人承担的风险和责任；(5)债务人住所地居民可支配收入及物价水平；(6)其他影响管理人报酬的情况。

《规定》指出，律师事务所、会计师事务所通过聘请本专业的其他社会中介机构或者人员协助履行管理人职责的，所需费用从其报酬中支付。破产清算事务所通过聘请其他社会中介机构或者人员协助履行管理人职责的，所需费用从其报酬中支付。清算组中有关政府部门派出的工作人员参与工作的不收取报酬。其他机构或人员的报酬根据其履行职责的情况确定。

《规定》还指出，管理人发生更换的，人民法院应当分别确定更换前后的管理人报酬。其报酬比例总和不得超出相应的报酬标准限制范围。

(三)破产管理人的监督

破产程序同时兼有清算和执行的特征，因而，破产程序往往有众多利害关系人的参与。以债务人通常所剩无几的财产来满足众多利害关系人的权利请求，其利益关系的冲突与繁杂程度可想而知，加之破产案件的处理耗费较长时日，所以仅靠法院对破产程序的公正与效率的监督难免有所疏忽。为防止各利害关系人及清算机构滥用权力，优化各利害关系人间的利益关系，特定案件中破产监督机制的建立应是非常必要的。

对于破产管理人的一般监督,《企业破产法》第 23 条规定:"管理人依照本法规定执行职务,向人民法院报告工作,并接受债权人会议和债权人委员会的监督。管理人应当列席债权人会议,向债权人会议报告职务执行情况,并回答询问。"该法第 61 条还把"监督管理人"列为债权人会议的职权之一。

但为更有效地实现对管理人以及破产管理事务的监督,《企业破产法》专门规定了"债权人委员会"制度。按照规定,债权人会议可以决定设立债权人委员会,行使下列职权:(1)监督债务人财产的管理和处分;(2)监督破产财产分配;(3)提议召开债权人会议;(4)债权人会议委托的其他职权。

债权人委员会由债权人会议选任的债权人代表和一名债务人的职工代表或者工会代表组成。债权人委员会成员应当经人民法院书面决定认可并不得超过 9 人。

债权人委员会执行职务时,有权要求管理人、债务人的有关人员对其职权范围内的事务作出说明或者提供有关文件。管理人、债务人的有关人员违反本法规定拒绝接受监督的,债权人委员会有权就监督事项请求人民法院作出决定,人民法院应当在 5 日内作出决定。

第四节　破产财产、破产费用与共益债务制度

一、破产财产制度

(一)破产财产的概念

破产财产,是指破产宣告后为保证破产分配的顺利进行,依法由破产管理人收集和管理起来的破产人的全部财产。

我国《企业破产法》第 107 条第 2 款规定:"债务人被宣告破产后,债务人称为破产人,债务人财产称为破产财产,人民法院受理破产申请时对债务人享有的债权称为破产债权。"同时,《企业破产法》还在破产财产的概念之外使用了"债务人财产"的概念,即"破产申请受理时属于债务人的全部财产,以及破产申请受理后至破产程序终结前债务人取得的财产,为债务人财产"。可见,如果债务人在破产和解与重整程序中的财产,其立法称谓是忌讳"破产"一词的。为方便对破产财产问题的讨论,本书拟不对两个概念加以严格区分。

(二)企业法人破产时破产财产的范围

《企业破产法》第 30 条:"破产申请受理时属于债务人的全部财产,以及破产

申请受理后至破产程序终结前债务人取得的财产，为债务人财产。”

具体说来，破产财产的范围还应当包括：(1)管理人通过行使破产撤销权追回的财产；(2)人民法院受理破产申请后，债务人的出资人尚未完全履行出资义务的，应当缴纳的出资；(3)管理人应当追回的债务人的董事、监事和高级管理人员利用职权从企业获取的非正常收入和侵占的企业财产；(4)债务人提供的担保标的物的价值超过其所担保的债务数额的超过部分。

二、破产费用与共益债务制度

(一)破产费用与共益债务的概念与特征

破产费用是指法院在受理破产案件时收取的案件受理费以及破产程序进行中为全体债权人利益和程序进行所必须支付的各项费用的总称。共益债务则是指在破产程序进行中，为全体债权人利益或为程序进行之必需而对破产财产产生的一切请求权的统称。

破产费用和共益债务具有以下特征：(1)两者是在破产程序终结前因破产程序的开始和进行而应支付的费用和产生的请求权，这一点构成与破产债权的差异；(2)两者是以破产财团也即全部破产财产作为支付和清偿对象，以破产管理人作为权利行使的相对人；这点构成与别除权的区别；(3)两者多因破产管理人的行为而产生；(4)两者均依破产程序进行的需要及实际开支的多少，而随时、足额拨付或优先于破产债权获得清偿，较之破产债权，前者为优先。

(二)破产费用与共益债务的范围构成

确定破产费用和共益债务的范围应遵循以下标准：(1)系为全体债权人利益而应支付的费用或产生的请求权；(2)系为程序公正及顺利进行所必需而支付的费用和产生的请求权；(3)系基于破产程序开始及存续过程中的原因而应支付的费用和产生的请求权。

《企业破产法》第 41 条规定：“人民法院受理破产申请后发生的下列费用，为破产费用：(1)破产案件的诉讼费用；(2)管理、变价和分配债务人财产的费用；(3)管理人执行职务的费用、报酬和聘用工作人员的费用。”

第 42 条同时规定：“人民法院受理破产申请后发生的下列债务，为共益债务：(1)因管理人或者债务人请求对方当事人履行双方均未履行完毕的合同所产生的债务；(2)债务人财产受无因管理所产生的债务；(3)因债务人不当得利所产生的债务；(4)为债务人继续营业而应支付的劳动报酬和社会保险费用以及由此产生的其他债务；(5)管理人或者相关人员执行职务致人损害所产生的债务；(6)债务人财产致人损害所产生的债务。”

(三)破产费用与共益债务拨付和清偿的规则

破产费用和共益债务的支付与清偿应遵循以下规则:(1)优先拨付和清偿;(2)随时拨付和清偿;(3)足额支付和清偿。

按照《企业破产法》第43条的规定,债务人财产不足以清偿所有破产费用或者共益债务的,先行清偿破产费用。债务人财产不足以清偿所有破产费用或者共益债务的,按照比例清偿。债务人财产不足以清偿破产费用的,管理人应当提请人民法院终结破产程序。人民法院应当自收到请求之日起15日内裁定终结破产程序,并予以公告。

第五节 债权人会议

一、债权人会议的性质

债权人会议,是在破产程序进行中,为便于全体债权人参与破产程序以实现其破产程序参与权,维护全体债权人的共同利益而由全体登记在册的债权人组成的表达债权人意志和统一债权人行动的议事机构。

破产企业往往有多个债权人,当债务人不能清偿全部债务时,债权人间的利益是对立的。但是面对已经破产的企业,为保证各自对破产财产的最大限度地公平分配和尽可能的合理清偿,保护自己的利益,又必须统一起来。债权人会议便是由全体债权人组成,在法院监督下讨论决定有关破产事宜,表达债权人意思的机构。从性质上讲,债权人会议是债权人团体在破产程序中的意思表示机关。债权人会议作出的关于核查债权,监督管理人,通过重整计划和和解协议,破产财产变价和分配等程序,是破产程序进行的重要根据。

二、债权人会议的组成

原则上,所有依法申报债权的债权人均为债权人会议成员,有权参加债权人会议,享有表决权,但是债权尚未确定的债权人,除人民法院能够为其行使表决权而临时确定债权额的外,不得行使表决权;有财产担保的债权人未放弃优先受偿权利的,对和解协议以及破产财产的分配方案没有表决权;债务人的保证人在代替债务人清偿债务后可以作为债权人,享有表决权。

基于此,适格的债权人会议成员,应当具备以下条件:(1)其债权须在破产案件受理前成立;(2)其债权已于法定期间内申报和登记;(3)经审查,人民法院已确认其债权人资格。

债权人会议的出席人员享有请求召开债权人会议以及参加会议和在会议上

发言、询问、表决的权利。债权人既可以亲自出席债权人会议，行使表决权，也可以委托代理人出席债权人会议。债权人委托代理人代为出席的，应向人民法院或债权人会议主席提交债权人的有效授权委托书。

按照《企业破产法》的规定，债权人会议应当有债务人的职工和工会的代表参加，对有关事项发表意见。债权人会议可设列席人员，列席人员是指会议正式成员之外的，不享有表决权的参会人员。按照规定自人民法院受理破产申请的裁定送达债务人之日起至破产程序终结之日，债务人的法定代表人以及人民法院决定的企业的财务管理人员和其他经营管理人员，有义务列席债权人会议并如实回答债权人的询问；管理人应当列席债权人会议，向债权人会议报告职务执行情况，并回答询问；债务人的出资人代表可以列席讨论重整计划草案的债权人会议。

按照《企业破产法》第 126 条的规定，有义务列席债权人会议的债务人的有关人员，经人民法院传唤，无正当理由拒不列席债权人会议的，人民法院可以拘传，并依法处以罚款。债务人的有关人员违反本法规定，拒不陈述、回答，或者作虚假陈述、回答的，人民法院可以依法处以罚款。

债权人会议设会议主席一人，由人民法院从有表决权的债权人中指定，债权人会议主席负责主持债权人会议。

三、债权人会议的召集及其职权

(一)债权人会议的召集

债权人会议的召开，以保障债权人共同利益的实现及债权人破产程序参与权的行使为目的，以方便破产程序的公正、顺利进行为必要。按照《企业破产法》的规定精神，债权人会议的召集权归属于法院和会议主席，召集的根据包括：(1)第一次债权人会议由人民法院召集，自债权申报期限届满之日起 15 日内召开；(2)以后的债权人会议，在人民法院认为必要时，或者管理人、债权人委员会、占债权总额四分之一以上的债权人向债权人会议主席提议时召开。

召开债权人会议，管理人应当提前 15 日通知已知的债权人。并应就会议时间、地点、内容、目的等发布公告，此外应当遵守关于召集方法和通知事项的其他规定。

(二)债权人会议的职权

《企业破产法》第 61 条明确规定："债权人会议行使下列职权：(1)核查债权；(2)申请人民法院更换管理人，审查管理人的费用和报酬；(3)监督管理人；(4)选任和更换债权人委员会成员；(5)决定继续或者停止债务人的营业；(6)通过重整计划；(7)通过和解协议；(8)通过债务人财产的管理方案；(9)通过破产财产的变价方案；(10)通过破产财产的分配方案；(11)人民法院认为应当由债权人会议行使的其他职权。”

债权人会议应当对所议事项的决议作成会议记录。

四、债权人会议的议决及其效力

债权人会议的职权是以表决通过决议的方式行使的。通常，确认债权人会议决议表决的标准有两种。一种是以出席会议的债权人表决的人数为准，一种是以出席会议的债权人表决时代表的破产债权数额为准。有的国家仅采用单一标准，有的国家则综合适用两项标准。我国破产法综合适用两项标准。根据债权人会议议决事项的不同，决议分两类。一类是普通决议，一类是特别决议。两者的区别在于，通过时同意者代表的破产债权额占总额的比例不同。特别决议仅适用于和解等重大事项，范围由法律明文规定。

《企业破产法》第 64 条规定：“债权人会议的决议，由出席会议的有表决权的债权人过半数通过，并且其所代表的债权额占无财产担保债权总额的二分之一以上。但是，本法另有规定的除外。”

基于债务人财产的管理方案和破产财产的变价方案、分配方案等在特定情况下可能并无太多的选择余地，故而，《企业破产法》对这些方案的议决规定了特殊的方法。按照规定，债务人财产的管理方案以及破产财产的变价方案，经债权人会议表决未通过的，由人民法院裁定；破产财产的分配方案，经债权人会议二次表决仍未通过的，由人民法院裁定。

前述两项裁定，人民法院可以在债权人会议上宣布或者另行通知债权人。债权人对人民法院就债务人财产的管理方案、破产财产的变价方案作出的裁定不服的，或者债权额占无财产担保债权总额二分之一以上的债权人对人民法院就破产财产的分配方案作出的裁定不服的，可以自裁定宣布之日或者收到通知之日起 15 日内向该人民法院申请复议。复议期间不停止裁定的执行。

债权人会议的决议依法通过后，对全体债权人均有约束力。无论是表决反对决议的债权人，还是未出席会议表决的债权人，均要遵照执行。《企业破产法》第 64 条第 3 款就规定，债权人会议的决议，对于全体债权人均有约束力。但是，有财产担保债权人享有的优先受偿权，不受决议约束。债权人认为债权人会议的决议违反法律规定，损害其利益的，可以自债权人会议作出决议之日起 15 日内，请求人民法院裁定撤销该决议，责令债权人会议依法重新作出决议。

五、债权人委员会

为更加有效地实现债权人对破产程序的参与权，并对破产案件的处理实施有效的监督，《企业破产法》规定了债权人委员会制度。按照规定，债权人会议可以决定设立债权人委员会。债权人委员会由债权人会议选任的债权人代表和1名债务人的职工代表或者工会代表组成。债权人委员会成员不得超过9人并应当经人民法院书面决定认可。

债权人委员会行使下列职权：(1)监督债务人财产的管理和处分；(2)监督破产财产的分配；(3)提议召开债权人会议；(4)债权人会议委托的其他职权。

同时，破产管理人实施那些对债权人利益有重大影响的财产处分行为时，应当及时报告债权人委员会。

债权人委员会执行职务时，有权要求管理人、债务人的有关人员对其职权范围内的事务作出说明或者提供有关文件。管理人、债务人的有关人员违反本法规定拒绝接受监督的，债权人委员会有权就监督事项请求人民法院作出决定，人民法院应当在5日内作出决定。

第六节　破产重整制度

一、破产重整的概念

破产重整是指经由利害关系人的申请，在法院的主持和利害关系人的参与下，对具有重整原因和重整能力的债务人进行生产经营上的整顿和债权债务关系上的清理，以使其摆脱财务困境，重获经营能力的破产预防制度。

重整制度产生的根本动因在于破产清算制度与和解制度的内在缺陷使其无法满足现代社会发展的要求。破产清算案件的处理结果，除了对债权人、债务人及其投资人产生消极的影响之外，往往还对企业的职工、与债务人有交易往来或利益关系的其他企业、国家的财政税收和社会保障状况产生消极影响。因此，企业破产的预防就显得尤为必要。

重整制度具有两个主要的目标：清理债务和拯救企业。通过调整债权人、股东及其他利害关系人与重整企业的利益关系，并限制担保物权的行使，来达到平衡各方当事人利益、避免公司解体的目的。

关于重整制度与和解制度之间的关系，有的国家将两者统一规定于破产法中，有的国家则制定了单独的和解法和重整法，也有的立法将和解制度规定在破产法中，将重整制度规定于公司法中。考虑到和解程序虽可包容于重整程序之中，毕竟与重整程序各有自己不同的适用对象，因而我国2006年《企业破产法》将两者作为独立的程序加以规定。

二、重整程序的启动

重整原因是重整程序开始的必备条件，债务人进行重整必须具备重整原因。根据我国《企业破产法》第2条的规定，企业法人不能清偿到期债务，并且资产不足以清偿全部债务或者明显缺乏清偿能力的，或者有明显丧失清偿能力可能的，可以依照本法规定进行重整。

可见，破产重整程序的启动除了债务人具备破产清算的原因之外，债务人即便没有达到破产清算的界限，但有可能丧失清偿能力的，也可以开始破产重整程序。也就是说，在债务人有可能达到破产界限时，利害关系人就可以向法院申请对企业进行重整。

关于申请人的范围，债务人、债权人都有直接提出重整申请的权利。同时，根据我国《企业破产法》的规定，债权人申请对债务人进行破产清算的，在人民法院受理破产申请后、宣告债务人破产前，出资额占债务人注册资本十分之一以上的出资人，可以向人民法院申请重整。

人民法院收到申请权人的重整申请后，经审查认为重整申请符合《企业破产法》规定的，应当裁定债务人重整，并予以公告。自人民法院裁定债务人重整之日起至重整程序终止，为重整期间。

为保证重整程序的顺利进行，《企业破产法》规定了重整期间的保全处分措施，表现在：(1)重整期间，对债务人的特定财产享有的担保权暂停行使。但是，担保物有损坏或者价值明显减少的可能，足以危害担保权人权利的，担保权人可以向人民法院请求恢复行使担保权。(2)债务人合法占有的他人财产，该财产的权利人在重整期间要求取回的，应当符合事先约定的条件。(3)在重整期间，债务人的出资人不得请求投资收益分配。(4)在重整期间，债务人的董事、监事、高级管理人员不得向第三人转让其持有的债务人的股权。但是，经人民法院同意的除外。但重整期间，债务人或者管理人为继续营业而借款的，可以为该借款设定担保。

债务人进入重整期间后，为避免重整程序最终落空，并防止破产程序的不当拖延，《企业破产法》第78条规定，在重整期间，债务人有下列情形之一的，经管理人或者利害关系人请求，人民法院应当裁定终止重整程序，并宣告债务人破产：(1)债务人的经营状况和财产状况继续恶化，缺乏挽救的可能性；(2)债务人有欺诈、恶意减少债务人财产或者其他显著不利于债权人的行为；(3)由于债务人的行为致使管理人无法执行职务。

债务人进入重整期间后，为保证债务人营业的连续性，应当确定担当管理债务人财产和营业事务的重整人。《企业破产法》第73条规定，在重整期间，经债务人申请，人民法院批准，债务人可以在管理人的监督下自行管理财产和营业事务。于此情形，已接管债务人财产和营业事务的管理人应当向债务人移交财产和营业事务，企业破产法规定的管理人的职权由债务人行使。债务人未提出申请或者申请未获得法院批准的，仍由管理人负责管理债务人的财产和营业事务，此时，管理人可以聘任债务人的经营管理人员负责营业事务。

三、重整计划的制定、表决、批准与执行

重整计划是由债务人或管理人拟定的，以复兴企业、清理债务为内容并经关系人会议表决通过和法院批准的法律文书。它是重整程序的核心要素。

（一）重整计划的制定

一般说来，债权人对债务人的实际财务状况缺乏了解，难以作出切实可行的计划。公司股东通常不直接参与公司的生产经营，对公司的财产状况及经营状况也不十分了解，因而也难以提出切实可行的计划。只有债务人对自己的财产状况及经营状况最为了解，由债务人制定重整计划比较合适。但债务人基于对自己利益的考虑，其制定的计划可能有损债权人的利益，因而，由管理人在债务人的协助下或者由债务人在管理人的监督下制定重整计划草案比较可行。

我国《企业破产法》对重整计划的制定采取了“谁管理，谁制定”的原则。重整期间债务人财产和营业事务由债务人自行管理的，债务人即为重整计划的制定人；管理人负责管理财产和营业事务的，由管理人制作重整计划草案。

重整计划必须足够详细以使债权人、债务人和股东在对重整计划进行表决时能合理作出判断。按照《企业破产法》第81条规定，重整计划草案应当包括下列内容：(1)债务人的经营方案；(2)债权分类；(3)债权调整方案；(4)债权受偿方案；(5)重整计划的执行期限；(6)重整计划执行的监督期限；(7)有利于债务人重整的其他方案。

关于重整计划的制定时间，《企业破产法》规定，债务人或者管理人应当在人民法院裁定债务人重整之日起的6个月内制定出重整计划草案，并同时提交法院和债权人会议审查。有正当理由不能在前述6个月内制定的，可请求法院延期3个月。债务人或者管理人不能按期提出重整计划草案的，人民法院应当裁定终止重整程序，并宣告债务人破产。

（二）重整计划的表决、批准与执行

1. 重整计划的表决。我国《企业破产法》采用强行性分组标准，将重整债权

分为四个表决组，即享有担保权的债权组、劳动债权组（限于债务人所欠职工的工资和医疗、伤残补助、抚恤费用，所欠的应当划入职工个人账户的基本养老保险、基本医疗保险费用，以及法律、行政法规规定应当支付给职工的补偿金）、税收债权组和普通债权组。对于债务人的出资人，《企业破产法》并未将其列为单独的有表决权的一组，仅规定重整计划草案涉及出资人权益调整事项的，应当设立出资人组，对该事项进行表决；如果不涉及出资人权益调整事项，债务人的出资人代表可以列席讨论重整计划草案的债权人会议。《企业破产法》同时规定，人民法院在必要时可以决定在普通债权组中设小额债权组对重整计划草案进行表决。

人民法院应当自收到重整计划草案之日起 30 日内召开债权人会议，对重整计划草案进行表决。出席会议的同一表决组的债权人过半数同意重整计划草案，并且其所代表的债权额占该组债权总额的 2/3 以上的，即为该组通过重整计划草案。各表决组均通过重整计划草案时，重整计划即为通过。

2. 重整计划的批准。重整计划草案经各组表决后，如果获得各组债权人或关系人的一致通过，债务人或者管理人应当于计划获得通过后 10 日内向法院提出批准重整计划的申请，由法院审查后决定是否批准。此为正常批准。

如果重整计划草案未获得各表决组的一致通过的，债务人或者管理人可以同未通过重整计划草案的表决组协商后由其再行表决一次。未通过重整计划草案的表决组拒绝再次表决或者再次表决仍未通过重整计划草案，但重整计划草案符合法定条件的，债务人或者管理人可以申请法院批准重整计划草案。这种情况下的批准称为强行批准。

强行批准体现了司法权力对重整计划的干预，是重整程序区别于和解程序的一大特色。但根据我国《企业破产法》的规定，法院裁定强行批准重整计划必须符合如下条件：(1)按照重整计划草案，对债务人的特定财产享有担保权的债权就该特定财产将获得全额清偿，其因延期清偿所受的损失将得到公平补偿，并且其担保权未受到实质性损害，或者该表决组已经通过重整计划草案；(2)按照重整计划草案，债务人所欠职工的工资和医疗、伤残补助、抚恤费用，所欠的应当划入职工个人账户的基本养老保险、基本医疗保险费用，以及法律、行政法规规定应当支付给职工的补偿金以及债务人所欠税款将获得全额清偿，或者相应表决组已经通过重整计划草案；(3)按照重整计划草案，普通债权所获得的清偿比例，不低于其在重整计划草案被提请批准时依照破产清算程序所能获得的清偿比例，或者该表决组已经通过重整计划草案；(4)重整计划草案对出资人权益的调整公平、公正，或者出资人组已经通过重整计划草案；(5)重整计划草案公平对待同一表决组的成员，并且所规定的债权清偿顺序不违反《企业破产法》第 113

条关于破产财产分配顺序的规定;(6)债务人的经营方案具有可行性。

按照《企业破产法》的规定,人民法院裁定批准重整计划的,应终止重整程序,并予以公告。经人民法院裁定批准的重整计划,对债务人和全体债权人均有约束力。债权人未依照本法规定申报债权的,在重整计划执行期间不得行使权利;在重整计划执行完毕后,可以按照重整计划规定的同类债权的清偿条件行使权利。债权人对债务人的保证人和其他连带债务人所享有的权利,不受重整计划的影响。

重整计划草案未获得各表决组的表决通过且未获得法院的强制批准,或者已表决通过的重整计划未获得批准的,人民法院应当裁定终止重整程序,并宣告债务人破产。

3.重整计划的执行。重整计划的执行是实现重整目的的最后一个环节。我国《企业破产法》规定,重整计划由债务人负责执行,管理人负责监督。人民法院裁定批准重整计划后,已接管财产和营业事务的管理人应当向债务人移交财产和营业事务。

在重整计划规定的监督期内,债务人应当向管理人报告重整计划执行情况和债务人财务状况。监督期届满时,管理人应当向人民法院提交监督报告。自监督报告提交之日起,管理人的监督职责终止。经管理人申请,人民法院可以裁定延长重整计划执行的监督期限。

重整计划执行完毕后,按照重整计划减免的债务,债务人不再承担清偿责任。

重整计划的执行期满,债务人不能执行或者不执行重整计划的,人民法院经管理人或者利害关系人请求,应当裁定终止重整计划的执行,并宣告债务人破产。于此情形,债权人在重整计划中作出的债权调整的承诺失去效力,其因执行重整计划所受的清偿仍然有效,债权未受清偿的部分作为破产债权,但须在其他同顺位债权人同自己所受的清偿达到同一比例时,才能继续接受分配。

第七节 破产和解

一、破产和解的概念

破产和解制度,是指债务人在进入破产程序以后,在法院的主持下,债务人和债权人就延长债务人清偿债务的期限、减免部分债务等事项达成协议,从而中止破产程序,防止企业破产的制度。和解制度是为了克服和避免破产制度所不能克服的弊端而创设的一项程序制度,是债务人不能清偿债务时,为避免受破产宣告或者破产分配,在法院的主持下,经与债权人会议磋商谈判,达成相互间的谅解，一揽子解决债务危机问题以图复苏的制度。

二、提出和解申请的主体

《企业破产法》第 7 条规定："债务人有本法第 2 条规定的情形，可以向人民法院提出重整、和解或者破产清算申请。"第 95 条第 1 款规定："债务人可以依照本法规定，直接向人民法院申请和解；也可以在人民法院受理破产申请后、宣告债务人破产前，向人民法院申请和解。"

因此，债务人是唯一的和解申请人。这样规定充分考虑到了当事人的动机、权利和社会效应。因为，如果债务人没有进行和解的愿望和信心，不积极采取改善生产经营情况的措施，和解是不可能获得成功的。

三、提出和解申请的条件

债务人提出和解的基本条件是应当具有法定情形，即具有《企业破产法》第 2 条第 1 款规定的"不能清偿到期债务，并且资产不足以清偿全部债务或者明显缺乏清偿能力"的情形。

四、提出和解申请的时间

以破产受理为界，可将和解程序提起的时间分为破产前的和解及破产后的和解。破产前的和解，是指未经开始破产程序而直接根据当事人的和解申请开始的和解程序，即和解不是由破产程序转换而来的，目的是预防被申请破产；只要债务人具备破产的原因，其在任何时候均可提出和解申请。破产后的和解，是指在破产程序开始后至法院裁定宣告破产前根据债务人的申请而开始的和解程序，目的是预防破产清偿。

《企业破产法》对和解制度申请时间做了规定，第 95 条第 1 款规定："债务人可以依照本法规定，直接向人民法院申请和解；也可以在人民法院受理破产申请后、宣告债务人破产前，向人民法院申请和解。"由此可见，和解制度的主要目的在于避免债务人破产清算。根据本款，申请和解的有效时间有两个：一是债务人提出破产申请时；二是人民法院受理破产申请后、宣告债务人破产之前。

五、人民法院对和解协议草案的审查

和解协议草案通过后，人民法院应当依照法律规定，对和解协议进行审查，认为和解协议符合法律规定的，应当裁定认可，同时终止和解程序，并予以公告。管理人应当向债务人移交财产和营业事务，并向人民法院提交执行职务的报告。

和解协议草案未获通过或者未获人民法院认可时，人民法院应当裁定终止和解程序，并宣告债务人破产。

破产和解程序的启动是有资格提出破产和解申请的主体和法院共同作用的结果。债务人提出和解申请后，人民法院经审查认为和解申请符合《企业破产法》规定的，应当裁定和解，并予以公告。对债务人的特定财产享有担保权的权利人，自人民法院裁定和解之日起可以行使权利。

六、和解协议草案的通过

债务人提出和解申请，应当提出和解协议草案。和解协议草案是由债务人提出的，为了争取债权人会议同意和解，兼顾债务人与全体债权人利益的协议条款。债权人会议是由全体债权人组成的意思自治结构，通过和解协议草案是债权人会议的职权之一。

人民法院裁定和解以后，予以公告，并召集债权人会议讨论和解协议草案。债权人会议应在债权申报期满以后召开，这样能保证参加登记的有效债权人均能参加会议。第一次和解债权人会议应由法院主持，债权人和债务人参加会议。

在债权人会议中债权人与债务人协商和解方案的可行性，最后要通过债权人会议决议的形式确定结果。根据破产法规定，债权人会议决议，由出席会议的有表决权的债权人的过半数通过，并且其所代表的债权额占无财产担保债权总额的 2/3 以上。由此可见，通过和解协议草案，不仅需要有表决权的债权人的过半数通过，还需要其所代表的债权额占无财产担保债权总额的 2/3 以上。这样做的意义在于保护无财产担保债权人的利益。

无论和解协议草案是否经过修改，债权人会议都有可能因同意该草案的债权人数量或其所占债权额度不足法定要求而没有达成对该草案的接受，从而对其加以否决。债权人会议对和解协议草案的否决，将产生终止和解程序而恢复破产清算程序。

七、人民法院对和解协议的裁定认可

债权人会议的最后决议，无论是哪种结果，都应由会议主席报法院审查认可，债权人会议决议经法院认可后才能产生法律效力。法院对债权人会议决议的审查一般从两个方面进行，一是看决议的程序是否合法，二是看决议的内容是否合法。经审查后，法院如果认为债权人会议决议的程序和内容均不违反法律规定时，应批准和解协议，确认和解方案的效力；反之，无论是和解协议的程序违法还是和解协议的内容违法，均不能批准，不能确认和解方案的效力。这时候，人民法院应当裁定终止和解程序，并宣告债务人破产。

经人民法院裁定认可的和解协议，对债务人和全体和解债权人均有约束力。

和解协议生效之后，债务人必须无条件地执行和解协议中规定的各项义务。当然，债务人按照和解协议也可以相对免去或延缓清偿债务的责任。和解债权人未依照破产法规定申报债权的，在和解协议执行期间不得行使权利；在和解协议执行完毕后，可以按照和解协议规定的清偿条件行使权利。但是，和解债权人对债务人的保证人和其他连带债务人所享有的权利，不受和解协议的影响。

八、和解协议的终止

和解协议执行完毕，债务人按照和解协议规定的条件，清偿了全部的债务时，和解协议终止。债务人不能执行或者不执行和解协议的，人民法院经和解债权人的请求，应当裁定终止和解协议的执行，并宣告债务人破产。

和解协议执行完毕、和解协议终止的，人民法院应宣告破产程序终结，公司将恢复正常经营。和解协议未执行完毕，人民法院裁定终止和解协议执行并宣告债务人破产。和解债权人在和解协议中作出的债权调整的承诺失去效力。和解债权人因执行和解协议所受的清偿仍然有效，和解债权未受清偿的部分作为破产债权。此种情况下的债权人，只有在其他债权人同自己所受的清偿达到同一比例时，才能继续接受分配。为和解协议的执行提供的担保，继续有效。

第八节 破产清算

一、破产宣告及其法律效力

破产宣告是受理破产案件的法院审查并宣告债务人破产的裁判行为。法院依照债权人或者债务人的申请作出破产宣告时，债权人就其债权的存在以及破产原因的存在仅承担“释明”之责，不负担严格的证明责任。法院在裁定宣告债务人破产之前，应依职权对申请事项以及债务人的破产原因进行调查。

按照《企业破产法》第 2 条的规定，人民法院宣告债务人破产清算的，必须符合债务人“不能清偿到期债务”，并且“资不抵债”或者“明显缺乏清偿能力”的破产原因要件，否则，人民法院可以在作出破产宣告裁定之前，驳回当事人的申请。人民法院宣告债务人破产的，应当自裁定作出之日起 5 日内送达债务人和管理人，自裁定作出之日起 10 日内通知已知债权人，并予以公告。法院于宣告债务人破产之时，发现债务人无财产可供分配的，应当宣告破产清算程序终结。

债务人被宣告破产后，债务人称为破产人，债务人财产称为破产财产，人民法院受理破产申请时对债务人享有的债权称为破产债权。破产债权只能依照破产分配程序获得清偿，不得在分配程序之外行使权利。但有财产担保的债权人可不依破产程序就担保标的物优先受偿，不足受偿部分按一般破产债权处理。

企业董事、监事或者高级管理人员违反忠实义务、勤勉义务，致使所在企业破产的，自破产程序终结之日起3年内不得担任任何企业的董事、监事和高级管理人员。

二、破产债权

破产债权，是指人民法院受理破产申请时对债务人享有的依法申报并获得确认的，债务人进入破产清算程序之后有权获取分配的债权。破产债权是破产宣告后对一般无担保债权的习惯称谓，是破产程序中最普遍而且是最主要的债权，破产制度也主要是为满足破产债权人的公平分配而设，所以，有关破产债权的构成要件、范围、分配方法等规定就显得十分重要。

破产债权应当符合以下构成要件：(1)破产债权限于财产上的请求权；(2)破产债权限于对人请求权；(3)破产债权限于得强制执行的债权；(4)破产债权原则上限于因破产受理前的原因而成立的债权。

破产债权一般包括：(1)无财产担保的债权、有财产担保但放弃优先受偿权的债权以及数额超过担保标的物的价值而不能受清偿的那部分债权；(2)附条件、附期限但破产受理时条件尚未成就或者尚未到期的债权；(3)被保证人破产时保证人享有的债权；(4)保证人破产时债权人享有的债权；(5)保证人与被保证人同时破产时债权人享有的债权；(6)破产管理人或者债务人在破产申请受理后解除未履行的双务合同以及收回投资给他人造成损害的，其损害赔偿额作为破产债权；(7)票据(含汇票、本票、支票)的出票人破产时，付款人或承兑人不知其事而付款或承兑所产生的债权；(8)委托人破产时，受托人不知该事实，继续处理委托事务而产生的请求权。

三、破产中的取回权、别除权、抵销权、撤销权

(一)破产取回权

破产取回权是指财产权利人可不依破产程序，从管理人占有管理的财产中，取回原不属于债务人的财产的权利。

依标的物的占有情形不同，可将取回权分为一般取回权和特别取回权。一般取回权发生于标的物被债务人或管理人实际占有，特殊取回权包括出卖人取回权和行纪人取回权，适用于标的物即将为破产人所占有但尚未占有的场合。

第三人的财产于破产受理前为债务人占有，于破产受理后被破产管理人依法接收并仍然存在于破产财产的，该财产的权利人可以通过破产管理人从破产财产取回相应财产的权利，即为一般取回权。我国《企业破产法》第38条对此做

了规定。

特别取回权是以标的物尚未被破产管理人所控制为前提，并且发生在双方有买卖关系的场合。按照《企业破产法》第39条的规定，卖主取回权是指人民法院受理破产申请时，出卖人已将买卖标的物向作为买受人的债务人发运，债务人尚未收到且未付清全部价款的，出卖人可以取回在运途中的标的物。但是，管理人可以支付全部价款，请求出卖人交付标的物。卖主取回权的构成包括以下要件：(1)卖主已经发送货物并且货物尚在途中；(2)买主尚未受领货物时受破产宣告；(3)买主未付或未付清全部价款。行纪人取回权是指行纪人受委托人的委托购入货物且将货物发往委托人，委托人在未付清货款且未收到货物的情况下受破产宣告，行纪人享有就已发运的财产准照出卖人取回权行使取回的权利。行纪人取回权发生在行纪人接受委托代委托人购入货物之时，其与卖主取回权的机理完全相同，所不同者是行纪人以自己名义购入货物后，相对于委托人取代了卖主的地位和身份。

（二）破产别除权

破产别除权是指在破产程序开始之前，就债务人的特定财产设定了担保物权或者存在其他特别优先权的，于债权人宣告破产后，权利人享有就该特定财产不依照破产清算程序而优先获得清偿和满足的权利。

与破产程序中的其他权利相比，别除权具有如下特征：(1)别除权是针对破产人的特定财产行使的权利；(2)别除权表现为担保物权和法定特别优先权；(3)别除权或者可转化为别除权的基础权利的设定应当在破产宣告之前，因为破产宣告后，如存在需要优先照顾的债权，则多以破产债权对待，并无太大的设置财产担保的必要；(4)别除权的行使通常会受破产程序的适当约束。

别除权的行使通常需注意以下问题。(1)别除权人应于法定期间内申报其债权，说明其性质和数额；担保标的物为别除权人占有的，管理人要求提示标的物进行估价时，别除权人应予配合而不得拒绝。管理人如能全额清偿其债务数额的，别除权人不得拒绝管理人取回担保标的物。(2)别除权人于破产宣告后不主动行使别除权时，除非放弃优先权，否则不得拒绝管理人对标的物的拍卖，别除权人只能就拍卖价款优先受偿。但别除权人于破产案件受理后至破产宣告前行使别除权的，须经人民法院同意。(3)当债务人是以自己的财产为他人债务担保时，一则，别除权人放弃优先权并不能使该债权转化为破产债权；二则，担保标的物不足清偿的那部分债权也不得作为破产债权对待。当债务人是以自己的财产为自己的债务担保时，别除权人就担保标的物行使优先权不能得到满足的部分，可作为破产债权参加分配。但在中间分配中，别除权人如不能向管理人证明其已着手行使权利并说明其残余额，不能参加中间分配。(4)在最后分配期间，别除权人如果未表示放弃别除权或不能证明已行使别除权的不足额，可从最后分配中被除斥。

实务中，有财产担保债权的行使还可能遇到与职工优先权之间的关系这一疑难问题。按照《企业破产法》第 132 条的规定，2007 年 6 月 1 日新《企业破产法》施行后，破产人在该法公布之日前所欠职工的工资和医疗、伤残补助、抚恤费用，所欠的应当划入职工个人账户的基本养老保险、基本医疗保险费用，以及法律、行政法规规定应当支付给职工的补偿金，依照法定分配顺序分配后不足以清偿的部分，以已经设定担保权的特定财产优先于担保权人受偿。

（三）破产抵销权

破产抵销权系指债权人在破产申请受理前对债务人负有债务的，可不依破产分配程序以自己享有的债权与该债务相抵销的权利。

由于破产抵销权是民法抵销权在破产法上的延伸，因而，符合民法上抵销条件的债权，其抵销自不待言；即使不完全符合，仍可按下述办法实施抵销。(1)给付种类不同的债权，经过换价和评估后，可以抵销。(2)附期限而未到期的债权，在减去和扣除相应的利息后，可以抵销。(3)附停止条件的债权，不允许直接抵销，但在中间分配过程中，破产债权人可请求破产管理人将与该项债权数额相当的金额实施提存，于分配程序终结时，视停止条件成就与否再作处理。条件成就的，以提存额用作抵销，反之，视为破产债权不存在而不得抵销。(4)附解除条件的破产债权，原则上可以抵销，但债权人必须对破产程序终结前解除条件成就时抵销财产的返还提供担保；或者由破产债权人将其对破产债务人应清偿的财产实施提存，破产程序终结时解除条件未成就的，再行抵销。

鉴于破产债权人所主张的抵销权抵销的结果往往使该债权人较其他债权人遭受较少的损失，相应地减少了破产财产的价值构成，故而不能不对其适用范围作出限定。这些限制除了包括一般民商法意义上的限制之外，还应包括破产法上的特殊限制。我国《企业破产法》第 40 条规定，有下列情形之一的，不得抵销。(1)债务人的债务人在破产申请受理后取得他人对债务人的债权的。(2)债权人已知债务人有不能清偿到期债务或者破产申请的事实，对债务人负担债务的；但是，债权人因为法律规定或者有破产申请一年前所发生的原因而负担债务的除外。(3)债务人的债务人已知债务人有不能清偿到期债务或者破产申请的事实，对债务人取得债权的；但是，债务人的债务人因为法律规定或者有破产申请一年前所发生的原因而取得债权的除外。

（四）破产撤销权

破产撤销权是指破产管理人拥有的，对于破产债务人在临近破产程序开始的期间内实施的有害于债权人利益的行为，于破产程序开始后予以撤销并将撤销利益返还破产财产的权利。

我国《企业破产法》第31条规定："人民法院受理破产申请前一年内，涉及债务人财产的下列行为，管理人有权请求人民法院予以撤销：(1)无偿转让财产的；(2)以明显不合理的价格进行交易的；(3)对没有财产担保的债务提供财产担保的；(4)对未到期的债务提前清偿的；(5)放弃债权的。"第32条同时规定："人民法院受理破产申请前六个月内，债务人有'不能清偿到期债务，并且资产不足以清偿全部债务或者明显缺乏清偿能力'的情形，仍对个别债权人进行清偿的，管理人有权请求人民法院予以撤销。但是，个别清偿使债务人财产受益的除外。"

第三人因债务人的上述行为而取得财产的，管理人有权追回。追回的财产并入破产财产。

应当指出的是，民法上的绝对无效行为在破产法上也当确定为无效，因而，涉及债务人财产的下列行为确定不发生法律效力：(1)为逃避债务而隐匿、转移财产的；(2)虚构债务或者承认不真实的债务的。

四、破产财产的分配与破产程序的终结

(一)破产财产的分配

破产分配是指本着债权公平原则，将破产财产按各债权人的应受偿顺序和应受偿比例在债权人之间进行的清偿程序。

依照破产分配进行的阶段的不同，可将分配分为中间分配、最后分配和追加分配。最后分配是指全部破产财产变价之后不留剩余地对一般破产债权人进行的分配，分配完毕后，破产程序终结；在此之前有可分配财产时所进行的分配称为中间分配；追加分配是在最后分配结束和破产程序终结之后，又发现有可分配的破产财产而进行的分配。

关于追加分配，《企业破产法》第123条规定，自破产程序因债务人财产不足以支付破产费用而终结，或者因破产清算分配而终结之日起二年内，有下列情形之一的，债权人可以请求人民法院按照破产财产分配方案进行追加分配：(1)发现有依照破产撤销权、破产无效行为以及存在董事、监事和高级管理人员利用职权从企业获取的非正常收入和侵占的企业财产，应当追回的财产的；(2)发现破产人有应当供分配的其他财产的。《企业破产法》同时规定，可追加分配的财产数量不足以支付分配费用的，不再进行追加分配，由人民法院将其上交国库。

破产财产的分配应当以货币分配方式进行，但是，债权人会议另有决议的除外。破产财产进行分配前，管理人应当及时拟订破产财产分配方案，并应当载明下列事项：(1)参加破产财产分配的债权人名称或者姓名、住所；(2)参加破产财

产分配的债权额；(3)可供分配的破产财产数额；(4)破产财产分配的顺序、比例及数额；(5)实施破产财产分配的方法。

管理人应当将拟订的财产分配方案提交债权人会议讨论。债权人会议通过破产财产分配方案后，由管理人将该方案提请人民法院裁定认可。

根据《企业破产法》的规定，破产分配中债权人未受领的破产财产分配额，管理人应当提存。债权人自最后分配公告之日起满二个月仍不领取的，视为放弃受领分配的权利，管理人或者人民法院应当将提存的分配额分配给其他债权人。破产财产分配时，对于诉讼或者仲裁未决的债权，管理人应当将其分配额提存。自破产程序终结之日起满二年仍不能受领分配的，人民法院应当将提存的分配额分配给其他债权人。

破产财产的分配顺位问题，是破产清算制度中的一个核心问题，也是各国立法中存在较大差别的问题。对此，我国《企业破产法》第 113 条规定："破产财产在优先清偿破产费用和共益债务后，依照下列顺序清偿：(1)破产人所欠职工的工资和医疗、伤残补助、抚恤费用，所欠的应当划入职工个人账户的基本养老保险、基本医疗保险费用，以及法律、行政法规规定应当支付给职工的补偿金；(2)破产人欠缴的除前项规定以外的社会保险费用和破产人所欠税款；(3)普通破产债权。破产财产不足以清偿同一顺序的清偿要求的，按照比例分配。破产企业的董事、监事和高级管理人员的工资按照该企业职工的平均工资计算。"

(二)破产程序的终结

《企业破产法》规定，破产人无财产可供分配的，管理人应当请求人民法院裁定终结破产程序。

管理人在最后分配完结后，应当及时向人民法院提交破产财产分配报告，提请人民法院裁定终结破产程序。人民法院应当自收到管理人终结破产程序的请求之日起 15 日内作出是否终结破产程序的裁定。裁定终结的，应当予以公告。

人民法院裁定终结破产程序后，管理人应当自破产程序终结之日起 10 日内，持裁定书向破产人的原登记机关办理注销登记。除了存在诉讼或者仲裁未决情况外，管理人于办理注销登记完毕的次日起终止执行职务。

破产清算程序终结后，破产人的保证人和其他连带债务人，对债权人依照破产清算程序未受清偿的债权，依法继续承担清偿责任。

破产程序终结后，破产管理人、债权人会议等破产机构宣布解散，但如果有关于对债权分配表示异议之诉或者追加分配的任务时，破产管理人仍须对破产财产进行管理和处分。程序终结后一定期限内，若发现债务人有可撤销或者可追回的财产的，应将其财产追回，重新在全体债权人之间进行分配。

案例评析

【案例 1】

申请人、上诉人：上海金波大酒家

一审法院：上海市某区人民法院

二审法院：上海市中级人民法院

申请人上海金波大酒家系国有企业法人，2003 年 9 月开业，注册资金人民币 20 万元。2003 年 10 月，申请人与辽宁省营口市某区新星实业公司（以下简称新星公司）签订承包经营协议。协议规定申请人由新星公司承包经营至 2007 年 10 月 31 日。随后，新星公司书面全权委托夏某全面负责该大酒家的经营管理。在夏某负责经营期间，经营不善，管理混乱，财务收支严重不平衡。2007 年 7 月，申请人停业，同年 10 月向上海市某区人民法院申请破产还债。

根据申请人向法院提供的 2007 年 6 月的资产负债表表明，申请人的应收款为人民币 1940620.37 元，但申请人提供的应收款明细表中，应收款仅为人民币 629654.23 元，其余人民币 1310966.14 元应收款项无明细记载。而在已知的应收款项人民币 629654.23 元中，除去 74282.93 元是一些企业或个人就餐签单的餐费外，其余人民币 555371.30 元却全部是个人白条借款。其中夏某一人白条借款就达人民币 208874.10 元，而徐某白条借款竟达人民币 266940.20 元。

一审法院判词：上海市某区人民法院经审理认为，申请人上海金波大酒家虽因管理混乱、经营不善而致亏损和资不抵债直至停业，由于资不抵债并未考虑企业的信用因素，资不抵债并不必然导致不能清偿到期债务。并且申请人提供的材料数据不一致，尚不足以证明其已经不能清偿到期债务。另外，申请人的应收款中，有 55 万元之巨的个人白条借款。这些白条挂账的个人借款，既未作销账处理，申请人也未行使催款权利。这些个人占用的巨额资金，是什么性质尚未查明，不足以证明是一种正常的经营亏损。综上所述，申请人破产还债的申请，不符合法律规定的破产条件。因此，法院依法裁定驳回申请人破产还债的申请。

二审法院判词：申请人上海金波大酒家不服一审判决，向上海市中级人民法院提出上诉，认为一审法院驳回其破产还债申请之裁定不符合有关法律规定。二审法院经审理认为，根据上诉人目前状况及提供的相关材料，尚不能成为其申请破产还债的依据。原审对本案的处理并无不当，上诉人上诉理由不能成立。据此，二审法院依照《中华人民共和国民事诉讼法》第 154 条之规定，裁定驳回申请人的上诉，维持原审裁决。

【评析】

这是一起企业法人向人民法院申请破产还债的民事案件。在该案中一审法院和二审法院均驳回了申请人(上诉人)的破产申请,其原因在于,上海金波大酒家不符合《企业破产法》所规定的企业破产原因,即该酒家的客观经济状况不能依法认定为“资不抵债”或“明显缺乏清偿能力”。由此可见,企业破产原因在破产法上占有非常重要地位,它对企业的破产与否起决定性作用。

企业破产的原因,也称为企业破产的标准、破产界限等。所谓破产原因,是指认定债务人丧失债务清偿能力,法院据以启动破产程序、宣告债务人破产的法律标准;即引起破产程序发生的原因。我国对之有时也称为破产界限,在国外通称为破产原因。《企业破产法》第 2 条规定:“企业法人不能清偿到期债务,并且资产不足以清偿全部债务或者明显缺乏清偿能力的,依照本法规定清理债务。”可见,破产中关键的是债务人的清偿能力,清偿能力的有无是破产的分水岭,同时还需“满足资产不足以清偿全部债务”或者“明显缺乏清偿能力”的条件。

那么在本案中申请人上海金波大酒家是否达到了破产界限则应当从它是否缺乏偿债能力来进行判断了。所谓缺乏清偿能力,是指不能以财产、信用或者其他能力等任何方法清偿债务。在本案中,上海金波大酒家的经济状况从表面上来说似乎的确达到“不能清偿到期债务”的界限,因为该企业自 2002 年开业以来,到 2007 年因收支严重失衡而被迫停止营业,其偿债能力可见一斑。但是,基于同样的道理,由于该企业存在着大量的个人白条借款,且该借款性质不明,因此不足以据此断定为丧失偿债能力,即不能认定为“不能清偿到期债务”。因此,根据《企业破产法》的规定,上海市金波大酒家也不符合破产界限的要求,因而该案中一审法院和二审法院的判决是非常正确的。

【案例 2】

2007 年 7 月 30 日,人民法院受理了甲公司的破产申请,并同时指定了管理人。管理人接管甲公司后,在清理其债权债务过程中,有如下事项:(1)2006 年 4 月,甲公司向乙公司采购原材料而欠乙公司 80 万元货款未付。2007 年 3 月,甲乙双方签订一份还款协议,该协议约定:甲公司于 2007 年 9 月 10 日前偿还所欠乙公司货款及利息共计 87 万元,并以甲公司所属一间厂房作抵押。还款协议签订后,双方办理了抵押登记。乙公司在债权申报期内就上述债权申报了债权。(2)2006 年 6 月,丙公司向 A 银行借款 120 万元,借款期限为 1 年。甲公司以所属部分设备为丙公司提供抵押担保,并办理了抵押登记。借款到期后,丙公司未能偿还 A 银行贷款本息。经甲公司、丙公司和 A 银行协商,甲公司用于抵押的设备被依法变现，所得价款全部用于偿还A银行，但尚有20万元借款本息未能得到清偿。(3)2006年7月，甲公司与丁公司签订了一份广告代理合同，该合同约定：丁公司代理发布甲公司产品广告；期限2年；一方违约，应当向另一方承担违约金20万元。至甲公司破产申请被受理时，双方均各自履行了部分合同义务。(4)2006年8月，甲公司向李某购买一项专利，尚欠李某19万元专利转让费未付。李某之子小李创办的戊公司曾于2006年11月向甲公司采购一批电子产品，尚欠甲公司货款21万元未付。人民法院受理甲公司破产申请后，李某与戊公司协商一致，戊公司在向李某支付19万元后，取得李某对甲公司的19万元债权。戊公司向管理人主张以19万元债权抵销其所欠甲公司相应债务。(5)甲公司共欠本公司职工工资和应当划入职工个人账户的基本养老保险、基本医疗保险费用37.9万元。其中，在2006年8月27日新的《企业破产法》公布之前，所欠本公司职工工资和应当划入职工个人账户的基本养老保险、基本医疗保险费用为20万元。甲公司的全部财产在清偿破产费用和共益债务后，仅剩余价值1500万元的厂房及土地使用权，但该厂房及土地使用权已于2006年6月被甲公司抵押给B银行，用于担保一笔2000万元的借款。

问题：1.管理人是否有权请求人民法院对甲公司将厂房抵押给乙公司的行为予以撤销？

2.A银行能否将尚未得到清偿的20万元欠款向管理人申报普通债权，由甲公司继续偿还？

3.如果管理人决定解除甲公司与丁公司之间的广告代理合同，并由此给丁公司造成实际损失5万元，则丁公司可以向管理人申报的债权额应为多少？

4.戊公司向管理人提出以19万元债权抵销其所欠甲公司相应债务的主张是否成立？

5.甲公司所欠本公司职工工资和应当划入职工个人账户的基本养老保险、基本医疗保险费用共计37.9万元应当如何受偿？

【评析】

1.管理人有权请求人民法院予以撤销。根据规定，人民法院受理破产申请前1年内，债务人对没有财产担保的债务提供财产担保的，管理人有权请求人民法院予以撤销。在本题中，2007年3月甲公司将厂房抵押给乙公司的行为发生在人民法院受理破产申请前1年内，因此，管理人有权请求人民法院予以撤销。

2.A银行不能将尚未得到清偿的20万元欠款向管理人申报普通债权。根据规定，如破产人仅作为担保人为他人债务提供物权担保，担保债权人的债权虽然在破产程序中可以构成别除权，但因破产人不是主债务人，在担保物价款不足以清偿担保债额时，余债不得作为破产债权向破产人要求清偿，只能向原主债务人求偿。

3. 丁公司可以向管理人申报的债权额为5万元。根据规定，管理人依照《企业破产法》规定解除合同的，对方当事人以因合同解除所产生的损害赔偿请求权申报债权。可申报的债权以实际损失为限，违约金不作为破产债权。

4. 戊公司的主张不成立。根据规定，债务人的债务人在破产申请受理后取得他人对债务人的债权的，不得抵销。

5. 甲公司所欠本公司职工工资和应当划入职工个人账户的基本养老保险、基本医疗保险费用，只有在《企业破产法》公布之日前的20万元可以得到清偿。

【思考练习】

一、名词解释

法律上的破产　破产管理人　债权人会议　破产重整　破产和解　破产财产　别除权　追回权

二、简答题

1. 简述破产和破产法的特征。

2. 简述破产法律制度的意义。

3. 简述破产申请受理后的法律效力。

4. 简述破产管理人的任职条件和资格。

5. 简述破产管理人的职责。

6. 简述破产费用与共益债务的特征和范围。

7. 简述债权人会议的职权。

8. 简述重整计划的制定与执行。

9. 简述破产重整和破产和解的区别。

10. 简述破产财产的分配顺位。

第六章

合 同 法

本章导读

合同是市场主体从事交易活动的主要法律形式。本章主要介绍合同的订立、合同的内容、合同的成立与生效制度、合同的效力、合同的履行、合同的变更与解除、违约责任等制度。

重点问题

1. 合同的概念和特征。
2. 合同的订立程序。
3. 无效合同与可变更可撤销合同。
4. 合同履行的抗辩权和合同履行的保全。
5. 债权转让和债务转让的规则。
6. 合同解除的情形及后果。
7. 违约责任的承担方式。

第一节 合同与合同法概述

一、合同的概念与分类

(一)合同的概念

合同有广义和狭义之分。在民法领域,广义的合同是指两个及以上的民事主体之间设立、变更、终止民事权利义务关系的协议;狭义的合同专指债权合同,即两个及以上的民事主体之间设立、变更、终止债权债务关系的协议。广义合同除债权合同之外,还包括物权合同、身份合同等。此外,除了民法上的合同外,还有行政法上的行政合同,劳动法上的劳动合同等合同。我国《合同法》所称的合同是狭义上的合同概念,即债权合同。依《合同法》的规定,合同是平等主体的自然人、法人、其他组织之间设立、变更、终止民事权利义务关系的协议。合同具有下列法律特征。

1.合同是一种民事法律行为。当事人订立合同的目的是为了设立、变更或终止一定的民事权利义务关系,即以产生一定的民事法律后果为目的。合同一旦依法成立,便受国家法律的保护。

2.合同是双方或多方的民事法律行为。法律行为可分为单方的法律行为、双方的法律行为和多方的法律行为几种,而合同只有两个或两个以上的主体才能签订,因此只有双方或多方的民事法律行为才是合同。大部分合同中只有两个主体参加,少数合同则有三个或三个以上的当事人参加,如合伙合同。

3.合同只有两个或两个以上的当事人意思表示一致时才能成立。如果合同的当事人意思表示不一致,则不能成立合同。

(二)合同的分类

合同可以按不同的标准进行分类。通过对合同进行分类,我们可以了解掌握不同类型合同的成立条件及法律效力,以便于对合同进行科学的管理和更好地发挥合同在经济生活中的作用。由于各国有关合同立法及理论的差异,对合同的分类也不尽相同。我国常见的合同分类有以下几类。

1.有名合同和无名合同。

(1)有名合同是指法律、法规规定了具体名称和调整规范的合同。我国《合同法》规定了15种有名合同,它们是买卖合同,供用电、水、气、热力合同,赠与合同,借款合同,租赁合同,融资租赁合同,承揽合同,建设工程合同,运输合同,技术合同,保管合同,仓储合同,委托合同,行纪合同和居间合同。有名合同的订立、履行以及纠纷的解决,都要依照有关的法律规定办理,法院或仲裁机构也必须按照有关法律规定作出裁判。

(2)无名合同又称非典型合同,是指法律未为其确定一定名称和特殊规范的合同。此类合同只要不违反法律,同样具有法律效力。这种合同的订立、履行以及纠纷的解决,可以就合同的目的及当事人的意思,类推适用与该合同类似的有名合同的有关法律规定;如果没有类似的有名合同的法律规定可以类推适用,则应根据民事法律行为和合同的一般规定处理。

2.要式合同和不要式合同。

这是根据合同是否需要特定的形式来划分的。要式合同是指法律规定必须具备一定的形式或手续才能生效的合同;不要式合同是指法律不要求必须具备一定的形式或手续即可成立的合同。在我国,所谓特定形式,主要指书面形式;

所谓特定手续主要是指登记、批准、公证、鉴证等形式。现代合同法律为适应经济流转的方便快捷，一般以不要式为原则，要式为例外，合同的形式一般由当事人自由选择。我国《合同法》中除部分合同规定必须采用特定形式外，对大多数合同的形式未作出强制性规定，将选择合同形式的自由交与当事人。

3.诺成合同和实践合同。

这是根据合同的成立是否以交付标的物为要件而划分的。诺成合同是指仅有当事人的意思表示一致合同即可成立，不需要具备其他形式和手续，也不以标的物交付作为合同成立的条件。实践合同是指除当事人意思表示一致外，还需要实际交付标的物或完成其他给付才能成立的合同。交付标的物在这两种合同中所起的作用不同，在诺成合同中，交付标的物是履行合同的行为，而在实践合同中，交付标的物是合同成立的条件。如我国《合同法》中，一般的赠与合同、个人之间的借款合同都属于实践合同。

4.双务合同和单务合同。

这是根据合同当事人双方权利义务的分担方式不同所作的分类。双务合同是指当事人双方相互享有权利和相互负有义务的合同。单务合同则指一方只享有权利不承担义务，对方只尽义务不享有权利的合同。在合同中大部分是双务合同。

5.有偿合同和无偿合同。

这是根据合同双方是否因给付而获得利益来划分的。有偿合同是指当事人享有合同规定的权利而必须给付代价的合同，如买卖合同、租赁合同等。无偿合同是指当事人只享有合同规定的权利而不给付任何代价的合同，如一般的赠与合同、无偿保管合同等。

6.主合同和从合同。

这是根据合同与合同之间的主从关系来划分的。主合同是指不依赖其他合同而能独立存在的合同。从合同则指必须以其他合同存在为前提，自己不能独立存在的合同。如借款合同与保证合同，两者在关系上，借款合同为主合同，保证合同为从合同。在主合同与从合同关系上，主合同的命运决定从合同的命运，从合同的存在以主合同的存在为前提，主合同变更，从合同也随之变更；主合同无效，从合同也不再发生法律效力。

二、合同法概述

(一)合同法的概念

合同法是调整平等民事主体之间合同关系的法律规范的总称。合同法律制度是各国民事法律制度的重要组成部分，只要有商品经济，就会发生各种各样的经济流转关系,也就需要由合同法来加以调整。合同法所规定的是当事人应当怎样签订合同、合同是否具有法律效力、什么样情况下可以修改或解除合同、合同被违反时应该如何追究法律责任以及受害一方应如何获得法律救济等内容。

合同法有狭义和广义之分。狭义的合同法是指全国人民代表大会及其常务委员会制定颁布的调整合同关系的专门性法律,《中华人民共和国合同法》就是狭义上的合同法。广义的合同法是指国家有关机关颁布的调整合同关系的一切合同法律规范以及有关合同的国际条约。

我国的合同法真正产生于 1978 年之后,为了规范市场交易行为,我国先后颁布了《经济合同法》、《涉外经济合同法》、《技术合同法》等专门性的合同法律。另外在《民法通则》中对合同也作了相应的规定。由于原有的合同法律制定相对较早,随着我国社会主义市场经济的发展,这些合同法律及立法模式已不能适应时代的需要,要求制定一部统一的合同法律。1999 年 3 月 15 日我国颁布了《中华人民共和国合同法》,该法又被称为《统一合同法》,取代了原有的三个合同法律,使我国的合同法律制度更趋完善。

(二)我国《合同法》的调整范围

我国《合同法》的调整范围可以概括如下。

1.《合同法》调整的是平等主体之间的民事关系。政府的经济管理活动属于行政管理关系,不是民事关系;企业等单位内部的管理关系不是平等主体之间的关系,也不适用合同法。

2.《合同法》主要是调整平等主体的法人、其他组织之间的经济贸易关系,同时还包括自然人之间的买卖、租赁、借贷、赠与等合同关系。

3.有关婚姻、收养、监护等身份关系的协议,不适用《合同法》的规定,由其他法律调整。

4.其他法律对合同另有规定的,依照其规定,但仍适用《合同法》总则的规定。

5.对无名合同,也就是《合同法》或者其他法律没有明文规定的合同,适用《合同法》总则的规定。

(三)我国《合同法》的基本原则

《合同法》的基本原则是指贯穿于《合同法》中,高度抽象的、最一般的合同行为规范,是合同法本质和特征的集中体现。它不仅是参加合同关系的当事人订立、履行、变更、终止合同的准则,也是有关部门制定、适用、解释合同法律规范的出发点和依据。我国《合同法》规定了以下基本原则。

1.自愿原则。《合同法》第 4 条规定,当事人订立合同应当遵循自愿原则,任何单位和个人不得非法干预。自愿原则是指合同当事人在订立合同过程中享有一定自由，其含义具体体现在以下3个方面：(1)合同当事人有订立或不订立合同的自由，任何单位和个人不得非法干预，否则合同无效或者可以变更或撤销。(2)当事人有选择合同相对人、合同内容和合同形式的自由。(3)当事人只是在法律规定的范围内享有订立合同的自由，因此，这里所称自愿不是当事人随心所欲的自愿，当事人在订立合同时享有自主权的同时，必须遵守法律、行政法规，尊重社会公德，不得损害他人的合法权益。

2.平等原则。平等原则是指合同当事人的法律地位平等。《合同法》第3条规定，合同当事人的法律地位平等，一方不得将自己的意志强加给另一方。法律地位平等，是指合同当事人在法律上处于平等的地位，即享有民事权利和承担民事义务的资格平等。任何一方当事人在订立合同和履行合同中都要普遍地受法律的约束，不享有特权。在订立合同中，任何一方当事人的意思表示是完全自愿的，而不是在任何强迫或压力下非自愿作出的。

3.公平原则。公平原则是指在合同的订立和履行过程中，要以公平的观念来调整合同当事人之间的权利义务关系。公平原则是进步和正义的道德理念在法律上的体现。公平原则体现在合同法的许多方面，它主要要求合同双方在权利义务安排上大致相等；合同一方不得利用自己的优势或利用对方没有经验，而签订显失公平的合同；对于显失公平的合同，当事人一方有权请求人民法院或者仲裁机构予以变更或撤销；在客观情势发生变更时，当事人可以请求人民法院或仲裁机构变更或解除合同。

4.诚实信用原则。诚实信用是指合同当事人在订立合同时要诚实，不得有欺诈行为；在合同履行中，要守信用，自觉履行合同。具体要求为：(1)当事人在订立合同时，要根据诚实信用原则，真实地向对方当事人陈述与合同有关的情况，当事人之间要相互合作，努力促成合同的成立与生效；(2)合同成立后，义务人应当积极地履行自己的义务；(3)合同当事人在行使权利、履行义务时禁止欺诈、胁迫、乘人之危，否则将导致合同无效或被撤销。

第二节　合同的订立

一、合同的订立方式

合同是两个或两个以上当事人意思表示一致的协议，该协议的形成一般要经过要约与承诺两个阶段。合同的订立是指合同当事人按照要约和承诺的程序达成协议的行为和过程。

(一)要约

要约是指一方当事人向他人作出的以一定条件订立合同的意思表示。发出要约的一方称为要约人,接受要约的一方称为受要约人。

1. 要约的有效条件。一项有效的要约一般应具备以下条件:(1)要约必须是特定人的意思表示。这一特定人可以是法人,也可以是自然人,还可以是本人或其代理人,但在客观上是可以确定的人。(2)要约必须是向一个或一个以上的特定人发出,即要约的对象不以一个为限,但必须是特定的,除非法律有特殊规定的情况下,如某些符合要约规定的商业广告可以视为要约。(3)要约的内容必须具体确定。所谓具体,就是要约必须包含拟订合同的主要条款,如合同的标的、数量、质量、价款或酬金、履行期限、履行地点和方式、违约责任和解决争议的方法等,以便受要约人决定是否承诺。一项要约必须同时具备上述三个条件才能有效。

2. 要约的形式。要约作为一种意思表示,可以采用书面形式作出,也可以采用对话的形式作出。根据《合同法》的规定,书面形式包括信函、电报、电传、传真、电子邮件等形式。要约人采用何种形式发出要约,应根据法律的规定和具体合同的情况而定。

3. 要约的生效时间。在要约的生效时间上,各国立法大致有三种,即发信主义、了解主义和到达主义。我国《合同法》采用到达生效的原则,即要约到达受要约人时生效,但具体又可分为三种情况:对于采用对话方式作出的要约,自受要约人了解时发生效力;采用书面形式作出的要约于到达受要约人时发生效力;采用数据电文形式发出要约的,按《合同法》规定,收件人指定特定系统接收数据电文的,该数据电文进入该特定系统的时间为到达时间,未指定特定系统的,该数据电文进入收件人的任何系统的首次时间视为到达时间。

4. 要约的撤回与撤销。要约的撤回是指在要约发出以后,到达受要约人之前,要约人欲使其不产生效力的意思表示。要约的撤回针对的是尚未生效的要约,因此要约撤回应具备一定的条件。根据《合同法》规定,撤回要约的通知应先于要约或者与要约同时到达受要约人才能有效。任何要约都是可以撤回的要约,只要其未到达受要约人。

要约的撤销是指在要约生效之后,受要约人作出承诺之前,要约人使要约失去法律效力的意思表示。要约的撤销针对的是已经生效的要约,在要约是否可以撤销的问题上,我国《合同法》规定要约原则上是可以撤销的,只要撤销要约的通知在受要约人作出承诺之前到达受要约人即可,但《合同法》同时又规定,在下列情况下,要约不得撤销:(1)要约确定了承诺期限或者以其他形式明示要约不可撤销。如要约中写明“某年某月某日之前答复有效”或“本公司决不撤销”等的字样。(2)受要约人有理由认为要约是不可撤销的,并且为履行合同作了准备工作。如受要约人在收到要约后,即派人作了市场调查,并相信要约人不会撤销要约,而与其他人就要约所涉及的商品订立了合同。这样规定是在承认要约人享有撤销权的前提下,又适当地照顾了受要约人的利益,有利于维护交易的安全。要约被撤销后,即丧失对要约人的约束力。

5. 要约的失效。要约的失效是指已经生效的要约丧失其法律效力。根据《合同法》的规定,要约失效的原因主要有:(1)受要约人拒绝要约。受要约人在收到要约后,由于各种原因不愿意与要约人建立合同关系,因此对要约人的要约表示拒绝,当拒绝要约的通知到达要约人时,要约便失去效力。拒绝的方式可以是明确表示拒绝,也可以采用对要约的内容扩张、限制或变更等反要约的方式。如要约人向受要约人发出的愿意以某价格出售货物的要约,受要约人在收到要约后,明确回复不需要这种货物。(2)要约已过有效期限。要约的有效期限,即受要约人有权承诺的期间。凡要约人在要约中订明了承诺期限的,承诺期限届满要约即失去效力;要约中如果未订明承诺期的,则合理期限届满后,要约也丧失效力。(3)要约人撤销要约。要约可以因要约人依法撤销而失效。(4)受要约人对要约的内容作实质性变更。如对要约中的价格作了变更。受要约人对要约所作的实质性变更视为反要约,原要约因此而失效。

(二)承诺

承诺是指受要约人同意接受要约的条件而订立合同的意思表示。承诺一经生效,合同即告成立。

1. 承诺的有效条件。一个有效的承诺必须具备以下条件:(1)承诺必须由受要约人作出。受要约人通常是指受要约人本人,但也不排除其授权的代理人。受要约人以外的任何第三人即使知道要约的内容并对此作出同意的意思表示,也不是承诺。(2)承诺必须在要约的有效期内作出。要约中明确了有效期的,承诺必须在要约指明的期限内作出;承诺没有明确有效期限的,承诺应在收到要约后的合理期限内作出。(3)承诺的内容应与要约的内容一致。如果受要约人对要约的内容作了实质性变更的,则不是承诺,而是新要约。所谓实质性变更,是指对要约中的有关合同的标的、数量、质量、价款或者报酬、履行期限、履行地点和方式、违约责任和解决争议的方法等所作的变更。但如果受要约人对要约的内容表示同意时对要约的内容作了非实质性的添加、变更等,除要约人及时表示反对或者要约表明承诺不得对要约的内容作出任何变更的以外,该承诺有效,合同的内容以承诺的内容为准。

2. 承诺的方式。承诺的方式包括通知和行为两种。根据《合同法》的规定,承诺一般应以通知方式作出,即受要约人以书面或口头的方式把接受要约的意思明确地传达给要约人。但根据交易习惯或者要约表明可以通过行为作出承诺的，则受要约人可以通过行为作出承诺。值得注意的是，以行为作出承诺不同于沉默，且要约只有经过承诺，要约人与受要约人之间才能成立合同。以行为作出承诺一般表现为一种积极的作为，而不是消极的不作为，只有双方事先约定沉默不语成为承诺的方式时，沉默才可以构成承诺。

3.承诺的生效时间。承诺的生效时间决定着合同的生效时间，因此在合同法上有着十分重要的意义。各国对承诺生效时间上的规定也不尽一致，主要有三种，即投邮生效、了解生效和到达生效。我国《合同法》采用了到达生效的原则。根据《合同法》第 26 条规定，承诺通知到达要约人时生效。但对于以行为作出承诺的，则以作出行为的时间作为承诺生效的时间。

4.承诺期限。承诺期限是指受要约人发出承诺的时间限制。根据我国《合同法》规定，承诺应当在要约确定的期限内到达要约人。承诺期限有两种情况，一是要约中规定了承诺期限；二是要约中没有规定承诺期限。在前一种情况下，承诺应当在要约规定的期限内到达要约人。在后一种情况下，承诺在何时到达要约人应根据要约方式是对话方式还是非对话方式而确定。如果要约是以对话方式作出的，承诺应当即时作出，除非当事人另有约定；如果要约是以非对话方式作出的，承诺应当在合理期限内作出。合理期限则要根据要约发出的客观情况和交易习惯确定，既要保证受要约人有足够的时间考虑，也要使要约人的信赖利益不受损害。

在承诺期限的计算上，《合同法》规定，要约以电报或者信件作出的，承诺期限从电报交发之日或者信件载明的日期开始计算；如果信件未载明日期的，则自该信件的邮戳日期开始计算；以电话、传真等快速通讯方式发出要约的，承诺期限从要约到达受要约人时开始计算。

5.承诺的撤回。承诺的撤回是指承诺人阻止承诺发生法律效力的意思表示。我国《合同法》对承诺采用到达生效的原则，因此，受要约人在发出承诺通知后，原则上可以撤回承诺。由于承诺一经送达要约人即发生法律效力，合同也随之成立，故撤回承诺的通知应先于承诺或者和承诺同时到达要约人才能有效。

二、订立合同的形式

合同形式是指缔约当事人达成协议的表现形式。合同采用何种形式，一方面取决于合同所反映的经济关系的特点和性质，另一方面取决于国家对社会交易活动的干预程度。我国《合同法》从鼓励交易，适应现代市场经济发展越来越要求快捷的需要，在第 10 条中规定“当事人订立合同，有书面形式、口头形式和其他形式”，即我国的合同形式包括书面形式、口头形式和其他形式三种，体现了合同自由的精神。同时为了提倡书面形式，把书面形式放在首位。

1. 书面形式。书面形式是当事人以书面文字表达协议内容订立合同的形式。书面形式的表现形式包括合同书、信件和数据电文。数据电文又包括电报、电传、传真、电子数据交换和电子邮件等形式。采用书面形式虽然手续比较复杂，但其优点在于合同的权利义务记载清楚，便于履行，当事人在订立合同时也会比较慎重，且一旦发生纠纷，也容易举证和分清责任。这种形式在我国的实际生活中大量运用。

书面形式可以分为普通书面形式和特殊书面形式。普通书面形式是指当事人仅以文字或其他有形表现所载内容的形式，最常见的为一般的合同书。特殊书面形式是指除文字表述合同的内容外，还须履行某种特别程序才能成立合同的形式。特殊书面形式通常包括：(1)公证形式。它是指国家公证机关对合同内容加以审查公证的方式订立合同时采用的一种合同形式。我国现行法律对合同公证实行自愿原则。合同是否公证，一般由当事人自由约定。(2)鉴证形式。它是指当事人约定或者依照法律规定，以国家合同管理机关对合同内容的真实性和合法性进行审查的方式订立合同的一种形式。我国对合同的鉴证一般也采用当事人自愿的原则。(3)批准形式。它是指法律规定某些合同应经国家主管机关审查批准才能生效的形式。这类合同除应由当事人达成协议外，还应将合同书及有关文件报国家有关主管机关审查批准才能生效。在我国，采用批准形式的合同范围由法律加以规定，如现在的中外合资经营企业合同、中外合作经营企业合同等，法律规定必须经过批准才能生效。(4)登记形式。它是指当事人约定或法律规定只有将合同提交国家登记主管机关登记才能生效的形式。如我国《担保法》规定的不动产抵押合同必须经过登记才能生效。

2. 口头形式。口头形式是指当事人只用语言为意思表示订立合同，而不用书面文字表达协议内容的合同形式。

3. 其他形式。其他形式是指除书面合同、口头合同以外的合同形式。根据我国《合同法》的有关规定，其他形式主要是指行为推定形式。但应注意，推定形式只适用于交易习惯许可或要约表明时。

三、合同的内容

合同的内容是指合同所确定的当事人权利义务的内容，也称合同条款。它是确定当事人权利义务关系的根本依据，是使合同成立所不可缺少的因素。根据我国《合同法》的有关规定，合同的内容由当事人约定。合同条款依合同种类的不同而有所不同，合同一般应包括以下 8 项条款。

（一）当事人的名称或姓名和住所

当事人的名称或姓名和住所条款是合同的主要条款之一。合同是双方或多方当事人之间的协议，当事人是谁，住在何处或者营业场所在哪里等对一个合同的履行来说都是至关重要的。因此，在合同条款中往往被列在合同的首部。

（二）标的

标的是合同法律关系的客体，是合同当事人权利和义务共同指向的对象。没有标的即没有客体，合同关系便不可能存在。因此，标的条款是任何合同都不可缺少的条款。合同的标的因不同合同而有所不同，可以是货物，也可以是劳务，还可以是技术成果或工程项目等。但法律禁止流通的物和禁止的行为不得作为合同的标的。

（三）数量

数量是以数字和计量单位来衡量标的的尺度。数量是确定标的的主要要件，因此是合同中不可缺少的主要条款。没有数量，权利义务的大小就很难确定，有偿合同就失去了计算价款的依据。在合同中，数量应规定明确，订明数量的计量方法，在大宗交易中，还应规定数量的损耗幅度和正负尾差。

（四）质量

质量是标的的内在素质和外观形态的综合，是决定标的价格的重要依据。质量包括标的名称、品种、规格、等级、标准、技术要求等方面。质量是合同的主要条款之一，在订立合同时应根据不同情况对质量作出相应的规定。为避免发生纠纷，在合同中规定质量时，如果有国家标准或行业标准的，应采用这些标准；如果没有国家标准或行业标准的，应由当事人协商确定质量标准，也可以按“凭样品”来规定质量条款。

（五）价款或报酬

价款或者报酬统称价金，是取得标的物或接受劳务的一方当事人向另一方当事人支付的代价。价金在不同的合同中称谓也不相同，在以物为标的的合同中，这种代价称价款；在以劳务和工作成果为标的的合同中，这种代价称报酬。价款或者报酬是合同的主要条款之一，但在确定该条款时，当事人必须遵守国家有关价格方面的法律和法规的规定。

（六）履行期限、地点和方式

履行期限是指享受权利的一方要求对方履行义务的时间范围，是衡量合同是否按时履行的标准。合同中应明确履行期限。对履行期限的规定方法上，可以规定即时履行，也可以规定定时履行，还可以规定在一定期限内履行合同。

履行地点是指合同当事人履行和接受履行合同规定义务的地点。履行地点的约定具有重要意义，有时它是确定标的验收地点的依据，有时则是确定运费的负担和风险承担的依据，有时还是确定标的物所有权转移的依据。

履行方式是指当事人采用什么办法来履行合同规定的义务。它包括交货方式、实施行为方式、验收方式、付款方式和结算方式等。

（七）违约责任

违约责任是指合同当事人违反合同义务时应当承担的民事责任。违约责任条款的设定有利于督促当事人自觉适当履行合同义务，保护守约一方的合法权益。违约责任是一种法律责任，它不以合同是否约定为条件，即使合同中并未规定违约责任条款，只要一方违约，且给对方造成了损失，就应承担违约责任，因此，也不能以未约定违约责任条款而影响合同的成立。

（八）解决争议的方法

解决争议的方法是指纠纷发生后以何种方法来解决合同当事人之间的纠纷。为了使发生的争议能得到及时的解决，当事人可以在合同中约定纠纷的解决方式。解决争议的方式主要有协商、调解、仲裁和诉讼四种。当然，合同中未约定这一条款并不影响合同的效力。

四、合同成立的时间和地点

合同成立是指当事人意思表示一致，即一方的要约最终得到了对方承诺，使双方之间产生了合同关系。合同成立在合同法上具有十分重要的地位，因为只有存在合同关系，才能确定合同上的权利、义务及其是否得到实现和履行。另外，合同成立是区分合同责任和缔约过失责任的标志。在合同成立之前，由于不存在合同关系，当然也没有违约责任问题，如果由于一方在缔约时因自己的过失造成他方信赖利益受损失的，则属于缔约过失责任。另外，合同的成立地点对于合同的履行和合同纠纷案件的诉讼管辖也有重要意义。

（一）合同成立的时间

合同成立时间的确定，我国《合同法》规定了两个标准，即以通知方式作出承诺的，于有效承诺的通知到达要约人的时间为合同成立的时间；根据交易习惯或者要约要求可以通过行为作出承诺的，受要约人作出该承诺行为的时间为合同成立时间。但对以特殊形式订立的合同，应按法律的特殊规定确定合同的成立时间。具体而言有以下几种情况。

(1)当事人采用合同书形式订立合同的，自双方当事人签字或者盖章时合同成立。签字或者盖章不在同一时间的，最后签字或者盖章的时间为合同成立的时间。

(2)当事人采用信件、数据电文等形式订立合同的,可以在合同成立前要求签订确认书,在此种情况下,签订确认书的时间为合同成立的时间。

(3)法律、行政法规规定或者当事人约定采用书面形式订立合同的,当事人未采用书面形式但一方已经履行主要义务,对方接受履行的,该合同成立。合同的具体成立时间为对方接受履行的时间。

(4)采用书面形式订立合同的,在签字或者盖章之前,当事人一方已经履行主要义务,对方接受的,该合同成立,合同成立的具体时间为对方接受该履行行为的时间。

(5)签订要式合同,以法律、法规规定的特殊形式要求完成的时间为成立时间。

(二)合同成立的地点

我国《合同法》第 34 条和第 35 条对合同成立的地点作了明确规定,具体可区分以下几种情况。

(1)承诺生效的地点为合同成立的地点。承诺采用通知方式作出的,承诺通知到达要约人时生效,因此,承诺生效的地点也是合同成立的地点。

(2)作出承诺行为的地点为合同成立的地点。如果承诺不是采用通知方式而是以行为作为承诺方式的,受要约人作出相应的承诺行为时承诺生效,因此,承诺的生效地点应为受要约人作出承诺行为的地点。

(3)采用数据电文形式订立合同的,收件人的主营业地为合同成立的地点;收件人没有主营业地的,其经常居住地为合同成立的地点。

(4)当事人采用合同书包括以确认书形式订立合同的,双方当事人签字或者盖章的地点为合同成立的地点。如果签字或者盖章不在同一地点的,以最后签字或者盖章的地点为合同成立的地点。

(5)合同需要完成特殊的约定或法定形式才能成立的,以完成合同约定形式或法定形式的地点为合同成立的地点。

(6)合同当事人对合同的成立地点有特别约定的,其约定的地点为合同成立的地点。

五、缔约过失责任

(一)缔约过失责任的概念和特征

缔约过失责任是指在合同订立过程中,由于一方当事人没有履行依据诚实信用原则所应负的义务,而导致另一方当事人的信赖利益遭受一定的损失,在这种情况下该当事人所应承担的民事责任。

在传统民法中，确定民事责任的依据是侵权、违约、无因管理和不当得利等行为，对于合同的法律保护，传统民法也只保护合同阶段，而不保护先合同阶段，但传统民法对合同的这一保护是不全面的。因为合同关系是一种基于信赖而发生的法律上的特别结合关系。从事合同缔结的人，是从合同交易外的消极义务范畴进入合同上的积极义务范畴，其因此而承担的首要义务是在缔结合同时须尽必要的注意。法律保护的不仅是一个业已存在的合同关系，正在发生中的合同关系也应包括在内，否则，合同交易将暴露在外而不受保护，缔结合同一方当事人不免成为他方疏忽或不注意的牺牲品。因此，当事人因自己过失致使合同不能成立者，对信赖其合同有效成立的相对人，应赔偿基于此项信赖而产生的损害。缔约过失责任有以下法律特征。

(1)它是缔结合同中产生的民事责任。即这种责任只存在于先合同阶段，不可能存在于其他阶段。

(2)它是以法定的缔约过程中的诚实信用义务为前提而产生的民事责任。基于诚实信用义务，从事缔结合同磋商的人，应尽交易上必要的注意，维护相对人的利益，如违反，应就所造成的损害负赔偿责任。

(3)它是以补偿缔结相对人损害后果为特征的民事责任。即行为人赔偿给相对人的损失应当是相对人因此所受到的财产损失，不能因赔偿而获得额外的利益。

(二)缔约过失责任的具体形式

因缔约过失造成他人损害的形态十分复杂，根据我国《合同法》第 42 条、第 43 条的规定，缔约过失责任主要适用以下情况。

(1)假借订立合同，进行恶意磋商。指当事人以订立合同为幌子，利用对方急于订立合同的心态，骗得对方的某些好处；或名为与对方订立合同而进行谈判，实为拖延时间，使其丧失与第三人订立合同的机会。

(2)故意隐瞒与订约有关的重要事实，或者提供虚假情况的。在订立合同过程中，双方当事人应将足以影响合同的情况如实相告，至少是不为虚假的告知。具体如：①易燃、易爆、有毒物品的出卖人未告知该物品的运输、保管和使用方法而致人损害。②未尽通知义务，如甲与乙商谈购买乙的房屋，甲定于某日前往乙处看房。而乙在数日前已将该房出售给他人，但未将此事通知甲，致使甲徒劳往返，由此造成的损失应由乙承担。③缔约时意思表示不真实，如欺诈等。

(3)违反保密义务。依《合同法》第 43 条规定，当事人在订立合同过程中有保守所获悉的商业秘密的义务。

(4)其他违背诚实信用原则的行为。一般有两种情况：①一方未尽通知、协助义务，增加了相对方的缔约成本而造成的财产损失。如甲乙双方约定某日订合同，乙因故不能去而没有通知甲，造成甲因订约往返的路费损失。②一方未尽照顾、保护义务，造成相对方的人身、财产损害。如一下雪天，某顾客去一大酒店吃饭，在踏上酒店台阶时，因台阶没有采取防滑措施而突然摔倒在地造成骨折。

（三）缔约过失的赔偿范围

缔约过失的赔偿范围一般是指受害人的信赖利益，至于信赖利益的范围，应视违反义务的情况及侵害行为的差异而有所不同。在一般情况下，这种损失主要表现为一种费用支出不能得到补偿，或者信赖对方将要订立合同而损失了一部分利益。如信赖对方将出售汽车而将自己的汽车卖掉，由此造成一些损失。如果因违反保护义务，侵害相对人的人身权或者财产权的，侵害人应当赔偿受害人因此所受的全部损失。如果双方都有缔约过失的，则双方都应承担相应的责任。

第三节　合同的解释

一、格式合同条款的解释

格式合同是标准合同制度的产物，可分为示范合同和附合合同。前者是指根据法律和惯例而确定的具有标准格式和条款的各类合同，如公司章程等；后者是指经济实力较强的一方当事人预先规定了一定格式和内容的合同文件，并凭借其经济实力强加于对方的合同。《合同法》第 39 条、第 40 条和第 41 条对格式合同、格式条款作出了规范性规定。第 41 条规定："对格式条款的理解发生争议的，应当按照通常理解予以解释。对格式条款有两种以上解释的，应当作出不利于提供格式条款一方的解释。格式条款和非格式条款不一致的，应当采用非格式条款。"由于格式合同在形式及内容的平等协商性等方面，较普通合同有特殊性，因而在解释上亦有特殊性。格式合同的解释必须遵循以下原则：(1)以合理的客观性标准解释的原则；(2)统一解释原则；(3)限制解释原则；(4)调和解释原则。

二、合同条款的解释方法

合同是当事人意思的体现，但由于语言本身的开放性和兼容性，不可避免地会发生对合同理解的争议，因此有必要对合同条款进行解释。我国《合同法》第 125 条第 1 款规定："当事人对合同条款的理解有争议的，应当按照合同所使用的词句、合同的有关条款、合同的目的、交易习惯以及诚实信用原则，确定该条款的真实意思。"据此，我国《合同法》规定的合同条款的解释方法包括：文义解释、整体解释、目的解释、习惯解释和诚信解释五种。

1. 文义解释。合同的解释,应从文义解释入手。所谓文义解释,是指通过对合同所使用的文字词句(言语)的含义的解释,以探求合同所表达的当事人的真实意思。

2. 整体解释。合同文本具有整体性,各条款之间具有相关性。所谓整体解释也可称关联解释,是指对合同各个条款作补充解释,以确定各个条款在整个合同中所具有的正确意思。

3. 目的解释。目的解释是指解释合同时,若合同所使用的文字或某个条款可能作两种解释时,应采取最适合于合同目的的解释。

4. 习惯解释。习惯解释是指合同所使用的文字词句有疑义或歧义时,应当参照当事人的交易习惯解释。

5. 诚信解释。诚信解释是指解释合同应遵循诚实信用的原则。

另外,《合同法》第 125 条第 2 款规定:“合同文本采用两种以上文字订立并约定具有同等效力的,对各文本使用的词句推定具有相同含义。各文本使用的词句不一致的,应当根据合同的目的予以解释。”

第四节　合同的效力

一、合同效力的概念

合同的效力,又称合同的法律效力,是指法律赋予依法成立的合同具有约束当事人各方乃至第三人的强制力。合同对当事人各方的约束力包括:(1)当事人负有适当履行合同的义务。(2)违约方依法承担违约责任。(3)当事人不得擅自变更、解除合同,不得擅自转让合同的权利义务。(4)当事人享有请求给付的权利、保有给付的权利、自行实现债权的权利、处分债权的权利,同时履行抗辩权、不安抗辩权、保全债权的代位权和撤销权等。(5)法律规定的附随义务也成为合同效力的内容。合同对第三人的效力,在一般情况下,表现为任何第三人不得侵害合同债权,在合同债权人行使撤销权或代位权时涉及第三人的,在涉他合同中可有向第三人履行或者由第三人履行的效力。

二、合同的生效

(一)合同的成立与合同的生效

合同的成立与合同的生效是两个不同的概念。合同的成立是指当事人达成协议建立合同关系。合同的生效是指合同具备法定要件后能产生法律效力。在一般情况下,合同的成立与合同的生效时间是一致的,但合同的成立并不完全等同于合同的生效,有时虽然合同已经成立,但并未生效,待实现某些条件后才生效。

合同的生效应具备一定的条件,这些条件有:(1)当事人应具有相应的订立合同的能力。这一条件是合同法对合同主体资格的要求,如果主体不合格,所订的合同也不能产生法律效力。根据《合同法》规定,合同的主体有自然人、法人和其他组织。确定它们是否具有主体资格,一般要求自然人有完全民事行为能力,法人和其他组织应是依法设立的。(2)当事人的意思表示真实。所谓意思表示真实,是指当事人在订立合同过程中所作的要约和承诺都是自己真实意思的表示。(3)合同内容不违反法律或者社会公共利益。这是对合同合法性的要求。在我国,合同不得违反法律,既包括不得违反现行法律、法规和行政规章中的强制性规范,还包括不得违反国家政策的禁止性规定和命令性规范。同时,合同还应遵守国家指令性计划的要求,不危害社会公共利益。(4)合同标的须确定和可能。这要求合同的给付是能够实现的,且合同的标的自始至终都是确定的。

(二)合同的生效时间

合同的生效时间即合同生效的时间界限。根据我国《合同法》的规定,合同的生效时间可分为以下几种情形。

1. 合同的成立时间即为合同的生效时间。《合同法》规定,依法成立的合同自合同成立时生效。实际中大量合同采用这一方式,如合同中约定"本合同自双方签字盖章时生效"这样的合同,签字盖章的时间既是合同成立的时间,也是合同生效的时间。

2. 法律、行政法规规定应当办理批准、登记手续的合同,合同的生效时间为办理完毕批准、登记手续的时间。如房屋抵押合同,双方当事人签字盖章仅仅使合同成立,合同的生效时间是办理抵押登记的时间。又如中外合资经营企业合同的生效时间是外经贸主管部门批准的时间。

3. 附条件的合同,其生效时间为所附条件成就的时间。如房屋租赁合同中约定,在出租方办理好租赁许可证时生效,办理好租赁许可证便属于该合同所附的条件。

4. 附期限的合同,其生效时间为所附期限届至时。如双方在 3 月 10 日签订房屋租赁合同一份,但约定的生效时间为 4 月 1 日。

三、无效合同、可变更和可撤销合同

(一)无效合同的概念

无效合同是指严重欠缺合同的生效要件,不能发生当事人追求的法律后果,不受国家法律保护的合同。无效合同又称绝对无效合同，它与可撤销合同、效力未定合同的最大区别在于，无效合同自合同订立时起便不产生法律效力；而且无效合同也是当然无效的合同，即不管当事人是否知道合同无效的情况，也不论当事人是否提出合同无效的主张，也不论是否经过人民法院或者仲裁机关的确认，该合同都是当然无效的。当然，无效合同可能全部无效，也可能是部分无效。当无效的原因只存在于合同的一部分，而该部分的效力又不影响其余部分效力时，其余部分仍然有效。

（二）无效合同的种类

根据我国《合同法》第52条规定，有下列情形之一的，合同无效。

1. 一方以欺诈、胁迫手段订立合同，损害国家利益的。欺诈是指合同的一方当事人故意告知对方虚假情况，或者故意隐瞒真实情况，诱使对方当事人作出错误意思表示和行为。

2. 恶意串通，损害国家、集体或者第三人利益的。如公司业务员与客户串通，签订质次价高的合同，以达到从客户收取好处费的目的。

3. 以合法形式掩盖非法目的。如以合作经营为名，实际上将承租的房屋转租。

4. 损害社会公共利益的。如签订买卖假冒五粮液白酒的合同。

5. 违反法律、行政法规的强制性规定的。如超越经营范围，签订需凭许可证经营的卷烟买卖合同。

（三）可变更和可撤销合同的概念和特征

可变更和可撤销合同是指因意思表示瑕疵而经撤销权人请求，由法院或者仲裁机构变更其内容或者使其效力自始消灭的合同。一般将其合称为可撤销的合同。受害方请求变更或者撤销的权利通称为撤销权，享有撤销权的当事人也称为撤销权人。此类合同具有以下法律特征。

1. 合同的效力已经产生。

2. 在撤销权存续期间合同效力未完全确定。因此，可撤销的合同在可撤销的除斥期间内属于效力未定的合同。可撤销合同的效力未定是指合同是否具有法律效力，即合同是有效还是无效，或称合同是否会被变更或被撤销。

3. 合同可以发生变更或者撤销。

4. 变更或者撤销由撤销权人行使。此类合同并不是当然无效，是否变更或者撤销取决于撤销权人的意愿。撤销权人通过行使撤销权撤销合同，不同于享有解除权人解除合同。行使解除权的前提和基础是存在着完全有效的合同，而其事由是对方违约等情形。

（四）可变更和可撤销合同的种类

我国以前有关合同变更和撤销的制度在合同法律中未作明文规定，只是在《民法通则》中规定可变更和可撤销的民事行为，现行《合同法》第54条明确规定了这一制度。但《合同法》与《民法通则》规定相比，有了不少变化。具体有：(1)关于可变更和可撤销合同的范围。《民法通则》仅规定了重大误解和显失公平两种行为为可变更和可撤销民事行为，《合同法》将可变更和可撤销合同的范围作了扩展规定。(2)除斥期间的规定。《民法通则》规定当事人行使请求变更或撤销权的期限为行为成立之日起1年，而《合同法》规定为从当事人知道或者应当知道撤销事由之日起1年。(3)《合同法》明确规定了当事人请求变更的，人民法院或者仲裁机构不得撤销。

根据《合同法》第54条规定，当事人行使撤销权的情形有以下几种。

1.重大误解的合同。所谓重大误解的合同，是指行为人因对合同的重要内容产生错误认识而使内心意思与表示意思不一致的合同。根据《最高人民法院关于贯彻执行〈中华人民共和国民法通则〉若干问题的意见（试行）》第71条规定，重大误解包括行为人对行为的性质、对方当事人、标的物的品种、质量、规格和数量等的错误认识，使行为的结果与自己的意思相悖，并造成较大的损失的。

2.显失公平的合同。显失公平的合同是指合同中双方当事人的权利与义务明显不对等，使一方遭受重大不利的合同。显失公平合同往往是一方当事人利用优势或者利用对方没有经验，致使双方的权利义务明显违反公平、等价、有偿的原则。按照《合同法》规定，确定利益是否公平，应考虑在订立合同时是否公平，而不是今后由于市场变化等原因引起的不公平。由于此类合同产生不公平的结果，因此遭受损害一方当事人可以行使撤销权。

3.欺诈、胁迫订立的合同。如前所述，一方以欺诈、胁迫的手段订立的合同，如果损害国家利益的，该合同无效，但按《合同法》规定，一方以欺诈、胁迫的手段使对方违背真实意思所订立的合同，则属于可变更、可撤销的合同。

4.乘人之危的合同。乘人之危是指一方当事人乘对方处于危难之机，为牟取不正当利益，迫使对方作出不真实的意思表示的行为。在《合同法》的立法上，对乘人之危行为仅考虑原因而不考虑结果，即行为人实施了乘人之危行为，不管合同的权利义务是否显失公平，只要违背相对人的意愿，都构成乘人之危的合同。

（五）合同撤销权的行使

可撤销合同属于相对无效的合同，此类合同在一方行使撤销权之前，合同对当事人仍有效力，只有在当事人行使撤销权，并经法院或仲裁机构作出撤销裁决后，该合同才无效。根据我国《合同法》规定，撤销权的行使必须通过诉讼进行，享有撤销权的当事人不能以自己单方的行为来撤销合同，而只能向法院或仲裁机构主张撤销该合同。同时法律又规定，行使撤销权是当事人的自由意志，且其目的是维护交易。因此，如果当事人请求变更的，人民法院或者仲裁机构不得撤销；而当事人请求撤销的，人民法院或仲裁机构可以变更，也可以撤销。

当事人行使撤销权受一定的期限和条件的限制，《合同法》第 55 条规定，下列情况下撤销权消灭：(1)具有撤销权的当事人自知道或者应当知道撤销事由之日起 1 年内没有行使撤销权的；(2)当事人知道撤销事由后明确表示或以自己的行为放弃撤销权的。

（六）合同无效或被撤销后的法律后果

合同被确认为无效或者被撤销后，人民法院或仲裁机构将根据有关法律规定对无效合同或者被撤销合同作出处理。

1.返还财产。合同被确认无效或者被撤销后，因该合同取得的财产，应当予以返还；不能返还或者没有必要返还的，应当折价补偿。

2.赔偿损失。因当事人的过错致使合同无效或者被撤销，有过错的一方应当赔偿对方因此所受到的损失；双方都有过错的，应当按各自的过错大小承担相应的责任。

3.赔偿第三人的利益。当事人恶意串通，损害国家、集体或者第三人利益的，因此取得的财产收归国家所有，或者返还集体、第三人。

四、行为能力欠缺与合同效力的关系

（一）经追认而有效的合同

《合同法》第 47 条第 1 款的规定，限制民事行为能力人订立的合同，经法定代理人追认后，该合同有效，但纯获利益的合同或者与其年龄、智力、精神健康状况相适应而订立的合同，不必经法定代理人追认。《合同法》的这一规定，并非指合同欠缺其有效条件而当然无效，而是指合同的效力处于不确定的状态。依照法律对行为能力限制的规定，限制行为能力人的行为须以第三人的同意为生效要件，第三人的同意具有使限制民事行为能力人的行为发生效力的效果，在学理上认为该同意为补助的法律行为。第三人的同意只是补助的法律行为，而不是法律行为的成立要件，法定代理人是否同意不影响合同的成立，只影响合同是否生效。法定代理人同意包括事先允许和事后追认，但《合同法》第 47 条所规定的法定代理人的追认是指事后同意。在民事法律行为的分类上追认属于单方行为，其意思表示的作出必须针对特定人。《合同法》第47条所规定的追认，应当由法定代理人向与限制行为能力人签订合同的对方作出，一经作出就产生合同有效的法律后果。可见，限制民事行为能力人订立合同时虽未经法定代理人同意，但订立合同后经法定代理人追认的，合同有效。

（二）追认的催告

《合同法》第47条第2款规定，相对人可以催告法定代理人在一个月内予以追认。法定代理人未作表示的，视为拒绝追认。合同被追认之前，善意相对人有撤销的权利。该款规定是有关催告权和撤销权的规定。从该款规定看，限制民事行为能力人订立的合同，法律赋予相对人以催告权，并限定了追认的期间为一个月。该期间可视为除斥期间，即一旦超过该期间法定代理人便丧失追认权。在此期间内合同处于效力未定的状态，既可因法定代理人的追认而有效，又可能因不予追认而无效。

为了利益能够平衡，《合同法》同时规定善意相对人的撤销权，即在法定代理人追认之前，相对人可主动撤销与限制民事行为能力人所订立的合同，以使合同的效力早日得以确定。

五、无权代理与合同效力的关系

（一）无权代理所订立的合同的效力

所谓无权代理是指代理人没有代理权而以他人名义进行活动的行为。依《合同法》第48条第1款规定，无权代理包括行为人没有代理权、超越代理权和代理权终止后的代理三种情形。无权代理所订立的合同是效力未定的合同，其具体效力为以下三点。

1.未经追认的合同由行为人承担责任。《合同法》第48条第1款规定，无权代理所订立的合同未经被代理人追认的，对被代理人不发生法律效力，由行为人承担责任。其原因在于认为行为人是冒用他人名义订立合同，因此，被冒用人不用承担责任。

对于未被追认的无权代理所订合同的效力，我国《合同法》仅规定了“由行为人承担责任”，对责任的性质和内容未作规定。我国《合同法》以前的有关法律规定作为无效合同处理，即无权代理是确认合同无效的独立事由。那么，依《合同法》的规定，未被追认的无权代理所订合同的效力可从以下两个方面理解：(1)被代理人拒绝追认的，可认定为欺诈。因为没有代理权而以被代理人的名义订立合同，就是告诉对方虚假的合同主体，构成欺诈行为。可依《合同法》第52条第1款或第54条第2款的规定认定为无效或可撤销。(2)订立合同时相对人知道无权代理事实的，不构成欺诈，视为相对人与行为人订立的合同。该合同如无其他的无效情形，不因无权代理而无效，由行为人承担履行责任或违约责任。如因其他违法情形导致无效的，也由行为人承担合同无效的责任。

2.经追认而成为有权代理。如果被代理人追认的，就相当于授予行为人代理权，无权代理就变成了有权代理，该合同也因代理瑕疵的消除而成为有效，被代理人由此承担合同的权利义务。

3.经善意相对人撤销而使合同归于无效。依《合同法》规定，合同在未被追认之前，善意相对人有撤销的权利。善意相对人是指在订立合同时不知行为且没有代理权的相对人。撤销应当以通知方式作出。

以上是《合同法》对无权代理所订合同效力的规定，《合同法》对无权代理行为的效力持这种态度，主要是为了维护交易安全。因为交易一旦发生，如果发生变动，可能对双方当事人都不利，也不利于经济生产的安定。况且，无权代理人的行为对被代理人并不一定不利，在有些情况下，被代理人还可能乐于接受。

（二）无权代理的催告、追认和撤销及其效力

《合同法》第48条第2款的规定涉及无权代理的催告、追认和撤销问题。

1.催告权。无权代理行为相对人行使催告权的条件是：(1)无权代理行为尚未对被代理人发生效力，还处于没有确定的状态。(2)须依法确定回答期限，即《合同法》规定了一个月的催告回答期，由被代理人决定是否追认。(3)催告受领人须为被代理人。如果被代理人在催告期内未予以追认的，视为拒绝追认，被代理人也同时丧失追认权。

2.追认权。(1)追认的性质。属于事后授予代理权的行为，追认是不可撤销的，追认的意思表示一经告知相对人，即使无权代理变为有权代理，追认的效力溯及到代理行为发生之时。但民法理论也有认为，经相对人同意也可以终止追认。(2)追认的方式。我国《合同法》对追认的表示方式未作规定，口头形式或者书面形式均可。但应注意，沉默不能成为追认的意思表示，但被代理人以其作为表示追认的，如履行合同的行为，可以认定为追认的意思表示。此外，被代理人接受无权代理人代理订立的合同书而未提出异议，或者向法院起诉请求相对人履行合同的，也可以认定为追认。(3)追认的范围。追认一般应认为是对无权代理人所订合同的全部承认，如果只承认一部分或变更另一部分，而又未得到相对人的同意，可以视为拒绝追认。(4)追认的效力。总的来说，无权代理所订合同一经追认，便使合同有效，被代理人应承担履行合同的义务。

3.撤销权。撤销权是使不确定的法律关系变得确定的形成权。根据《合同法》规定，在被代理人追认或拒绝追认的意思表示作出之前，相对人均有撤销权；

如果相对人放弃了撤销权，则只能以催告的方式确定无权代理行为的效力。

六、表见代理与合同的效力

(一)表见代理的概念

在学理上，将无权代理区分为产生被代理人责任的无权代理和不产生被代理人责任的无权代理。前者称为表见代理，即代理人虽无代理权，但因存在使相对人相信具有代理权的特定事由，并因此与代理人产生民事行为，而由被代理人承担有权代理的责任。在无权代理中，由于行为人缺乏代理权，其代理行为理应对被代理人不具有约束力，但如果第三人确有相信代理人享有代理权的正当理由，简单地确定该代理不能对被代理人产生拘束力，不利于维护交易的安全和保护第三人的利益，因而法律确定表见代理。表见代理中的“表见”一词，就是指足以使第三人相信行为人具有代理权的表面事实或者表面现象。

依《合同法》第 49 条规定：“行为人没有代理权、超越代理权或者代理权终止后以本人名义订立合同，相对人有正当理由相信行为人代理权的，该代理行为有效。”这便是我国《合同法》关于表见代理的规定。

(二)相对人有正当理由相信行为人有代理权的理解

相对人有正当理由相信行为人有代理权可以从以下几个方面去理解。

1. 代理权自始即不存在(没有代理权)，而存在着使相对人相信其有代理权的正当理由。如被代理人以通知或广告的方式，告知特定的或者不特定的相对人已将代理权授予行为人，而实际上并未授予行为人，相对人根据其告知即可相信行为人有代理权。

2. 代理人超越代理权而相对人有正当理由相信其有代理权。被代理人限制或者撤回代理人的代理权，相对人不知道的，可以构成此种情形。特别是内部授权明确，但对相对人表示不清楚的情况下，常常可以构成表见代理。如授予订立金额为 10 万元合同的权利，但交给行为人盖章的空白合同书或介绍信，代理人订立了 20 万元的合同。

3. 代理权终止后实施代理行为而相对人有理由相信其有代理权的。常见的情形有委托代理的事项已经完成，但委托人未及时收回盖章的空白合同书、印鉴等证明文件，代理人利用这些文件继续签订合同的，相对人完全可以据此认为其有代理权。

(三)表见代理的后果

《合同法》第 49 条对表见代理的法律后果的规定是“该代理行为有效”，即表见代理产生有权代理的效力，通过表见代理所订立的合同不因代理权瑕疵而无效，并由本人承担履行义务或者不履行债务的违约责任。

七、越权代表行为与合同的效力

（一）越权代表行为的概念

法人或者其他组织的法定代表人、负责人超越权限订立合同的行为是越权代表行为。法人的法定代表人或者其他组织的负责人，属于法人或者其他组织的机关，对外代表法人或者其他组织从事活动，其自身的人格已经为法人或者其他组织的人格所吸收，其行为当然地属于法人或者其他组织的行为。

（二）越权代表行为的法律后果

依《合同法》第50条之规定，超越代表权限所订的合同，法人或者其他组织仍然应当承担责任，合同不因此无效。但是如果相对人知道越权事实的，则代表行为无效，由法定代表人或负责人承担责任。

八、无权处分行为与合同效力的关系

（一）无权处分行为的概念

无权处分行为是指行为人没有处分他人财产的权利而订立了处分他人财产的合同。如甲将电视机借给乙使用，乙未征得甲的同意，擅自将电视机出售或者赠与他人的行为。《合同法》第51条规定："无处分权的人处分他人财产，经权利人追认或者无处分权的人订立合同后取得处分权的，该合同有效。"《合同法》这一规定的目的是为维护静态安全。

（二）无权处分行为的构成要件

无权处分行为的构成要件有：(1)行为人实施了处分他人财产的行为；(2)行为人对他人财产没有处分权，即未经他人授权而处分他人财产；(3)行为人以自己的名义处分财产；如果无权处分人未经授权以他人名义处分他人财产，虽然也具有无权处分的特征，但已构成无权代理行为。

（三）无权处分行为的法律效力

无权处分行为产生两种后果：即因无权处分导致合同无效，以及因追认或者取得处分权而使之有效。

无权处分人的无权处分行为之所以无效，主要是因为行为人没有处分财产的权利能力，即主体不合格。另外，无权处分人处分他人财产，其处分权存在瑕疵。如果经权利人追认或者无处分权人在订立合同后取得处分权，其权利瑕疵即得到补救，合同也就因此有效。

第五节　合同的履行

一、合同履行概述

(一)合同履行的概念

合同的履行,是指合同双方当事人按照合同约定的内容,完成各自应承担的义务,实现合同规定的权利。也即按照合同约定的内容,如标的、数量、质量、价款和报酬、履行期限、履行地点、履行方式等,全面地完成各自所承担的义务的行为过程。

在合同实践中,合同的订立是前提,合同的履行是关键,当事人通过订立合同,实现设立、变更、终止民事权利义务关系之目的,必须通过合同的履行才能达到。如果合同订立后,得不到履行,订立合同的目的就会落空。合同订立后能否得到切实履行,不仅关系到合同双方当事人的权利义务能否实现,关系到保护合同双方当事人的合法权益,而且还关系到社会正常的经济秩序能否得到保障和经济建设能否顺利进行。

(二)合同履行的原则

合同履行的原则,就是双方当事人在履行合同约定义务的整个过程中,应当共同遵守的基本规则或准则。根据《合同法》第 60 条等的有关规定,合同履行应当遵循以下几项原则。

1. 全面履行原则。《合同法》第 60 条规定:"当事人应当按照约定全面履行自己的义务。"全面履行原则要求合同当事人按照合同的约定,全面地完成自己的各项义务,即当事人不仅要严格按照合同约定的标的履行,同时在履行的数量、质量、价款或报酬,以及履行的地点、方式和期限等方面,都要严格按照合同的约定进行。全面履行原则是判断合同是否违约的法定标准,是衡量合同履行程度和违约责任的尺度。合同的条款,虽有主次之分,但没有可履行和不可履行之别。合同的条款只有全面履行,才能实现当事人双方签约时所希望达到的目的。

全面履行原则主要包括以下两大内容:一是当事人必须正确地履行合同所规定的内容。这里强调的是"正确性"。合同的内容是事先经双方当事人协商一致确定的,合同一经成立,就在双方当事人之间产生法律效力,双方当事人都必须严格按照合同的内容正确地履行其应尽的义务。二是当事人必须全面地履行合同所确定的内容。这里强调的是"全面性"。

2. 诚实信用原则。《合同法》第 6 条规定:“当事人行使权利、履行义务应当遵循诚实信用原则。”第 60 条规定:“当事人应当遵循诚实信用原则,根据合同的性质、目的和交易习惯履行通知、协助、保密等义务。”诚实信用原则不仅是合同履行必须遵循的基本原则,也是合同法的基本原则。这一原则贯穿于合同的订立、履行以及到合同终止的全过程。按照诚实信用原则的要求,当事人不仅要承担合同约定和法律规定的义务,还应承担随着合同关系的发展而逐渐产生的诚实、善意等附随义务,即对于依照通常人看法应由债务人承担的义务,即使合同未作约定,债务人也应履行。合同的履行应当遵循诚实信用的原则,当事人在履行合同时,要心怀善意,要诚实,讲信用,相互协作,要根据合同的性质、目的和交易习惯等,妥善地履行通知、协助、保密等义务;不得欺诈,不得滥用权利。

根据诚实信用原则的要求,当事人在履行合同时应当做到以下几点:(1)双方当事人都应当按照合同约定的条款,善意地履行合同,而不可滥用权利;(2)当合同就某些事项或某一事项未明确约定时,债务人应当以公平原则并考虑事实状况合理地履行自己应尽的义务;(3)在履行合同过程中,债务人发现履行合同会损害债权人利益时,应当采取积极措施避免损害对方权益的事件发生;(4)在给付特定物为义务的合同中,债务人在交付特定物之前,应当以善良管理人的注意,妥善保管特定物;(5)在合同履行过程中,当事人双方都应当按照合同的性质、目的和交易习惯,履行自己应尽的及时通知、协助、照顾、保护和保密等义务;(6)在发生不可抗力或其他原因致使合同不能履行或不能按照原先约定条件履行时,债务人应及时通知债权人,以便双方及时协商处理合同债务,减少或避免损失的发生;当事人一方如果未按照诚实信用原则履行合同,给对方当事人造成损害的,未履行的一方应依法承担相应的责任;给对方当事人的履行造成困难的,对方当事人有权依法采取相应的措施。

二、合同条款约定不明的协议补充和法定履行规则

(一)合同条款约定不明的协议补充

合同条款的约定应当明确、具体,以便于合同的履行,但是,由于客观情况的复杂性和当事人主观认识的局限性,合同条款的欠缺或约定不明的现象是不可避免的。当出现这种情况时,首先的补救方法是通过签订补充协议使其明确,《合同法》第 61 条的规定被认为是约定不明时的补充协议的规定。

合同的质量、价款或者报酬、履行地点等内容通常不是合同成立的必备条款,在当事人没有约定或约定不明确但不影响合同成立的情况下,当然也不会影响合同的生效,但会影响合同的履行。为使当事人的合同条款明确化,允许当事人通过协议进行补充。在当事人不能协议补充的时候,应根据已有的合同条款

来确定约定不明的条款内容，如果已有的条款仍不能确定时，则应根据通常的交易习惯来确定。

（二）合同条款不明确的法定履行规则

《合同法》第62条确立了一系列的履行规则，但应注意的是，《合同法》的该条规定只是在当事人不能达成补充协议，又不能按照合同有关条款或者交易习惯确定时才能适用，具有补充当事人意思的作用。具体履行规则有以下几种。(1)质量要求不明确的，按照国家标准、行业标准履行；没有国家标准、行业标准的，按照通常标准或者符合合同目的的特定标准履行。(2)价款或者报酬约定不明确的，按照订立合同时的履行地的市场价格履行；依法应当执行政府定价或政府指导价的，按照规定履行。(3)履行地点不明确的，给付货币的，在接受货币一方所在地履行；交付不动产的，在不动产所在地履行；其他标的，在履行义务一方所在地履行。(4)履行期限不明确的，债务人可以随时履行义务，债权人也可以随时请求履行，但应当给对方必要的准备时间。(5)履行方式不明确的，按照有利于实现合同目的的方式履行。(6)履行费用负担不明确的，由履行义务一方负担。

三、向第三人给付的合同与第三人为给付的合同

（一）向第三人给付的合同

向第三人给付的合同是指当事人一方向对方约定由对方向第三人履行给付的，在民法理论上称为向第三人给付的合同，也称为第三人利益订立的合同。《合同法》第64条规定："当事人约定由债务人向第三人履行债务的，债务人未向第三人履行债务或者履行债务不符合约定的，应当向债权人承担违约责任。"该规定就是由债务人按照约定向第三人给付的合同，简称向第三人给付的合同。传统的民法理论将向第三人给付的合同分为两种情形：一是只有合同债权人有履行请求权，称为非真正的为第三人利益的合同；二是第三人享有直接的履行请求权，称为真正的为第三人利益合同。为第三人利益订立的合同与代理关系是不同的，在代理关系中代理人只是以本人的名义为本人订立合同，本人是合同当事人而享有合同上的请求权，而在为第三人利益订立的合同中，第三人虽然不是合同当事人，但享有因合同而产生的请求权。

1. 向第三人给付的合同的效力。在向第三人给付的合同中，合同当事人双方可以约定由债务人向第三人履行债务，这是当事人的约定自由。在此种情况下，合同的当事人仍然是合同双方，第三人只是被合同当事人指定接受合同债务履行的人，并且在通常情况下，第三人与债权人之间存在着另外一种法律关系。

由于第三人不是合同当事人，在其未表示接受利益之前，合同当事人可以随时约定变更合同或者废除向第三人给付的约定。有特别约定时，债权人也可以单方通知债务人不向第三人履行。在此种合同中，债务人因合同对债权人所享有的抗辩权，也可以对抗受益的第三人。例如，在向第三人给付的买卖合同中，债权人按约定未支付价金的，在第三人行使请求权时，债务人可以主张不履行合同的抗辩权。

2. 债务人的违约责任。《合同法》第 64 条规定，债务人未向第三人履行债务或者履行债务不符合约定的，应当向债权人承担违约责任。这说明，合同关系的当事人仍然是债权人与债务人，因履行合同发生的权利义务争议仍然是债权人与债务人之间的争议，债务人未向第三人履行债务或者履行债务不符合约定的，仍然须向债权人承担责任。

（二）第三人为给付的合同

当事人一方向另一方约定由第三人对其履行债务的合同，在民法理论上称为由第三人为给付的合同或者第三人为给付的合同。《合同法》第 65 条规定："当事人可以约定由第三人向债权人履行债务，第三人不履行债务或者履行债务不符合约定，债务人应当向债权人承担违约责任。"该条规定的就是第三人为给付的合同。

当事人按约定由第三人向债权人履行债务，这也是合同约定的自由，但是，第三人对于该合同并不承担任何义务。因为，合同关系只能约束合同的当事人，也即只在当事人之间发生债权债务关系，第三人是否履行由其自愿决定。即由第三人承担义务，必须经第三人同意，否则合同的约定对第三人没有法律拘束力。由于合同当事人仍然是合同双方，第三人不履行债务或者履行债务不符合约定条件的，债务人按约定向债权人承担违约责任。而且，在由第三人为给付的合同中，合同的债务人往往与第三人存在着另外的法律关系，否则不会无故约定由第三人履行，当然，这种关系只是债务人与第三人之间的事情，与债权人无关。

四、合同履行抗辩权

（一）合同履行抗辩权概念

抗辩权又称异议权，是指对抗请求权或者否认他人权利主张的权利。抗辩权的作用是使对方的权利受到阻碍或者消灭。根据抗辩权是使对方的权利永久性地消灭还是暂时地受阻，可以将其区分为永久的抗辩权和一时的抗辩权，前者即可以使请求权永远消灭的抗辩权，如诉讼时效届满后的抗辩权；后者是使请求权在一段时间内暂时不能行使的抗辩权，如一般保证中的先诉抗辩权。

(二)同时履行抗辩权

同时履行抗辩权属于抗辩权的一种，又称履行合同的抗辩权，是指在未约定先后履行顺序的双务合同中，当事人一方在对方未为对待给付之前，有权拒绝履行合同义务的权利。《合同法》第 66 条规定："当事人互负债务，没有先后履行顺序的，应当同时履行。一方在对方履行之前有权拒绝其履行请求，一方在对方履行债务不符合约定时，有权拒绝其相应的履行请求。"本条就是关于同时履行抗辩权的规定。

同时履行抗辩权是由双务合同的关联性所决定的。也就是说，在双务合同中，一方的权利与另一方的义务之间存在着相互依存、互为因果的关系。这种关联性表现为三个方面：(1)发生上的关联性，即双方当事人的权利义务产生于同一个合同，相互之间的权利义务具有对等关系，一方的权利就是另一方的义务，反之亦然。(2)履行上的关联性，即双方当事人基于对待义务履行合同，一方义务的履行就意味着对方权利的实现，而一方不履行义务，则对方的权利实现就受到障碍，其义务履行也受到影响。(3)存续上的关联性，即在双务合同中，当事人应当同时履行其所承担的债务，一方只有在自己履行债务的情况下，才能请求对方履行义务，反之亦然。

同时履行抗辩权的行使应当符合下列条件。(1)在同一双务合同中互负对待给付义务。双务合同是当事人双方互负债务的合同，其债务具有对等、对价或者对待关系。正是由于当事人之间在给付上存在着对应的关系，其在履行上可以相互制约、相互牵连，形成了同时履行抗辩权。(2)互负的义务已到了清偿期。既然同时履行抗辩权是在同时履行时的抗辩权，是一种对方在不为给付时也同时拒绝给付的履行违约权，那么，双方的对待给付义务必须是同时到了履行期。如果双方的对待给付债务没有到履行期，就不存在同时履行抗辩权。(3)须对方未履行债务。只有在对方未同时履行义务时，才享有同时履行抗辩权，拒绝自己的履行。这种拒绝是相互的，自己可以拒绝向对方履行，对方也可以拒绝向自己履行，最终的平衡通过同时履行而实现，或者以都不履行而告终。

(三)履行瑕疵抗辩权

《合同法》第 66 条规定："一方在对方履行债务不符合约定时，有权拒绝其相应的履行要求。"该条规定属于我国《合同法》履行瑕疵抗辩权的规定，是《合同法》同时履行抗辩权的一种延伸。在双务合同中存在着对待给付，一方所为的给付不符合约定即存在着瑕疵时，与此相对应的对方的对待给付即因前提给付有瑕疵而可以拒绝履行。因此，这种由同时履行抗辩权延伸出来的抗辩权可以称为履行瑕疵抗辩权。例如，一方交付的标的物有瑕疵时，对方除可以请求修理等外，还可以拒付相应的价金；一方只作部分的履行时，对方可以履行相应的部分，而对其他部分可以拒绝履行。

在我国以前的合同立法和司法实践中，着重强调的是双方的履行义务，认为不履行义务时双方均应承担各自的违约责任，未从同时履行抗辩权的角度赋予当事人直接的救济权，并且模糊了当事人的责任关系。《合同法》第 66 条确立的同时履行抗辩权可以解决此类矛盾。

（四）后履行抗辩权

《合同法》第 67 条规定："当事人互负债务，有先后履行顺序的，先履行一方未履行之前，后履行一方有权拒绝其履行请求，先履行一方履行债务不符合约定的，后履行一方有权拒绝其相应的履行请求。"本条是关于后履行抗辩权的规定。

后履行抗辩权的构成条件有：(1)必须是双务合同，后履行抗辩权是双务合同中的抗辩权；(2)合同债务的履行存在着先后顺序，履行先后根据当事人约定、法律规定或者交易习惯确定；(3)先履行债务一方不履行债务或者履行债务不符合约定。

（五）不安抗辩权

不安抗辩权是指在债的履行中，有先为履行义务的一方在对方财产、商业信誉或者其他与履行能力有关的事项发生重大的变化时，可以中止履行债务的权利，称为不安抗辩权，又称为先履行抗辩权。《合同法》第 68 条第 1 款规定："应当先履行债务的当事人，有确切证据证明对方有下列情形之一的，可以中止履行：(1)经营状况严重恶化；(2)转移财产、抽逃资金，以逃避债务；(3)丧失商业信誉；(4)有丧失或者可能丧失履行债务能力的其他情形。"本条就是关于不安抗辩权的规定。

不安抗辩权是为了维护合同当事人实质上的权利义务的公平、确保债的信用而确立的权利。先为给付的一方当事人在履行之前，发现债务人的财务或者信用状况发生严重变化，在履行之后对方的对待给付极可能不能实现，从而危及到先为履行义务一方的债权，此时强求先为履行的一方予以履行，可能增加债权债务纠纷，而且，明知存在不利后果而仍让先为履行一方冒险履约，虽在形式上强调了合同的效力，但在实质上损害了履行一方的权益，对其是不公平的。不安抗辩权就是既保护先为履行义务一方的权益，又保护相对人权利的一项制度，即其在合同的履行上加上了一层保险，先履行义务的一方可以如约履行义务，但需要相对方提供担保，否则就不予履行。

不安抗辩权的适用必须具有法定事由，《合同法》第 68 条规定了适用不安抗辩权的法定事由，当事人没有确切证据而行使不安抗辩权的，应当承担违约责任。从该条规定的精神来看，这些事由必须是合同成立后所发生的事由，如果在合同订立时即具有这些事由的，先为履行义务的一方如不知情，可以援引欺诈、错误等进行抗辩，寻求救济；如明知这些情况而仍然签订合同，就没有给予不安抗辩权保护的必要了。行使不安抗辩权的法定事由有以下几种。

1. 经营状况严重恶化。市场竞争异常激烈，市场行情瞬息万变，经营者在市场交易中既具有机遇，又充满风险。因此，订立合同时与履行期届至时的经营状况难免会发生变化，经营者的经营情况会发生严重的恶化，致使丧失或者可能丧失履行能力，有先为履行义务的一方可以主张不安抗辩权。该事由对于相对人经营状况有着程度上的要求，即须达到“严重恶化”的程度。但是，“严重恶化”只是一种抽象的描述，弹性较大，没有明确的量化幅度。因此，这种标准应当逐步细化。

2. 转移财产、抽逃资金，以逃避债务。在专以逃避债务为目的而转移财产、抽逃资金的情况下，既然相对人有逃避债务的恶意，对于先为履行义务方行使不安抗辩权的限制就应该放宽，原则上只要有此类行为，不问程度如何，都可以行使不安抗辩权。

3. 丧失商业信誉。商业信誉是大众对经营者商业信誉状况的评价。如果相对人在经济交往中屡屡违约，不讲信用，也可以构成行使不安抗辩权的事由。

4. 丧失或者可能丧失履行能力的其他情形。上述三项事由都是丧失或者可能丧失履行能力的事由，本项规定又是在上述事由基础上的概括式规定，即指上述三项事由所不能包括的事由，如企业遭遇火灾，严重影响了交货能力。

当事人行使不安抗辩权，应符合《合同法》的规定。《合同法》第 69 条规定，“当事人依照本法第 68 条的规定中止履行的，应当及时通知对方。对方提供适当担保时，应当恢复履行。中止履行后，对方在合理期限内未恢复履行能力，也未提供适当担保的，中止履行的一方可以解除合同。”本条是对行使不安抗辩权的具体事项和后果的规定。当事人行使不安抗辩权的要求有下列几种。(1)通知义务。当事人因行使不安抗辩权而中止履行时，应当及时通知对方。这是对对方权利的必要保护，对方及时了解情况后，可以提出异议，可以采取补救措施，等等。如果不尽及时通知义务，行使不安抗辩权的一方应当承担相应的违约责任。(2)对方提供担保时应恢复履行。法律赋予不安抗辩权的目的是保护先为履行义务方的债权，如因对方提出担保措施而使债权得到了保障，不安抗辩权的行使基础就不存在，此时应当恢复已中止的债务履行。(3)解除合同。中止履行后，对方在合理期限内未恢复履行能力，也未提供担保的，法律赋予了先为履行义务方的单方解除权，即中止履行的一方可以解除合同。

五、合同履行的保全

(一)合同履行保全的概念

合同保全是债权保全制度的基本构成部分,保全的目的是使合同债权能得到安全实现,而合同债权的实现又是以合同义务的履行为实现条件的。因此,合同的保全更确切地说就是合同履行的保全。合同履行的保全,就是为保护合同债权人的债权不受债务人不当行为的损害而对合同债权人采取一定保护措施的法律制度。合同履行的保全制度就是由这些保护债权的措施及措施的实行构成的。债权人权利的实现是以债务人债务的履行为条件的。当债务人不履行自己的债务时,债权人有权要求强制执行债务人财产,这是债权法律效力的体现。因此,债务人的全部财产就是债务履行的最后保障,理论上称为"责任财产"。这样,债务人财产的增加或减少,都会直接影响到债权人权利的实现。为保障债权人权利的实现,法律通常赋予债权人代位权和撤销权,以此消除对责任财产的消极因素影响和积极因素影响,克服强制执行和特别担保的不足。正是从确保合同债权实现的角度讲,理论上通常又把以债权人代位权和债权人撤销权为基本内容的合同履行保全制度称为债的一般担保。合同履行的保全制度由于涉及到第三人,因而属于合同的对外效力。虽然按照合同相对性原则,合同当事人无权涉及第三人,但在利益衡量上,为了保障合同债权人债权的安全,在危及债权的特殊情况下,其保全效力及于第三人是必要的。

(二)债权人的代位权

债权人代位权是指债权人享有的对于债务人不积极行使自己的权利而危及债权人债权实现时,债权人得以自己名义代替债务人直接向第三人行使权利的权利。简言之,就是债权人以自己名义行使债务人权利的权利。权利的行使就是利益的获得,当债务人享有财产权利时,债务人的责任财产就有可能增加。如果债务人对其享有的财产权利不积极行使,势必使其财产总额应增加而不增加,危及债权人债权的实现。允许债权人代替行使属于债务人的权利,就会使债务人的财产得到增加,承担财产责任的能力增强,从而达到保障债权实现的目的。

从权利行使的后果归属看,代位权行使的后果是直接由债务人承担。代位权的行使是以债权安全为目的,而不是对债务人财产进行扣押或取得对债务人财产的优先受偿,因而,代位权不是优先受偿权。代位权是法律为了保障债权而赋予债权人的权利,与债务人主观意志无关,因而是法定权而不是约定权,是从属于债权的一种特别权利。我国合同法已正式确定债权人的代位权,《合同法》第73条规定:"因债务人怠于行使其到期债权,对债权人造成损害的,债权人可以向人民法院请求以自己的名义代位行使债务人的债权,但该债权专属于债务人自身的除外。”

债权人的代位权作为债权人的一种特别权利,可以说,任何债权人在债权产生时,都普遍享有。但这并不意味着债权人在任何时候都可行使代位权。代位权的行使,通常应符合以下条件。

1.债务人须享有对于第三人的权利。由于代位权是涉及第三人的权利,如果债务人不享有对第三人的权利,代位权就没有行使的目标或标的。当然,代位权的行使,在某种意义上类似于债务人的权利转让,并非所有债务人的权利都能成为代位权行使的对象。同时,代位权行使的目的是为增加债务人的财产总额,不能增加财产的权利行使就不能达到代位权设立的目的。因此,专属于债务人的权利、不得转让的权利、非财产权利等,不是代位权行使的对象。能为债权人代位行使的债务人的权利,通常只能是纯粹的财产权利,而且根据我国《合同法》第 73 条的规定,仅限于到期债权,物权及未到期债权,都不能作为代位权标的。

2.债务人怠于行使权利。怠于行使就是债务人应当行使且能够行使而不行使的行为。这里包含两个方面的前提,即应当行使和能够行使。应当行使就是指债务人若不及时行使其权利,权利就有可能消灭或减值。能够行使则指债务人客观上有能力行使权利,不存在任何行使权利的障碍。因此,不应当行使的权利或不能够行使的权利,债务人不行使,债权人不得行使代位权;应行使且能行使的权利,债务人不当行使的,债权人也不得行使代位权。否则,就构成对债务人行使权利的不当干涉。

3.债务人已陷于迟延。若债务履行还未到履行期限,债权人权利是否能够顺利实现还难以预料,这时债务人权利的怠于行使与债权人权利的实现之间,无直接关系,不能产生代位权的行使。

4.债务人的怠于行使损害了债权人的债权。代位权的设定是以增加债务人财产进而增强债务人的责任能力为目的的,如果债务人的财产用于清偿其所有债务,债务人应增加的财产不增加甚至减少,都不会危及债权的实现,对债权无任何损害,债权人就不得行使代位权。只有债务人的行为会损害债权时,才有对债权进行保护的必要。判定是否对债权造成损害,就是看债务人的财产是否足以为债务之清偿。如果债务人的责任财产本身已不足以清偿全部债务,则应增加而未增加财产的行为就是对责任财产的损害,进而是对债权人债权的损害。

5.债权人行使代位权,必须以自己的名义进行。若以债务人名义行使,就不存在代位问题。

6.代位的行使范围仅以债权人的债权为限。虽然,代位权行使的结果对所有的债权人适用,但代位权的行使范围,仅以行使代位权的债权人的债权为限。

如果代位权行使的结果已足以清偿债权人的债权，债权人就不得再行使债务人的其他权利。

债权人代位权的行使由于是强行代替债务人的地位而行使，没有债务人的意志在内，因此，原则上不得对债务人的债权进行任何处分，也不得直接将行使代位权的结果归于自己，或直接实现自己的债权。债权人与债务人的债务人没有任何法律上的关系，债务人的债务人对债权人也就不负任何的支付义务。不管在何种情况下的履行，债务人的债务人履行债务的结果都只能归属于债务人。

债权人代位权的行使方式，在立法上有两种，一种是直接行使方式，一种是裁判行使方式。裁判行使方式能够有效担保行使结果的公平，直接行使容易导致权利的滥用。根据我国《合同法》的规定，代位权的行使必须通过法院进行，即应采取裁判行使的方式。

代位权行使的效力，涉及到三个方面的当事人，即债权人、债务人、第三人。对于债务人而言，代位权行使的结果是直接归属于债务人。行使结果的所有权只能由债务人享有，而不属于债权人。如果债务人怠于受领，债权人可以代位受领，但仍不能享有对受领标的的所有权。对于第三人而言，代位权的行使并不影响其原有的法律地位和利益，其得对抗债务人的抗辩权，均可用来对抗债权人，但对抗债权人的抗辩权却不能对抗债权人代位权的行使。对于债权人而言，代位权行使的结果不能直接归于自己，行使代位权不得超出债务人权利的范围，但对于行使代位权的必要费用，可以要求债务人清偿。

（三）债权人的撤销权

撤销权是指债权人对于债务人实施的减少财产的行为而危及到债权人债权实现时，有请求法院撤销其行为的权利。简言之，就是请求撤销债务人行为的权利。行为一旦被撤销，就会产生恢复原状的后果，债务人可能减少的财产就不会减少，可能增加的财产还会增加，从而增加债务人责任财产的总额，增强债务人债务清偿的能力。

债权人的撤销权制度在我国的合同法中得到了确立。《合同法》第 74 条规定："因债务人放弃其到期债权或者无偿转让财产，对债权人造成损害的，债权人可以请求人民法院撤销债务人的行为。债务人以明显不合理的低价转让财产，对债权人造成损害，并且受让人知道该情形的，债权人也可以请求人民法院撤销债务人的行为。"

债权人撤销权的成立，通常应符合客观要件和主观要件。

1. 客观要件。客观要件指债务人客观上实施了一定的危害债权人债权的行为，表现在：第一，债务人实施了法律上的处分行为。处分行为可有事实上的处分和法律上的处分，债务人实施的行为若属事实上的处分，则无法撤销。第二，债务人的处分行为是以财产为标的的，即财产上的处分行为。非财产上的处分行为，与债务人的责任财产无关，不能撤销。这里的财产不仅限于现实的财产，可得的财产也包括在内，即包括到期债权等。第三，债务人的行为侵犯债权，即危及到债权实现。债务人积极减少财产，如无偿转让财产；消极减少财产，如放弃到期债权、主动承担债务等，都会使债务人的责任财产减少而危及债权实现。当然，无论是积极减少财产或消极减少财产，如果减少后的责任财产均足以清偿债务人的债务，其行为对债权人债权则不会有侵害。

2. 主观要件。主观要件指债务人和第三人具有主观上的恶意，即在进行行为时明知有害于债权而仍进行。对于主观要件的适用，应区分行为的有偿无偿而不同。债务人行为是无偿的，则无须主观恶意的要求，只要客观要件具备即可撤销。因为，无偿行为的撤销并不损害第三人原有的其他利益。根据我国《合同法》规定，无偿行为包括无偿转让和放弃到期债权两种。主观要件的规定，只在有偿行为中适用。当债务人的行为属有偿时，主观要件的恶意又包括两个方面。一方面是债务人的恶意，它是撤销权成立的要件；另一方面是第三人的恶意，它是撤销权行使的要件。只有债务人的恶意而没有第三人的恶意，撤销权成立但不能行使；只有第三人恶意而无债务人恶意，撤销权不能成立。判断债务人的恶意，我国《合同法》以债务人是否以"明显不合理的低价"转让为依据。第三人恶意的认定，仅以在进行行为时，知道债务人所为的行为有害于债权即可，即知道其以明显不合理的低价处分其财产。

符合主、客观要件的撤销权就是可行使的撤销权。撤销权的行使须是债权人以自己的名义，通过诉讼的方式在债权人的债权范围内进行的。并且，须自债权人知道或应当知道撤销事由存在之日起 1 年内行使，若债权人不知或不应知道撤销事由的存在，则须自债务人进行行为之日起 5 年内行使，否则，均导致撤销权消灭。

第六节　合同的变更、转让和解除

一、合同的变更

（一）合同变更的概念和特征

合同的变更即合同内容的变更，是指在合同成立之后，尚未履行或者尚未完全履行前，当事人通过协议修改或者补充合同的内容，变更其权利义务。我国《合同法》第 77 条规定："当事人协商一致，可以变更合同。法律、行政法规规定变更合同应当办理批准、登记等手续的，依照规定。"这是关于合同变更的一般规定。

合同的变更具有以下特点:(1)合同的变更是通过协议达成的。合同是当事人协商一致订立的,合同的变更也必须在原基础上达成新的协议才能变更。任何一方未经对方同意不得擅自变更合同内容。在变更协议达成之前,原合同关系仍然有效。(2)合同的变更不是合同性质的变化。在合同变更的情况下,只是合同内容的局部修改和补充,而不是合同性质的变化。

(二)合同变更的方式

合同的变更采用当事人协商变更的方式。根据《合同法》第 77 条的规定,当事人协商一致,可以变更合同;依该条规定,当事人在合同成立后,由于各种情况的变化,使得按照原来合同履行义务产生一定困难,则当事人可以要求变更合同。要求变更方应向对方提出变更合同的请求,并与对方当事人协商。双方就变更合同达成一致后,合同便变更,双方当事人应根据变更后的合同履行自己的合同义务。

当事人协商变更合同时,应对合同中所变更的内容作出明确约定。按《合同法》规定,如果对合同变更的内容约定不明确的,推定为未变更。另外,法律、行政法规规定应当办理批准、登记等手续的,应当在办理批准或登记手续后才能变更。

二、合同的转让

(一)债权转让

债权转让是指合同的债权人将合同的权利全部或部分转让给第三人的行为。《合同法》对债权转让首次作了明确的规定。按照《合同法》对债权转让的规定,债权人转让权利的,应当通知债务人。即合同的债权人转让权利,在与第三人达成转让协议后,只要通知债务人就可以生效,并不需要经过债务人同意,通知债务人是债权转让生效的必经程序。债权人一旦将转让债权的事实通知债务人便不得撤销,除非经过债务人同意撤销的。法律规定不得转让的债权不得转让。

在合同债权转让以后,受让人成为债务人的债权人,债务人基于债务关系对于原债权人的抗辩权,对债权转让后的新债权人继续有效。

(二)债务转让

债务转让是指合同的债务人将合同的义务全部或部分转让给第三人的行为。由于债务人的偿债能力直接影响到债权人债权的实现,因此,《合同法》规定,债务人向第三人转让债务的,应当经债权人同意,未经债权人同意的,该债务转让不发生法律效力。根据《合同法》规定，债务人转让合同义务的，新债务人在受让债务的同时，也取得了原债务人对债权人的抗辩权。

（三）合同权利义务的一并转让

合同权利义务的一并转让是指合同当事人的一方将自己在合同中的权利和义务一并转让给第三人。根据《合同法》的规定，合同权利义务的一并转让应当征得对方当事人的同意，否则转让无效。同样，法律规定不得转让的不得转让。

三、合同的解除

（一）合同解除的概念

合同解除是指在合同有效成立之后，在一定条件下通过当事人的单方行为或者双方协议提前终止合同效力或者溯及地消灭合同效力的行为。合同解除有协议解除和通知解除两种基本方式。合同的解除是合同终止的事由之一，具有以下特点：(1)合同解除是对有效合同的解除。合同解除的前提是合同为有效合同，无效合同和可撤销合同不存在解除问题。(2)合同的解除必须具有解除的事由。合同解除的事由既有当事人意定的事由，又有法定的事由；既有单方解除的事由，又有双方协商解除的事由。对此，《合同法》有专门的规定。(3)合同的解除必须通过解除行为而实现。我国《合同法》规定了当事人协商解除合同和通知解除合同的行为要件。(4)合同的解除产生终止合同效力，并溯及地消灭合同。按照我国《合同法》的规定，合同解除后，尚未履行的，终止履行；已经履行的，根据履行情况和合同的性质，当事人可以请求恢复原状，或者采取其他补救措施，并有权要求赔偿损失。

（二）合同的协议解除

合同的协议解除是指当事人通过协议解除合同的方式。根据《合同法》第93条的规定，即当事人在订立合同后，由于客观情况的变化认为需要解除合同的，可以与对方协商达成解除合同的协议。解除协议达成时，合同即告解除。此种合同的解除方式是较为常见的解除方式，在当事人没有通知解除权的情况下，必须按照这种方式解除合同。

（三）合同的通知解除

合同的通知解除又称合同的单方解除，是指在具备法定事由时，合同的一方当事人通过行使解除权就可以终止合同效力的解除。按照《合同法》第94条的规定，当事人通知解除合同的条件主要有：

1. 合同当事人在合同中约定了解除条件的，一旦解除合同的条件成就时，有解除权的一方当事人可以解除合同；

2.因不可抗力致使不能实现合同目的；

3.在履行期限届满之前，当事人一方明确表示或者以自己的行为表明不履行主要债务；

4.当事人一方迟延履行主要债务，经催告后在合理期限内仍未履行；

5.当事人一方迟延履行债务或者有其他违约行为致使不能实现合同目的；

6.法律规定的其他情形。

(四)当事人行使解除权的方式

按《合同法》规定，当事人一方单方解除合同的，应当通知对方。合同自解除通知到达对方时解除。按此规定，我国对合同解除采用通知解除的方式，即由当事人直接向对方发出解除合同的通知即可产生解除合同的效力。

另外，《合同法》还规定当事人行使合同解除权时，应当在法定或约定的期限内行使，没有法定或约定解除权行使期限的，应在对方催告后的合理期限内行使，否则将丧失解除权。如果法律、行政法规规定解除合同应当办理批准、登记手续的，应当办理批准或登记手续。

第七节　违约责任

一、违约责任的概念和特征

违约责任即违反合同的民事责任，是指合同当事人违反合同约定所应承担的法律责任。违约责任制度是保证合同目的实现的一项重要合同法律制度。《合同法》对我国合同违约责任制度在原有《民法通则》、《经济合同法》、《涉外经济合同法》基础上作了较大修改，使我国现在的合同违约责任制度发生了一些变化。我国现行《合同法》所规定的违约责任具有以下特征。

1.违约责任是以违反合同义务为前提的。首先，违约责任产生的基础是双方当事人之间存在合法有效的合同关系。若当事人之间不存在有效的合同关系，则无违约责任可言。其次，违约责任是以违反合同义务为前提。违约责任是违反合同义务行为所导致的法律后果，没有违反合同义务的行为，便没有违约责任。

2.违约责任的确定具有相对任意性。除法律强制规定外，当事人可以在法律规范的指导下，通过合同加以确定。违约责任的这一特征是由合同自由原则所决定的。法律允许合同当事人自主、自愿约定各自的权利义务，同时也允许当事人约定违约后的补救措施。《合同法》第114条规定："当事人可以约定一方违约时应根据违约情况向对方支付一定数额的违约金，也可以约定因违约产生的损失赔偿额的计算方法。"这些都充分表明,违约责任的确定具有相对的任意性。但是,违约责任的任意性是相对的,不是绝对的,它还具有一定的法律强制性。

3.违约责任具有补偿性。违约责任作为民事责任的一种,主要是一种财产责任,一方当事人违反合同义务会给另一方造成财产损失。而追究违约责任的目的,主要是弥补或补偿因违约行为而给合同债权人所造成的财产损失。从我国《合同法》所确认的违约责任方式来看,无论是强制实际履行,还是支付违约金或赔偿金,或者采用其他补救措施,无不体现出补偿性。这是合同法平等、公平、等价有偿原则的具体体现。所以,我国《合同法》第 113 条明确规定,违约方给对方造成损失时的损失赔偿应当相当于因违约所造成的损失。

4.违约责任具有相对性。违约责任的相对性是指违约责任只能在特定的当事人之间即合同关系的债权人和债务人之间发生,合同关系以外的第三人,不负违约责任,合同当事人也不对第三人承担违约责任。《合同法》第 121 条明确规定:"当事人一方因第三人的原因造成违约的,应当向对方承担违约责任。当事人一方和第三人之间的纠纷,依照法律规定或者按照约定解决。"

二、违约责任的归责原则

归责原则是确定行为人的民事责任的根据和准则,是贯穿于整个民事责任制度并对责任规范起着统帅作用的立法指导方针。民事责任的认定必须遵循一定的归责原则。违约责任也一样,必须依其归责原则,来确定违约责任的构成条件,决定违约责任的举证责任,认定违约责任的免责事由,以及确定损害赔偿的范围。因此,正确规范违约责任的归责原则,对于构造违约责任制度的内容具有决定性的作用。我国《合同法》对违约责任的归责原则采取严格责任原则,即只要当事人不按照合同履行义务,不管是不是自己的原因,都要承担违约责任,至于其与第三人的纠纷属于另一个法律关系,并不能影响其违约责任的承担。

三、承担违约责任的方式

据《合同法》第 107 条的规定,违约责任的承担方式主要有如下几种。

(一)支付违约金

违约金是指合同当事人在合同中约定的,在合同债务人不履行或不适当履行合同义务时,向对方当事人支付的一定数额的金钱。违约金作为违约责任的方式,直接来源于双方当事人在合同中的约定,若当事人在合同中未约定违约金条款,则不产生违约金责任。

1.违约金的性质。违约金按其性质一般可分为惩罚性违约金和补偿性违约金。惩罚性违约金是指由合同约定或法律规定,由合同违约方支付一笔金钱,作为对违约方的惩罚。补偿性违约金是指合同双方当事人预先估计的损失赔偿总额。违约方承担违约金后，不再承担继续履行合同或赔偿损失的违约责任。我国《合同法》规定的违约金属于补偿性的违约金，即除合同当事人另有约定外，违约金应视为预定的违约赔偿金，债权人请求债务人支付违约金时，不得同时请求债务人继续履行合同或者赔偿损失。《合同法》第 116 条还明确规定，当事人约定违约金，又约定定金的，一方违约时，对方可以选择适用违约金或者定金条款。但是依据《合同法》第 114 条规定，当事人就迟延履行约定违约金的，违约方支付违约金后，还应当履行债务。这是违约金责任的一种例外。

2. 违约金的数额及增减。对于违约金的数额，应由双方通过协商在合同中约定。一般地说，合同当事人可在合同中对将来可能出现的违约情形作出具体分析后，约定一个固定的总额；也可就合同未履行部分的价值总额约定一个违约金比率。但不管采取哪种方法，违约金的约定应合法、合理。如果当事人在合同中约定的违约金过分高于或低于违约行为所造成的损害，当事人可请求人民法院或仲裁机构适当予以减少或增加。如果合同债务人已经履行部分合同债务，则应相应减少违约金。这样做的目的是为体现违约责任的公平原则。

（二）损害赔偿

损害赔偿是指因合同一方当事人的违约行为而给对方当事人造成财产损失时，违约方应向对方当事人所作的经济补偿。损害赔偿的违约责任方式具有典型的补偿性。它以违约行为造成对方财产损失的事实为基础，没有损害事实也就没有损害赔偿。

损害赔偿的范围依合同当事人的事先约定。如果合同当事人在签订合同时，事先约定了损害赔偿金的数额或者损害赔偿金额的计算方法，则应依其约定支付赔偿金。当事人在约定损害赔偿金或损害赔偿金数额的计算方法时，应充分考虑签订合同的客观情况，并应充分估计到违反合同将会带来的损失。如果合同当事人对损害赔偿金或损害赔偿额的计算方法未进行约定，一般来说，损害赔偿的范围应包括违约行为给对方当事人所造成的财产直接损失和间接损失。损害赔偿的范围包括直接损失和间接损失，已被国际社会所接受。值得注意的是，损害赔偿只限于财产损失，而不包括非财产损失。

（三）继续履行

继续履行是指由法院或者仲裁机构作出要求实际履行的判决或下达特别履行命令，强迫债务人在指定期限内履行合同债务。我国《合同法》第 107 条的规定承认了继续履行这一违约责任的承担方式。继续履行应具备如下条件：(1)须有合同债权人的请求。法院或仲裁机关只有根据合同债权人的申请，才能作出继续履行的裁决。若没有合同债权人的申请,法院或仲裁机关不得主动作出此类判决。(2)债务履行仍有可能,即合同债务人具有实际履行合同的能力,若债务人不具有实际履行的能力,则不能作出继续履行的裁决。(3)有继续履行的必要,即继续履行符合债权人的需要,且不损害社会公共利益和公序良俗。(4)法院认为可适用继续履行,即法院或仲裁机关依据合同的性质和强制的手段认为可继续履行。如果强制合同债务人实际履行费用过大或依合同性质不宜实际履行时,不得作出继续履行的裁决。根据《合同法》第 110 条规定:“当事人一方不履行非金钱债务或履行非金钱债务不符合约定的,对方可以要求履行,但有下列情况之一的除外:①法律上或事实上不能履行;②债务的标的不适于强制履行或者履行费用过高;③债权人在合理期限内未要求履行。”

(四)其他补救措施

其他补救措施是指《合同法》第 111 条所规定的情形,即质量不符合约定的,应当按照当事人的约定,承担违约责任。对违约责任没有约定或者约定不明确,依照本法第 61 条的规定仍不能确定的,受损害方根据标的性质以及损失大小,可以合理选择要求对方承担修理、更换、重作、退货、减少价款或者报酬等违约责任。

四、违反合同的免责事由

根据合同法的规定,免责事由分为法定事由、免责条款和因法律有特别规定三种。若在合同的履行过程中,出现了上述三种事由,导致合同不能履行或不能完全履行,将部分或全部免去债务人的责任。

(一)不可抗力

不可抗力是违约责任免责的法定事由。所谓不可抗力,依据《合同法》第 117 条第 2 款的规定,“是指不能预见,不能避免并不能克服的客观情况”。也就是说,不可抗力是合同订立后发生的,当事人订立合同时不能预见的,且不能避免和不能克服的导致合同不能履行或不能完全履行的客观现象。一般地说,不可抗力的范围包括三类:(1)自然灾害,如地震、台风等。(2)政府行为。合同当事人往往很难预见政府的政策、法律或行政措施的变化。如果当事人在合同签订之后,政府颁布新的政策、法律和行政措施等,导致合同不能履行,应免除债务人不履行合同的责任。(3)社会异常事件。主要是指阻碍合同履行的一些偶发事件,如战争、罢工、骚乱等。

不可抗力作为违约责任的法定免责条件,是现代各国法律的通例。我国《合同法》第 117 条明确规定:“因不可抗力不能履行合同的,根据不可抗力的影响,部分或者全部免除责任,但法律另有规定的除外。"但应注意的是,不可抗力的法律后果并不当然都是全部免除违约责任,而应视不可抗力的影响程度和给合同债务人造成的困难程度来分别处理。如果不可抗力已使合同债务人的履行成为不可能,则应解除双方当事人的合同关系,并免除违约方的违约责任;如果不可抗力只造成合同债务人的履行部分不能,则应变更合同关系,免除违约方的部分违约责任;如果不可抗力仅造成债务人履行债务的暂时困难,则可要求债务人迟延履行,但免除迟延履行的违约责任。另外,根据我国《合同法》规定,遭受不可抗力的合同一方当事人应将不可抗力的事实及时通知对方当事人,并应提供有关机构关于不可抗力的有效证明。如果当事人怠于实施这些行为,造成对方当事人损失的,仍应承担违约责任。

(二)约定免责条款

约定免责条款是指合同双方当事人在合同中约定一定的事由或条件。当违约符合所约定的事由或条件时,可免除违约方的违约责任。由此可见,免责条款并非产生于法律的直接规定,而是来源于合同双方当事人的约定。约定的免责条款较多地出现在格式合同条款中。但是,在现代社会里,格式条款的使用者往往是经济强者,尤其是垄断或准垄断集团;而条款的接受者则往往是消费者。为了保护消费者权益,维护合同公平正义,法律又对免责条款进行控制。我国《合同法》第 40 条、第 41 条、第 53 条分别对免责条款作出了限制。

(三)法律特别规定的免责条款

这是指除不可抗力之外,法律有特别规定的免责条件的,一旦发生违约又符合该条件时,可免除违约责任。如《合同法》第 311 条规定,在符合法律和合同规定条件下的运输,由于货物本身的自然性质或合理损耗的原因造成货物灭失、短少、变质、污染、损坏的,承运人不承担违约责任。

案例评析

【案例 1】

天河体育用品销售公司(以下简称天河公司)与南方体育用品有限责任公司(以下简称南方公司)有多年的业务往来,彼此之间具有较好的信用关系。天河公司于 1999 年 12 月 12 日,向南方公司发出一份要约,提出购买 S 型号的体育保暖成衣蓝、黄、红各 1000 套,X 型号篮球 2000 个,M 型号足球 1000 个,价格按照南方公司的出厂价格确定,要约从发出之日起 30 日内答复有效。南方公司接到天河公司的要约后,即依据天河公司的要求组织生产,并于 2000 年 1 月 10 日按要求向天河公司发货，发货单上明确载明价款：S号成衣 200×1000×3=600000(元)，篮球 90×2000=180000(元)，足球 100×1000=100000(元)，共计88万元。

由于运输过程中发生了不可抗力事件，直到2000年4月18日天河公司才收到货，比通常到货时间晚了近两个月。由于天河公司在通常的时间内未收到南方公司的发货，所以天河公司已经与本市的另一家体育用品制造商签订了一份具有同样内容的合同。天河公司通知南方公司说已经超过了要约中约定的承诺期限，所以不愿意再接收该批货物。为此双方发生争议。

经协商未果，南方公司向法院提起诉讼，要求判令天河公司履行合同。

法院受理该案后，对于如何处理该案，产生了两种不同意见。一种意见认为，天河公司的要约是有承诺期限的，在该期限内，南方公司未予以承诺，原要约已经消灭。南方公司单方的送货行为应当构成一个新的要约，天河公司可以接受也可以拒绝承诺。另一种意见认为，南方公司虽然没有以通知的方式向天河公司进行承诺，但南方公司以交货的方式作出了承诺，所以合同已经有效成立。

最后，法院采纳了第二种意见，判决天河公司履行合同。

【评析】

本案牵涉到合同法上的一项重要内容：承诺。承诺是相对于要约而言，是对要约的承诺。依据《合同法》第21条的规定："承诺是受要约人同意要约的意思表示。"一项合格的承诺，能够取得成立合同的法律效力，应当具备以下条件。(1)承诺应由受要约人或者其代理人作出。承诺是要约人对受要约人授予的一种同意要约而成立合同的权利，因此，只能由受要约人作出，才为有效的承诺，受要约人之外的第三人不能取得因要约而产生的承诺权利。(2)承诺是受要约人同意要约的意思表示。承诺的内容应当与要约的内容一致，不允许有实质的变更。(3)承诺应当向要约人作出。向要约人以外的人作出同意表示，一般不构成承诺。(4)承诺的方式须符合法律的规定。《合同法》第22条规定："承诺应当以通知的方式作出，但根据交易习惯或者要约表明可以通过行为作出承诺的除外。"由此可见，承诺的方式包括通知和行为两种。通知是主要的承诺方式，通知方式包括口头、书面、电子文件等方式。以行为进行承诺，足以推定其具有承诺的意思，则可为有效的承诺。行为方式的承诺，只有在依据交易习惯或者要约表明可以通过行为作出承诺时，才得适用。(5)承诺须在合理期限内作出。承诺的期限分为两种情况：一是约定承诺期限或者要约有效期；二是未约定承诺期限或者要约有效期。对于约定承诺期限的，受要约人必须在该期限内作出承诺，才可以成立合同，未作出承诺的，要约消灭。《合同法》规定承诺应当在要约确定的期限内到达要约人。要约以信件或者电报作出的，承诺期限自信件载明的日期或者电报交发之日开始计算。信件未载明日期的，自投寄该信件的邮戳日期开始计算。要约以电话、传真等快速通讯方式作出的，承诺期限自要约到达受要约人时开始计算。受要约人在要约限定的承诺期限之后，向要约人发出承诺的，为逾期承诺。逾期承诺因为已经逾期，所以在到达要约人时，对要约人已经没有拘束力。根据我国《合同法》第 28 条规定，逾期承诺有两种效力，一是要约人及时通知承诺人，承认该承诺有效的，合同成立；二是如果要约人接到逾期承诺后未通知承诺人该承诺有效的，则只能作为一新的要约，而不得认为是承诺。承诺在承诺期限内发出，因在途期间的耽误，在承诺期限之后到达要约人的，为承诺迟到。承诺迟到与逾期承诺不同，逾期承诺是在发出时，已经超出承诺期限，而承诺迟到则是在承诺期限内发出，而只是在到达要约人时超出承诺期限。对于承诺迟到的处理，我国《合同法》第 29 条是这样规定的："受要约人在承诺期限内发出承诺，按照通常情形能够及时到达要约人，但因其他原因承诺到达要约人时超过承诺期限的，除要约人及时通知受要约人因承诺超过期限不接受该承诺的以外，该承诺有效。"对于未约定承诺期限的，法律区别不同情况有不同规定：要约以对话方式作出的，应当即时作出承诺，但当事人另有约定的除外；要约以非对话方式作出的，承诺应当在合理期限内到达。

处理本案的关键就在于认定双方的买卖合同是否已经有效成立，而要做到这一步，就必须首先确定南方公司是否已经作出承诺？如果已经作出承诺，该承诺是否有效？

在本案中，天河公司所发出的要约是附承诺期限的要约，承诺人应当在承诺期限内作出承诺，该承诺在时间上即为有效。如果超过承诺期限作出承诺，除非要约人立即通知其为有效，否则该承诺为无效。南方公司没有以具体的通知的方式作出承诺，而是依照与天河公司之间交易习惯，直接向天河公司发出货物，依照《合同法》第 26 条规定，"承诺不需要通知的，根据交易习惯或者要约的要求作出承诺的行为时生效"。该发货行为即为有效的承诺行为。南方公司的发货日期在天河公司要约中规定的承诺期限之内，则该承诺有效。由于在运输过程中发生不可抗力，所以致使承诺迟到，按照通常的承诺要求，此时，如果天河公司立即通知南方公司其承诺迟到，则该承诺即不发生效力。但在本案中，南方公司是依据交易习惯以发货的方式作出承诺的，承诺一经作出即生效，双方的买卖合同成立。天河公司应当依照双方成立的合同，接收货物并支付价款。

【案例 2】

2000 年春，湖南省某艺苑在张某手中以 5 万元购得所谓的张大千"真迹"一幅，后经专家鉴定该画系赝品，并非张大千所画，但模仿者画功不错，仿制得惟妙惟肖，就连普通的鉴赏家都难辨真伪。该艺苑久寻张某不获，为减少损失，遂要求员工对外保守秘密，将该画继续以张大千真迹的名义展放于艺术画廊之中，索价5万元。2000年“五一”期间，黑龙江省一批游客来湖南游玩，来到该艺苑的画廊，其中有一位工艺美术公司的李总经理看中该画。李某回到黑龙江后对该画念念不忘，故发函询问该画的价格、保存年限以及有否专家鉴定书。画廊回函称，此画系本艺苑新购入的张大千的真迹之一，有省专家鉴定委员会作出的鉴定书，如有意购买请前来洽谈。2000年5月16日双方第一次接洽，就价格等事项基本达成一致，当工艺美术公司代表要求查验该画的专家鉴定书时，艺苑称该艺苑全部藏画的鉴定书在省会总部保险柜中统一保存，需一个星期后方可查看到，工艺美术公司即先返回黑龙江，一个星期后飞回，该艺苑向其出示了一份由不知名的鉴赏家出具的鉴定意见，该鉴定意见的结论部分拟认定该画为真迹。工艺美术公司代表对鉴定的权威性提出质疑，艺苑代表又多次保证“画的真实性绝无问题”、“假一罚十”、“保证退款”等，该公司代表遂表示不再对画的真实性置疑。工艺美术公司代表又就价格问题与艺苑反复磋商，多次往返于湖南和黑龙江两地之间。后工艺美术公司提出为使画购入后能名正言顺地出售，应为该画作一份有权威性的专家意见，遭到艺苑以费用高昂为由拒绝。工艺美术公司表示愿意承担该笔费用，无奈之下，艺苑将画送至湖南省专家鉴定委员会鉴定，鉴定结果认定该画系仿张大千的作品，并非真迹，不得在市场上出售。工艺美术公司在专家鉴定委员会处听说该画曾由艺苑工作人员拿到委员会作出过非正式的鉴定，专家已明确告知该画为假画。工艺美术公司一怒之下将艺苑告上法庭。

人民法院审理后查明以下事实：(1)2000年3月24日艺苑从张某手中以5万元购得所谓的张大千的“真迹”；(2)2000年4月1日艺苑负责人通过私人关系找到省专家鉴定委员会，要求“看看”该画，专家看后认为该画系伪造品，并告诉了艺苑负责人；(3)艺苑负责人为转嫁损失仍以真迹价格出卖该画；(4)工艺美术公司向艺苑询问作品情况时，艺苑隐瞒了画系伪造品的真实情况，称画为真品，并有省专家鉴定委员会的鉴定书，诱使工艺美术公司与之订立合同；(5)艺苑隐瞒了画系伪造品的真实情况而与工艺美术公司进行磋商，致使该公司前后花去8000余元的费用。根据以上事实，法院认定艺苑在订立合同的过程中，故意隐瞒与订立合同有关的重要事实，给工艺美术公司造成损失，依据《合同法》第42条之规定，应承担损失赔偿责任。人民法院作出判决，由艺苑支付给工艺美术公司洽谈合同的差旅费以及对该画进行专家鉴定的费用，共计8365元。

【评析】

本案法院之所以判决被告承担赔偿责任，是因为被告的所作所为构成了《合同法》规定的缔约过失责任。

一般来说，只有有效成立的合同才会在当事人之间产生权利义务关系，合同有效成立之前，在当事人之间不会产生基于合同的权利义务关系。然而，在现实生活中，往往出现这样的情况：合同没有有效成立，但是在合同的商谈订立过程中，由于一方当事人的过错造成了另一方当事人的损失，这时，还不能根据合同来要求过错一方承担违约责任，也不能适用侵权法来要求过错方承担侵权责任，而如果过错一方不承担赔偿责任则又显失公平。如何解决这个问题呢？这就要运用缔约过失责任的规定。所谓缔约过失责任，又称缔约上的过失责任，是指在合同订立过程中，缔约人故意或过失违反先合同义务而给对方造成信赖利益的损失时应依法承担的民事责任。所谓先合同义务，是指缔约人双方为签订合同而互相磋商开始依诚实信用原则逐渐产生的注意义务，而非合同有效成立后所产生的给付义务，它包括互相协助、互相照顾、互相保护、互相通知、互相忠诚等义务。

缔约过失责任具有以下特点：(1)缔约过失责任发生在合同订立阶段。缔约过失责任与违约责任的基本区别在于，违约责任的产生前提是合同已经成立，而缔约过失责任发生在缔约过程中，而不是合同成立以后。只有在合同尚未成立，或者虽然已经成立，但因为不符合法定的生效要件而被确认为无效或被撤销时，缔约人才应承担缔约过失责任。缔约过失责任虽然发生在合同订立阶段，但是，并非这一阶段的任何时候都可以构成缔约过失责任，而必须是在当事人之间已经有某种订约上的联系，否则，也不构成缔约过失责任。(2)一方当事人违反了依据诚实信用原则所产生的义务。在订约阶段，当事人依据诚实信用原则应负有诚实、忠实、保密的义务，这是法定的义务。一方违反这些义务而给另一方造成信赖利益损失的，应承担缔约过失责任。(3)违反义务的一方存在过错。(4)造成了另一方信赖利益的损失。所谓信赖利益的损失，主要是指一方实施某种行为后，另一方对此产生了信赖，并因此而花费了一定的费用，因一方违反诚实信用原则使得支付费用的一方的预期落空，从而造成的损失。我国《合同法》第42条规定："当事人在订立合同过程中有下列情形之一，给对方造成损失的，应当承担损害赔偿责任：(一)假借订立合同，恶意进行磋商；(二)故意隐瞒与订立合同有关的重要事实或者提供虚假情况；(三)有其他违背诚实信用原则的行为。"

在本案中，艺苑的行为属于故意隐瞒与订立合同有关的重要事实或者提供虚假情况，构成缔约过失责任，所以应当赔偿工艺美术公司为洽谈合同所花费的差旅费以及对该画进行专家鉴定的费用。

【案例 3】

2002 年 12 月 8 日，原告王某与被告张某双方协商后，由被告出具一份买房合约给原告，其主要内容是：被告自有房屋一幢，以人民币 283000 元的价格出卖给原告，定金人民币 10000 元，在 12 月 15 日前房款两清，违约方按房价的 20% 支付违约金给对方。原告当即交付给被告定金人民币 10000 元。在原告要缴纳房价款给被告时被告反悔，不同意将该房屋出卖给原告。原告主张该买卖合同是合法有效的，被告应按合同约定履行义务，要求被告双倍返还定金，并支付违约金的责任。被告辩解该房屋的价格远远超过人民币 283000 元，被告虽然在买房合约上签了名，但原告未签名，该合约只是收取定金的凭据，而不是房屋买卖的书面合同，且双方没有到房产部门办理过户登记手续，是无效的合同，只同意返还定金人民币 10000 元。

法院受理本案后经审理认为，被告将自有的一幢房屋出卖给原告，且收取原告缴纳的定金 10000 元，虽然被告出具给原告的买房合约上没有原告的签名，但原告始终承认该合约，该合约是原、被告双方真实的意思表示，是合法有效的。虽然原告、被告之间的房屋买卖未办理产权过户登记手续，但并不影响该房屋买卖合同的成立。后被告提出反悔，拒绝出卖该房屋，构成违约，被告应当承担违约的民事责任。据此判决：被告应返还给原告定金 10000 元和偿付给原告违约金 56600 元。

【评析】

从本案中原被告双方的争议来看，主要集中在未办理不动产变更登记是否导致该不动产买卖合同的无效，也即涉及原、被告之间的房屋买卖合同的效力与不动产登记之间的关系。

对此问题的不同回答，会在实践中产生对买卖双方迥异的法律后果，如果认为不动产登记是不动产买卖合同的生效要件，那未办理登记的合同也即不具备生效要件而无效，这显然对合同的买方非常的不利，甚至会纵容卖方的不信用，而在实践上也将导致不动产的买卖毫无诚实信用可言。道理很简单，因为如果未登记则合同无效的话，也即意味着合同对双方当事人没有任何约束力，任何一个不动产的出卖人都可以在登记之前置合同于不顾，恣意践踏合同信用，一物二卖甚至多卖将成为交易常态，这显然是法律所不容许的。

从我国现行立法来看，也不能说不动产的登记便是不动产买卖合同的生效要件。我国现行法律对不动产物权得失变更采用的是不动产登记要件主义理论,即不动产物权转移必须经登记,才能发生法律效力。但是不动产登记并不意味着未经过户登记,不动产物权转移合同便无效。事实上,不动产登记是物权行为,而不动产转移合同则是债权行为,登记只能对不动产物权效力发生影响,不能对不动产转移合同的效力发生影响,当事人依据转移合同,实施不动产物权登记行为,才能最终取得不动产物权,该转移履行行为与当事人之间业已存在的债权行为是相互分离各自独立的。我国相关法律虽然没有明确将不动产物权转移合同的债权行为与实施登记的物权行为区分开来,但依据有关民事法律,可以得出以下三点结论。(1)根据《民法通则》第 72 条的规定,“财产所有权的取得,不得违反法律规定。按照合同或者其他合法方式取得财产的,财产所有权从财产交付时起转移,法律另有规定或者当事人另有约定的除外”,这条规定便明确规定了财产所有权的转移并不是债权合同的直接后果,而是物权行为的结果。不动产物权转移合同是一种民事法律行为,这种法律行为的直接效力是在当事人之间形成债权债务关系,受债法调整。(2)合法有效的双务合同对双方当事人均有约束力,当事人在享有其债权的同时,也应当履行自己相应的义务。如果不动产转移合同符合民法规定的有效要件,受让人须履行支付价款的义务,出让人必须履行交付房屋、土地等不动产并协助受让人到不动产登记机关办理不动产过户手续的义务。(3)我国实行不动产登记制度,依照现行法律规定,不动产物权的转移需双方订立书面合同。但是当事人即使按照不动产物权转移合同,已经交付了不动产,且该不动产已经处于债权人实际控制之中,也不能发生不动产物权的转移效力。权利人要真正取得合法有效的不动产物权,还必须双方共同办理不动产物权的转移登记手续。由此可见,即使按照我国现行法律规定,不动产登记也只是不动产物权转移的生效要件,而不是不动产物权合同的生效要件。因此,未办理过户登记对不动产物权转移合同的生效不发生影响。本案中原告没有要求被告交付该讼争房屋,只有要求被告承担违约责任,被告在合约签订后反悔,拒绝出卖该房屋,构成违约,因此原告的请求是合理的,应予以支持。

另外,在司法实践上,关于不动产登记不影响不动产物权转移合同的效力问题也有突破。最高人民法院 1995 年 12 月 27 日《关于审理〈房地产管理法〉施行前房地产开发经营案件若干问题的解释的解答》第 12 条规定:国有土地使用权“转让合同签订后,双方当事人应按照合同约定和法律规定,到有关部门办理土地使用权变更登记手续,一方拖延不办,并以未办理使用权变更登记为由主张合同无效的,人民法院不予支持,应当责令当事人依法办理土地使用权变更登记手续”。最高人民法院所作的这一司法解释,不仅明确规定了使用权转让中登记行为与转移合同的关系,认可了土地使用权登记不影响转让合同生效的理论,而且彻底解决了“不动产转移登记是否属于不动产物权转移合同有效要件”的争议。即不动产登记不是不动产物权转移合同的有效要件，而是不动产物权转移的要件。只要双方签订的不动产转移合同依法有效，当事人双方就应按合同约定和法律规定办理不动产登记手续。因合同一方原因未办理过户登记手续的，人民法院应责令其继续履行，办理过户登记。本案中原、被告之间的买卖关系是合法有效的，如果原告请求被告交付该讼争房屋，则人民法院应当责令被告继续履行其合同，并责令被告协助原告办理房屋过户手续。

【案例 4】

2002 年 4 月 2 日，某贸易公司卖给某房地产公司建材一批，货款共计 40 万元，约定 10 日内付款。但 10 天过去后，等贸易公司再上门索款时，才发现这家房地产公司已是入不敷出，经营状况很不理想。果然该房地产公司以资金周转不灵，暂时无钱还债为由要求贸易公司暂缓催债。事隔一个月后，当贸易公司再次上门讨债时，房地产公司仍无力还债。不过，贸易公司得知另一家商场尚欠房地产公司购房款 60 万元，且该债务已于 2002 年 4 月 15 日到期，但不知为何房地产公司一直怠于向该商场追债。于是，贸易公司便直接向该商场讨债，要求其代房地产公司偿还 40 万元货款，但商场则认为其欠的是房地产公司的钱，贸易公司无权要求其还债，于是便拒绝了贸易公司的代为还债要求。贸易公司便于 2002 年 6 月 1 日以商场为被告向法院提起了诉讼，请求判令商场代为支付货款 40 万元。

法院受理此案后，经审理认为，贸易公司对房地产公司所享有的 40 万元债权已届清偿期，而房地产公司怠于行使其对商场的到期债权，其行为已对贸易公司的债权造成损害，根据《合同法》第 73 条的规定，贸易公司可以自己的名义代位行使房地产公司对商场的债权，故依法判决商场代为向贸易公司支付货款 40 万元。

【评析】

本案主要涉及合同保全中债权人的代位权问题。

根据合同的相对性原则，债权仅仅在合同当事人之间有其效力，合同以外第三人不受合同的效力约束。一般情况下，债权人只需对与其存在合同关系的债务人主张其债权便可实现其债权，但是如果该债务人不单自身财产状况不佳而无力还债，而且对自己所享有的债权也不积极主张，那债权人也就只有瞪眼干着急的份了。因为根据合同的相对性原则，债权人只能对自己的债务人主张其债权，而不能越过债务人而直接向债务人的债务人追债。在此情形下，如果继续墨守合同相对性原则而不思变通的话，则无疑对债权人的利益保障有所不公，尤其是在债务人与次债务人恶意串通的情形下这种突破相对性原则的呼声尤为强烈，于是法律便创设了合同的保全制度。所谓合同保全制度，是指法律为了防止因债务人的财产不当减少而给债权人的债权带来危害，允许债权人对债务人或第三人的行为行使撤销权或代位权，以保护其债权。合同保全制度包括代位权制度和撤销权制度两部分。

所谓债权人的代位权，是指当债务人怠于行使其对第三人享有的权利而危及债权人的债权时，债权人为保全其债权，可以自己的名义代位行使债务人对第三人之债权的权利。代位权的行使，需满足以下条件。(1)债务人享有对于第三人的权利。要注意的是，关于债务人对于第三人权利的范围，《合同法》及其司法解释仅限于到期债权。这其中包括两层意思：一是必须债务人对第三人所享有的债权已到期，此时该债权才能成为债权人行使代位权的对象；二是代位权的行使对象只能是非专属于债务人本身的债权。按照《最高人民法院关于适用〈中华人民共和国合同法〉若干问题的解释(一)》第12条的规定，专属于债务人本身的权利，例如基于扶养关系、抚养关系、赡养关系、继承关系产生的给付请求权和劳动报酬、退休金、养老金、抚恤金、安置费、人寿保险、人身伤害赔偿请求权等权利，均不得由债权人代位行使。(2)债务人怠于行使其权利。所谓怠于行使其权利，是指应行使并且能行使而不行使其权利。怠于行使其权利，主要表现为根本不主张权利或迟延行使权利。只要债务人自己行使该权利了，则不论其行使的方法及结果对债权人是否不利，债权人均不得行使代位权。否则，构成对债务人行使权利的不当干涉。(3)债务人已陷于迟延。在债务人迟延履行以前，债权人的债权能否实现，难以预料，若在这种情况下允许债权人行使代位权，则对于债务人的干预实属过分。反之，若债务人已陷于迟延，而怠于行使其权利，且又无资力清偿其债务，则债权人的债权已经有不能实现的现实危险，此时已发生保全债权的必要。(4)对债权人造成损害。为了防止代位权制度对债务人事务的过分干扰，法律规定只有在债务人怠于行使其债权将对债权人的债权构成损害的情况下，债权人才能行使其代位权，如果不对其债权构成损害的话，则无行使代位权的必要。

就上述代位权的四个要件，我们再来反观本案。在本案中，首先，根据贸易公司与房地产公司的约定，房地产公司应于2002年4月12日之前付款，但却一直无钱还债，其行为早已构成债务履行迟延，因此这便符合了第三个要件。其次，房地产公司享有对商场的60万元的债权，该债权已到期且非专属于房地产公司，因此第一个要件也满足了。再次，房地产公司虽然享有对商场的到期债权，却一直未向其主张，这便又符合了第二个要件。最后，由于房地产公司一直无力还债，财务状况恶化，但却一直怠于行使其债权，致使无法向贸易公司偿债，其行为已对贸易公司的债权造成了损害，第四个要件也具备了。因此，本案中贸易公司已具备了行使代位权的所有法律要件，其代位权依法成立，有权直接向商场主张债权。

本案中，另一个重要的问题是债权人的代位权行使的效果归属问题。这个问题是一个很重要的问题，因为代位权行使的效果归属对行使代位权的债权人的利益有着很重要的意义。对于这个问题，《最高人民法院关于适于〈中华人民共和国合同法〉若干问题的解释(一)》第 20 条作了明确规定："债权人向次债务人提起的代位权诉讼经人民法院审理后认定代位权成立的，由次债务人向债权人履行清偿义务，债权人与债务人、债务人与次债务人之间相应的债权债务关系即予消灭。"因此在本案中，贸易公司通过代位权的行使，便可直接要求商场代房地产公司向其偿还 40 万元的货款。

【思考练习】

一、名词解释

合同　要约　承诺　无效合同　缔约过失责任　表见代理　债权人代位权　撤销权　债权转让　违约金

二、简答题

1. 简述合同的特征。
2. 简述要约的有效条件。
3. 简述缔约过失责任的具体情形。
4. 简述无效合同的情形。
5. 简述合同当事人行使撤销权的情形。
6. 简述无权处分行为的构成要件。
7. 简述行使不安抗辩权的法定事由。
8. 简述债权人行使代位权应符合的条件。
9. 简述违约责任的特征。
10. 简述合同通知解除的情形。

第七章

担 保 法

本章导读

本章主要讲述担保的概念和分类，并结合《物权法》分别讲述了所规定的五种方式的基本概念、生效条件、适用范围以及有关主体的权利义务等内容。

重点问题

1. 担保的概念及《担保法》规定的担保方式。
2. 保证的概念、方式及其主要内容。
3. 抵押的概念及抵押担保效力的主要内容。
4.《物权法》规定的可以抵押的财产范围。
5. 动产质押的概念及关于质权有效设立的法律规定。
6.《物权法》规定的可以用于权利质押的权利种类。
7. 留置的概念及留置权的特征。
8. 定金的概念以及定金效力的主要内容。

第一节 担保法概述

一、担保的概念与分类

担保，也称债的担保，是指法律为保证特定债权人利益的实现而特别规定的以第三人的信用或者以特定的财产保障债务人履行债务、债权人实现债权的制度。担保制度主要适用于借贷、买卖、货物运输、加工承揽等民商事活动领域。《担保法》规定了五种担保方式，即保证、抵押、质押、留置和定金。

根据担保内容的不同，债的担保可以分为人的担保、物的担保和金钱担保。人的担保是指债务人以外的其他自然人或法人以自身的资产或信用为他人债务提供的担保。人的担保是在债务人的全部财产之外，又附加了第三人的一般财产作为债权实现的总担保，其实质是使债的责任财产扩展到了第三人的一般财产上。当债务人不履行债务的时候，由第三人代为履行。人的担保的典型方式是保证担保。物的担保是指债务人或者其他自然人、法人以其特定的财产为债权的实现而提供的担保。当债务人不履行债务时，债权人可以就该财产折价或者以其交换价值，从中优先受偿。物的担保的典型方式是抵押、质押和留置。金钱担保，是当事人在债务以外又支付一定数额的金钱，该金钱的得失与债务履行与否联系在一起，使当事人双方产生心理压力，从而促使其积极履行债务，保障债权实现的制度。金钱担保的典型方式是定金。

根据提供担保主体的不同，债的担保可以分为债务人的担保和第三人的担保。债务人的担保是指以债务人的一般财产或特定财产所设定的担保。第三人的担保是指在第三人的一般财产或特定财产上所设定的担保。

根据担保对象的不同，债的担保可以分为本担保和反担保。本担保是指债务人或第三人为保障主债务的履行而设定的担保。反担保是指债务人或第三人为本担保中的担保人所设定的担保。第三人为债务人提供担保后，存在着因债务人无力清偿而使第三人的追偿权不能实现的风险。第三人为抵御这种风险，可要求债务人为自己提供反担保。当债务人不向担保人履行追偿关系中的债务时，担保人可基于反担保主张担保的权利。反担保人可以是债务人，也可以是债务人之外的其他人。反担保方式可以是债务人提供的抵押或者质押，也可以是其他人提供的保证、抵押或者质押。

二、担保物权制度

在抵押、质押和留置等担保关系中，债权人依法享有的抵押权、质押权和留置权统称为担保物权。担保物权人在债务人不履行到期债务或者发生当事人约定的实现担保物权的情形，依法享有就担保财产优先受偿的权利，但法律另有规定的除外。担保物权制度由《物权法》和《担保法》共同规定。《担保法》与《物权法》的规定不一致的，优先适用《物权法》。

《物权法》规定，不动产物权的设立、变更、转让和消灭，应当依照法律规定登记。不动产物权的设立、变更、转让和消灭，经依法登记，发生效力；未经登记，不发生效力，但法律另有规定的除外。国家对不动产实行统一登记制度。不动产物权的设立、变更、转让和消灭，依照法律规定应当登记的，自记载于不动产登记簿时发生效力。不动产登记簿是物权归属和内容的根据。不动产权属证书是权利人享有该不动产物权的证明。不动产权属证书记载的事项，应当与不动产登记簿一致；记载不一致的，除有证据证明不动产登记簿确有错误外，以不动产登记簿为准。

动产物权的设立和转让，应当依照法律规定交付。动产物权的设立和转让，自交付时发生效力，但法律另有规定的除外。船舶、航空器和机动车等物权的设立、变更、转让和消灭，未经登记，不得对抗善意第三人。

三、担保合同

担保合同即受益的债权人与担保人约定的以《担保法》规定的担保方式担保债权实现的合同。担保合同可以在第三人与债权人之间订立，也可以在主债务人与债权人之间订立。

担保合同是主合同的从合同，主合同无效时，担保合同一同无效。保证和定金担保合同另有约定的，按照约定。改变担保物权合同的从属性，需要有法律明文规定。担保合同被确认无效后，债务人、担保人、债权人有过错的，应当根据其过错各自承担相应的民事责任。主合同有效而担保合同无效，债权人无过错的，担保人与债务人对主合同债权人的经济损失，承担连带赔偿责任；债权人、担保人有过错的，担保人承担民事责任的部分，不应超过债务人不能清偿部分的1/2。主合同解除后，担保人对债务人应当承担的民事责任仍应承担担保责任。但是，担保合同另有约定的除外。

根据《物权法》的规定，担保合同的效力与担保物权的变动是没有关联的。当事人之间订立有关设立、变更、转让和消灭不动产物权的合同，除法律另有规定或者合同另有约定外，自合同成立时生效；未办理物权登记的，不影响合同效力。

第二节　保　证

一、保证和保证人

保证是指保证人和债权人约定，当债务人不履行其所负的债务时，由保证人按约定履行债务或者承担责任的行为。

保证人是根据保证合同承担保证债务的当事人。根据《担保法》的规定，具有代为清偿债务能力的法人、其他组织或者公民，可以做保证人。下列单位和组织不得为保证人：(1)国家机关，但经国务院批准为使用外国政府或者国际经济组织贷款进行转贷的除外；(2)学校、幼儿园、医院等以公益为目的的事业单位、社会团体；(3)企业法人的分支机构、职能部门，但有法人的书面授权的企业法人的分支机构，可以在授权范围内提供担保。

二、保证合同

保证合同是指债权人与保证人之间订立的、确认相互之间担保权利与义务关系的书面协议。保证合同应以书面形式订立。当事人可以根据具体情况选择订立保证合同，可以是单独订立的书面合同，也可以是当事人间具有担保性质的信函、传真等，或是主合同中的担保条款。第三人单方以书面形式向债权人出具担保书，债权人接受且未提出异议的，保证合同成立。主合同中虽然没有保证条款，但是，保证人在主合同上以保证人的身份签字或者盖章的，保证合同成立。

保证人与债权人可以就单个主合同分别订立保证合同，也可以协议在最高债权额限度内，就一定期间连续发生的借款合同或某项商品交易合同，订立一个保证合同。保证合同应当包括以下内容：(1)被保证的主债权种类、数额；(2)债务人履行债务的期限；(3)保证的方式；(4)保证担保的范围；(5)保证的期间；(6)双方认为需要约定的其他事项。

三、保证方式

我国《担保法》规定的保证方式有两种：一般保证与连带责任保证。

1.一般保证是指当事人在保证合同中约定，债务人不能履行债务时，由保证人承担保证责任的保证方式。一般保证的保证人享有先诉抗辩权，即在主合同纠纷未经审判或者仲裁，并就债务人财产依法强制执行仍不能清偿债务前，保证人对债权人可以拒绝承担保证责任。但有下列情形之一的，保证人不得行使先诉抗辩权：(1)债务人住所变更，致使债权人要求其履行债务发生重大困难；(2)人民法院受理债务人破产案件，中止执行程序的；(3)保证人以书面形式放弃先诉抗辩权的。一般保证的保证人在主债权履行期间届满后，向债权人提供了债务人可供执行财产的真实情况的，债权人放弃或者怠于行使权利致使该财产不能被执行，保证人可以请求人民法院在其提供可供执行财产的实际价值范围内免除保证责任。

2.连带责任保证是指当事人在保证合同中约定的保证人与债务人对债务承担连带责任的保证方式。连带责任保证的债务人在主合同规定的债务履行期届满没有履行债务的，债权人可以要求债务人履行债务，也可以要求保证人在其保证范围内承担保证责任。连带责任保证的保证人不享有先诉抗辩权。两个以上保证人对同一债务同时或者分别提供保证时，各保证人与债权人没有约定保证份额的，应当认定为连带共同保证。连带共同保证的保证人以其相互之间约定的各自承担的份额对抗债权人的，人民法院不予支持。连带共同保证的债务人在主合同规定的债务履行期届满没有履行债务的，债权人可以要求债务人履行债务,也可以要求任何一个保证人承担全部保证责任。连带共同保证的保证人承担保证责任后,对不能向债务人追偿的部分,由各连带保证人按其内部约定的比例分担。没有约定的,平均分担。

四、保证的范围

保证的范围包括主债权及利息、违约金、损害赔偿金和实现债权的费用;保证合同另有约定的,按照约定。当事人对保证的范围没有约定或约定不明确的,保证人应当对全部债权承担责任。实现债权的费用是指债务履行期限届满债务人不履行债务时,债权人为了使其债权实现而付出的费用,如诉讼费、仲裁费、拍卖费用、通知保证人费用以及其他合理费用。

五、保证期间

保证期间是保证人承担保证责任的期间。保证期间可由当事人在保证合同中约定,也可以由法律直接规定。当事人在保证合同中约定了保证期间的,依当事人的约定;没有约定的,保证期间为 6 个月。保证期间从主债务履行期满之日起算。

在一般保证中,债权人未在合同约定的保证期间或法律规定的 6 个月保证期间对债务人提起诉讼或申请仲裁的,保证人免除保证责任;债权人已提起诉讼或申请仲裁的,保证期间适用诉讼时效中断的规定。连带责任保证中,在合同约定的保证期间和法律规定的保证期间内,债权人未要求保证人承担保证责任的,保证人免除保证责任。连带责任保证中,主债务诉讼时效中断,保证债务诉讼时效不中断。一般保证和连带责任保证中,主债务诉讼时效中止的,保证债务的诉讼时效同时中止。

保证合同约定的保证期间早于或者等于主债务履行期限的,视为没有约定,保证期间为主债务履行期届满之日起 6 个月。保证合同约定保证人承担保证责任直至主债务本息还清时为止等类似内容的,视为约定不明,保证期间为主债务履行期届满之日起 2 年。主合同对主债务履行期限没有约定或者约定不明的,保证期间自债权人要求债务人履行义务的宽限期届满之日起计算。

六、主债权债务的转让、变更对保证责任的影响

《担保法》规定,在保证期间,债权人依法将主债权转让给第三人,保证人在原保证范围内继续承担保证责任;保证合同另有约定的,按照约定。保证人与债权人事先约定仅对特定的债权人承担保证责任或者禁止债权转让的,保证人不再承担保证责任。保证期间,债权人许可债务人转让部分债务未经保证人书面

同意的，保证人对未经其同意转让部分的债务，不再承担保证责任。但是，保证人仍应当对未转让部分的债务承担保证责任。

保证期间，债权人与债务人对主合同数量、价款、币种、利率等内容做了变动，未经保证人同意的，如果减轻债务人的债务的，保证人仍应当对变更后的合同承担保证责任；如果加重债务人的债务的，保证人对加重的部分不承担保证责任。债权人与债务人对主合同履行期限做了变动，未经保证人书面同意的，保证期间为原合同约定的或者法律规定的期间。债权人与债务人协议变动主合同内容，但并未实际履行的，保证人仍应当承担保证责任。

七、保证与物权担保并存时的保证责任

根据《物权法》的规定，被担保的债权既有物的担保又有人的担保的，债务人不履行到期债务或者发生当事人约定的实现担保物权的情形，债权人应当按照约定实现债权；没有约定或者约定不明确，债务人自己提供物的担保的，债权人应当先就该物的担保实现债权；第三人提供物的担保的，债权人可以就物的担保实现债权，也可以要求保证人承担保证责任。提供担保的第三人承担担保责任后，有权向债务人追偿。

八、保证人的追偿权

保证人承担保证责任后，有权向债务人追偿。债务履行期届满债务人不能履行债务时，由保证人代主债务人履行债务或者承担责任后，在保证人所承担的保证责任限度内，原主债权人对于主债务人的债权以及该债权的附属权利就转移给了保证人，保证人因此便享有了对债务人的追偿权利。

保证人对债务人行使追偿权的诉讼时效，自保证人向债权人承担责任之日起开始计算。保证人自行履行保证责任时，其实际清偿额大于主债权范围的，保证人只能在主债权范围内对债务人行使追偿权。

第三节　抵　押

一、抵押的概念

抵押是指债务人或者第三人不转移对财产的占有，将该财产作为债权的担保。在债务人不履行到期债务时或者发生当事人约定的实现抵押权的情形下，债权人有权依法以该财产折价或者以拍卖、变卖该财产的价款优先受偿。这里的债务人或第三人是抵押人，债权人是抵押权人，提供担保的财产是抵押财产。

二、抵押物

(一)可以抵押的财产

根据《物权法》的规定,债务人或者第三人有权处分的下列财产可以抵押:(1)建筑物和其他土地附着物;(2)建设用地使用权;(3)以招标、拍卖、公开协商等方式取得的荒地等土地承包经营权;(4)生产设备、原材料、半成品、产品;(5)正在建造的建筑物、船舶、航空器;(6)交通运输工具;(7)法律、行政法规未禁止抵押的其他财产。抵押人可以将上述所列财产一并抵押。

经当事人书面协议,企业、个体工商户、农业生产经营者可以将现有的以及将有的生产设备、原材料、半成品、产品抵押,债务人不履行到期债务,或者发生当事人约定的实现抵押权的情形,债权人有权就实现抵押权时的动产优先受偿。依照《物权法》的规定,设定这类动产抵押的,抵押财产自下列情形之一发生时确定:(1)债务履行期届满,债权未实现;(2)抵押人被宣告破产或者被撤销;(3)当事人约定的实现抵押权的情形;(4)严重影响债权实现的其他情形。

以建筑物抵押的,该建筑物被占用范围内的建设用地使用权一并抵押。以建设用地使用权抵押的,该土地上的建筑物一并抵押。抵押人未依照法律规定一并抵押的,未抵押的财产视为一并抵押。乡镇、村企业的建设用地使用权不得单独抵押。以乡镇、村企业的厂房等建筑物抵押的,其占用范围内的建设用地使用权一并抵押。

(二)法律禁止抵押的财产

《物权法》规定下列财产不得抵押:(1)土地所有权。(2)耕地、宅基地、自留地、自留山等集体所有的土地使用权,但法律规定可以抵押的除外。(3)学校、幼儿园、医院等以公益为目的的事业单位、社会团体的教育设施、医疗卫生设施和其他社会公益设施;但学校、幼儿园、医院等以公益为目的的事业单位、社会团体,以其教育设施、医疗卫生设施和其他社会公益设施以外的财产为自身债务设定抵押的,人民法院可以认定抵押有效。(4)所有权、使用权不明或者有争议的财产。(5)依法被查封、扣押、监管的财产,但已经设定抵押的财产被采取查封、扣押等财产保全或执行措施的,不影响抵押权的效力。(6)法律、行政法规规定不得抵押的其他财产。

三、抵押合同

抵押合同是指债权人与抵押人之间所订立的、确认相互之间担保权利与义务关系的书面协议。抵押合同应当以书面形式订立,一般包括下列条款:(1)被担保债权的种类和数额；(2)债务人履行债务的期限；(3)抵押财产的名称、数量、质量、状况、所在地、所有权归属或者使用权归属；(4)担保的范围。抵押合同对被担保的主债权种类、抵押财产没有约定或者约定不明，根据主合同和抵押合同不能补正或者无法推定的，抵押不成立。

抵押权人在债务履行期届满前，不得与抵押人约定债务人不履行到期债务时抵押财产归债权人所有。债务履行期届满后抵押权人未受清偿时，抵押权人和抵押人可以协议以抵押物折价取得抵押物。

四、抵押物登记

1. 应办理抵押登记的财产。《物权法》规定，以下列财产进行抵押的，应当办理抵押登记。抵押权自登记时设立。这类财产包括：(1)建筑物和其他土地附着物；(2)建设用地使用权；(3)以招标、拍卖、公开协商等方式取得的荒地等土地承包经营权；(4)正在建造的建筑物。

《物权法》规定，以下列财产进行抵押的，抵押权自抵押合同生效时设立；未经登记，不得对抗善意第三人。这类财产包括：(1)生产设备、原材料、半成品、产品；(2)正在建造的船舶、航空器；(3)交通运输工具。

企业、个体工商户、农业生产经营者以现有的以及将有的生产设备、原材料、半成品、产品抵押的，应当向抵押人住所地的工商行政管理部门办理登记。抵押权自抵押合同生效时设立；未经登记，不得对抗善意第三人。这类动产抵押，不得对抗正常经营活动中已支付合理价款并取得抵押财产的买受人。

2. 抵押物的登记机关。抵押物登记应向法定的登记机关办理。我国办理抵押物登记的机关为：(1)以无地上定着物的土地使用权抵押的，为核发土地使用权证书的土地管理部门；(2)以城市房地产或者乡(镇)、村企业的厂房等建筑物抵押的，为县级以上地方人民政府规定的部门；(3)以林木抵押的，为县级以上林木主管部门；(4)以航空器、船舶、车辆抵押的，为运输工具的登记部门；(5)以企业的设备和其他动产抵押的，为抵押人住所地的工商行政管理部门。

3. 对不动产登记的规定。《物权法》对不动产登记有专门规定。当事人申请不动产抵押物登记，应当根据不同登记事项提供权属证明和不动产界址、面积等必要材料。当事人提供虚假材料申请登记，给他人造成损害的，应当承担赔偿责任。

4. 登记机构的职责。登记机构办理不动产抵押物登记应当履行下列职责：(1)查验申请人提供的权属证明和其他必要材料；(2)就有关登记事项询问申请人；(3)如实、及时登记有关事项；(4)法律、行政法规规定的其他职责。申请登记的不动产的有关情况需要进一步证明的，登记机构可以要求申请人补充材料，必要时可以实地查看。登记机构办理不动产抵押物登记时，不得有下列行为：(1)要求对不动产进行评估；(2)以年检等名义进行重复登记；(3)超出登记职责范围的其他行为。因登记错误，给他人造成损害的，登记机构应当承担赔偿责任。登记机构赔偿后，可以向造成登记错误的人追偿。不动产登记费按件收取，不得按照不动产的面积、体积或者价款的比例收取。具体收费标准由国务院有关部门会同价格主管部门规定。

五、抵押担保的范围

《担保法》规定，除合同另有约定外，抵押担保的债权范围包括主债权、利息、违约金、损害赔偿金和实现抵押权的费用。

特定情况下，抵押权人有权收取抵押财产孳息用于清偿债务。《物权法》规定，债务人不履行到期债务或者发生当事人约定的实现抵押权的情形，致使抵押财产被人民法院依法扣押的，自扣押之日起抵押权人有权收取该抵押财产的天然孳息或者法定孳息。抵押权人未将扣押抵押物的事实通知应当清偿法定孳息的义务人的，抵押权的效力不及于该孳息。收取的孳息用于清偿债务的顺序依次为：收取孳息的费用、主债权的利息和主债权。

六、抵押担保的效力

（一）抵押权对租赁的影响

订立抵押合同前抵押财产已出租的，原租赁关系不受该抵押权的影响。抵押权设立后抵押财产出租的，该租赁关系不得对抗已登记的抵押权。抵押人将已抵押的财产出租时，如果抵押人未书面告知承租人该财产已抵押的，抵押人对出租抵押物造成承租人的损失承担赔偿责任；如果抵押人已书面告知承租人该财产已抵押的，抵押权实现造成承租人的损失，由承租人自己承担。

（二）抵押期间抵押物的转让

抵押期间，抵押人经抵押权人同意转让抵押财产的，应当将转让所得的价款向抵押权人提前清偿债务或者提存。转让的价款超过债权数额的部分归抵押人所有，不足部分由债务人清偿。抵押期间，抵押人未经抵押权人同意，不得转让抵押财产，但受让人代为清偿债务消灭抵押权的除外。

（三）抵押物价值减少的救济

抵押人的行为足以使抵押财产价值减少的，抵押权人有权要求抵押人停止其行为。抵押财产价值减少的，抵押权人有权要求恢复抵押财产的价值，或者提供与减少的价值相应的担保。抵押人不恢复抵押财产的价值也不提供担保的，抵押权人有权要求债务人提前清偿债务。

七、抵押权的实现

债务人不履行到期债务或者发生当事人约定的实现抵押权的情形，抵押权人可以与抵押人协议以抵押财产折价或者以拍卖、变卖该抵押财产所得的价款优先受偿。协议损害其他债权人利益的，其他债权人可以在知道或者应当知道撤销事由之日起一年内请求人民法院撤销该协议。抵押权人与抵押人未就抵押权实现方式达成协议的，抵押权人可以请求人民法院拍卖、变卖抵押财产。抵押财产折价或者变卖的，应当参照市场价格。抵押财产折价或者拍卖、变卖后，其价款超过债权数额的部分归抵押人所有，不足部分由债务人清偿。

同一财产向两个以上债权人抵押的，拍卖、变卖抵押财产所得的价款依照下列法律规定清偿。(1)抵押权已登记的，按照登记的先后顺序清偿；顺序相同的，按照债权比例清偿。(2)抵押权已登记的先于未登记的受偿。(3)抵押权均未登记的，按照债权比例清偿。当事人同一天在不同的法定登记部门办理抵押物登记的，视为顺序相同。因登记部门的原因致使抵押物进行连续登记的，抵押物第一次登记的日期，视为抵押登记的日期，并依此确定抵押权的顺序。

需要注意的是，按照《物权法》的规定，抵押权人应当在主债权诉讼时效期间行使抵押权；未行使的，人民法院不予保护。

第四节　质　押

一、动产质押

(一)动产质押的概念

动产质押是指债务人或第三人将其动产移交债权人占有，将该动产作为债权的担保，在债务人不履行债务时或者发生当事人约定的实现质权的情形下，债权人可依法以该动产折价或者以拍卖、变卖该动产的价款优先受偿。其中的债务人或者第三人是出质人；债权人是质权人；移交的动产为质押财产。

(二)动产质权的设立

设立质权，当事人应当采取书面形式订立质权合同。质权合同一般包括下列条款：(1)被担保债权的种类和数额；(2)债务人履行债务的期限；(3)质押财产的名称、数量、质量、状况;(4)担保的范围;(5)质押财产交付的时间。

《物权法》规定,质权自出质人交付质押财产时设立。动产质权设立前,权利人已经依法占有该动产的,质权自法律行为生效时发生效力。动产质权设立前,第三人依法占有该动产的,负有交付义务的人可以通过转让请求第三人返还原物的权利代替交付。

质权人将质押财产返还于出质人后,以其质权对抗第三人的,人民法院不予支持。因不可归责于质权人的事由而丧失对质押财产的占有,质权人可以向不当占有人请求停止侵害、恢复原状、返还质押财产。

(三)动产质押担保的范围

动产质押担保的范围包括主债权及利息、违约金、损害赔偿金、质押财产保管费用和实现质权的费用。合同另有约定的,从其约定。

法律、行政法规禁止转让的动产不得出质。出质人以其不具有所有权但合法占有的动产出质的,不知出质人无处分权的质权人行使质权后,因此给动产所有人造成损失的,由出质人承担赔偿责任。

(四)动产质权人的权利和义务

1.动产质权人的权利。动产质权人享有以下几项权利。(1)留置质押财产的权利。在债务人未履行清偿债务义务时,质权人有权留置质押财产,并以质押财产的全部行使权利。(2)收取孳息的权利。质权人有权收取质押财产的孳息,但合同另有约定的除外。质权人所收取的孳息应当先充抵收取孳息的费用。(3)优先受偿的权利。债务人不履行到期债务或者发生当事人约定的实现质权的情形,质权人可以与出质人协议以质押财产折价,也可以就拍卖、变卖质押财产所得的价款优先受偿。质押财产折价或者变卖的,应当参照市场价格。(4)瑕疵损害的赔偿请求权。质押财产有隐蔽瑕疵造成质权人其他财产损害的,应由出质人承担赔偿责任。但是,质权人在质押财产移交时明知质押财产有瑕疵而予以接受的除外。(5)保障质押财产价值的权利。因不能归责于质权人的事由使质押财产毁损或者价值明显减少,足以危害质权人权利的,质权人有权要求出质人提供相应的担保;出质人不提供的,质权人可以拍卖、变卖质押财产,并与出质人通过协议将拍卖、变卖所得的价款提前清偿债务或者提存。

2.动产质权人的义务。动产质权人负有以下几项义务。(1)妥善保管质押财产的义务。因保管不善致使质押财产毁损、灭失的,质权人应负赔偿责任。(2)合法支配质押财产的义务。质权人在质权存续期间,未经出质人同意,擅自使用、处分质押财产,给出质人造成损害的,或者未经出质人同意转质,造成质押财产毁损、灭失的,应当向出质人承担赔偿责任。(3)届时返还质押财产的义务。

当债务人履行债务或者出质人提前清偿所担保的债权的，质权人应当把质押财产返还给出质人。(4)怠于行使质权的赔偿义务。债务履行期届满，出质人请求质权人及时行使质权，而质权人怠于行使权利致使质押财产价格下跌的，由此造成的损失，质权人应当承担赔偿责任。

二、权利质押

(一)权利质押的客体

《物权法》规定，债务人或者第三人有权处分的下列权利可以作为权利质押标的：(1)汇票、支票、本票；(2)债券、存款单；(3)仓单、提单；(4)可以转让的基金份额、股权；(5)可以转让的注册商标专用权、专利权、著作权等知识产权中的财产权；(6)应收账款；(7)法律、行政法规规定可以出质的其他财产权利。

(二)权利质权的设立与处分

1.债权证券、物权证券的质押。以汇票、支票、本票、债券、存款单、仓单、提单出质的，当事人应当订立书面合同。质权自权利凭证交付质权人时设立；没有权利凭证的，质权自有关部门办理出质登记时设立。汇票、支票、本票、债券、存款单、仓单、提单的兑现日期或者提货日期先于主债权到期日的，质权人可以兑现或者提货，并与出质人协议将兑现的价款或者提取的货物提前清偿债务或者提存。

2.基金份额、股权的质押。以基金份额、股权出质的，当事人应当订立书面合同。以基金份额、证券登记结算机构登记的股权出质的，质权自证券登记结算机构办理出质登记时设立；以其他股权出质的，质权自工商行政管理部门办理出质登记时设立。基金份额、股权出质后，不得转让，但经出质人与质权人协商同意的除外。出质人转让基金份额、股权所得的价款，应当向质权人提前清偿债务或者提存。

3.知识产权的质押。以注册商标专用权、专利权、著作权等知识产权中的财产权出质的，当事人应当订立书面合同。质权自有关主管部门办理出质登记时设立。知识产权中的财产权出质后，出质人不得转让或者许可他人使用，但经出质人与质权人协商同意的除外。出质人转让或者许可他人使用出质的知识产权中的财产权所得的价款，应当向质权人提前清偿债务或者提存。

4.应收账款的质押。以应收账款出质的，当事人应当订立书面合同。质权自信贷征信机构办理出质登记时设立。应收账款出质后，不得转让，但经出质人与质权人协商同意的除外。出质人转让应收账款所得的价款，应当向质权人提前清偿债务或者提存。权利质押除适用上述规定外，也适用动产质押的规定。

第五节　留　置

一、留置的概念和特征

留置是指债务人不履行到期债务，债权人可以扣留已经合法占有的债务人的动产，经过一定的宽限期债权仍得不到实现的，债权人有权依法以该动产折价或者以拍卖、变卖该财产的价款优先受偿的担保方式。这种担保关系中的债权人为留置权人，占有的动产为留置财产。

留置权具有以下几点法律特征。(1)留置权是一种以担保债权实现为目的而设定的从权利。(2)留置权是他物权。留置权人有从留置财产的价值中优先受偿的权利。(3)留置权是法定的担保物权，而非当事人双方自由约定的担保权利。法律直接规定了留置权的成立条件、行使方式。(4)债权人留置的债务人的财产必须是依法事先合法占有的债务人的财产。债权人留置的动产，应当与债权属于同一法律关系，但企业之间留置的除外。(5)债务必须已届清偿期而未清偿。债权人的债权未届清偿期，其交付占有标的物的义务已届履行期的，不能行使留置权。但是，债权人能够证明债务人无支付能力的除外。

留置权人对留置财产丧失占有或者留置权人接受债务人另行提供担保的，留置权消灭。

二、留置担保的范围

留置担保的范围包括主债权及利息、违约金、损害赔偿金、留置财产保管费用和实现留置权的费用。留置财产为可分物的，留置财产的价值应当相当于债务的金额。留置的财产为不可分物的，留置权人在债权未受清偿前可就全部留置财产行使留置权。

三、留置权人的权利和义务

(一)留置权人的权利

留置权人享有以下几项权利。(1)留置债务人财产的权利。留置权是他物权，可以对抗债务人的所有权，但法律规定或者当事人约定不得留置的动产，不得留置。(2)收取孳息的权利。留置权人有权收取留置财产的孳息。依法收取的孳息应当先充抵收取孳息的费用。(3)优先受偿的权利。债务人逾期未履行的，留置权人可以与债务人协议以留置财产折价，也可以就拍卖、变卖留置财产所得的价款优先受偿。同一动产上已设立抵押权或者质权，该动产又被留置的，留置权人优先受偿。

（二）留置权人的义务

留置权人负有以下几项义务。(1)妥善保管留置财产的义务。因保管不善致使留置财产毁损、灭失的，留置权人应当承担赔偿责任。(2)通知义务。通知债务人在法定期限或者约定的期限内履行债务。留置权人未尽此义务，直接变价处分留置财产的，应当对此造成的损失承担赔偿责任。(3)合法支配留置财产义务。根据留置权的性质，留置权人不得使用留置财产。(4)多余变现价款返还义务。留置财产折价或拍卖、变卖后所得价款超过债权数额的部分，应返还债务人。(5)不得与主合同约定抵触的义务。债权人行使留置权与其承担的义务或者合同的特殊约定相抵触的，人民法院不予支持。

四、留置权的实现

留置权人与债务人应当约定留置财产后的债务履行期间；没有约定或者约定不明确的，留置权人应当给债务人两个月以上履行债务的期间，但鲜活易腐等不易保管的动产除外。债务人逾期未履行的，留置权人可以与债务人协议以留置财产折价，也可以就拍卖、变卖留置财产所得的价款优先受偿。留置财产折价、变卖的，应当参照市场价格。

债务人可以请求留置权人在债务履行期届满后行使留置权；留置权人不行使的，债务人可以请求人民法院拍卖、变卖留置财产。留置财产折价或者拍卖、变卖后，其价款超过债权数额的部分归债务人所有，不足部分由债务人清偿。

第六节　定　金

一、定金的概念和类型

（一）定金的概念

定金是合同当事人双方约定的，为证明合同的成立或确保合同的履行，在法律规定的范围内，一方向另一方预先交付的一定金额的款项。债履行以后，定金折抵价款或收回。当事人交付留置金、担保金、保证金、订约金、押金或者定金等，但没有约定定金性质的，当事人主张定金权利的，人民法院不予支持。

（二）定金的类型

根据定金功能的不同，定金可以分为以下几种。

1.立约定金。立约定金是指为确保正式缔结合同而交付的定金。当事人约定以交付定金作为订立主合同担保的,给付定金的一方拒绝订立主合同的,无权要求返还定金;收受定金的一方拒绝订立主合同的,应当双倍返还定金。

2.成约定金。成约定金是指作为主合同成立或者生效要件而交付的定金。当事人约定以交付定金作为主合同成立或者生效要件的,给付定金的一方未支付定金,但主合同已履行或者已经履行主要部分的,不影响主合同的成立或者生效。

3.解约定金。解约定金是指为保留合同解除权而交付的定金。定金交付后,交付定金的一方可以按照合同的约定以丧失定金为代价而解除主合同,收受定金的一方可以双倍返还定金为代价而解除主合同。对解除主合同后责任的处理,适用《合同法》的规定。

4.违约定金。违约定金是指为担保合同履行而交付的定金。当事人可以约定二方向对方给付定金作为债权的担保。债务人履行债务后,定金应当抵作价款或者收回。给付定金的一方不履行约定的债务的,无权要求返还定金;收受定金的一方不履行约定的债务的,应当双倍返还定金。显然,立约定金、解约定金和违约定金适用定金罚则。成约定金不适用定金罚则。

二、定金的效力

(一)定金合同的生效

定金应当以书面形式约定,当事人在定金合同中应当约定交付定金的期限。定金合同从实际交付定金之日起生效。

(二)定金的数额

当事人约定的定金数额超过主合同标的额20%的,超过的部分,人民法院不予支持。实际交付的定金数额多于或者少于约定数额,视为变更定金合同;收受定金一方提出异议并拒绝接受定金的,定金合同不生效。

(三)定金罚则的适用

因当事人一方迟延履行或者其他违约行为,致使合同目的不能实现,可以适用定金罚则。但法律另有规定或者当事人另有约定的除外。当事人一方不完全履行合同的,应当按照未履行部分所占合同约定内容的比例,适用定金罚则。因不可抗力、意外事件致使主合同不能履行的,不适用定金罚则。因合同关系以外的第三人的过错,致使主合同不能履行的,适用定金罚则。受定金处罚的一方当事人,可以依法向第三人追偿。

案例评析

【案例 1】

钟某和范某均系镇西村村民，两家素有交往。2005 年，范某为进行肉鸭养殖，向某农村信用社借款，钟某为该笔借款提供保证。2005 年 4 月 5 日，三方签订《保证合同》，约定：某农村信用社向范某提供贷款 30 万元，借款期限为 2005 年 4 月 11 日至 2005 年 10 月 10 日；利息为 7%，钟某自愿为该笔贷款提供一般保证，保证范围为该笔贷款的所有本息。同年 4 月 12 日，某农村信用社按约提供了贷款。2005 年 7 月，因为禽流感等原因，范某养殖的肉鸭价格大跌，投入的资金血本无归，范某和其妻子也因此离家出走，杳无音信。2005 年 10 月，某农村信用社向法院提起诉讼，要求钟某承担保证责任，偿还贷款本息 38 万元。

另查明：范某和其妻子共有三间平房，经评估价值 10 万元。

【评析】

本案的焦点是，债务人下落不明时，保证人是否享有先诉抗辩权。

根据法律规定，有下列情形之一的，保证人不得行使先诉抗辩权：(1)债务人住所变更，致使债权人要求其履行债务发生重大困难；(2)人民法院受理债务人破产案件，中止执行程序的；(3)保证人以书面形式放弃先诉抗辩权的。一般保证的保证人在主债权履行期间届满后，向债权人提供了债务人可供执行财产的真实情况的，债权人放弃或者怠于行使权利致使该财产不能被执行，保证人可以请求人民法院在其提供可供执行财产的实际价值范围内免除保证责任。

同时，《最高人民法院关于适用〈中华人民共和国担保法〉若干问题的解释》第 25 条又对其中的第一项进行了解释："担保法第十七条第三款(一)项规定的债权人要求债务人履行债务发生重大困难情形，包括债务人下落不明、移居境外，且无财产可供执行。"

虽然范某下落不明，但是有可供执行的三间房屋，在未经法院审判之前且该三间房屋被执行之前，钟某可行使先诉抗辩权，拒绝农村某信用社请求其承担保证人的权利。

【案例 2】

陈某因生意经营需要向其朋友梁某借钱。梁某于是同意借给陈某 20 万元，借款期一年，但要陈某提供借款抵押。陈某于是找到了另一个朋友张某帮忙作担保，张某愿以自己的房产作为陈某的借款抵押物，并与梁某签订了以房屋作为借款抵押物的合同。由于经营不善，一年期满陈某无钱归还借款，梁某持借款抵押合同找到张某，要求张某按合同履行，张某认为借款人是陈某，与本人无关。无奈之下，梁某将张某告上法庭，要求法院判决陈某归还借款、张某承担抵押担保责任。人民法院经审理查明：(1)陈某向梁某借款20万元，有陈某与梁某签订的借款合同，双方认可，并已实际履行；(2)为向梁某借款20万元，张某将自己房屋抵押给梁某，并签订了房屋为抵押物的借款合同，但未进行登记。

判决：(1)陈某在判决生效10日内归还梁某借款20万元；(2)张某不承担抵押担保责任。

【评析】

本案涉及借款和借款抵押两个法律关系，人民法院依据《合同法》、《担保法》的相关规定，判决陈某与梁某的借款合同合法有效，受法律保护，陈某在判决生效10日内归还梁某20万元，而张某与梁某签订的借款抵押合同因违反《担保法》而无法律效力，不受法律保护，张某不承担抵押担保责任。

这是因为，一、陈某与梁某签订的借款合同符合《合同法》的相关规定，该法第210条规定："自然人之间的借款合同，自贷款人提供借款时生效。"梁某与陈某签订了借款合同，梁某同时提供了20万元的借款，陈某收到了借款，其间的各项活动符合《合同法》的相关规定，借款合同合法有效，应受法律保护。二、张某与梁某签订的房屋借款抵押合同恰恰是违反了《合同法》和《担保法》的规定，违反法律、行政法规的合同，属于无效合同，不受法律保护。

1. 张某与梁某签订的以房屋作为抵押物的合同违反《合同法》第198条的规定："订立借款合同，贷款人可以要求借款人提供担保。担保依照《担保法》的规定。"该条是对借款合同的担保提出了强制性的要求。所谓强制性，是指法律法规明文规定的行为，不管当事人主观上是否愿意，客观上都必须执行的行为，既然《合同法》第198条"借款抵押合同应当按照《担保法》的规定执行"。当事人签订的以房屋为抵押物的借款合同就应当符合《担保法》的规定，凡不符合规定的合同，当然无效，不受法律保护。

2.《合同法》第198条是强制性规定。违反强制性规定的合同无效。该法第52条规定："有下列情形之一的，合同无效：①一方以欺诈、胁迫的手段订立合同，损害国家利益；②恶意串通，损害国家、集体或者第三人利益；③以合法形式掩盖非法目的；④损害社会公共利益；⑤违反法律、行政法规的强制性规定。"张某与梁某签订的以房屋为抵押物的借款合同，正是违反了法律、行政法规的强制性规定——"借款抵押合同应当按照《担保法》的规定"的要求。

3.《担保法》第41条规定："当事人以本法第四十二条规定的抵押财产的，应当办理抵押物登记，抵押合同自登记之日起生效。”张某与梁某签订的以房屋为抵押物的借款合同，应当依照《担保法》第42条第2款的规定，到县级以上地方人民政府规定的部门登记，未经登记，只能说明抵押合同成立，但合同并未生效。合同成立，对当事人之间没有特殊约定或者法律、行政法规没有强制性规定的合同，合同成立就意味着合同生效，但对当事人之间有约定或者法律、行政法规有强制性规定的合同，则只能是双方真实意思的表示，其合同生效的前提是进行登记，没有登记则表明合同还未生效。张某之所以不承担抵押担保责任，就是因为以房屋为抵押物的合同还没有生效，没有生效的抵押合同，不具备约束力，法律当然不予保护。

【案例3】

赵某因资金短缺，于2005年8月20日，通过钱某介绍并担保向孙某借款12万元，双方约定月利率为10%，还款期限为2006年8月20日。同日由赵某出具了一张借据给孙某，钱某在借据上签名担保。2006年3月20日，孙某因借据丢失，遂与赵某协商，自愿放弃部分利息，将月利率减为5%，并由赵某重新出具一张借条给孙某，同时孙某出具了一份证明给赵某，证明赵某原出具的借据作废。后经孙某多次催要，赵某和钱某均未履行还款及保证义务，孙某遂诉至法院，要求赵某立即偿还其借款12万元及利息，并要求钱某承担连带偿还责任。

【评析】

法院经审理认为，在本案中，赵某向孙某借款12万元，双方借贷关系依法成立，应该由赵某归还此笔借款本息。《担保法》第18条规定：“当事人在保证合同中约定保证人与债务人对债务承担连带责任的，为连带责任保证。连带责任保证的债务人在主合同规定的债务履行期届满没有履行债务的，债权人可以要求债务人履行债务，也可以要求保证人在其保证范围内承担保证责任。”第19条规定：“当事人对保证方式没有约定或者约定不明确的，按照连带责任保证承担保证责任。”根据上述规定，钱某在借据上签字担保，没有明确约定保证方式，依法应当承担连带担保责任。后来赵某与孙某协商变更债务，孙某自愿放弃部分利息，降低利率，赵某与孙某双方重新达成了借款协议。这涉及主合同发生变更后保证人对变更后的债务承担何种担保责任的问题。《最高人民法院关于适用〈中华人民共和国担保法〉若干问题的解释》第30条规定：“保证期间，债权人与债务人对主合同数量、价款、币种、利率等内容做了变动，未经保证人同意的，如果减轻债务人的债务的，保证人仍应当对变更后的合同承担保证责任；如果加重债务人的债务的，保证人对加重的部分不承担保证责任。债权人与债务人对主合同履行期限做了变动，未经保证人书面同意的，保证期间为原合同约定的或者法律规定的期间。债权人与债务人协议变动主合同内容，但并未实际履行的，保证人仍应当承担保证责任。”赵某与孙某双方重新达成的借款协议虽未经保证人钱某同意，但借款合同是减轻债务人的负担，所以保证人钱某仍应当对变更后的合同承担保证责任。根据上述分析，法院判决本案被告赵某应当归还原告孙某借款12万元及利息（月利率按5%计算），保证人钱某对该笔债务承担连带偿还责任。

【案例4】

2005年9月17日，李某与周某协商借款一事，签订借款协议，双方约定：周某向李某借款20万元，3个月归还（从2005年9月17日起至2005年12月16日止），借款利息按月利率10%计算；周某请吴某个人担保（包括吴某个人全部财产）；双方在协议上签名盖章，吴某在担保人栏签名。此后，李某履行了借款义务，周某却逾期未归还借款。2005年12月李某向法院提起诉讼，要求周某偿还借款，吴某承担连带责任。在公开开庭审理中，诉讼双方对周某应当偿还李某借款20万元无争议，但对担保人吴某是否承担连带责任有意见分歧。

【评析】

法院经审理认为，担保人是否承担责任首先要分清本案双方约定的担保究竟是何种形式。我国《担保法》规定了保证、抵押、质押、留置和定金五种担保形式。由于原告李某并未实际占有或控制债务人或第三人的财产、权利凭证或其他财产，本案担保方式自然不属于质押、留置、定金等形式。而且本案担保方式也不符合抵押担保的规定。法律要求对设置担保的抵押物必须明确、具体。因为只有抵押物明确、具体，才能满足债务人不能履行债务时，抵押权人对抵押物实现优先受偿的法律价值。假如抵押物不明，抵押权人的优先受偿权就没有了存在的基础，抵押担保制度就无法实现保障债权的目的。因此《担保法》规定，在设置抵押时，要求以要式的形式对抵押物的具体名称、数量、质量、状况、权属予以明确的说明，以保证权利的实现。但是在本案借款协议中，合同双方仅约定了一句即“包括吴某个人全部财产”，并没有特别指明该财产是哪一个具体的物，更无物的其他情况。由于本案约定的个人财产不是具体的物，其担保是不能满足抵押担保的必备要件的，所以本案担保方式也不属于抵押担保。《担保法》规定，保证是指保证人和债权人约定，当债务人不履行债务时，保证人按照约定履行债务或者承担责任的行为。

保证担保方式不需要担保人提供具体的物或权利来保证债权的实现，它是建立在债权人对债务人的财力和社会信用评价等综合因素的信赖程度基础上，而同意设定的信用担保。本案由于借款人与担保人之间未约定由担保人提供具体的担保物为双方的借款担保，担保人仅仅是以自己的综合财力来保证债权人债权的实现，其担保类型不是物的担保.，应该是属于人的担保方式，即保证。由于双方对保证方式和保证期间没有约定，根据《担保法》第19条的规定，保证方式没有约定或约定不明的按照连带责任保证承担保证责任。《担保法》第26条规定，连带责任保证的保证人与债权人未约定保证期间的，债权人有权自主债务履行期届满之日起6个月内要求保证人承担保证责任。在合同约定的保证期间和前款规定的保证期间，债权人未要求保证人承担保证责任的，保证人免除保证责任。据此，本案被告吴某的保证责任依法应该予以免除。根据上述分析，法院判决支持原告李某要求被告周某偿债的请求，驳回其要求担保人吴某负连带责任的请求。

【思考练习】

一、名词解释

担保　担保物权　保证　抵押　质押　动产质押　权利质押　留置　定金

二、简答题

1. 简述一般保证和连带保证的区别与联系。
2. 应当办理抵押登记的财产有哪些？
3. 简述《担保法》规定的不得作为保证人的法律主体范围。
4. 动产质权人享有哪些权利？
5. 简述《物权法》规定的可以抵押的财产范围。
6. 简述动产质押的概念及关于质权有效设立的法律规定。
7. 简述《物权法》规定的可以用于权利质押的权利种类。
8. 简述留置的概念及留置权的特征。
9. 简述定金的概念以及定金效力的主要内容。

第八章

工业产权法

本章导读

工业产权法是知识产权法律制度的重要组成部分，主要由专利法和商标法两部分构成。它是一种与工商产业的发展密切相关的智力成果财产权法律制度。本章主要阐述工业产权的概念、特征，并具体介绍了我国《专利法》和《商标法》的有关法律规定。

重点问题

1. 工业产权的概念和特征。
2. 专利权的主体和客体。
3. 专利权的授权条件和专利申请的审批。
4. 商标的注册和管理。
5. 注册商标的变更、转让和使用许可。
6. 驰名商标的保护。

第一节　工业产权法概述

一、工业产权的概念

工业产权，是指人们对自己在科学技术和文化艺术等领域所创造的成果，依法取得的专用权或专有权。“工业产权”一词最早于1791年由法国《专利法》起草人德布孚位首先使用，主要包括商标权和专利权。商标权，是指商标权人依法取得的对其注册商标的专用权，具体表现在商标权人对其注册商标享有独占使用的权利，有排除他人在相同或类似商品上使用与其注册商标相同或近似商标的权利。专利权，是指国家依法确认的发明创造人对其发明创造享有的专有权。专利权人对获得专利权的产品或方法有制造、使用或销售的权利，有在其专利产品或该产品的包装上标明专利标记或专利号的权利，以及转让专利的权利和对专利侵权行为提起诉讼的权利。工业产权作为一项民事权利，具有以下 3 个特征。(1)专有性。工业产权与所有权一样，具有排他性和绝对性的特点。也就是说，权利人以外的人不得侵犯这种权利，未经权利人的同意，不能享有或使用这种权利。(2)地域性。是指一国主管部门授予、拒绝授予、变更或撤销工业产权的决定，只在本国范围内有效，对其他国家不发生法律效力。但签有国际公约或双边互惠协定的国家，则必须在相互范围内保护工业产权的存在。(3)时间性。工业产权的保护具有一定的时间性。工业产权在法律规定的时间内受法律保护，一旦超过法律规定的有效期限，这一权利就自行消灭。

二、工业产权法的概念

工业产权法是调整在工业产权的申请、确认、保护和管理过程中所发生的各种社会关系的法律规范的总称。我国先后颁布了一系列工业产权法律法规，迅速建立了工业产权的法律体系，在工业产权的保护方面取得了举世瞩目的巨大成就。1982 年 8 月 23 日颁布了《中华人民共和国商标法》(以下简称《商标法》)(1993 年 2 月修订、2001 年 10 月修订)；1984 年 3 月 12 日，颁布了《中华人民共和国专利法》(以下简称《专利法》)(1992 年 9 月修订、2000 年 8 月修订、2008 年 12 月修订)。综观各国立法文件，工业产权法律体系一般包括以下几种法律制度：(1)专利权法律制度；(2)商标权法律制度；(3)产地标记权法律制度；(4)商业秘密权法律制度；(5)反不正当竞争法律制度。这里我们着重介绍专利权法律制度与商标权法律制度。

第二节　专利法

一、专利法概述

(一)专利与专利法

专利在英文中为"Patent"，含有"公开"、"独占"的意思。专利是指国家主管机构根据法律授予发明创造者在一定期限内对其发明创造所享有的独占实施权。专利一词有下列三种含义：第一，指一种权利，即独占实施权；第二，指一种文献，即专利文献；第三，指一种成果，即取得了独占实施权的发明创造成果。专利法是调整因确认发明创造所有权和利用发明创造而产生的各种社会关系的法律规范的总称。专利法的调整对象可以归纳为以下三个方面。(1)因确认发明创造所有权而产生的社会关系。因确认发明创造所有权而产生的社会关系是专利法所调整的发明创造的归属关系。(2)授予发明创造以专利权而产生的社会关系。国家采用授予发明创造以专利权的形式来保障发明人对其发明创造所有权的行使。(3)转让和利用发明创造专利而产生的社会关系。专利权人实施其专利、转让其专利所发生的关系,都是由专利法及相关法律来调整的。

(二)专利制度的产生和发展

专利制度是随着商品经济的发展而产生的,它最早起源于欧洲。1474 年威尼斯共和国制定了世界上最早的一部专利法。1624 年英国颁布《垄断法》,这是世界上第一部具有现代特点的专利法。随着世界各国经济的发展,国际间交流日趋频繁,专利制度逐渐越过国界得到进一步发展。我国的第一部专利法是 1984 年 3 月通过的《专利法》。1985 年 1 月颁布了《专利法实施细则》。为进一步完善我国的专利制度,1992 年《专利法》进行了第一次修改,此次修改标志着我国对发明创造专利技术的保护水平达到了一个新的高度。为使专利制度更有力地推动我国的科技创新事业,并为我国加入世界贸易组织创造良好的条件,2000 年第二次修改《专利法》。这次对《专利法》的成功修改是我国专利制度发展史上的一个重要里程碑,对推动我国的科技进步和创新产生了重大而深远的影响。2008 年第三次修改《专利法》,这次修改适度调整了专利授权条件,赋予外观设计专利权人许诺销售权,强化专利侵权损害赔偿责任,明确规定诉前证据保全措施、现有技术和现有设计抗辩事由等,对激励自主创新、促进科学技术进步和经济社会发展具有十分重要的意义,是我国专利制度发展历程中又一里程碑。

二、专利权的主体与客体

(一)专利权的主体

专利权的主体是指有权申请并取得专利权的人。申请人可以是发明人,也可以是该发明的合法受让人或继承人。专利权人分为四类。

1.非职务发明人。发明人是指对发明作出创造性贡献的人,也就是对发明创造的实质性特点作出创造性贡献的人。若仅是在发明过程中作了某种组织工作或仅提供了物质条件或仅从事辅助性工作的人,不属于发明人。只有是非职务发明创造,申请专利的权利才属于发明人或设计人,申请批准后,专利权归个人所有。

2.职务发明人的单位。我国《专利法》及其实施细则对何谓职务发明创造作出了较为明确的规定。所谓职务发明创造,是指执行本单位的任务所完成的发明创造。具体是指:(1)在本职工作中作出的发明创造;(2)履行本单位交付的本职工作以外的任务所完成的发明创造;(3)退休、调离原单位后或者劳动、人事关系终止后一年内作出的,与其在原单位承担的本职工作或者原单位分配的任务有关的发明创造;(4)主要是利用本单位的物质技术条件所完成的发明创造。职务发明创造,申请专利的权利属于该单位。申请被批准后,由单位享有专利权。

3.合法受让人。合法受让人是指以继承、赠与、转让等方式承受专利权的公民和法人。通过这种移转,受赠人、买受人或继承人即成为该专利的合法受让人。

4.外国人。我国原则上承认外国人有权在中国申请专利并获得专利权。其中在我国有经常居所的外国公民和有营业场所的外国法人,在我国享有国民待遇;而对于在我国没有经常居所的外国公民和无营业场所的外国法人,则依照所属国同中国签订的协议或共同参加的国际条约或依照互惠原则办理。

(二)专利权的客体

专利权的客体,即专利法保护的对象,是指专利法规定的可以获得专利权的发明创造。我国专利法所称的发明创造是指发明、实用新型和外观设计。专利法所称的发明是指对产品、方法或其改进所提出的新的技术方案。实用新型是指对产品的形状、构造或其结合所提出的适于实用的新的技术方案。外观设计是指对产品的形状、图案或者其结合以及色彩与形状、图案的结合所作出的富有美感并适于工业应用的新设计。

(三)不授予专利权的对象

不是所有的发明创造都能被授予专利权。我国《专利法》对其保护范围作了限制性规定,下列智力成果不能授予专利权。(1)违反国家法律、社会公德或者妨害公共利益的发明创造。违反国家法律是指发明创造的目的及其使用是国家法律明文规定禁止的。例如关于赌博的设备、吸毒的器具等。违反社会公德和妨害公共利益,是指背离社会公众普遍认可的伦理观念,给社会正常秩序带来不利影响。(2)科学发现。是指对自然界早已存在的但尚未被认识的物质、物质的特性和物质运动的规律或现象的一种新的认识。(3)智力活动的规则和方法。是指指导人的思维推理、分析判断以及记忆的规则和方法,它主要包括计算方法、体育竞赛规则等。(4)疾病的诊断和治疗方法。疾病的诊断和治疗方法不具备工业适用性,不适于用专利保护。但是医生诊断或治疗疾病用的仪器设备等可以在工业上制造,是能够获得专利保护的。(5)动物和植物新品种。我国对动植物品种本身不授予专利权,但对于生产动物和植物品种的方法可以授予专利权。如采用辐射法生产高产乳牛的方法等可以被授予专利权。(6)用原子核变换方法获得的物质。是指用核裂变或核聚变的方法获得的元素或者化合物。(7)对平面印刷品的图案、色彩或者两者的结合作出的主要起标识作用的设计。(8)对违反法律、行政法规的规定获取或利用遗传资源，并依赖该遗传资源完成的发明创造。

三、专利权的获得

(一)授予专利权的条件

1.授予发明和实用新型专利权的条件。《专利法》第22条规定："授予专利权的发明和实用新型应当具备新颖性、创造性和实用性。"(1)新颖性。新颖性的具体要求归纳起来有以下几点：第一从时间范围上看，一项发明或实用新型，在申请日或优先权日以前没有公开过，即没有他人就相同的发明或实用新型在申请日以前向国务院专利行政部门提出过申请，并记载在申请日以后公布的专利申请文件中或公告的专利文件中。第二从地域范围上看，我国采用绝对新颖性标准又称世界新颖性标准，即判定一项技术是否具有新颖性，是依据全世界范围内的现有技术。第三从公开形式上看，一项发明或实用新型必须是从未以任何方式为公众所知才算不失新颖性。关于新颖性的例外，《专利法》第24条规定，申请专利的发明创造在申请日以前6个月内，出现以下情形之一的，不丧失新颖性：一是在中国政府主办或者承认的国际展览会上首次展出的；二是在规定的学术会议或者技术会议上首次发表的；三是他人未经申请人同意而泄露了发明创造的内容的。(2)创造性。创造性是指与现有技术相比，该发明有突出的实质性特点和显著的进步，该实用新型有实质性特点和进步。突出的实质性特点，是指发明与现有技术相比具有明显的本质区别，它超过了发明所属技术领域中的一般技术人员的技术水平，其技术特点有质的突破、飞跃。显著的进步是指此发明与最邻近的现有技术相比有很大的进步。这种进步通常表现为已克服了现有技术的某些缺点和不足，或表现在该发明所具有的特殊效力或所代表的某种新技术的发展。(3)实用性。实用性是指发明或实用新型能够制造或使用并能产生积极效果。实用性是在实践中能够运用实施的技术创新，是一种解决方案。

2.授予外观设计专利权的条件。《专利法》第23条规定："授予专利权的外观设计，应当不属于现有设计；也没有任何单位或者个人就同样的外观设计在申请日以前向国务院专利行政部门提出过申请，并记载在申请日以后公告的专利文件中。"世界知识产权组织的《知识产权法教程》指出："工业用品外观设计属于美学领域，但是，同时又是作为工业或手工业制造品的样式的。一般来说，工业品外观设计具有装饰的或美学的外表。装饰的外表可以由物品的形状和色彩组成。装饰的或美学的外表必须对视觉有吸引力。”

（二）授予专利权的程序

1.专利权的申请。专利权的申请是指享有专利申请权的个人或单位向专利行政部门提出的要求授予其专利权的意思表示。申请可以由申请人自己提出，也可以委托专利代理人提出。如果在中国没有经常居所或营业场所的外国人、外国企业或外国其他组织在中国申请专利，应当委托依法设立的专利代理机构办理。

2.专利申请文件。根据《专利法》第 26 条规定，申请发明和实用新型专利的申请文件包括：(1)请求书；(2)说明书；(3)说明书摘要；(4)权利要求书。《专利法》第 27 条规定，外观设计专利的申请文件包括：请求书以及外观设计的图片或者照片以及对该外观设计的简要说明等文件。

3.专利申请日。专利申请日是国务院专利行政部门收到完整专利申请文件的日期。若专利申请文件是邮寄的，以寄出的邮戳日为申请日，邮戳日不清晰的，除当事人能够提供证明的外，以国务院专利行政部门收到专利申请文件的日期为专利申请日。专利申请日中的特殊问题是优先权及优先权日。优先权是指专利申请人第一次提出申请后，在法定期限内，又就相同主题的发明创造提出专利申请的，该在后申请被视为是在第一次提出申请的日期提出的。申请人依法享有的这一权利为优先权，首次提出专利申请的日期为优先权日。优先权有国际优先权和国内优先权之分。国际优先权，是指申请人自发明或者实用新型在外国第一次提出专利申请之日起 12 个月内，或者自外观设计在外国第一次提出专利申请之日起 6 个月内，又在中国就相同主题提出专利申请时享有的优先权。国内优先权是指申请人自发明或实用新型在中国第一次提出专利申请之日起 12 个月内，又向国务院专利行政部门就相同主题提出专利申请时享有的优先权。

4.专利申请的审批。我国《专利法》实行“早期公开、延迟审查”制度，即对专利申请先期公布，而后视申请人请求进行实质审查。具体审批程序如下。(1)初步审查。初步审查的范围包括：专利申请是否属于《专利法》规定的对象或符合有关规定；专利申请是否包含《专利法》规定的申请文件，以及这些申请文件是否符合有关规定的格式。(2)公布申请。国务院专利行政部门收到发明专利申请后，经初步审查认为符合《专利法》要求的，自申请日起满 18 个月即行公布。国务院专利行政部门也可根据申请人的请求，早日公布其申请。(3)实质审查。实质审查是针对是否符合新颖性、创造性和实用性条件所进行的审查。发明专利申请经实质审查没有发现驳回理由的，由国务院专利行政部门作出授予发明专利权的决定，发给发明专利证书，同时予以登记和公告。发明专利权自公告之日起生效。对于实用新型和外观设计专利申请，我国实行初审登记制，即只实行初步审查，不进行实质审查。凡实用新型和外观设计专利申请经初步审查没有发现驳回理由的，国务院专利行政部门应当作出授予实用新型专利权或者外观设计专利权的决定。

（三）专利的复审

专利复审是指专利申请人对国务院专利行政部门驳回其专利申请不服的，请求专利复审委员会对其专利申请进行再审。复审请求人必须是被驳回专利申请的申请人。复审请求应当在收到驳回专利申请决定的通知之日起3个月内提出。专利申请人对专利复审委员会作出的决定仍然不服的，可以自收到通知之日起3个月内向人民法院起诉。

四、专利权人的权利和义务

（一）专利权人的权利

专利权人有以下权利。

1.人身方面的权利。是指与发明人或设计人的人身相联系的权利，主要是指在专利文件中标明发明人或设计人的权利。《专利法》第17条第1款规定："发明人或者设计人有权在专利文件中写明自己是发明人或者设计人。"

2.财产方面的权利。财产方面的权利是指因取得专利权而产生的具有经济内容的权利，包括以下几项。(1)自行实施专利的权利。就是指专利权人依照自己的意愿和利益，直接制造、使用、销售和进口专利产品，或独自使用专利方法，同时禁止他人未经专利权人的许可实施其专利。(2)专利许可权。是指专利权人同他人签订专利实施许可合同，许可他人使用专利技术。(3)专利转让权。是指专利权人有权通过出售等方式将专利权转让给他人。《专利法》第10条规定，专利申请权和专利权可以转让。(4)专利标记权。专利权人有在其专利产品或该产品的包装上标明专利标识的权利，同时禁止他人使用。

（二）专利权的限制

专利权人享有专有权，但为了国家和社会的整体利益，有利于科学技术的进步，法律对这种权利也作了限制。《专利法》规定在下列情形下，不视为侵犯专利权：(1)专利产品或者依照专利方法直接获得的产品，由专利权人或者经其许可的单位、个人售出后，使用、许诺销售、销售、进口该产品的；(2)在专利申请日前已经制造相同产品、使用相同方法或者已经做好制造、使用的必要准备，并且仅在原有范围内继续制造、使用的；(3)临时通过中国领陆、领水、领空的外国运输工具，依照其所属国同中国签订的协议或者共同参加的国际条约，或者依照互惠原则，为运输工具自身需要而在其装置和设备中使用有关专利的；(4)专为科学研究和实验而使用有关专利的；(5)为提供行政审批所需要的信息，制造、使用、进口专利药品或者专利医疗器械的，以及专门为其制造、进口专利药品或者专利医疗器械的；(6)专利实施的强制许可。

（三）专利权人的义务

1. 实施专利。发明创造只有实施才能达到促进社会科技进步和经济发展的目的。专利法规定，专利权人必须承担实施或允许他人实施专利发明的义务；否则，根据需要将给予其他单位实施的强制许可。

2. 缴纳有关费用，比如专利年费。专利年费是申请人取得专利权后，在专利权期限内，为确保专利的有效性，每年必须向专利局缴纳的一定费用。期满未缴纳的，专利权自应当缴纳年费期满之日起终止。

五、专利权的无效宣告、期限和终止

（一）专利权的无效宣告

专利权的无效宣告，是指被授予的专利权因其不符合专利法规定，而由专利复审委员会根据有关单位或个人的请求通过行政审查程序宣告其为无效。

1. 请求宣告专利权无效的条件、理由和程序。《专利法》第 45 条规定："自国务院专利行政部门公告授予专利权之日起，任何单位或者个人认为该专利权的授予不符合本法有关规定的，可以请求专利复审委员会宣告该专利权无效。"根据 2010 年修改的《专利法实施细则》第 65 条第 2 款的规定，请求宣告专利权无效的理由有以下几点：(1)不属于《专利法》所称的发明创造；(2)向外申请专利事先未经国务院专利行政部门的保密审查；(3)取得专利权的发明和实用新型不具备"三性"要求；(4)取得专利权的外观设计不符合新颖性或与他人在先取得的合法权利相冲突；(5)申请发明或实用新型的说明书公开不充分，其权利要求书没有以说明书为依据或其权利要求书中不具备独立的权利要求；(6)申请外观设计的有关图片或照片未能清楚地显示要求专利保护的产品的外观设计；(7)申请文件的修改超出原说明书和权利要求书记载的范围或原图片、照片表示的范围；(8)分案申请时超出原申请范围；(9)取得专利权的发明创造不符合先申请的原则；(10)属于《专利法》第 5 条、第 25 条规定的不授予专利权的范围。专利权无效宣告程序是按照请求原则进行的，只有当请求人依法提出专利权无效宣告请求时才能启动该程序。国务院专利行政部门和专利复审委员会都不得依职权主动提起审理专利无效案件。根据我国《专利法》及《专利法实施细则》的规定，请求宣告专利权无效或者部分无效的，应当向专利复审委员会提交专利权无效宣告请求书和必要的证据一式两份，说明所依据的事实和理由，并缴纳无效宣告请求费。宣告专利权无效或者维持专利权有效的决定一经作出，就产生相应的法律效力。

2. 专利权被宣告无效后，产生以下效力。(1)社会性效力。专利权被宣告无效后，不仅对当事人双方生效，对社会公众也产生相应的效力。从此，任何人都可以自由利用该"发明创造"，不会再有侵权之嫌。(2)一事不再理效力。维持专利权的决定确定后，即产生一事不再理的效力。任何人就不能再根据同一事实及同一证据请求宣告专利权无效。(3)追溯效力。宣告专利权无效的决定作出后，被宣告无效的专利权视为自始即不存在，即无效宣告的决定具有追溯的效力。"宣告专利权无效的决定，对在宣告专利权无效前人民法院作出并已执行的专利侵权的判决、调解书，已经履行或者强制执行的专利侵权纠纷处理决定以及已经履行的专利实施许可合同和专利权转让合同，不具有追溯力。"之所以作这样的规定，是为了维护稳定的经济秩序，因为在处理专利纠纷的当时，专利权仍被视为有效。但这里也规定了一种例外的情况，这就是"因专利权人的恶意给他人造成的损失，应当给予赔偿"和"不返还费用明显违反公平原则时，应当全部或部分返还"。

(二)专利权的期限

《专利法》根据各种专利权特性和价值的不同而分别规定了不同的保护期，即发明专利权的期限为 20 年，实用新型专利权和外观设计专利权的期限为 10 年。实用新型和外观设计专利权的保护期限较之发明专利来说要短些，是因为实用新型在技术上较发明简单，经济价值较发明低；外观设计专利权的保护期的长短，与社会利益及科技发展关系不大，因为外观设计具有艺术创作的特性，其专利权的存在并不影响外观设计的其他新创作。实用新型和外观设计的上述特征决定了它们的长期性和稳定性一般来说不如发明专利。关于专利权期限的起算时间，我国法律规定有效期限自提出专利申请之日起计算。

(三)专利权的终止

是指专利权因保护期届满或其他原因而失去法律效力。专利权终止有两种情况，一种是正常终止。这是因为专利权有效期限届满而终止，专利权人不再享有其专有权。另一种是提前终止。这是指在专利期限届满之前，由于某种法定事由的出现，专利权人提前丧失其专利权。提前终止的原因主要有以下几种：(1)专利权人未按专利法规定缴纳年费；(2)专利权人书面声明放弃其专利权；(3)专利权人死亡后无人继承。根据我国《专利法》的规定，因上述原因导致专利权终止，国务院专利行政部门都应予以登记和公告。

六、专利权的保护

（一）专利权的保护范围

这是专利权人行使其专利权以及确定侵犯专利权行为的基础。取得专利权保护的发明创造，并不是其所有的技术特征或技术内容都受法律保护，只有属于专利权保护的技术特征，专利权人才享有独占的权利。《专利法》第59条规定，发明或者实用新型专利权的保护范围以其权利要求的内容为准，说明书及附图可以用于解释权利要求的内容。外观设计专利权的保护范围以表示在图片或者照片中的该外观设计专利产品为准，简要说明可以用于解释图片或者照片所表示的该产品的外观设计。

（二）专利侵权行为

1.专利侵权行为的概念及构成要件。专利侵权行为是指非法利用他人的专利发明创造或者非法妨碍他人利用专利发明创造的行为。专利侵权行为必须具备以下几个要件。第一，必须是侵犯专利权的违法行为；首先必须有侵犯专利权的行为，即有未经专利权人许可而擅自实施专利的行为或者未经许可假冒他人专利的侵权行为。其次该行为必须是违法行为，侵权行为人才应承担法律责任。一般来说，侵权行为与损害后果相伴而生。但在特殊情况下，如许诺销售虽没有损害结果发生，但是仍构成侵权。第二，侵害人必须主观上有过错。过错是指行为人对其违法行为和违法行为所引起的后果主观上存在的心理状态。主观过错分为故意和过失。在任何人都能查阅专利授权文献的情况下，侵权人没有及时进行专利检索，没有注意到自己的侵权风险，即没有尽到“充分的注意义务”是存在过错的。第三，侵害行为与专利权人的损害之间必须有因果关系。是指如果违法行为造成了损失要求赔偿时，只有在违法行为与损失之间存在因果关系，即专利权人的损害必须是由行为人的违法行为所致，该行为人才承担损害赔偿的责任。

2.专利侵权行为的种类。根据《专利法》的规定，专利侵权行为主要有两大类，第一，非法利用专利发明创造的行为。这是一种未经专利权人许可而擅自实施专利的侵权行为。根据实施行为的不同，专利侵权行为有以下几种：(1)擅自制造他人专利产品，其中制造的数量、制造的产品是否已经出售都不影响侵权行为的成立；(2)擅自使用他人专利产品；(3)擅自许诺销售他人专利产品；(4)擅自销售他人专利产品；(5)擅自进口他人专利产品；(6)擅自使用他人专利方法；(7)擅自使用依据他人专利方法直接获得的产品；(8)擅自许诺销售依据他人专利方法直接获得的产品；(9)擅自销售依据他人专利方法直接获得的产品；(10)擅自进口依据他人专利方法直接获得的产品;(11)擅自制造或者使用体现了专利外观设计的产品;(12)擅自销售或者使用体现了专利外观设计的产品;(13)擅自许诺销售或者使用体现了专利外观设计的产品;(14)擅自使用进口或者体现了专利外观设计的产品。上述行为都必须以赢利为目的,才构成专利侵权行为。第二,非法妨碍利用专利发明创造的行为。这是指违背专利权人的意愿,以欺骗消费者为目的,在与专利产品类似的产品或者包装上,加上他人的专利标志和专利号,冒充他人的专利产品,即假冒专利行为。

(三)专利侵权行为的法律责任

1. 专利侵权行为的民事责任。侵犯专利权的行为属于一种民事侵权行为。根据专利法的规定,对专利侵权行为主要是采用民事制裁,使侵权人负担一定的财产责任,因而具有补偿和恢复原状的责任。专利侵权行为的民事责任主要有以下几种:(1)停止侵权;(2)赔偿损失;(3)没收侵权产品;(4)消除影响。

2. 专利侵权行为的行政责任。《专利法》第 60 条规定,对未经专利权人许可而实施其专利的侵权行为,专利权人或利害关系人可以请求管理部门进行处理。若当事人对行政处理不服的,可以在收到通知之日起 15 日内向人民法院起诉。

3. 专利侵权行为的刑事责任。根据《专利法》第 63 条、第 71 条、第 74 条的规定,专利侵权行为主要涉及的刑事犯罪有:(1)《刑法(修正案七)》第 213 条至第 220 条规定的侵犯知识产权罪;(2)向外国申请专利的,可能会泄漏国家秘密构成犯罪,即《刑法(修正案七)》第 111 条规定的为境外窃取、刺探、收买、非法提供国家秘密、情报罪;(3)《刑法(修正案七)》第 397 条规定的滥用职权罪、玩忽职守罪。

第三节 商标法

一、商标法概述

(一)商标的概念

商标来源于英文"Trademark"的译文,商标是一种标记,WIPO(世界知识产权组织)对商标的定义是"将一企业的产品或服务区别开来的标记",即区别同类产品或服务的标记。2001 年修订的《中华人民共和国商标法》(以下简称《商标法》)第 8 条规定:"任何能够将自然人、法人或者其他组织的商品与他人的商品区别开的可视性标志,包括文字、图形、字母、数字、三维标志和颜色组合,以及上述要素的组合,均可以作为商标申请注册。"可见,商标是具有显著性特征的标志。我们可以将商标界定为:商标是指经营者为使自己经营的商品或所提供的服务区别于其他经营者的商品或服务,而使用于商品或服务上的具有显著特征的标记。

(二)商标的分类

随着经济的发展,各种商品层出不穷,商标的种类也日趋丰富。我们可以从不同角度,按照不同的划分标准,将商标划分为不同的种类。

1. 根据使用对象的不同,商标可以划分为商品商标和服务商标。商品商标是表明商品出处的标志,它能把不同企业生产的相同或类似产品区别开来。《商标法》第 4 条规定:"自然人、法人或者其他组织对其生产、制造、加工、拣选或者经销的商品,需要取得商标专用权的,应当向商标局申请商品商标注册。"所谓服务商标是指服务的提供者为将自己的服务与他人的服务区别开来而使用的一种标志。这里所说的服务,指的是无形的服务,如广告业、保险业、银行业、不动产业、运输业、音像出租业、餐馆等行业提供的服务。服务并非仅限于营利性的服务,也包括非营利性的服务,例如,医院和学校等非营利性事业单位所提供的服务。服务商标的保护在我国始于 1993 年,《商标法》第 4 条第 2 款第(3)项规定:"自然人、法人或者其他组织对其提供的服务项目,需要取得商标专用权的,应当向商标局申请服务商标注册。本法有关商品商标的规定,适用于服务商标。"

2. 根据使用目的的不同,商标可划分为防御商标、联合商标、证明商标和集体商标。防御商标是指同一商标所有人将与其注册商标相同的商标,在非同种或非类似商品或服务上分别注册的商标。联合商标是指同一商标所有人在自己生产经营的同种或同类的商品上注册若干近似商标。这些近似商标中首先注册的或者主要使用的为正商标,其余主要对正商标起保护作用的为联合商标。证明商标是指由对某种商品或者服务具有监督能力的组织所控制,而由该组织以外的单位或者个人使用于其商品或者服务,用以证明该商品或者服务的原产地、原料、制造方法、质量或者其他特定品质的标志。如纯羊毛标志、绿色食品标志。2003 年 4 月 17 日国家工商行政管理总局发布的《集体商标、证明商标注册和管理办法》第 18 条规定:"凡符合证明商标使用管理规则规定条件的,在履行该证明商标使用管理规则规定的手续后,可以使用该证明商标,注册人不得拒绝办理手续。"集体商标是指以团体、协会或者其他组织名义注册,供该组织成员在商事活动中使用,以表明使用者在该组织中的成员资格的标志。凡集体商标注册人所属成员,均可使用该集体商标,但须按该集体商标的使用管理规则履行必要的手续。

3. 按照商标的信誉程度不同,可以分为普通商标、著名商标和驰名商标。对于普通商标来说，只有注册商标才能获得法律的保护，未注册商标一般不受法律的保护。著名商标是指根据著名商标的认定和保护条例的规定，由各省工商行政管理局认定的，在当地消费者心目中享有较高信誉和知名度较高的商标。驰名商标是指在市场上享有较高声誉并为相关公众所熟知的注册商标。对于驰名商标来说，不论其注册与否，都可以获得法律的保护。但注册的驰名商标与未注册的驰名商标相比，往往可以获得更大范围的保护。根据《保护工业产权巴黎公约》的规定，注册的驰名商标可以在相同或类似商品上获得特殊保护。

4.根据商标的结构不同，可以分为文字商标、记号商标、图形商标、组合商标、立体商标和非形象商标。文字商标是指仅以文字、数字、字母组成的商标。图形商标是指以图形、图画、图像构成的商标。记号商标是指由某种抽象记号或符号构成的商标。组合商标是指由文字与图形，或字母、数字与图形、颜色等要素的组合，或文字与记号组合而成的商标。立体商标是指以产品外形或产品的实体包装构成的商标。非形象商标是指以“音响”、“气味”或“电子数据传输标记”等注册的商标。

（三）我国的商标立法

《商标法》作为《工业产权法》的子部门，其调整对象是商标法律关系。《商标法》是调整商标的注册、使用、管理及商标专用权的保护等社会关系的法律规范的总称。《商标法》自1982年8月23日颁布以来，1993年2月22日第七届全国人民代表大会常务委员会第三十次会议对《商标法》作了第一次修改。《商标法》的这次修改在保护商标专用权，促使商标所有人保证商品质量和维护商标信誉，促进经济发展方面，发挥了重要的作用。为了完善商标制度，进一步加强对于商标专用权的保护，并适应我国加入世界贸易组织的进程，针对我国现行《商标法》与世贸组织规则，特别是《与贸易有关的知识产权协议》之间存在差距的条款，国务院法制办和国家工商行政管理总局，经过认真的研究，提出了一个《商标法》修正案草案，经第九届全国人民代表大会常务委员会第二十四次会议审议，于2001年10月27日通过。二次修改后的《商标法》总结、吸收了我国改革开放的经验，更加适合我国的国情并更进一步与国际条约和国际惯例接轨。

二、商标注册的申请和审批

（一）商标注册的概念及原则

商标注册是整个商标制度的基础。商标注册是指商标使用人依照商标法规定的条件和程序向商标局提出注册申请，经审查核准而取得商标专用权的行为。我国是实行商标自愿注册原则的国家，商标专用权只有通过商标注册申请而产生。但这并非意味着企业使用的任何商标都必须申请注册，而是由商标使用人根据实际需要自主决定是否申请注册。我国仅对某些涉及国计民生或人身健康的特殊商品，如人用药品和烟草制品，要求必须使用注册商标。《烟草专卖法》第20条规定，卷烟、雪茄烟和有包装的烟丝必须申请商标注册，未经核准注册的，不得生产、销售；禁止生产、销售假冒他人注册商标的烟草制品。《商标法》第6条规定：国家规定必须使用注册商标的商品，必须申请商标注册，未经核准注册的，不得在市场销售。《商标法实施条例》第4条规定：《商标法》第6条所称国家规定必须使用注册商标的商品，是指法律、行政法规规定的必须使用注册商标的商品。以上规定是自愿注册原则的例外。

（二）商标注册的申请

1. 商标注册申请的条件。《商标法》规定，商标注册申请人必须是依法享有商标注册权利的人。依法成立的企业、事业单位和个体工商业者，以及自然人和法人，对自己生产、制造、加工、拣选或者经销的商品，可以申请商标注册。外国人或外国企业在中国申请商标注册的，按其所属国同我国签订的协议或共同参加的国际条约办理，或者按对等原则办理，办理事宜应委托国家认可的具有商标代理资格的组织代理。

《商标法》第8条明确指出，任何能够将自然人、法人或者其他组织的商品与他人的商品区别开的可视性标志，包括文字、图形、字母、数字、三维标志和颜色组合，以及上述要素的组合，均可以作为商标申请注册。但《商标法》第10条规定，禁止在商标中使用下列文字和图形：同中华人民共和国的国家名称、国旗、国徽、军旗、勋章相同或者近似的，以及同中央国家机关所在地特定地点的名称或者标志性建筑物的名称、图形相同的；同外国的国家名称、国旗、国徽、军旗相同或者近似的，但该国政府同意的除外；同政府间国际组织的名称、旗帜、徽记相同或者近似的，但经该组织同意或者不易误导公众的除外；与表明实施控制、予以保证的官方标志、检验印记相同或者近似的，但经授权的除外；同“红十字”、“红新月”的标志及名称相同或者近似的；带有民族歧视性的；夸大宣传并带有欺骗性的；有害于社会主义道德风尚或者有其他不良影响的。县级以上行政区划的地名或者公众知晓的外国地名，不得作为商标。但是，地名具有其他含义或者作为集体商标、证明商标组成部分的除外，已经注册的使用地名的商标继续有效。例如，江苏省有一家纺织面料企业曾在纺织产品上注册过“阳春”商标，恰巧广西壮族自治区有一个“阳春”县，因而有人提出撤销该商标的申请，后被商标局以该商标另有含义而驳回。上述禁用条款属于绝对禁用条款，即无论商标申请注册与否，均不得使用。

另外，《商标法》进一步在第11条第1款中规定，下列标志不得作为商标注册:仅有本商品的通用名称、图形、型号的;仅仅直接表示商品的质量、主要原料、功能、用途、重量、数量及其他特点的;缺乏显著特征的。以上禁用条款属于相对禁用条款,即上述条款不得在注册中使用。《商标法》第 16 条第 1 款还强调:商标中有商品的地理标志,而该商品并非来源于该标志所标示的地区,误导公众的,不予注册并禁止使用;但是,已经善意取得注册的继续有效。

2. 商标注册申请的程序。申请商标注册,应当按规定的商品分类表填报使用商标的商品类别和商品名称。同一申请人在不同类别的商品上申请注册同一商标的,应当按商品分类表分别提出注册申请,即遵守一种商标一份申请的原则。国内商标注册申请,需要申请人向当地商标主管机关提交申请书,并交送商标图样;药品商标的注册,须附送省、自治区、直辖市以上卫生厅、局批准生产的证明文件。外国人或者外国企业在中国申请商标注册,应当委托国家认可的具有商标代理资格的组织代理。国家工商行政管理局依照《商标法》和《商标法实施条例》的规定,指定中国国际商会、中国专利代理(香港)有限公司、中国商标事务所、永新专利商标代理有限公司、上海专利商标事务所等为外国人或外国企业的商标代理人。商标注册后,在使用范围上有所变化,或者相关联的一些内容有所变更,应当重新提出注册申请。

(三)商标注册的审批

1. 商标注册的"申请在先"原则。我国《商标法》规定,在审查商标注册申请时实行"申请在先"的原则,并适当考虑"使用在先"的情况。具体地说,是两个以上的申请人在同一种商品或类似的商品上,以相同或者近似的商标申请注册的,初步审定并公告申请在先的商标享有在先权;同一天申请的,初步审定并公告使用在先的商标,使用在先的享有在先权,同时驳回其他人的申请。

2. 初步审定和公告。商标审查分为两步:第一步,形式审查。主要审查商标注册的申请是否具备法定条件和手续。例如:书面文件是否齐全;手续是否合乎要求;申请人是否有申请商标注册的资格等。第二步,实质审查。这是对申请注册的实质内容(即商标文字和图形的含义及客观效果等)进行的审查。主要内容是:商标的设计是否符合法律规定;是否与他人已注册的商标相同或近似;申请注册的商标是否与外观设计专利权或其他权利相冲突。对符合规定要求的申请,由商标局初步审定后予以公告,将初步审定核准书发给申请人,并将商标刊登于《商标公告》。刊登后 3 个月内,任何人都可以对该商标提出异议。

3. 驳回。对不符合规定要求的申请,由商标局驳回其申请,不予公告,并书面通知申请人。申请人不服的,可在收到通知书之日起 15 日内申请复审。商标评审委员会经复审,作出决定,并书面通知申请人。当事人对商标评审委员会的决定不服的,可以自收到通知之日起 30 日内向人民法院起诉。

4. 异议。对已公告的商标有异议的，异议人应向商标局交送商标异议书。商标局将异议书副本发给被异议人（原商标注册申请人），限期提出答辩。商标局对双方提出的事实和理由，经调查核定后作出裁定：或驳回异议，维持初步审定的结论；或异议成立，取消初步审定的结论。当事人双方对商标裁定不服的，任何一方可在收到裁定通知之日起 15 日内请求商标评审委员会复审；逾期不提出复审请求，裁定生效。商标评审委员会根据复审请求进行审理，并书面通知异议人和被异议人。当事人对商标评审委员会的裁定不服的，可以自收到通知之日起 30 日内向人民法院起诉。

5. 核准发证。经初审并予公告，公告后 3 个月，无任何异议，或异议不成立，商标便予以注册。由商标局向申请人颁发商标注册证，并分门别类地将商标予以公告、存档。商标经核准后，注册人便取得了商标专用权。

三、商标权

（一）商标权的含义

商标权，即商标所有人对其注册商标的专用权。商标权是指一定的民事权利主体占有、使用、收益和处分某个特定商标的资格或能力。所谓一定的民事权利主体，强调的并非所有的民事权利主体都能享有商标权。例如，国家机关可以成为民事权利主体，但它不能作为商标权的主体。

（二）商标权的特点

商标权具有专有性、地域性和时效性等特点。所谓专有性，是指一个商标一般只能归一家企业、事业单位或个人在指定商品上注册并归其所有，而不能同时为多个单位或个人所享有。商标权的地域性是指经一国（或地区）商标注册机关核准注册的商标，其所有人的专有权被限定在该国（或地区）领域内，其他国家对该商标权没有保护义务。商标权的时效性是指商标经商标注册机关核准之后，在正常使用的情况下，可以在某一法定时间内受到法律保护，这一时间称为注册商标的有效期。

（三）商标权的内容

1. 使用权。是指注册商标所有人在核定使用的商品上使用核准注册的商标的权利。商标的使用方式主要是直接使用于商品、商品包装、商品容器，也可以间接地将商标使用于商品交易文书、商品广告宣传、展览及其他业务活动中。使用权的效力范围，以核准注册的商标和核定使用的商品为限。

2. 禁止权。意指注册商标所有人禁止任何他人未经其许可在相同或类似商品上使用与其注册商标相同或近似的商标的权利。禁止权的效力范围大于使用权的效力范围,不仅包括核准注册的商标、核定使用的商品,还扩张到与注册商标相近似的商标和与核定商品相类似的商品。

3.许可权。是注册商标所有人许可他人使用其注册商标的权利。商标使用许可关系中,许可人应当提供合法的被许可使用的注册商标,监督被许可人使用其注册商标的商品质量。被许可人应在合同约定的范围内使用被许可商标,保证被许可使用商标的商品质量,以及在生产的商品或包装上应标明自己的名称和商品产地。

4.转让权。是指注册商标所有人将其注册商标转移给他人所有的权利。转让注册商标,除了由双方当事人签订合同之外,转让人和受让人应共同向商标局提出申请,经商标局核准,并予以公告。未经核准登记的,转让合同不具有法律效力。

四、注册商标的续展、转让和使用许可

(一)注册商标的续展

商标注册的效力有一定期限的限制,各国商标法对商标注册有效期限的规定长短不一,最长的为20年,最短的为5年。一般为10年到15年不等。我国《商标法》规定,注册商标的有效期为10年,自核准注册之日起算。注册商标有效期满,需要继续使用的,应当在期满前6个月内申请续展注册;在此期间未能提出申请的,可以给予6个月的宽展期。宽展期满仍未提出申请的,注销其注册商标。每次续展注册的有效期为10年。因此,只要商标的注册人按时办理续展手续,缴纳规定的费用,就可以继续使用他所注册的商标。从这个意义上说,注册商标的使用是没有时间限制的,因为申请续展不受次数限制,其他各国都有类似的规定。

(二)注册商标的转让

转让注册商标的,转让人和受让人应当签订转让协议,并共同向商标局提出申请,受让人应当保证使用该注册商标的商品质量。转让注册商标经核准后,予以公告,商标局核准转让注册商标申请后,发给受让人相应证明,并予以公告。受让人自公告之日起享有商标专用权。

(三)注册商标的使用许可

商标注册人可以通过签订商标使用许可合同,许可他人使用其注册商标。许可人应当监督被许可人使用其注册商标的商品质量。被许可人应当保证使用该注册商标的商品质量。经许可使用他人注册商标的,必须在使用该注册商标的商品上标明被许可人的名称和商品产地。

五、注册商标争议的裁定

对于已经注册的商标，违反《商标法》第10条、第11条及第12条规定的（是指不得作为商标使用的标志、不得作为商标注册的标志等规定），或者是以欺骗手段，或者其他不正当手段取得注册的，由商标局撤销该注册商标；其他单位或者个人可以请求商标评审委员会裁定撤销该注册商标。对已经注册的商标，违反《商标法》第13条、第15条、第16条、第31条规定的（是指未经授权，代理人或者代表人以自己的名义将被代理人或者被代表人的商标进行注册，被代理人或者被代表人提出异议的；商标中有商品的地理标志，而该商品并非来源于该标志所标示的地区，不予注册并禁止使用的、申请商标注册损害他人现有的在先权利等），自商标注册之日起5年内，商标所有人或者利害关系人可以请求商标评审委员会裁定撤销该注册商标。对恶意注册的，驰名商标所有人不受5年的时间限制。除以上规定以外，对已经注册的商标有争议的，可以自该商标经核准注册之日起5年内，向商标评审委员会申请裁定。这是指在先申请注册的商标注册人认为他人在后申请注册的商标与其在同一种或者类似商品上的注册商标相同或者近似而提出注册商标争议的裁定申请。对核准注册前已经提出异议并经裁定的商标，不得再以相同的事实和理由申请裁定。当事人对商标评审委员会的裁定不服的，可以自收到通知之日起30日内向人民法院起诉。

六、商标使用管理

（一）注册商标使用的管理

注册商标使用时，有下列行为之一的，由商标局责令限期改正或者撤销其注册商标：(1)自行改变注册商标的；(2)自行改变注册商标的注册人名义、地址或者其他注册事项的；(3)自行转让注册商标的；(4)连续三年停止使用的。使用注册商标，其商品粗制滥造，以次充好，欺骗消费者，由各级工商行政管理部门分别不同情况，责令限期改正，并可予以通报或者处以罚款，或者由商标局撤销其注册商标。注册商标被撤销的或者期满不再续展的，自撤销或者注销之日起1年内，商标局对与该商标相同或者近似的商标注册申请，不予核准。国家规定必须使用注册商标的商品，而未申请注册的，由地方工商行政管理部门责令限期申请注册，可以并处罚款。

（二）未注册商标使用的管理

使用未注册商标，有下列行为之一的，由地方工商行政管理部门予以制止，限期改正，并可以予以通报或者处以罚款：(1)冒充注册商标的；(2)违反不得作为商品使用的标志;(3)粗制滥造,以次充好,欺骗消费者的。对商标局撤销注册商标的决定,当事人不服的,可以自收到通知之日起15日内向商标评审委员会申请复审,由商标评审委员会作出决定,并书面通知申请人。当事人对商标评审委员会决定不服的,可以自收到通知之日起30日内向人民法院起诉。对工商行政管理部门根据《商标法》第45条、第47条、第48条的规定作出的罚款决定,当事人不服的,可以自收到通知之日起15日内,向人民法院起诉;期满不起诉又不履行的,由有关工商行政管理部门申请人民法院强制执行。伪造或者变造《商标注册证》的,依照刑法关于伪造、变造国家机关证件罪或者其他罪的规定,依法追究刑事责任。

七、注册商标专用权的保护

(一)注册商标专用权的保护范围

《商标法》第51条规定:"注册商标的专用权,以核准注册的商标和核定使用的商品为限。"这是对商标专用权的权利范围的界定,具体表现在两个方面:(1)以核准注册的商标为限。如果商标注册人实际使用的商标与核准注册的商标不一致,不仅自身的商标专用权得不到有效保护,而且还有可能带来四种后果:一是构成自行改变注册商标的文字、图形或其组合的违法行为;二是在自行改变的商标与核准注册的商标有明显区别,同时又标明注册标记的情况下,构成冒充注册商标的违法行为;三是若改变后的商标同他人的注册商标近似,会构成侵犯他人商标专用权的行为;四是因连续三年不使用,导致注册商标被撤销。(2)以核定使用的商品为限。如果商标注册人实际使用的商品与核定使用的商品不一致,不仅不能有效保护自身的商标专用权,而且也有可能带来三种后果:一是超出核定商品范围使用注册商标,构成冒充注册商标的违法行为;二是因连续三年未在核定的商品上使用,导致注册商标被撤销;三是因超出核定商品范围(与核定使用的商品类似的除外)使用注册商标,构成侵犯他人商标专用权的行为。

(二)商标侵权行为

商标侵权行为是指侵犯他人注册商标专用权的行为。为了保护注册商标的专用权,《商标法》第52条规定,有下列行为之一的,均属侵犯注册商标专用权:(1)未经商标注册人的许可,在同一种商品或者类似商品上使用与其注册商标相同或者近似的商标的;(2)销售侵犯注册商标专用权的商品的;(3)伪造、擅自制造他人注册商标标识或者销售伪造、擅自制造他人注册商标标识或者销售伪造、擅自制造的注册商标标识的;(4)未经商标注册人同意,更换其注册商标并将该更换商标的商品又投入市场的;(5)给他人的注册商标专用权造成其他损害的。

(三)侵犯商标权的法律责任

我国处理商标侵权案件的机关有工商行政管理机关和人民法院。在发现商标侵权或假冒商标行为时,被侵权人乃至任何人都可以向侵权人所在地或侵权行为发生地县级以上工商行政管理机关控告或检举;被侵权人也可以直接向人民法院起诉。

1.侵犯注册商标权的民事责任。商标侵权行为是一种民事侵权行为,侵权行为人必须对其侵权行为承担民事法律责任。依《民法通则》第134条和《商标法》第53条规定,侵权人承担民事责任的方式有停止侵权行为、赔偿被侵权人的损失。赔偿额为侵权人在侵权期间因侵权所获得的利润或者被侵权人在被侵权期间因被侵权受到的损失。侵犯商标专用权的赔偿数额,为侵权人在侵权期间因侵权所获得的利益,或者被侵权人在被侵权期间因被侵权所受到的损失,包括被侵权人为制止侵权行为所支付的合理开支。侵权人因侵权所得利益,或者被侵权人因被侵权所受损失难以确定的,由人民法院根据侵权行为的情节判决给予五十万元以下的赔偿。销售不知道是侵犯注册商标专用权的商品,能证明该商品是自己合法取得的并说明提供者的,不承担赔偿责任。商标注册人或者利害关系人有证据证明他人正在实施或者即将实施侵犯其注册商标专用权的行为,如不及时制止,将会使其合法权益受到难以弥补的损害的,可以在起诉前向人民法院申请采取责令停止有关行为和财产保全的措施。

2.侵犯商标权的行政责任。工商行政管理部门在处理商品专用权纠纷时,如认定侵权行为成立的,责令立即停止侵权行为,没收、销毁侵权商品和专门用于制造侵权商品、伪造注册商标标识的工具,并可处以罚款。当事人对处理决定不服的,可以自收到处理通知之日起15日内依照《行政诉讼法》向人民法院起诉;侵权人期满不起诉又不履行的,工商行政管理部门可以申请人民法院强制执行。进行处理的工商行政管理部门根据当事人的请求,可以就侵犯商标专用权的赔偿数额进行调解;调解不成的,当事人可以依据《民事诉讼法》向人民法院起诉。对侵犯注册商标专用权的行为,工商行政管理部门有权依法查处;涉嫌犯罪的,应当及时移送司法机关依法处理。

3.侵犯商标专用权的刑事责任。未经商标注册人许可,在同一种商品上使用与其注册商标相同的商标;伪造、擅自制造他人注册商标标识或者销售伪造、擅自制造的注册商标标识;销售明知是假冒注册商标的商品,构成犯罪的,除赔偿被侵权人的损失外,依法追究刑事责任。《刑法(修正案七)》第213条规定了假冒注册商标罪、第214条规定了销售假冒注册商标的商品罪和第215条规定了非法制造、销售他人注册商标标识罪。

八、驰名商标的保护

驰名商标是指在中国为相关公众广为知晓并享有较高声誉的商标。这里的"相关公众"包括与使用商标所标示的某类商品或者服务有关的消费者，生产前述商品或者提供服务的其他经营者以及经销渠道中所涉及的销售者和相关人员等。驰名商标是企业的宝贵财富，同时也是遭商标侵权最严重的受害者。为此，需要对驰名商标给予特殊保护。

（一）驰名商标的认定

国家工商行政管理局2003年4月17日重新颁布的《驰名商标认定和保护规定》和2009年4月21日国家工商行政管理总局依据《商标法》、《商标法实施条例》等法律法规制定的《国家工商行政管理总局驰名商标认定工作细则》是我国保护驰名商标的主要法律规定。驰名商标的认定由国家工商行政管理局商标局和人民法院依当事人请求在个案中进行。即在发生侵权纠纷或权利冲突，有必要认定某个商标是否驰名而应受到特殊保护时，由商标所有人提出请求而进行认定。认定驰名商标应考虑下列因素：第一，相关公众对该商标的知晓程度；第二，该商标使用持续的时间；第三，该商标的任何宣传工作的持续时间、程度和地理范围；第四，该商标作为驰名商标受保护的记录；第五，该商标驰名的其他因素。

（二）驰名商标的保护

对驰名商标的特殊保护主要体现在商标注册程序中的保护和商标使用中的保护两方面。第一，拒绝或撤销注册。将与他人驰名商标相同或者近似的商标申请注册，容易导致混淆或者致使该驰名商标注册人的利益受到损害的，驳回注册申请；已经注册的，自注册之日起5年内，驰名商标注册人可以请求商标评审委员会予以撤销，但恶意注册的不受时间限制。第二，禁止使用。将与他人驰名商标相同或者近似的商标在非类似商品上，且会暗示该商品与驰名商标注册人存在某种联系，从而可能使驰名商标注册人的权益受到损害的，驰名商标注册人可以自知道或者应当知道之日起2年内，请求工商行政管理机关予以制止。例如，浙江的一家葡萄酒厂曾将"万宝路"(Marlboro)作为其葡萄酒的商标使用，后被工商管理部门责令停止，并处以罚款。第三，禁止作为商号登记或使用。自该驰名商标认定之日起，他人将与该驰名商标相同或者近似的文字作为企业名称一部分使用，且可能引起公众误认的，工商行政管理机关不予核准登记；已经登记的，驰名商标注册人可以自知道或者应当知道之日起2年内，请求工商行政管理机关予以撤销。

案例评析

【案例 1】

1979 年 10 月 31 日，吉林市第二化工厂获准注册了第 133081 号某商标，核定使用商品为第 3 类“牙膏”，有效期限自 1979 年 10 月 31 日至 2003 年 2 月 28 日。1983 年 3 月 14 日该厂变更名称为吉林市日用化学工业公司牙膏厂。该注册商标经核准续展至 2013 年 2 月 28 日。2008 年 5 月 7 日，原告吉林桦鑫公司经国家商标局核准受让取得第 133081 号某注册商标。之后，原告吉林桦鑫公司与原告广州博润公司签订注册商标使用许可合同，约定在 2011 年 12 月 31 日前原告广州博润公司可以独家使用该注册商标。2008 年 9 月以来，被告广州宝洁公司大量制造、销售“佳洁士汉草萃人参”牙膏，并通过中央和地方电视媒体、网络平台等进行广告宣传。在此期间，被告镇江苏果公司在其连锁店内公开销售“佳洁士汉草萃人参”牙膏。2008 年 12 月，原告吉林桦鑫公司和广州博润公司委托律师向被告广州宝洁公司发出律师函，要求其立即停止制造、销售和广告宣传侵权商品。原告吉林桦鑫公司、广州博润公司认为，被告广州宝洁公司、镇江苏果公司生产、销售“佳洁士汉草萃人参”牙膏的行为侵犯了原告吉林桦鑫公司、广州博润公司的涉案注册商标专用权，构成了不正当竞争，给原告吉林桦鑫公司、广州博润公司造成巨大损失。2009 年初，吉林桦鑫公司、广州博润公司向江苏省镇江市中级人民法院起诉，要求广州宝洁公司立即停止制造、销售“佳洁士汉草萃人参”牙膏的商标侵权行为，镇江苏果公司立即停止销售商标侵权商品行为，销毁所有侵权商品，并要求公开赔礼道歉，消除影响赔偿经济损失 50 多万元。被告广州宝洁公司认为，第一，吉林桦鑫公司是在吉林市日用化学工业公司牙膏厂宣告破产期间受让该注册商标的，其受让行为无效，吉林桦鑫公司、广州博润公司不具有适格的诉讼主体资格；第二，广州博润公司没有生产牙膏的合法资质，吉林桦鑫公司、广州博润公司提交的“人参”牙膏产品属于非法生产的产品，不应受到法律保护；第三，吉林桦鑫公司、广州博润公司的该注册商标属于“仅仅直接表示商品的主要原料”的商标，违反了我国《商标法》的第 9 条、第 11 条的规定，其商标应予撤销，为此，广州宝洁公司已向国家商标局商标评审委员会提出撤销该牙膏注册商标的申请，请求法院中止审理本案；第四，广州宝洁公司的“佳洁士汉草萃人参”牙膏对“人参”字样的使用，属于《商标法实施细则》第 49 条规定的合理使用范围；第五，吉林桦鑫公司、广州博润公司的赔偿请求缺乏事实和法律依据。被告镇江苏果公司认为，自己销售的“佳洁士汉草萃人参”牙膏是从镇江美洁雅百货有限公司合法购买的，有合法来源，依法不应承担侵权赔偿责任。

江苏省镇江市中级人民法院经审理后认为，广州宝洁公司生产销售、镇江苏果公司销售“佳洁士汉草萃人参”牙膏，均不构成对吉林桦鑫公司、广州博润公司享有的第133081号某注册商标权的侵犯。吉林桦鑫公司、广州博润公司要求广州宝洁公司、镇江苏果公司停止侵权、销毁侵权产品、赔礼道歉、赔偿损失等诉讼请求，缺乏事实依据，应予驳回。吉林桦鑫公司、广州博润公司对一审判决不服，提出上诉，2009年12月9日，江苏省高级人民法院驳回了吉林桦鑫公司、广州博润公司的上诉，维持原判。

【评析】

商标作为区别商品或服务不同来源的可视性标志，其所用文字、图形、数字、字母、三维标志和颜色组合以及上述要素的排列组合，应具有显著性，即应足以使相关公众将其所附着的商品或服务与其他人所提供的商品或服务区别开来。对于注册商标专用权而言，一是应保护商标注册人有权在核定使用商品类别上使用其注册商标，或许可他人使用该注册商标；二是禁用权，即商标注册人或权利人有权禁止任何未经许可在同一种或类似商品使用与其注册商标相同或近似商标的行为。因此，判断侵犯注册商标专用权的基础即考察相关公众对商品或服务的来源是否会产生混淆或误认。本案争论的焦点问题是被告广州宝洁公司在涉案商品上使用“人参”两字是否构成对原告吉林桦鑫公司、广州博润公司第133081号某商标专用权的侵犯。首先，被告广州宝洁公司在涉案牙膏上使用“人参”字样并非作为商标标识、企业字号、商品名称或商品装潢来使用。“佳洁士”作为知名的注册商标，经过广州宝洁公司的多年宣传和生产销售已具有较强的显著性，其企业字号“宝洁”亦具有较强的显著性，广州宝洁公司的涉案商品装潢同样个性较鲜明，易与相同或类似商品相区别。因此，即使在本案中“人参”字样被突出使用情形下，相关公众施以一般注意力即可将其与其他相同或类似商品区别，并不易使相关公众产生误认。被告广州宝洁公司标注使用“人参”字样的目的主要是表明牙膏的成分并以此增加卖点、扩大市场份额。其次，即使将被告广州宝洁公司在涉案商品上使用“人参”字样视为商标标识的使用，由于原告吉林桦鑫公司、广州博润公司主张专用权的第133081号某注册商标系一个通俗名称，显著性较弱，在一般情况下，被告广州宝洁公司涉案牙膏上既标注了“佳洁士”又标注了“人参”字样，相关公众不易仅以涉案侵权牙膏标注了“人参”字样而与原告吉林桦鑫公司、广州博润公司的相同产品相混淆并产生误认。第三，现有证据无法证明原告吉林桦鑫公司、广州博润公司主张权利的第133081号某注册商标的牙膏进行了或准备进行商业性的生产销售。第133081号某注册商标没有足够证据证明被现实使用，第133081号某注册商标的牙膏即丧失了与被控侵权牙膏产生混淆误认的前提与基础。第四，《〈商标法〉实施条例》第49条规定：注册商标中含有的本商品的通用名称、图形、型号，或者直接表示商品的质量、主要原料、功能、用途、重量、数量及其他特点，或者含有地名，注册商标专用权人无权禁止他人正当使用。据此，被告广州宝洁公司在涉案商品上标注“人参”字样，虽有突出使用、夸大宣传之嫌，但并不构成对原告吉林桦鑫公司、广州博润公司享有的第133081号某注册商标专用权的侵犯。因此被告广州宝洁公司在涉案商品上使用“人参”两字不构成对原告吉林桦鑫公司、广州博润公司第133081号某商标专用权的侵犯。

【案例2】

2004年3月31日，原告鹤山银雨灯饰有限公司向中华人民共和国国家知识产权局（以下简称国家知产局）申请了名称为“一种软管灯改良结构”的发明专利，即涉案发明专利，国家知产局于2007年1月17日发布授权公告，专利号为ZL200410032066.5。2008年5月14日，国家知产局出具《手续合格通知书》，准予专利权人由鹤山银雨灯饰有限公司变更为鹤山丽得公司。2008年6月30日，国家知产局专利复审委员会作出第11842号《无效宣告请求审查决定书》，决定：宣告涉案专利权权利要求1、2、4—9、11、12无效，在权利要求3、10、13的基础上维持该专利权有效。涉案发明专利权利要求书记载：“1.一种软管灯改良结构，其特征在于：包括一芯线，由柔性塑料挤出成型一个预制长度的条状体，该条状体的横截面一侧、上下间隔地设置有至少2根铜绞合线，该铜绞合线纵向延伸与条状体等长度，在该条状体横截面的另一侧设置有与该铜绞合线平行的横向孔，多个横向孔以预制的间距均匀地分布在条状体的整个纵向长度上；多个LED灯泡，通过LED灯泡导电脚上连接的引线相互串联及与至少一个限流电阻相串接，该LED串联灯串的首端和末端的引线与上述芯线中的铜绞合线电气连接，所述的多个LED灯泡、限流电阻及其引线的串联连接点相应地塞入上述芯线中的多个横向孔中；一散光体，为用于扩散LED光线的乳白色不透明体，该不透明体为预定高度和预定宽度的、所述的散光体设置在多个LED灯泡上方，其长度与芯线的长度相等；一包覆层，由柔性塑料挤出成型一个用于包覆上述芯线、散光体及多个LED灯泡的、与上述芯线等长度的包覆层，该包覆层位于LED灯泡照射上方的部分是一模拟霓虹灯玻璃管状发光面的半圆形曲面；一接头，设置在上述芯线及包覆层的首端与电源的供电线的连接处，用以包覆所述的铜绞合线与电源的供电线的电气连接的塑料罩壳……10.根据权利要求，1所述的一种软管灯改良结构，其特征在于：所述的散光体，是与上述包覆层等长度一体挤出成型的，与上述包覆层成一整体……13. 根据权利要求 10 所述的一种软管灯改良结构，其特征在于：所述的散光体，在该散光体中设置了一个纵向通孔。"涉案专利说明书第 5 页记载，在软管灯行业的现有技术中，软管灯通常按其光源（如灯泡、LED）的设置方式可分为两种结构：软管灯的内芯中设置有纵向槽的空间用来容置多个光源，光源设置的方向与灯管纵向长度方向相同，该种软管灯在行业中称为开槽型软管灯；软管灯的内芯中设置有横向孔的空间用来容置多个光源，光源设置的方向与灯管纵向长度方向垂直，该种软管灯在行业中称为打孔型软管灯。涉案专利说明书第 11 页陈述第二种最佳实施方案时记载：不需要预先独立制作散光体，在芯线穿过挤出成型机成型孔时，散光体即乳色不透明体与包覆层同时自动连续挤出成型，在芯线上方形成包覆层。第 12 页陈述第二种最佳实施方案的另外一种结构方案时记载：散光体与包覆层同时自动连续挤出成型时，由散光体与包覆层构成的，在芯线上方形成包覆层。2008 年 12 月 3 日，经鹤山丽得公司申请，上海市东方公证处办理了保全证据的公证，证明鹤山丽得公司代理人贺晓红在上海市松江区泖港镇田黄村 579 号购得三条缆线（据销售人员介绍为霓虹灯），即被控侵权产品，现场支付价款 1209 元，当场收到一张收据和一张出库单，出库单上具明名称为柔性霓虹灯。贺晓红对上述过程拍摄照片 12 张并由上海市东方公证处的公证员监督进行，所购物品由公证人员加贴封签并交由鹤山丽得公司保管。另据广东省鹤山市公证处出具的（2009）鹤证内字第 1227 号、1228 号公证书显示，在阿里巴巴网站上有被告上海丽雨公司供应柔性霓虹灯、led 柔性霓虹灯以及供应量 100 万米的信息。与原告鹤山丽得公司主张保护的必要技术特征相比较，存在以下区别：被控侵权产品的芯线设有纵向槽和横向孔，多个 LED 灯泡置入横向孔中、电阻置于纵向槽中；而原告专利权利要求是横向孔结构，且多个 LED 灯泡、电阻及电气连接点塞入芯线的横向孔中。两者的其余技术特征均相同。原告鹤山银雨灯饰有限公司指控被告上海丽雨光电有限公司侵害其发明专利权。

上海市第一中级人民法院（一审法院）认为，原告鹤山丽得公司系"一种软管灯改良结构"发明专利的专利权人，鹤山丽得公司主张的专利权保护范围是权利要求 10 和 13，因权利要求 10 原为权利要求 1 的从属权利要求，而权利要求 13 则是权利要求 10 的从属权利要求，故应以权利要求 1、10、13 的技术特征相加来确定专利权的保护范围。据此，依照《中华人民共和国民法通则》第 134 条第 1 款第（1）项、第（7）项、《中华人民共和国专利法》第 11 条第 1 款、第 56 条第 1 款、第 63 条第 2 款、最高人民法院《关于审理专利纠纷案件适用法律问题的若干规定》第 21 条、第 22 条之规定，判决：上海丽雨公司立即停止侵犯鹤山丽得公司享有的"一种软管灯改良结构"发明专利权并赔偿鹤山丽得公司经济损失 6 万元和鹤山丽得公司合理费用 7800 元。上海丽雨公司不服一审判决，提起诉讼。上海市高级人民法院（二审法院）经审理认为，原审判决认定事实属实，适用法律正确，审判程序合法，应予维持；上诉人的上诉请求和理由缺乏事实和法律依据，应予驳回。

【评析】

进行专利侵权判定，应当以专利权利要求书中记载的技术方案的全部必要技术特征与被控侵权物的全部技术特征逐一进行对应比较。如果被控侵权物的全部技术特征包含了专利权利要求书中记载的全部必要技术特征，则落入了专利权的保护范围。根据涉案专利说明书中的记载："1. 一种软管灯改良结构，其特征在于：包括一芯线，由柔性塑料挤出成型一个预制长度的条状体，该条状体的横截面一侧、上下间隔地设置有至少 2 根铜绞合线，该铜绞合线纵向延伸与条状体等长度，在该条状体横截面的另一侧设置有与该铜绞合线平行的横向孔，多个横向孔以预制的间距均匀地分布在条状体的整个纵向长度上；多个 LED 灯泡，通过 LED 灯泡导电脚上连接的引线相互串联及与至少一个限流电阻相串接，该 LED 串联灯串的首端和末端的引线与上述芯线中的铜绞合线电气连接，所述的多个 LED 灯泡、限流电阻及其引线的串联连接点相应地塞入上述芯线中的多个横向孔中；一散光体，为用于扩散 LED 光线的乳白色不透明体，该不透明体为预定高度和预定宽度的、所述的散光体设置在多个 LED 灯泡上方，其长度与芯线的长度相等；一包覆层，由柔性塑料挤出成型一个用于包覆上述芯线、散光体及多个 LED 灯泡的、与上述芯线等长度的包覆层，该包覆层位于 LED 灯泡照射上方的部分是一模拟霓虹灯玻璃管状发光面的半圆形曲面；一接头，设置在上述芯线及包覆层的首端与电源的供电线的连接处，用以包覆所述的铜绞合线与电源的供电线的电气连接的塑料罩壳……10. 根据权利要求 1 所述的一种软管灯改良结构，其特征在于：所述的散光体，是与上述包覆层等长度一体挤出成型的，与上述包覆层成一整体……13. 根据权利要求 10 所述的一种软管灯改良结构，其特征在于：所述的散光体，在该散光体中设置一个纵向通孔。"涉案专利说明书第 5 页记载，在软管灯行业的现有技术中，软管灯通常按其光源（如灯泡、LED）的设置方式可分为两种结构：软管灯的内芯中设置有纵向槽的空间用来容置多个光源，光源设置的方向与灯管纵向长度方向相同，该种软管灯在行业中称为开槽型软管灯；软管灯的内芯中设置有横向孔的空间用来容置多个光源，光源设置的方向与灯管纵向长度方向垂直，该种软管灯在行业中称为打孔型软管灯。涉案专利说明书第 11 页陈述第二种最佳实施方案时记载：不需要预先独立制作散光体，在芯线穿过挤出成型机成型孔时，散光体即乳色不透明体与包覆层同时自动连续挤出成型，在芯线上方形成包覆层。第 12 页陈述第二种最佳实施方案的另外一种结构方案时记载：散光体与包覆层同时自动连续挤出成型时，由散光体与包覆层构成的，在芯线上方形成包覆层。根据原告鹤山丽得公司专利权利要求 10 所述的技术特征以及专利说明书记载内容可见，鹤山丽得公司专利权利要求中散光体与包覆层结构在一体成型时是一整体，在芯线上方形成包覆层。被控侵权产品芯线外包裹的乳白色不透明体亦是一体成型，系一整体，该整体与涉案专利权利要求中关于散光体与包覆层一体成型后形成芯线上方的包覆层的整体结构相同。其次，被控侵权产品的灯泡是塞入横向孔中，仅电阻置于纵向槽中，由于鹤山丽得公司专利说明书中已记载了软管灯行业的现有技术中，设置光源的方式有开槽型和打孔型。软管灯行业的现有技术中，光源的设置方式有两种：一种为软管灯的内芯中设置有纵向槽的空间用来容置多个光源，光源设置的方向与灯管纵向长度方向相同，即开槽型软管灯；另一种为软管灯的内芯中设置有横向孔的空间用来容置多个光源，光源设置的方向与灯管纵向长度方向垂直，即打孔型软管灯。因此，所属领域普通技术人员无须经过创造性劳动，在涉案专利所涉的横向孔结构基础上，很容易联想到纵向槽结构，且将连接线、电阻置于横向孔与放置于纵向槽所达到的手段、功能，效果基本相同，故该两项技术特征构成等同。由此，被控侵权产品落入涉案专利权利要求的保护范围。

【思考练习】

一、名词解释

工业产权　专利权　新颖性　注册商标的使用许可　驰名商标

二、简答题

1. 简述专利权的法律特征。
2. 简述专利权的授权条件。
3. 简述不视为侵犯专利权的行为。
4. 简述商标注册的审查和核准程序。
5. 简述注册商标使用的管理规定。

第九章
票　据　法

本章导读

票据法是调整票据权利与义务关系的法律规范的总称。主要研究票据流通的安全和畅通问题，在整个金融体系中具有十分重要的地位。本章主要阐述票据、票据法的基本理论与基本制度，以及有关汇票、本票、支票的具体规定。

重点问题

1. 票据的概念和特征。
2. 票据行为的种类及相关规定。
3. 票据权利。

第一节　票据和票据法概述

一、票据的概念和特征

票据是指由出票人依法签发的，约定由自己或指定他人，在一定时间、一定地点，按票面所载文义无条件支付一定金额的有价证券。

票据的含义有广义和狭义之分。广义的票据是指商业活动中的一切凭证，包括汇票、本票、支票、股票、仓单、提单、债券（政府债券、公司债券）等；狭义的票据只限于以支付一定金额为目的的票据，包括汇票、本票和支票三种。我国《票据法》所指的票据是狭义上的票据。

国外票据法上没有统一的票据概念，"票据"一词的具体含义视各国的立法规定而定。日本明治 32 年（1899）的《商法》第四编标题为"票据"，其中规定汇票、本票、支票三种。除日本外，其他国家有的根本没有"票据"这一概念，有的国家虽有"票据"这一概念，但其中不包括支票。例如，英国不存在专门的"票据"概念;美国原来将汇票、本票、支票合称为“流通证券”,后来在这三种证券外加上存款单,合称为“商业证券”(commercial paper);日内瓦《票据统一法》也没有“票据”这一概念,而是分别制定《统一汇票本票法》和《统一支票法》。而有些大陆法国家如德国、瑞士等,“票据”也只是指汇票和本票。

票据虽然有代替现金流通的功能,但与具有强制流通力的货币不同:当债务人以货币清偿债务时,债权人必须接收,但如果债务人以票据支付时,则必须经债权人同意。票据作为有价证券的一种,与其他有价证券也不同。票据具有其自身独特的法律特征,这些特征表现在以下几点。

1.票据是完全有价证券。有价证券分为完全有价证券和不完全有价证券,而票据属于完全有价证券。这是因为票据上权利的发生、转移、行使都以票据的存在为必要。票据权利的发生,必须制成票据;票据权利的转移,必须交付票据;票据权利的行使,必须提示票据。

2.票据是金钱债权证券。票据上所表示的权利是一种以一定金额为请求标的的债权,从这种意义说,票据是债权证券,票据权利人(即受款人或持票人)对票据义务人(即付款人、承兑人及其保证人或被追索人)可行使付款请求权和追索权。另外,票据以一定的金钱为交付标的,属于金钱证券。因此,票据是债权证券中的金钱债权证券。

3.票据是设权证券。票据发行的目的,并不在于证明已经存在的权利,票据上的权利在票据制成之前并不存在而只能在票据被制成后才能产生,当票据灭失或毁损而无法提示时,该票据权利也随之无法行使。票据的签发有创设权利的作用,所以说,票据属于典型的设权证券。

4.票据是要式证券。票据必须根据法定形式制作才能有效。各种票据除必须采用书面形式外,票据的记载事项、记载方式,均由法律严格加以规定。我国《票据法》及其他各国票据法对票据所应具备的形式都作了具体的规定,当事人不能随意加以变更。如果票据的制成不符合法定要件,除《票据法》另有特别规定外,该票据便属无效。此外,票据的签发、转让、承兑、付款、追索等行为,也必须严格依照《票据法》规定的程序和方式进行才有效。因此,票据的要式性使其有别于一般债权凭证的任意记载性。

5.票据是文义证券。票据上权利义务的确定,完全依据票据上所记载的文字内容,不受票据上文字以外事项的影响。不得以票据所载文义以外的事项作为认定票据上的权利、义务的依据。票据的文义性维护了善意持票人的正当权益,以达到保护交易安全的目的。

6.票据是无因证券。所谓无因证券,是指不问证券权利成立的原因,证券持有人仅凭证券上所载明的文义主张权利的有价证券。票据权利的发生或转让,总是基于一定原因。这些原因多种多样，可能是为了支付交易的价金，可能是借贷，也可能因为担保，或赠与等。引起票据权利发生或转让的关系称票据的原因关系。但是，各国票据法一般认为，票据的权利义务关系一经成立，即与其原因关系相脱离，不论其原因关系是否存在，是否有效，都不影响票据权利的行使。票据上的债权人在行使其票据上权利时，不必证明票据的原因，仅凭票据上的文字记载，即可要求票据上的债务人支付票据规定的金额。

7. 票据是流通证券。票据既然是一种金钱证券，就该像金钱那样具有流通性。即票据上的权利原则上可以自由转让。无记名票据依交付即可转移，记名票据除出票人在票据上有禁止转让的记载外，票据持有人均可通过背书方式转让给受让人。

二、票据法的概念和特征

票据法，是指规范票据关系的法律规范的总称。按照票据法的一般原理，票据法有广义和狭义两种解释。广义的票据法是指各种不同法律规范所表现出的有关票据的规定的总和。它不仅包括有关票据的专门法律规定，而且还包括其他法律、法规中有关票据的具体规定。如民事诉讼法中关于公示催告程序的规定。狭义的票据法，是指专门规范票据关系的法律规定。狭义的票据法也可分为两种，即以票据法命名的票据法典和其他有关票据的专门法规，如票据法实施细则，银行办理票据承兑及贴现办法等。在通常情况下，票据法大多指狭义的票据法。票据法有以下特征。

1. 票据法具有强行性。票据作为有价证券的一种，且为金钱债权证券，具有流通性。票据上的权利义务不仅涉及直接进行票据行为的两个特定当事人，而且涉及因票据的流通间接取得票据而享有票据权利和承担票据义务的不特定的第三人。出于保障票据当事人合法权利和维护社会经济秩序的需要，票据法中任由当事人意志所左右的事项极少，较多的体现为强行性规范。如票据的种类由法律规定，不由当事人任意创设；票据的格式、各种票据行为的款式也由票据法严格规定，凡不符合票据法规定格式的票据属无效票据；票据行为也必须遵循要式规定。当然，票据法的强行性也不是绝对的，票据中也有许多可以由当事人自行决定的事项，如票据的出票人可以禁止背书转让票据，背书人也可以禁止背书等。

2. 票据法具有技术性。票据法的技术性是为了保证票据使用的安全、确保票据的流通与票据的支付，从方便与合理的角度出发，由人们专门设计出来的。票据法中有许多技术性规定，如汇票的承兑必须记载在汇票的正面，背书必须记载在票据的反面，以及票据的形式等规定。票据法在确定大量技术性规定的同时,也有某些道德性的规定,如区分当事人的善意与恶意等。

3.票据法具有国际统一性。票据法是人们在商品交易活动中必须遵守的有关票据使用与票据流通的共同规则,票据法是与一定的商品交易活动的区域相关联的。当商品交易越过国界,发展成为国际贸易的时候,票据法也需要在各国之间统一起来,成为国际统一的票据法。如德国的票据法和支票法同日本的票据法和支票法几乎逐条都相同。由于各国法律制度和社会经济制度的不同,不少国家票据法的规定仍有差异,但各国票据法的统一趋势是不可逆转的。世界上大多数国家的票据法均以日内瓦《统一汇票本票法》和《统一支票法》为蓝本而制定。

三、我国的票据立法

我国票据制度起源较早,据记载,最早具有票据性质的是隋末唐初的"帖子"以及其后的飞钱、便钱等,就是以一张纸券来代替现款。宋代也沿用了这种做法,被称为交子(钱票、银票),性质类似于存款收据。但在清末以前,我国的票据制度始终停留在比较原始的状态。直到清朝末年,才着手票据法的制订工作,但清政府并未完成票据法制定。中华民国成立后,于1913年制订《票据法草案》,但均未公布。1922年,北洋政府又成立编纂委员会,草拟《票据法》,但一直未能公布。直到1929年,国民党政府立法院订立了《票据法原则》19条,呈中央政治会议通过。立法院商法委员会依照该立法原则,参考了以往《票据法草案》并考察了其他国家票据法,起草了《中华民国票据法》,该法于1929年9月28日经立法院51次会议通过,并由国民党政府于同年10月30日公布施行。这是我国颁布的第一部成文《票据法》。

中华人民共和国成立以后,旧中国的《票据法》随着国民党六法全书的废除而被同时废除。从新中国成立后到80年代初长达30多年的时间里,我国全面禁止企业之间发生商业信用关系,信用集中于银行,在国内取消了汇票和本票,只允许使用支票,使其成为单纯的结算工具,票据法也失去了存在意义。80年代初,为适应我国商品经济发展需要,商业信用和票据使用逐渐得到恢复,票据业务也有了长足进展。1983年12月28日颁布了《中国人民银行票汇结算办法》,允许参加全国联行的银行办理票汇业务。1984年9月,国务院制定了《商业汇票承兑贴现办法》,允许企业签发银行承兑的商业汇票,并规定持票人在汇票到期前,可向银行申请贴现。1988年12月,中国人民银行重新修订《银行结算办法》,规定可以使用商业汇票、银行汇票、银行本票、支票作为支付结算手段。这一规定是新中国票据发展史上的一个重大转折点,标志着我国结算制度由非票据结算向票据结算全面转变,票据行为开始制度化,票据法的立法工作也被提到了议事日程上来。在中央着手重建我国票据制度的同时，许多地方也开始开展票据业务和进行票据立法。1988 年 6 月 8 日，上海市人民政府发布了《上海市票据暂行规定》。这是一个比较全面系统并与国际票据立法有共同之处的地方性票据法规。1995 年 5 月 10 日由第八届全国人民代表大会常务委员会第 13 次会议审议通过了《中华人民共和国票据法》，这是新中国历史上第一部票据法。

《票据法》的制定，对规范票据行为，保障票据活动当事人的合法权益，维护社会经济秩序，促进社会主义市场经济的健康发展起到巨大作用。我国《票据法》将汇票、本票、支票合并规定在一个法中，采用三票合一的立法形式。《票据法》的这一立法体例具有简化条款、避免重复等优点。《票据法》在结构上采取票据种类为主体框架，以票据行为为主线，寓票据权利、义务于其中的结构方式。

第二节 汇 票

一、汇票概述

汇票，是指由出票人签发，委托付款人在见票时或者指定日期无条件支付一定金额给收款人或者持票人的票据。汇票是一种委托支付证券，并且汇票的付款人不局限于银行和其他金融机构。汇票上有三方基本当事人：出票人，即签发汇票的人；付款人，即受出票人的委托而付款的人；受款人，即从出票人取得汇票向付款人请求付款的人。

汇票可依不同的标准进行分类。

1. 以汇票签发人身份来划分，可分为商业汇票和银行汇票。商业汇票是由收款人或付款人签发，由承兑人承兑，并于到期日向收款人或被背书人支付款项的票据。按其承兑人的不同，分为商业承兑汇票和银行承兑汇票。商业承兑汇票是由收款人签发，经付款人承兑，或由付款人签发并承兑的汇票。银行承兑汇票是由收款人或承兑申请人签发，并由承兑申请人向开户银行申请，经银行审查同意承兑的票据。银行汇票是由汇款人将款项交存银行后，由银行签发给汇款人持往异地办理转账结算或支取现金的票据。这种汇票的出票人是银行，付款人是兑付银行。

2. 依到期日的记载方法划分，可分为即期汇票与远期汇票。即期汇票，即见票即行付款的汇票；远期汇票，即必须到约定日期始能请求付款的汇票。

3. 依记载权利的方式划分，有记名汇票、指示汇票、无记名汇票等。记名汇票，也称抬头汇票，即出票人载明收款人的姓名或商号的汇票。指示汇票，是指汇票记载受让人的姓名或商号，并附加“或其指定人”字样。无记名汇票，指在汇票上不记载收款人的姓名或商号，或只记载“付款人”的字样，但持票人可以记载自己或他人为收款人，使之转化为记名汇票。

4.依票据关系人的不同，可分为一般汇票和变式汇票。一般汇票是指出票人、付款人与收款人分别为三个独立的行为主体。变式汇票是指汇票的出票人、付款人及收款人中有一人兼任数票据当事人身份的汇票。

5.依是否随附单据，可分为跟单汇票和光票。跟单汇票是以商品交易为基础的，伴随这种交易发生的单据通常有：提货单、运货单、商业发票、产地证书、包装单、保险单、信用证、商检证书等。光票是指无须附任何单据，付款人或承兑人即允许到期付款的汇票。

6.以汇票流通的地域，可分为国内汇票和国际汇票。国内汇票，指出票地、付款地及流通领域均在同一国境内的汇票。国际汇票，指发行或流通跨越两国或两国以上的汇票。

二、出票

出票，是指出票人按照法律规定的款式制成票据，并将票据交给收款人的基本票据行为。简单来说就是创设汇票。汇票是要式证券，出票人应按照法律的规定将内容记载于票据上。票据上应记载的内容包括：(1)汇票文句，即汇票上应写明“汇票”或相同意义的文字；(2)支付文句，即必须记载“无条件支付”的字句；(3)汇票金额；(4)基本当事人，即出票人、付款人、受款人；(5)付款地；(6)出票地；(7)出票日和到期日；(8)出票人签名。

三、背书

背书是指持票人在汇票的背面或其粘单上签章并转让给他人的行为。在汇票背面签名转让的持票人为背书人，转让的直接对象即受让背书的为被背书人。被背书人在接受票据后可以再作背书。背书是持票人实施的一种要式行为，其目的在于转让票据权利，一种从属的票据行为。背书的种类主要有。

1.记名背书，又称完全背书或正式背书。背书人在汇票的背面或其粘单上，载明被背书人的姓名或商号，并签上自己名字，经交付后，背书即告完成。

2.空白背书，又称无记名背书、略式背书或不完全背书。背书人不记载被背书人姓名或商号，仅在汇票上签上自己的名字。

3.禁止转让背书，即背书人在制成背书时，在票据上记载禁止新的背书的文句，如注明“不得转让”、“不许付与某人”等。

4. 回头背书，指以汇票上已有的债务人为被背书人的背书。

5. 委托取款背书，指背书人以委托取款为目的所为的背书。

背书人一旦在票据上作背书行为，表明背书人已对被背书人及其后手担保该汇票将会被承兑和付款，一旦汇票遭拒绝承兑，或拒绝付款，背书人对被背书人及其他后手负偿还义务。汇票一经背书交付，票据权利便移转给被背书人。在连续背书的情形下，对最后持有票据的人来说，不问其实质上是否取得票据权利，均推定为正当持票人。

四、承　兑

承兑是指汇票的付款人，在汇票到期前，按照票据的记载事项，对汇票的金额在票面上作出的到期承认付款的文字记载及签章的行为。付款人承兑后就负有到期向受款人付款的义务，而受款人取得到期向承兑人请求付款的确定权利。承兑是汇票所特有的一种票据行为。承兑可以分为两种，单纯承兑和不单纯承兑。单纯承兑是指付款人按照票面文义，完全承诺届时无条件支付票面金额的行为。不单纯承兑，又称附有限制条件的承兑，包括部分承兑，附条件承兑，对付款的时间、地点加以限制的承兑。《票据法》不承认附条件承兑。承兑的意思表示必须记载在汇票本身或其复本的正面，记载在背面的不能产生承兑的效力。承兑的方式通常在票据上记载“承兑”字样或其他足以表明“承兑”的文字，注明承兑日期并由付款人在上面签章。

汇票经承兑后，付款人作为汇票承兑人，成为汇票的主债务人，承担着对汇票绝对付款的责任，其他在票据上签名的人即成为该汇票的从债务人。如果承兑人承兑汇票后又拒绝付款，持票人可以直接对其起诉，持票人即使是原出票人，也可直接对承兑人行使权利。

五、票据保证

票据保证是指票据债务人以外的人为担保票据债务的履行，以负担同一内容的票据债务为目的的一种附属票据行为。汇票保证的目的是确立其信用，以进一步担保汇票债务的履行。票据保证是一种附属的票据行为，以票据债务在形式上有效存在为前提。票据保证的意思表示必须明示于票据上，并由保证人记载一定的事项并签章，否则，不能产生票据上的保证效力。

设立票据保证后，票据保证人的责任具有独立性。当被保证人的债务因无行为能力或签名伪造等原因使该票据债务实质上归于无效时，保证人仍然必须承担其义务；保证人也不能援用被保证人对抗持票人的事由对持票人抗辩。当然，保证人清偿保证债务后，可以行使持票人对被保证人及其前手的追索权。

六、付 款

付款是汇票上的付款人或担当付款人支付汇票金额以消灭票据关系的行为。付款行为是一种足以产生《票据法》上效果的行为。付款必须经过付款提示、审查与付款三个阶段。

1. 付款提示。这是指持票人现实地向付款人或担当付款人出示汇票,而请求其支付票据金额的行为。提示是持票人的权利,但持票人必须在提示期间内进行付款提示。

2. 审查。是指付款人对于提示的汇票,在付款前,对持票人的资格所作的形式上的审查,至于持票人是否属实质上的真正权利人,付款人无审查的义务。

3. 付款。汇票付款人付款时,应要求持票人交出汇票并记载收讫字样。持票人如不记载并不让付款人收回票据,付款人可拒绝付款。

七、参 加

参加是指为保证某一特定票据债务人的利益,由汇票的承兑人以外的第三人或票据关系的第三人介入票据关系以阻止追索权的行使。其介入方式分为承兑和付款两种。以承兑人身份介入以承受票据债务的,称为参加承兑,以付款人的身份介入的,称为参加付款。

参加承兑是指由票据上的预备付款人或第三人,为特定票据债务人的利益,代替承兑人为承兑以阻止持票人于到期日前进行追索的一种附属票据行为。参加承兑的人称为参加人,参加承兑只适用于需要承兑的汇票。

参加付款是指在汇票的付款人或担当付款人不付款时,为防止追索权的行使,维护特定债务人的利益,由第三人代为付款。参加付款的目的在于保全特定的票据债务人的信用,阻止持票人行使追索权。汇票付款人或承兑付款人不付款时,持票人原本可以在到期日前行使追索权,但第三人参加付款后,因被追索对象获得付款保障,持票人可暂不行使追索权。但票据上债权债务并不因参加付款而消灭。参加付款人对于承兑人、被参加付款人及其前手,仍取得持票人的权利。

八、追索权

追索权是指汇票到期不获付款或到期前不获承兑,或有其他法定原因时,持票人向其前手请求偿还原票据金额及其他法定款项的一种票据权利。追索权作为一种票据权利,是为补充付款请求权的第二次权利,又称偿还请求权。持票人只有在第一次请求权(付款请求权)不能得到满足时,才能行使追索权。

追索权可分为期前追索权与期后追索权、最初追索权与再追索权。期前追索权指票据不获承兑时，付款人或承兑人死亡、逃避或其他的原因无从为承兑或付款提示时，或付款人或承兑人受破产宣告时，由持票人行使的追索权。期后追索权指票据不获付款时，持票人行使的追索权。最初追索权指最后的持票人首次行使追索权。再追索权是指已履行偿还义务的票据债务人，向其前手再行追索的追索权。

根据我国《票据法》规定，持票人行使追索权必须具备一定条件。这些条件包括：(1)持票人必须在规定的期间内向付款人作承兑或付款提示，除非有法定原因才可以免除这一义务。这些法定原因包括承兑人或付款人死亡、逃匿、被依法宣告破产或者因违法被责令终止业务活动等。(2)必须在法定期间内作成拒绝证书。依《票据法》规定，持票人提示承兑或者提示付款被拒绝的，承兑人或付款人必须出具拒绝证明或退票理由书。未出具拒绝证书的应当承担民事责任。如果是因为承兑人或付款人死亡、逃匿或者其他原因不能取得拒绝证书的，应依法取得其他证明。(3)持票人应将拒绝事由在法定期间内通知其前手。《票据法》规定，持票人应当自收到拒绝证书之日起 3 日内将被拒绝的事由书面通知其前手，其前手应自收到通知之日起 3 日内通知其再前手。

第三节　本票和支票

一、本　票

(一)本票的概念和特征

本票又称期票，是指由出票人签发的，承诺自己在见票时无条件支付确定的金额给收款人或持票人的票据。本票可分为银行本票和商业本票。但我国《票据法》只规定了银行本票。本票是一种票据，具有一切票据共同具有的性质。但本票是一种允诺式的票据，与汇票相比具有下列特征。

1. 本票是无条件的支付承诺，而汇票则是无条件支付的命令。

2. 本票只有两个当事人，即出票人和收款人，而汇票则有三个当事人，即出票人、付款人和收款人。

3. 本票的出票人即付款人，因此不需要承兑，而远期汇票则须办理承兑手续，才能确定付款人的付款责任。

4. 汇票在承兑前，出票人是主债务人，在承兑后，承兑人才是主债务人，而本票在任何情况下，出票人都是主债务人。

(二)本票的出票

本票的出票也和汇票一样,由制成票据与交付票据两个行为构成。本票为要式票据,本票上应记载的事项也由法律规定。根据我国《票据法》规定,本票应记载的事项有:(1)表明"本票"字样;(2)无条件支付的允诺;(3)确定的金额;(4)收款人的名称;(5)出票日期;(6)出票人签章。本票上未记载上述事项之一的,本票无效。除上述必须记载事项之外,出票人还可以记载付款地、出票地等相对必要记载事项。本票的出票人在出票后负有于到期日支付本票金额的义务。这种义务是第一次的,无条件的。对本票的收款人来讲,即取得付款请求权和追索权。

二、支票

(一)支票的概念和特征

支票是指出票人签发的,委托办理支票存款业务的银行或者其他金融机构在见票时无条件支付确定金额给收款人或者持票人的票据。

支票与汇票一样属于委托式票据;支票的基本当事人也有三个,即出票人、付款人和收款人。但不同的是,汇票的付款人可以是银行,也可以是其他人;而支票的付款人则必须为银行或者其他金融机构。

(二)支票的种类

支票可以按照不同的标准作出不同的分类。支票特有的分类有以下两种。

1.按其支付方式为标准可分为现金支票、转账支票和普通支票。现金支票只能用于支付现金;转账支票只能由银行转入持票人账户;普通支票则不限定支付方式。

2.按支票的付款有无特殊保障为标准可分为普通支票、保付支票和划线支票。支票的付款没有特别保障的,为普通支票;由付款人在支票上记载"照付"或"保付"字样的支票,为保付支票;划线支票是指在支票上划有两道平行线的支票,又称平行线支票。

(三)支票的出票

支票是一种要式证券,其款式必须符合法律的规定。根据《票据法》第84条规定,支票的绝对必要记载事项包括:(1)表明"支票"的字样;(2)无条件支付的委托;(3)确定的金额;(4)付款人名称;(5)出票日期;(6)出票人签章。支票除上述必须记载事项外,《票据法》还规定了相对必要记载事项,包括:(1)收款人名称。出票人可以在支票上记载自己为收款人,也可以暂时不记载收款人,而授权他人补记;(2)付款地。支票上未记载付款地的,付款人的营业场所为付款地;

(3)出票地。支票上未记载出票地的,出票人的营业场所、住所或者居住地为出票地。

出票人签发支票后,必须按照签发的支票金额承担保证向持票人付款的责任。出票人的这种担保付款责任属第二次票据责任,即偿还责任。但支票的出票对付款人而言,没有强制性的效力,付款人并不因此而负担票据债务。如果出票人在付款人处的存款不足以支付支票金额、出票人的签章与其预留本名的签名式样或者印鉴不符时,付款人可以拒付。

案例评析

【案例 1】

赵某因欠陈某工程款而向其开具了一张金额为 2 万元、未载明收款人名称的银行支票。陈某因欠某玩具厂货款,即将该支票交付玩具厂以清偿其债务。玩具厂便在该支票收款人名称处填写自己的名称,持票向银行提示付款,但被银行以出票人账户余额不足为由退票。玩具厂即向出票人赵某行使票据追索权,赵某则以其与持票人玩具厂之间没有直接业务往来为由而拒付票款。玩具厂遂向法院起诉。

对于本案所涉支票的定性,有两种观点。

第一种观点认为,本案所涉支票应定性为空白授权支票。理由为:我国《票据法》第 84 条在规定绝对必要记载事项时虽未把收款人名称列入,但也未规定未记载收款人名称时就可视为“来人支票”。再结合《支付结算办法》第 119 条中“支票的金额、收款人名称,可以由出票人授权补记。未补记前不得背书转让和提示付款”的规定,则可得出“收款人名称”应属支票绝对必要记载事项的结论。故此,收款人名称空白支票应定性为空白授权支票。

第二种观点认为,“收款人名称”非属支票绝对必要记载事项,本案所涉支票应定性为无记名支票。

【评析】

1.“收款人名称”不属支票绝对必要记载事项。对我国《票据法》第 86 条第 1 款(即支票上未记载收款人名称的,经出票人授权,可以补记)规定的是“可以”而不是“应当”或“必须”之法律用语作反面观,即可逻辑地推出,第 86 条第 1 款也同时隐含着“可以不经补记,收款人空白支票也仍然有效、可以使用”的法意。再据该法第 84 条并未把收款人名称列入支票绝对应记载事项之规定,自然便可得出“收款人名称欠缺的支票当是无记名支票,是不经补记即可据以行使票据权利并可依单纯交付的方式转让的有效的支票”的结论。

这与不经补记即不能产生票据效力的空白授权票据有质的不同。同时,《支付结算办法》第119条的规定并不能作为“收款人名称”应属绝对必要记载事项的依据,其“未补记前不得背书转让”的规定,恰好是在实践操作层面上对无记名支票的肯定及现实需要的反映。

因为,其虽规定未补记前不得背书转让,但却并未禁止“收款人名称空白支票”可依单纯交付方式转让,而单纯交付方式转让正是无记名支票的特有转让方式。对无记名支票而言,持票人若签名于支票上之后,该无记名支票即转化为记名支票,自然则应依背书方式转让而不能以单纯交付方式转让;至于该条“未补记前,不得提示付款”之规定,则纯属付款人(银行)为使款项付给谁有案可查,一旦错付则便于追偿,从而保障资金安全的现实之需、应急之措。

由此可知,“收款人名称”并非属于支票之绝对必要记载事项,我国《票据法》第86条第1款规定的欠缺收款人名称的支票,并不符合空白授权支票的须有空白授权票据行为人签名于票上、须欠缺绝对必要记载事项、须对相对人或第三人授予空白补充权、须有空白授权票据之交付、须法有明文规定空白授权票据的构成要件。

2. 空白授权票据的空白补充权在本案中也无法确定。空白授权票据与单纯欠缺票据要件致使票据无效之不完全票据的主要区别,在于有无授予空白补充权之存在。票据理论上对空白补充权存在与否的认定标准,主要有三种学说。

其一,主观说,又称明示授权说。即是否授予补充权以及补充权范围的认定,应以有无授予空白补充权的协议为准;

其二,客观说,又称默示授权说。即依票据空白本身之外观即可认定其具有授权;

其三,折中说,就上述两说加以选择,或以明示授权协议为标准,或以票据之外形为标准,应就实际情况而决定。

空白补充权认定的此三种理论学说虽不同,但无论采用哪一种,有票据立法的国家多数都以立法上的明文规定使这种学说得以强力支持和彰显。然而,我国现行《票据法》却阙少如何认定空白补充权的明文规定。这将导致若将本案所涉支票认定为空白授权支票,则欠缺合法性。

就学理分析而言,若依主观说作为认定补充权的标准,在本案中将无法认定空白补充权的存在。因赵某交付给陈某收款人名称空白支票时,并没有明确的授权意思表示,陈某将该支票交付于玩具厂时,也没有明确的授权意思表示;若依客观说或折中说的标准,本案所涉支票虽具备可推定为空白补充权成立的外观,但却缺乏《票据法》对该学说加以明文肯认的法律依据作支撑,同样也无法认定空白补充权的存在。由于空白补充权的欠缺，故该本案所涉支票自然不能定性为空白授权支票。

3. 本案所涉支票的流转完全符合无记名支票的单纯交付运作法理，故可认定为无记名支票。具体分析如下。

赵某将收款人空白的支票出票给陈某，该支票符合《票据法》第 84 条的规定，并不欠缺绝对必要记载事项，属有效票据。陈某将该支票交付给玩具厂以清偿其债务，属以单纯交付的方式转让该支票。单纯交付，系原持票人以转让票据权利为目的将票据直接交付给受让人而不在票据上记载任何内容并退出票据关系，能够产生票据权利转让的法律效力且只适用于无记名票据和空白背书票据（空白背书为我国《票据法》所不允）的转让方式。

本案中，转让人陈某在交付票据后即退出票据关系，不再是票据关系当事人，不应对受让人玩具厂承担担保付款或担保承兑的票据责任。当玩具厂签名于该支票上后，该支票旋即转化为记名支票。此时，依据票据的文义性、无因性理论，该票据关系的当事人只有出票人赵某和持票人玩具厂两方，持票人玩具厂则当然有权向出票人赵某行使票据追索权。而出票人赵某将不能以其与持票人玩具厂之间没有直接业务往来、不存在基础关系为由拒付票款，此乃票据的无因性效力使然。

此外，票据转让人陈某虽退出了票据关系，不再承担票据责任，但当玩具厂依据从陈某手中受让的票据不获付款时，则仍有权基于其与陈某之间的基础法律关系要求陈某承担相应的民事责任。因为，陈某交付该支票于玩具厂以清偿其货款的行为，在民法理论上属间接交付，表明了陈某与玩具厂双方自愿以新债（票据债务）清偿旧债（基础法律关系所生之债）的意思表示。但依据间接交付“新债未获履行时，旧债并不消灭”的法理，即可得出玩具厂有权以双方之间的基础关系要求陈某承担相应的民事责任的结论。

【案例 2】

老张系某大学一教师，1995 年职称评定时因受刺激而致精神失常。老张曾因一专利发明而获得不少的收入，因而拥有支票账户。1996 年 4 月 5 日老张签了一张 10 万元的转账支票给某建筑公司购买有关修建房屋用材料，因支票的出票人系个人，某建筑公司提出应有保证人进行保证。老张同意并找到其邻居小张（已单独立户），随后小张进行了保证。建筑公司收受支票后于 4 月 8 日以背书的方式将该支票转让给了甲公司以支付所欠的房屋租金。4 月 12 日甲公司持该支票向某百货商场购置计算机 10 台，4 月 16 日百货商场通过其开户银行提示付款时，开户银行以超越提示付款期为由作了退票处理，百货商场只好通知其前手进行追索。在追索的过程中，甲公司和建筑公司均以有保证人为由推卸自己的责任，保证人小张以老张系精神病人，其签发支票无效为由而拒不承担责任。经鉴定，老张确属精神不正常，属无行为能力人。

问题：1. 无行为能力人的票据行为是否有效？其所签发的票据是否有效？

2. 在有保证人存在的情况下，票据行为人应否负票据责任？

3. 本案中的保证人应否承担保证责任？

【评析】

我国《票据法》第6条规定：无民事行为能力人或者限制民事行为能力人在票据上签章的，其签章无效，但是不影响其他签章的效力。这就是说，无民事行为能力人和限制民事行为能力人的票据行为是无效的，但票据行为彼此之间是各自独立的，如果在一张票据上有众多的票据行为，某一行为的无效不影响其他行为的效力。本案中的老张经鉴定为无民事行为能力人，其完成的出票行为是无效的。但出票行为的无效不等于票据无效。如果票据的必须记载事项是齐全的，出票行为无效，票据依然有效。当然，如果票据上欠缺要项，出票行为无效，票据也无效。本案中的当事人和关系人均未对老张签发的支票记载事项提出异议，因此，应当推定老张出票无效，但所签支票有效。对于票据行为人的票据责任，《票据法》第68条第1款规定：汇票的出票人、背书人、承兑人和保证人对持票人承担连带责任。《票据法》第93条规定：支票的背书、付款行为和追索权的行使，除有特殊规定外，适用汇票的规定。支票没有保证和承兑行为。本案中小张所做的保证只是一般的民事保证，民事保证的存在只是使票据的付款在《票据法》的保障之外又多了一道民法的保障，这种保障是第二顺序的，只有在《票据法》的保障发挥殆尽而权利人的利益仍不能得到充分实现时才能起作用。本案中老张的出票行为无效，但建筑公司和甲公司的背书行为都是有效的，因此均应对百货商场承担连带责任。它们以有保证人为由推卸自己的票据责任是不能成立的。小张进行的保证属民事保证，民事保证的效力受被保证行为的影响，由于老张的出票行为无效，小张在此基础上的保证行为也是无效的。据此，小张无须承担保证责任，但小张关于老张所签支票无效拒不承担责任的表述是不太确切的。

【案例3】

1996年3月4日，某市吉诺电器(集团)公司(以下简称电器公司)与该市对外贸易公司(以下简称外贸公司)订立购销合同一份，合同约定，由电器公司供给外贸公司各种规格的吉诺冰柜和空调，价值人民币28万元。次日，外贸公司签发了一张以其开户银行为付款人，以电器公司为收款人，票面金额为28万元，见票后1个月付款的商业汇票，并将汇票交付电器公司。3月27日，电器公司持该汇票向外贸公司的开户银行提示承兑，该银行经审查后同意承兑，并在汇票上作了相应的记载后交还电器公司。4月6日，电器公司财务室被盗，由于当日为周末，财务室无人值班，故直至4月8日财务室工作人员上班时，才发现财务室被盗，并向公安机关报案。经查明，除被盗走现金3万余元外，另有汇票、支票17张失窃，票面总金额59.26万元，其中包括该已经承兑的汇票。当日下午，电器公司将汇票被盗的情况通知外贸公司的开户行，而开户行告知电器公司，该汇票已于上午经人向其提示付款，并已足额支付，对此银行不承担责任。经多次交涉无效，电器公司以该银行为被告向法院起诉，以银行审查有过错，提前付款为由要求其承担付款责任。

【评析】

本案所涉及的法律问题为票据丧失后的补救措施，以及银行审查票据的责任。首先，有关票据丧失的补救措施应引起经营管理者的重视。根据《票据法》第15条的规定，票据持有人在票据被盗、遗失或灭失后，可以采取的补救措施有：首先，通知挂失止付，申请公示催告和提起诉讼；其次，银行审查票据并支付款项的过程中有无过错。这与有关汇票到期日的计算相关。外贸公司签发的汇票属见票后定期付款的汇票，故其起算日应以见票之日，即提示承兑之日为准，而非以出票日为起算日，故银行在4月8日付款属到期日前付款。按《票据法》第58条的规定，银行应承担法律责任。

【思考练习】

一、名词解释

票据　承兑　追索权

二、简答题

1. 简述票据的概念和特征。

2. 简述汇票的分类。

3. 简述追索权的行使条件。

4. 以汇票为例简述票据行为的种类。

第十章

保　险　法

本章导读

本章主要介绍保险的一般法律规定，包括保险的基本含义，保险合同的原则，保险合同的订立、内容规定等，以及保险合同双方当事人的权利义务。此外，本章还涉及人身保险合同、财产保险合同以及保险业法的一般规定。

重点问题

1. 保险的含义及分类。
2. 保险利益。
3. 最大诚信原则。
4. 不可抗辩条款。
5. 近因原则。
6. 保险公司的设立。
7. 保险公司的偿付能力管理。

第一节　保险法概述

一、保险的概念及分类

关于保险，至今仍没有为各国学者所普遍认同的定义，但大体说来，有损失说与非损失说两大流派。其实，保险可以从经济与法律两个方面来理解。它既是分散危险、消化损失的一种经济制度，同时又是一种基于双务有偿合同关系的、具有经济补偿性质的法律制度。《中华人民共和国保险法》（以下简称《保险法》）规定：保险是指投保人根据合同规定，向保险人支付保险费，保险人对于合同约定的可能发生的事故因其发生所造成的财产损失承担赔偿保险金的责任，或者当被保险人死亡、伤残、疾病或达到合同约定的年龄、期限时承担给付保险金责任的商业保险行为。

按不同的标准，保险可以作如下分类。

1.按保险实施的形式不同，保险可以分为强制保险与自愿保险。强制保险又称法定保险，是法律或行政法规强令当事人必须办理的保险，多基于国家社会经济政策需要而举办。自愿保险是基于当事人的公平互利、协商一致的原则自愿订立。在实践中，以自愿保险居多。我国《保险法》第11条第2款规定："除法律、行政法规规定必须保险的外，保险合同自愿订立。"

2.根据保险的标的不同，保险可以分为财产保险与人身保险。财产保险是以各种财产及其有关利益或者责任、信用为保险标的的保险。其标的一般是有形的、静态的财产，但也包括运动中的财产如车辆、船舶，以及无形的权利和责任。人身保险则是以人的生命或健康为保险标的的保险。

3.根据承担责任的次序，保险可以分为原保险与再保险。原保险又称"第一次保险"，是指保险人对被保险人因保险事故所致损失承担直接责任的保险。再保险也称"分保"，是指保险人将其承担的保险业务以承保的形式部分转移给其他保险公司的保险。《保险法》第96条规定，经国务院保险监督管理机构批准，保险公司可以经营本法第95条规定的保险业务的下列再保险业务：(1)分出保险；(2)分入保险。

4.按照保险人的人数不同，保险可分为单保险、共同保险、重复保险。单保险是指投保人就一个标的与一个保险人订立合同；共同保险指两个以上保险人按约定份额对同一笔保险业务各自承担责任；重复保险指投保人就同一标的分别向两个以上保险人订立保险合同。

二、保险法

保险法是调整保险关系的法律规范的总和，有广义和狭义之分。广义的保险法是指一切以保险为对象的法律规范的总和，狭义的保险法仅指保险法典。一般认为，保险法主要包括三部分内容。(1)保险合同法。它是调整保险合同双方当事人及关系人之间权利和义务关系的法律规范，涉及保险合同的订立、履行、转让、中止、变更、解除及纠纷的处理等。(2)保险业法。保险业法是关于保险业组织的法律规范，主要涉及保险业的设立、组织形式、财务管理、经营规则、解散与清算等。(3)保险监督管理法。这是有关国家对保险业的监管关系方面的法律制度。

为了规范保险活动，保护保险活动当事人的合法权益，加强对保险业的监督管理，促进我国保险事业的健康发展，1995 年 6 月 30 日第八届全国人民代表大会常务委员会第十四次会议审议通过了《保险法》，其后于 2009 年 2 月 28 日进行了修订，并自 2009 年 10 月 1 日起施行。目前，我国已形成以《保险法》为主体，包括《海商法》和《合同法》中的有关规范以及中国人民银行和中国保险监督管理委员会（以下简称保监会）发布的《保险经纪人管理规定（试行）》和《保险兼业代理管理暂行办法》等一系列行政法规、规章在内的，较为完整的保险法体系。

第二节　保险合同法

一、保险合同的概述

保险合同又叫做保险契约，是投保人与保险人之间约定双方权利义务关系的协议。保险合同作为一种特殊的合同，具有以下特征。

1. 保险合同是射幸合同，也即机会合同。在保险合同中，导致保险人承担赔偿或给付义务的保险事故在保险合同订立时是不确定的，投保人和保险人的利益的获得或丧失均表现为一种机会。如果保险事故在保险合同约定的保险期间内发生，则保险人须赔偿或给付保险金，否则，保险人就不承担责任。

2. 保险合同一般是附合合同。附合合同，又称格式合同、标准合同。一般情况下其主要条款由保险人、保险人团体或政府主管机关拟定，投保人只能被动接受。这极大地限制了合同自由原则。为平衡这一情况，在解释合同条款时，作有利于投保人、被保险人及受益人的解释，是各国保险法普遍奉行的原则，我国《保险法》第 30 条也有相应规定。

3. 保险合同是要式合同。根据我国《保险法》第 13 条明文规定以及我国的保险实务，投保人与保险人须以书面形式订立合同。当然，由于人身保险和财产保险的性质不同，保险单与其他保险凭证并非保险合同的唯一效力要件，只是保险合同成立后的一种合同证明。

4. 保险合同是补偿性合同。投保人签订合同的目的是希望在将来危险发生时，由保险人给予其生产或生活上的保障。但这并不能完全避免危险的发生，也不能恢复已受损的保险标的，而只能是通过货币给付补偿投保人或被保险人的经济利益，弥补其损失。

二、保险合同的基本原则

保险合同的基本原则是规范保险合同的准则，贯穿于各方当事人参与保险活动的始终。

1. 保险利益原则。保险利益，是指投保人或被保险人对保险标的具有法律上承认的利益。而保险标的是指作为保险对象的财产及其有关利益或者人的寿命和身体。我国《保险法》第 12 条规定："人身保险的投保人在保险合同订立时，对被保险人应当具有保险利益。财产保险的被保险人在保险事故发生时，对保险标的应当具有保险利益。人身保险是以人的寿命和身体为保险标的的保险。财产保险是以财产及其有关利益为保险标的的保险。"可见，保险利益是保险合同的有效要件。保险利益因财产保险合同和人身保险合同的区别而有所不同。我国《保险法》没有对财产保险中具保险利益的人员作明确的界定，但《保险法》第 31 条却列举了人身保险合同中具有保险利益的人员：(1)本人；(2)配偶、子女、父母；(3)前项以外与投保人有抚养、赡养或者扶养关系的家庭其他成员、近亲属；(4)与投保人有劳动关系的劳动者。除前款规定外，被保险人同意投保人为其订立合同的，视为投保人对被保险人具有保险利益。

2. 最大诚实信用原则。诚实信用原则是从事民商事活动中任何当事人都必须履行的义务。由于保险所承保的危险是不确定的，双方权利义务的内容主要是依据投保人对保险标的的告知、保证来决定。因此，保险活动对诚实信用的要求特别严格，称为最大诚实信用。这一原则既适用于投保人，也适用于保险人。

3. 近因原则。近因是英美法系的概念，是指造成保险标的损失的最直接、最有效原因。我国法律把直接促成结果的原因称为直接原因，将英美法系的近因原则称为因果关系。只有造成损失的直接原因包括在保险责任的范围内时，保险公司才对保险标的的损失承担赔偿责任。

4. 预防与补偿相结合原则。保险不仅是事后补偿的有效手段，而且还具有防灾防损的积极意义。保险虽然能够在约定范围内有效地补偿有关当事人的损失，但由于多种原因，往往不可能弥补全部损失，更不可能弥补人类财富因自然灾害和意外事故所造成的损失。因此，各国保险法围绕防灾防损问题，都作了相应的规定，以期消灭保险事故隐患或控制损失的扩大。我国《保险法》第 51 条、第 57 条第 1 款以及我国《海商法》第 236 条都有相应的规定。

5. 损失补偿原则。这是由保险的补偿目的决定的，指当保险事故发生使被保险人遭受损失时，保险人必须在责任范围内对被保险人所受的损失进行补偿。只有发生保险责任范围内的事故并对被保险人造成损失的，保险人才进行赔偿；没有遭受损失的则无权请求补偿，并且补偿量仅限于实际损失。补偿原则不仅适用于财产保险合同，而且适用于人身保险合同。

三、保险合同的一般规定

(一)保险合同的主体和客体

保险合同的主体包括保险合同当事人、保险合同关系人以及保险合同中介人。

1.保险合同的当事人,包括投保人和保险人。投保人是指与保险人订立保险合同,并按照保险合同负有支付保险费义务的人。投保人既可以是自然人,也可以是法人,但必须具有完全民事行为能力,而且对保险标的具有保险利益。保险人是指依法成立,与投保人订立保险合同,并承担赔偿或给付保险金责任的保险组织。保险人必须在核准的经营范围内经营保险业务,如果超出经营范围,其进行的保险活动无效。

2.保险合同的关系人,包括被保险人和受益人。被保险人是指其财产或者人身受保险合同保护,享有保险金请求权的人。被保险人与投保人可以为同一人。受益人一般存在于人身保险合同中,由被保险人指定或者投保人经被保险人同意指定的享有保险金请求权的人。受益人可以是投保人或被保险人,也可以是投保人和被保险人以外的第三人。

3.保险合同的中介人,包括保险代理人、保险经纪人和保险公估人。它们称为保险合同的中介人或辅助人。

保险合同的客体,是保险合同双方当事人权利和义务所指向的对象。保险合同的客体是保险利益。因为保险合同订立的目的并非保障保险标的本身,而在于保险标的发生损失后得到补偿,所以,保险合同实际上保障的是被保险人对保险标的所具有的利益,即保险利益。

(二)保险合同的订立、形式

根据《保险法》第13条规定,订立保险合同,须经过投保和承保两个阶段。首先是投保人以投保单的形式向保险人提出订立保险合同的意思表示,此为投保人的要约。由于投保单是订立保险合同的基础文件,因此,投保人在填单时,必须坚持最大诚实信用的原则,否则会影响保险合同的法律效力。然后,保险人在收到投保单后,经逐项审核,认为符合保险条件愿意承保,这就是保险人的承诺。根据各国法律的规定,保险人在同意承保以后,应当向投保人签发保险单或其他保险凭证,并载明双方约定的合同内容,作为履行义务的依据。在某些情况下,暂保单也可成为保险凭证,但其效力在正式保险单交付时自动失效。

(三)保险合同的内容

保险合同的内容一般表现为保险条款,分为基本条款和附加条款。基本条款又称主要条款或必要条款,是保险人预先拟订的。附加条款,也称特约条款,是基本条款之外,根据保险当事人的需要而增加的条款。根据我国《保险法》第18条的规定,保险合同应有下列基本条款:(1)保险人的名称和住所;(2)投保人、被保险人的姓名或者名称、住所,以及人身保险的受益人的姓名或者名称、住所;(3)保险标的;(4)保险责任和责任免除;(5)保险期间和保险责任开始时间;

(6)保险金额;(7)保险费以及支付办法;(8)保险金赔偿或者给付办法;(9)违约责任和争议处理;(10)订立合同的年、月、日。

(四)保险合同当事人的主要义务

1.投保人的主要义务。尽管保险合同种类较多,不同保险合同投保人的义务在具体内容上有所不同,但总体上讲包括以下几项。(1)缴纳保险费的义务。如果投保人不按期缴纳保险费,保险人可以根据情况,要求补缴保险费及利息,或者解除保险合同。一般情况下,保险费要求一次性缴付,但对于保险期限较长的人身保险,“投保人于合同成立后,可以向保险人一次支付全部保险费,也可以按照合同约定分期支付保险费”。(2)告知义务。投保人的告知义务是最大诚实信用原则的重要体现,保险人正是基于投保人的告知来决定是否承保以及保险费率。《保险法》规定,在订立保险合同时,投保人应向保险人如实告知与保险标的有关的重要事实;在财产保险合同有效期内,保险标的危险程度增加的,被保险人按照合同约定应当及时通知保险人;在订立人身保险合同时,投保人申报的被保险人年龄不真实,并且其真实年龄不符合合同约定的年龄限制的,保险人可以解除保险合同。(3)出险通知与施救义务。保险合同订立后,如果发生保险事故,投保人应及时通知保险人。保险人有权要求增加保险费或者解除保险合同,被保险人未履行通知义务的,因保险标的危险程度增加而发生的保险事故,保险人不承担赔偿责任。在财产保险中,发生保险事故时,投保人不仅负有出险通知义务,而且负有施救义务。

2.保险人的主要义务。保险人的义务主要有以下几项。(1)说明的义务。因保险合同为附合合同,故在订立保险合同时,保险人应向投保人说明保险合同的内容,此亦为最大诚实信用原则的重要体现。《保险法》第17条第2款规定:“对保险合同中免除保险人责任的条款,保险人在订立合同时应当在投保单、保险单或者其他保险凭证上作出足以引起投保人注意的提示,并对该条款的内容以书面或者口头形式向投保人作出明确说明;未作提示或者明确说明的,该条款不产生效力。”(2)签发保险单或其他保险凭证的义务。为保证保险业务的顺利进行,保险人应当及时向投保人签发保险单或者其他保险凭证,并在保险单或者其他保险凭证中载明当事人双方约定的合同内容。(3)保密义务。保险人或者再保险接受人对在办理保险业务中知道的投保人、被保险人、受益人或者再保险分出人的业务和财产情况及个人隐私,负有保密的义务。(4)赔偿或给付保险金的义务。保险事故发生后,赔偿保险事故所造成的实际损失或者给付约定的保险金,以补偿被保险人的财产损失与精神损失,此为保险人最基本的义务,亦是保险的目的所在。但是,保险金的赔偿或给付有明确的责任界限,即损失必须源于保险合同中约定的保险事故,并且保险金的赔偿或给付不得超过保险合同约定的保险金额。

（五）索赔与理赔

索赔是指被保险人或受益人在保险事故发生后，根据保险合同，请求保险人赔偿或给付保险金的行为。理赔是指保险人在被保险人或受益人提出索赔的要求后，根据保险合同的规定对保险事故及其所致损失进行调查并赔偿或给付保险金的行为。根据《保险法》第 26 条规定，人寿保险以外的其他保险的被保险人或受益人的索赔时效为 2 年，自其知道或应当知道保险事故发生之日起计算；人寿保险的被保险人或受益人的索赔时效为 5 年，自其知道或应当知道保险事故发生之日起计算。索赔的程序一般较为复杂，具体包括：(1)出险通知。保险事故发生后，被保险人或受益人在积极施救的同时，应将保险事故发生的时间、地点、原因以及其他有关情况以最快、最有效的方式通知保险人，并提出索赔要求。(2)采取合理的施救、整理措施。这是保险合同防灾防损原则的要求。(3)保护出险现场。(4)提供索赔单证。主要有保险单或其他保险凭证、有关保险标的的原始凭证、出险调查报告和结论性意见、被保险人的证明材料、施救费用的原始单据。(5)提出索赔请求。(6)领取保险金。

理赔的程序一般包括：(1)立案检验。保险人在接到出险通知后，应立即核对保险单立案登记，并进行现场查勘。(2)责任审核。保险人根据现场查勘的各项记录及理赔单证，审核保险合同是否有效，损失是否由所保的危险所引起，是否属保险合同所承保的损失，已毁损的财产是否为所承保的财产等。(3)核算损失。(4)赔偿或给付保险金。(5)损余处理。(6)代位求偿。这一般存在于财产保险中。

（六）保险合同的终止

即保险合同所确立的权利义务关系不复存在。根据我国《保险法》规定，保险合同终止的主要原因有：(1)因保险期限届满而终止。(2)在以生存作为给付条件的人身保险合同中，因被保险人或受益人死亡而终止。(3)因保险合同解除而终止。(4)因行使终止权而终止。财产保险的保险标的发生部分损失的，在保险人赔偿后 30 日内，投保人可以终止合同；除合同约定不得终止的以外，保险人也可以终止合同。(5)因理赔而终止。在保险合同有效期内发生保险事故，保险人赔偿或给付了保险金，且支付的保险金数额达到合同约定的保险金额的，保险合同终止。

四、财产保险合同

财产保险合同是以财产及其有关利益为保险标的的保险合同。财产保险种类繁多，大体上包括财产损失保险合同、责任保险合同、信用保险合同及保证保险合同，后三者为无形财产保险合同。

相对于人身保险合同，财产保险合同具有自身的一些特征。

1. 保险标的一般表现为特定的财产以及与财产有关的利益。它可以是有形财产，也可以是无形利益。

2. 以补偿被保险人实际损失为唯一目的。保险事故发生后，被保险人仅得按其实际所受的损害请求保险人赔偿，不得获取超过实际损失的赔偿。

3. 实行保险责任限定。在财产保险合同中，保险人的保险责任以保险合同约定的保险金额为限，超过合同约定的保险金额的损失，保险人不负保险责任。

保险标的的保险价值，可以由投保人和保险人约定并在合同中载明，也可以按照保险事故发生时保险标的的实际价值确定。就保险金额的约定而言，保险金额不得超过保险价值，超过保险价值的，超过部分无效。

4. 财产保险中的物权代位与债权代位。这是损失补偿原则在财产保险合同上的运用。一般情况下，保险标的遭受损失后往往留有残值，当保险人依保险合同赔偿了保险金后，有直接取得该残值的所有权的权利。否则，被保险人将获得保险赔偿与保险标的的双重利益，既显失公平，又易诱发道德危险。因此，《保险法》第 59 条规定："保险事故发生后，保险人已支付了全部保险金额，并且保险金额相等于保险价值的，受损保险标的的全部权利归于保险人；保险金额低于保险价值的，保险人按照保险金额与保险价值的比例取得受损保险标的的部分权利。"

在财产保险中，当保险标的发生保险责任范围内的损失，而该项损失是由第三人造成的，被保险人有权向该责任者请求损害赔偿。为避免被保险人获得双重赔偿，法律赋予了保险人的代位求偿权，即保险人自向被保险人赔偿保险金之日起，在赔偿金额范围内代位行使被保险人对第三者请求赔偿的权利。

五、人身保险合同

人身保险合同是以人的寿命和身体为标的的保险合同。保险标的的不同是人身保险合同和财产保险合同的最根本区别。人身保险合同可分为人寿保险合同、伤害保险合同和健康保险合同。

人身保险合同具有以下特征。(1)保险合同的主体的特殊性。人身保险合同中的被保险人只能是自然人，并且在其关系人中有受益人的存在。(2)保险标的人格化。人身保险合同中的保险标的是被保险人的寿命、身体，该保险利益属于被保险人的人格利益或人身利益。(3)保险期限的长期性。财产保险合同的期限比较短，一般只有一年、几个月甚至更短。而人身保险合同一般为 5 年、10

年、15 年、20 年、30 年甚至是终身的。(4)保险费不得强制请求。投保人不按照人身保险合同的约定支付保险费的,保险人不得以强制方式要求投保人支付保险费。因为这可能是投保人选择终止合同的一种方式。(5)不存在物权代位与债权代位。《保险法》第 46 条规定,人身保险的"被保险人因第三者的行为而发生死亡、伤残或者疾病等保险事故的,保险人向被保险人或者受益人给付保险金后,不享有向第三者追偿的权利,但被保险人或者受益人仍有权向第三者请求赔偿"。

由于标的的特殊性,人身保险合同中往往存在一些反映人身保险合同特殊性的条款。这些条款对双方当事人的权利和义务作出特殊的约定,成为影响合同效力的重要因素。

1.不可抗辩条款。不可抗辩条款又称不可争议条款,是指自合同成立之日或复效之日起,经过一定时间后保险人不得再以投保人违反告知义务而主张合同无效。我国《保险法》第 16 条把不可抗辩的期限定为 2 年。

2.年龄误告条款。年龄误告条款是人寿保险合同的常见条款。按照《保险法》第 32 条规定:"投保人申报的被保险人年龄不真实,并且其真实年龄不符合合同约定的年龄限制的,保险人可以解除合同,并按照合同约定退还保险单的现金价值。保险人行使合同解除权,适用本法第 16 条第 3 款、第 6 款的规定。投保人申报的被保险人年龄不真实,致使投保人支付的保险费少于应付保险费的,保险人有权更正并要求投保人补交保险费,或者在给付保险金时按照实付保险费与应付保险费的比例支付。投保人申报的被保险人年龄不真实,致使投保人支付的保险费多于应付保险费的,保险人应当将多收的保险费退还投保人。

3.宽限期条款。宽限期条款一般存在于分期缴纳保险费的长期人寿保险合同中。为了避免因迟延缴纳各期保险费而致保险合同效力中止,一般在合同中规定对每次缴纳保险费有一宽限期。根据我国《保险法》的规定,投保人支付首期保险费后,除合同另有约定外,投保人自保险人催告之日起超过 30 日未支付当期保险费,或者超过约定的期限 60 日未支付当期保险费的,合同效力中止,或者由保险人按照合同约定的条件减少保险金额。

4.复效条款。它是与宽限期条款相联系的常见条款。人身保险合同中投保人缴纳首期保险费后,在宽限期内仍未续缴已到期保险费的,合同效力即告中止。但投保人在一定期限内经与保险人协商并达成协议,在补交保险费后,仍然有权申请合同效力恢复。但我国《保险法》第 37 条规定,自合同效力中止之日起 2 年内双方未达成协议的,保险人有权解除合同。

5.自杀条款。根据我国《保险法》第 44 条规定,以死亡为给付保险金条件的合同,被保险人自杀的,保险人不承担给付保险金的责任,但被保险人自杀时为无民事行为能力人的除外。保险人依照前款规定不承担给付保险金责任的，应当按照合同约定退还保险单的现金价值。

第三节 保险业法

一、保险公司

根据《保险法》第6条的规定，保险业务由依照本法设立的保险公司以及法律、行政法规规定的其他保险组织经营，其他单位和个人不得经营保险业务。而在我国，保险公司的设立采取许可主义。除须符合法定条件外，还必须经保监会批准。中国保监会在审批保险公司的设立申请时，应当考虑保险业的发展和公平竞争的需要。

根据我国《公司法》、《保险法》及《保险公司管理规定》，设立保险公司除应具备设立公司的基本条件外，还应当具备以下条件：(1)主要股东具有持续赢利能力，信誉良好，最近3年内无重大违法违规记录，净资产不低于人民币2亿元；(2)有符合本法和《中华人民共和国公司法》规定的章程；(3)有符合本法规定的注册资本；设立保险公司，其注册资本的最低限额为人民币2亿元；保险公司的注册资本必须为实缴货币资本；(4)有具备任职专业知识和业务工作经验的董事、监事和高级管理人员；(5)有健全的组织机构和管理制度；(6)有符合要求的营业场所和与经营业务有关的其他设施；(7)法律、行政法规和国务院保险监督管理机构规定的其他条件。

根据有关规定，保险公司经保监会的批准可依法进行变更及终止。但由于人寿保险的长期性、储蓄性，为维护人寿保险被保险人与受益人的利益，《保险法》规定，经营人寿保险业务的保险公司，除分立、合并外，不得解散；经营有人寿保险业务的保险公司被依法撤销或者被依法宣告破产的，其持有的人寿保险合同及责任准备金，必须转让给其他经营有人寿保险业务的保险公司；不能同其他保险公司达成转让协议的，由国务院保险监督管理机构指定经营有人寿保险业务的保险公司接受转让。转让或者由国务院保险监督管理机构指定接受转让前款规定的人寿保险合同及责任准备金的，应当维护被保险人、受益人的合法权益。

二、保险业经营规则

(一)保险经营原则

1.保险的分业经营原则。这是指同一保险人不得同时经营财产保险业务与人身保险业务。但经营财产保险业务的保险公司经保险监督管理机构核定，可以经营短期健康保险业务和意外伤害保险业务。

2. 禁止兼营原则。指保险公司不得同时兼营非保险业务。《保险法》第 95 条第 3 款规定:“保险公司应当在国务院保险监督管理机构依法批准的业务范围内从事保险经营活动。”

3. 保险专营原则。指商业保险业务只能由依法设立的保险公司经营,其他单位和个人不得经营商业保险业务。

(二)保险公司的偿付能力管理

偿付能力管理是国家对保险公司实施监督管理的重点。偿付能力主要表现在保险公司的偿付准备金。为此,《保险法》和《保险公司管理规定》要求保险公司必须遵守下列规定:(1)根据保障被保险人利益、保证偿付能力的原则,提取各项责任准备金;(2)提取未决赔偿准备金;(3)依照法律与国家财务制度的规定提取公积金;(4)按照规定缴纳保险保障基金,集中管理,统筹使用;(5)保险公司的实际偿付能力,不得低于《保险公司管理规定》第 84 条和第 85 条规定的标准;低于规定标准的,保险公司应当采取有效的措施;中国保监会可以根据具体情况,将公司列为重点监督检查对象或对该公司进行接管;(6)经营财产保险业务的保险公司当年自留保险费,不得超过其实有资本金加公积金总和的 4 倍。

(三)保险公司的风险管理

主要通过再保险完成。再保险又称分保,是“保险之保险”。我国《保险法》对保险公司的再保险作了强制性规定。《保险法》第 103 条规定:“保险公司对每一危险单位,即对一次保险事故可能造成的最大损失范围所承担的责任,不得超过其实有资本金加公积金总和的 10%;超过部分,应当办理再保险。”《保险法》第 105 条进一步规定:“保险公司应当按照保险监督管理机构的有关规定办理再保险,并审慎选择再保险接受人。”

(四)保险公司的资金运用管理

保险公司的资金运用必须稳健,遵循安全性原则,并保证资产的保值增值。《保险法》第 106 条规定,保险公司的资金运用限于下列形式:(1)银行存款;(2)买卖债券、股票、证券投资、基金份额等有价证券;(3)投资不动产;(4)国务院规定的其他资金运用形式。保险公司资金运用的具体管理办法,由国务院保险监督管理机构依照前两款的规定制定。

(五)关于保险公司不正当业务行为的禁止规定

保险公司及其工作人员在保险业务活动中不得有下列行为:(1)欺骗投保人、被保险人或者受益人;(2)对投保人隐瞒与保险合同有关的重要情况;(3)阻碍投保人履行本法规定的如实告知义务,或者诱导其不履行本法规定的如实告知义务;(4)给予或者承诺给予投保人、被保险人、受益人保险合同约定以外的保险费回扣或者其他利益;(5)拒不依法履行保险合同约定的赔偿或者给付保险金义务;(6)故意编造未曾发生的保险事故、虚构保险合同或者故意夸大已经发生的保险事故的损失程度进行虚假理赔,骗取保险金或者牟取其他不正当利益;(7)挪用、截留、侵占保险费;(8)委托未取得合法资格的机构或者个人从事保险销售活动;(9)利用开展保险业务为其他机构或者个人牟取不正当利益;(10)利用保险代理人、保险经纪人或者保险评估机构,从事以虚构保险中介业务或者编造退保等方式套取费用等违法活动;(11)以捏造、散布虚假事实等方式损害竞争对手的商业信誉,或者以其他不正当竞争行为扰乱保险市场秩序;(12)泄露在业务活动中知悉的投保人、被保险人的商业秘密;(13)违反法律、行政法规和国务院保险监督管理机构规定的其他行为。

三、保险业的监督管理

在我国,对保险业的监管可以大致分为两个阶段。1998 年 11 月 18 日以前,由中国人民银行负责保险监管;1998 年 11 月 18 日,中国保险监督管理委员会成立,保险监管职责转由中国保监会承担。

中国保监会依据《保险法》和其他相关的金融法律、行政法规,对保险业和保险市场实施全面监管。其具体监管内容包括以下方面。(1)对金融业的一般监督管理。保监会有权检查保险公司的业务状况、财务状况以及资金运用的状况,有权查询保险公司在金融机构的存款。保险公司依法接受监管。(2)保险条款和费率的制定和备案。关系社会公众利益的保险险种、依法实行强制保险的险种和新开发的人寿保险险种等的保险条款和保险费率,应当报保险监督管理机构审批,保险监督管理机构审批时,遵循保护社会公众利益和防止不正当竞争的原则。其他保险险种的保险条款和保险费率,应当报保险监督管理机构备案。(3)保险公司偿付能力的监管。保险监督管理机构应当建立健全保险公司偿付能力监管指标体系,对保险公司的最低偿付能力实施监控。保险公司未依法提取或者结转各项准备金,或者未依法办理再保险,或严重违反《保险法》关于资金运用的规定的,由保险监督管理机构责令该保险公司采取措施限期改正。(4)保险整顿。保险监督管理机构作出限期改正的决定后,保险公司在限期内未予改正的,由保险监督管理机构决定选派保险专业人员和指定该保险公司有关人员,组成整顿组织,对该保险公司进行整顿。(5)接管。保险公司违反《保险法》规定,损害社会公共利益,可能严重危及或者已经危及保险公司的偿付能力的,保险监督管理机构可以对该保险公司实行接管。接管期限届满,保险监督管理机构可以决定延期,但最长不得超过 2 年。接管期满,被接管公司已恢复正常经营能力的，保险监督管理机构可决定终止接管。接管组织认为被接管公司的财产已不足以清偿所负债务的，经保险监督管理机构批准，依法向人民法院申请该保险公司破产。

案例评析

【案例 1】

2006 年 9 月 22 日，孙某与某保险公司签订了人身保险合同。双方约定，孙某投保终身寿险（分红型）及附加提前给付重大疾病保险，基本保险金额均为 15000 元，保险年限均至 100 周岁，交费年期均为 20 年，标准保费分别为 607.50 元和 162 元，交费方式均为年交，生存受益人为孙某，身故受益人为法定受益人。保险公司在人寿保险投保单中，书面告知孙某应对投保单、体检报告各项内容以及保险人指定医院检查被保险人健康时的各项询问按规定如实详细告知，否则，保险人有权依法解除保险合同，并对于保险合同解除前发生的保险事故不负任何责任。孙某在该投保单健康告知中所涉及的健康问题回答时均填写无任何问题，并在该投保单“投保人及被保险人声明与授权”栏目中签字，认可保险公司已向其详细解释了投保险种的保险责任及责任免除条款。合同签订后，孙某向保险公司交付保险费共计 769.50 元，保险公司为孙某出具了保险单，保险合同自 2006 年 9 月 23 日零时生效。2007 年 6 月 2 日孙某死亡。其子向保险公司申请理赔。保险公司在理赔过程中，在方城县赵河镇卫生院门诊日志上查到 2006 年 7 月 26 日孙某在该院就诊被该院主治医师诊断为腰椎结核病并出具药方的记载。因此，于 2007 年 11 月 12 日作出理赔结案通知书，对孙某所投终身寿险（分红型）险种附加提前给付重大疾病保险险种拒付，解约退费共计 769.50 元。收到理赔结案通知书后，孙某之子遂向法院提起诉讼。

法院经审理查明，孙某与被告签订的人身保险合同意思表示真实，符合法律规定，为有效合同。但孙某在投保前隐瞒了其在方城县赵河镇卫生院接受腰椎结核病诊治的事实，未履行如实告知义务，根据《保险法》和保险合同的规定，被告有权解除保险合同，并对于保险合同解除前发生的保险事故，不承担给付保险金的责任。故依照《保险法》第 16 条的规定，判决如下：驳回原告的诉讼请求；诉讼费 175 元，由原告负担。

【评析】

本案被保险人投保的是终身寿险（分红型）及附加提前给付重大疾病保险。终身寿险（分红型）是指保险公司将其实际经营成果优于定价假设的盈余，按照一定比例向保单持有人进行分配的终身寿险。终身寿险是指按照保险合同约定，以死亡为给付保险金条件，且保险期为终身的人寿保险。终身寿险能够为被保险人提供终身的保险保障。投保后，不论被保险人在什么时间身故，保险公司都要按照合同约定给付保险金。由于保险期间较长，终身寿险带有一定的储蓄功能，具有一定的现金价值。在其他条件相同的情况下，终身寿险费率比定期寿险高，但保险期更长。

本案被保险人投保之前患有腰椎结核病，在投保时未予告知，保险人因此拒绝履行赔偿责任。

告知义务是投保人或被保险人在订立保险合同时必须履行的义务，也是《保险法》最大诚信原则的重要体现。本案中，被保险人在投保时隐瞒几个月前就医方面的事实（这一事实对保险人决定是否承保以及是否提高保费具有重大影响），在书面的投保书告知事项中选择了"无"，隐瞒病情的主观故意明显，因此构成不如实告知的行为。另一方面，其作为完全民事行为能力人，应当预见签字后产生的法律后果，即视为对投保单内容的确认并接受投保书条款的约束，保险人因此获得抗辩权，拒绝给付保险金。

实践中，判断投保人是否履行了如实告知义务，应从以下两个方面考虑。第一，必须有保险人的询问。在我国，除海上保险合同外，投保人的告知义务是被动性的义务，保险人的询问是引发该义务的前提，投保人不负担主动告知的积极义务。在实务中，保险人的询问方式是多种多样的，但通常表现为保险单中的询问事项和针对特定险种的风险询问表，要求投保人在投保时如实填写，据此确定承保与否和如何承保。第二，投保人必须真实而完全地回答保险人的询问。投保人针对保险人的询问事项，应如实并且完全地予以回答，不能欺瞒、保留和遗漏。在实务中，很多投保人在投保时怀着侥幸的心理隐瞒以往病情，未向保险公司如实告知保险人询问的相关事项，这往往导致投保人不但白白交纳了保险费，而且最终得不到保险金，使自身的利益遭受损失。投保人和被保险人在投保时应当按照保险人的要求履行如实告知的法定义务，这是自身利益得到有效保障的前提。尤其应当关注的是，保险实践中投保单要求填写的内容比较多，投保人往往仅凭保险代理人的解释而不仔细阅读相关条款内容，草草填写，特别是对健康告知书、投保人须知以及声明等内容没有予以足够关注，从而影响了告知义务的履行，最终损害了自身权益。这些问题应当引起投保人的足够重视。

对于保险公司来说，作为格式条款的提供者，其应当在保险产品销售过程中加强对保险合同内容的说明义务的关注，尤其是对于涉及保险公司免责条款等问题的重要条款，更应当在投保时向投保方进行详细讲解和告知，这就要求保险公司加强对代理销售人员的培训，明确代理人的义务和责任。此外，也应当关注投保单等书面文件内容的设计，为投保人理解合同内容从而更好地履行如实告知义务提供便利，也可以更有效地防范道德风险，减少纠纷。

【案例 2】

2007 年 11 月 4 日，张某即被保险人将某保险公司承保的一辆轿车借给李某使用，后李某在夜间与郭某驾驶的车辆发生交通事故，造成两车损坏。经交警调查，认定李某负事故全部责任。后两车经过修理，被保险车辆修理费 7980 元，郭某车辆修理费 11300 元，均由被保险人张某支付。事故发生后，保险公司在接到报案后及时派出相关工作人员进行查勘定损。通过工作人员的细心核查，发现该案件存在诸多可疑之处，保险公司随即派出疑难案件调查工作人员对事故和当事人进行调查，通过事故笔录和对事故车辆的综合分析，保险公司对该起事故作出拒赔的决定。被保险人在接到拒赔通知后，遂向法院提起诉讼。

经审理查明，2007 年 10 月 8 日，张某为其所有的车号为京 A 的车辆与某保险公司签订机动车辆保险合同，合同约定：被保险人张某，使用性质非营业——家庭自用，投保的险种有车辆损失险、第三者责任险、盗抢险、车上人员责任险、玻璃单独破损险及车辆损失险，第三者责任险、车上人员责任险的不计免赔特约险，其中车辆损失险的保险金额 9 万元，第三者责任险的保险金额 20 万元，保险期限自 2007 年 10 月 9 日起至 2008 年 10 月 8 日止，保险费 3072.51 元。同时，家庭自用汽车损失保险条款（以下简称车损条款）和机动车第三者责任保险条款（以下简称第三者条款）作为保险合同的组成部分，对双方的权利义务进行了明确约定。其中，车损条款第 2 条约定：本保险合同中的家庭自用汽车是指在中华人民共和国境内行驶的家庭或个人所有，且用途为非营业性运输的客车。第三者条款第 4 条约定：保险期限内，被保险人或其允许的合法驾驶人在使用被保险车辆过程中发生意外事故，致使第三者遭受人身伤亡或财产直接损毁，依法应当由被保险人承担的损害赔偿责任，保险人依照本保险合同的约定，对于超过机动车交通事故责任强制保险各分项赔偿限额以上的部分负责赔偿。车损条款第 7 条第（十四）项和第三者条款第 8 条第（一）项均约定：应当由机动车交通事故责任强制保险赔偿的金额保险人不负责赔偿。车损条款第 16 条第 2 款和第三者条款第 18 条第（二）项约定：在保险期间内，被保险机动车改装、加装或从事营业运输等，导致被保险机动车危险程度增加的，应当及时书面通知保险人。否则，因被保险机动车危险程度增加而发生的保险事故，保险人不承担赔偿责任。

合同签订后，张某依约缴纳了保险费。2007 年 11 月 4 日，张某将被保险车辆借与李某使用，李某驾驶被保险车辆与郭某驾驶的车号为京 B 小客车相撞，两车受损。经交通管理部门认定，李某负事故的全部责任。此后，张某支付被保险车辆的修理费 7980 元，支付车号为京 B 小客车修理费 11300 元。

另查明：李某使用被保险车辆用于搭载乘客，并收取 15 元的费用。被保险车辆和车号为京 B 小客车均投保了机动车交通事故责任强制保险，某保险公司按照交通事故强制保险合同的约定已经赔付被保险车辆保险金 400 元，赔付京 B 小客车保险金 2000 元。

法院经审理查明：某保险公司与张某之间的保险合同关系真实有效。合同签订后，双方均应按照保险合同的约定行使权利、履行义务。张某在投保时明确约定了被保险车辆的使用性质为家庭自用，而在实际使用过程中，张某允许的驾驶员李某将被保险车辆用于营运，擅自改变被保险车辆的使用性质，亦未通知保险人。因被保险车辆使用性质的改变，使保险标的危险程度增加，直接导致了被保险车辆受损，对此某保险公司有权拒绝赔偿。故张某要求某保险公司赔偿保险金的请求没有事实和法律依据，本院不予支持。依据《中华人民共和国合同法》第 60 条、《中华人民共和国保险法》第 52 条之规定，驳回原告张某的诉讼请求。

【评析】

本案争议焦点为李某对于被保险车辆的使用是否导致保险标的危险程度增加。保险公司主要从以下方面进行论证和辩论。首先，当事人笔录的法律效力问题。该份笔录系当事人陈述内容，为其真实意思表示，保险公司是在合法平等的情况下进行的调查记录，法律上该份证据应当认定为当事人陈述和原告认可的内容。但原告对此却不予认可。其次，关于被保险人借车后对李某私载乘客是否知情的问题。从被保险人与李某的朋友关系和事故发生的时间上看，被保险人对保险标的显然存在行使保管义务的怠慢行为，对事故发生存在主观上的重大过失。最后，有关保险标的私搭乘客后的出险概率与本起事故是否存在偶然性因素。保险公司从家庭自用车辆和营业性车辆的性质和费率的不同，结合原告自身使用车辆与“拉黑活”在时间、地点等客观因素方面的不同等多个角度，阐述“拉黑活”车辆出险概率并论证其偶然性因素，同时还重点强调了保险条款和《保险法》的相关规定。

对于《保险法》第 52 条的适用问题一直存在争论，主要是对于保险标的危险程度的增加是否足以使保险事故的发生存在必然性和如何认定保险标的属于危险程度增加等问题。保险公司对此理解较为严格，对于保险标的的任何变动只要未通知保险人，一般均被认定为危险程度增加。

危险程度增加的通知义务的法理基础是对价平衡原理和情势变更原则。保险交易是建立在精算的科学基础上，通过“大数法则”来确定事故发生概率，进而对每一保险产品合理地确定其保险费以及赔付的保险金额。保险合同的订立遵循市场交易对价平衡规则,投保人所缴纳的保险费与保险人的承保责任是一种对价关系。由于保险合同是继续性合同,当保险标的面临的危险程度显著增加时,保险人给付保险金的概率亦随之增加。为恢复当事人的对价平衡关系,作为保险标的使用者或管理者,被保险人最了解保险标的的具体情况,负有危险程度增加的通知义务,以便保险人根据情势变更对保险标的的现实状况重新作出合理的估量,决定是否继续承保或是变更承保的条件。而新《保险法》对此规定更侧重于保护投保人或被保险人。

【案例 3】

2006 年初,某省电力公司向某保险公司(以下简称“保险公司”)投保财产综合保险,保险公司予以承保并出具了财产保险综合险保险单。2006 年 4 月 6 日,某省电力公司所属的某供电公司 220kV 二热扩建送出工程某电缆隧道内发生严重火灾事故。事故造成电缆隧道和隧道内的财产损失,同时还造成第三者某彩晶电子有限公司停电产生的财产损失。保险公司经核算本次事故财产损失报损金额为 1665 万元人民币。经保险公司与某省电力公司协商及相关评估部门的测算,原告最终赔付某省电力公司人民币 921 万元,某省电力公司此后将 921 万元损失追偿权转让给了保险公司。火灾发生后,事故单位某省电力公司某供电公司委托国网武汉高压研究所对火灾原因进行了调查分析,该院出具了《科学技术报告》(关于电缆隧道火灾原因调查分析),认定火灾发生的部位是 220kV 相电缆接头内部的电缆本体上,而不当的安装处理是造成电缆击穿的原因。该部位的产品是某电缆有限公司供货并负责安装的。2007 年,保险公司在取得代位追偿权后,向法院提起诉讼,请求法院判令某电缆有限公司向保险公司支付赔偿款 921 万元及利息。被告某电缆有限公司辩称:(1)原告保险公司提交的《科学技术报告》不能作为认定被告承担保险赔偿责任的依据,电缆隧道发生火灾,是因为某省电力公司错误安装重合闸自燃造成的,而非由于被告原因造成;(2)安装处理不当有可能会造成电缆击穿,但并不是造成火灾的原因;(3)聚乙烯护套和交叉联线截面是符合测试结果标准的;(4)本次火灾事故中,电力工程隧道防火设计严重不符合电力设计安装施工规范,是造成本次火灾事故及扩大的重要原因;(5)被告不是保险事故的第三者,原告无权向被告行使代位求偿权。

法院认为:(1)根据国网武汉高压研究院作出的《科学技术报告》(关于电缆隧道火灾原因调查分析)可以认定火灾发生的部位是 220kV 相绝缘中间接头,不当的安装处理是造成该火灾事故的原因;(2)因该部位的产品是被告某电缆有限公司供货并负责安装的，被告某电缆有限公司应承担相应的责任；(3)原告保险公司在履行保险义务赔偿了保险金之日起，有权代位行使被保险人某省电力公司对被告某电缆有限公司请求赔偿的权利；(4)鉴于火灾事故造成的损害结果还存在其他因素，被告某电缆有限公司只能承担主要部分的赔偿责任；(5)被告某电缆有限公司的其他抗辩证据不足，不能成立。法院判决：(1)被告某电缆有限公司支付保险公司赔偿款540万元(即900万元的60%)；(2)驳回原告保险公司其他诉讼请求；(3)案件受理费77110元，由被告承担46266元，原告承担30844元。

【评析】

本案原、被告争议的焦点问题有两个：(1)造成某电缆隧道火灾事故的原因是什么；(2)原告对被告是否有代位求偿权。

(1)关于火灾事故原因的认定。火灾事故的原因认定，一直是一个非常棘手的问题。由于火灾现场在火灾扑救过程中和扑救后甚至在勘查中往往未能得到很好保护，致使很多重要的火灾痕迹物证难以发现、收集，很难找到准确的起火部位和起火点，给现场勘查、火灾原因认定、损失核定、责任认定等带来极大困难。

本案中，由于某电缆隧道的火灾事故现场已遭破坏，而且涉及复杂的专业技术问题，对于火灾事故的原因认定，原、被告双方存在较大争议。在原告提交了国网武汉高压研究所出具的《科学技术报告》的情况下，被告虽否认该报告的效力，但未提出足以反驳的其他相反证据，故法院最终认定了原告提交的《科学技术报告》的证明力。

(2)原告对被告是否有代位求偿权。代位求偿权，又称代位追偿权、代位权或权利代位，是指因第三者对保险标的的损害造成保险事故的，保险人自向被保险人赔偿保险金后，依法享有的在赔偿金额范围内代位行使被保险人对第三者请求赔偿的权利。其实质是债权让与制度在保险法律关系中的应用，即保险事故发生后，被保险人对第三者有损害赔偿请求权的，该请求权在保险人履行保险赔偿金给付义务后，依法当然、直接地移转于保险人。

根据《保险法》第60条之规定，因第三者对保险标的的损害而造成保险事故的，保险人自向被保险人赔偿保险金之日起，在赔偿金额范围内代位行使被保险人对第三者请求赔偿的权利。

在代位求偿权行使过程中，实际上存在两个基础法律关系：一是保险人与被保险人因订立保险合同而产生的保险合同关系，另一个是被保险人与第三人之间因第三人侵权或违约而形成的债权债务法律关系。这两个基础法律关系互相独立。在保险法律关系中,即使保险事故非因第三人的行为造成,只要保险事故的发生与被保险人的损失符合保险合同的约定,保险人就应该按照保险合同的约定以及法律的规定予以赔付。在赔偿损失法律关系中,如果第三人实施的侵权行为或其违约行为给被保险人造成损失,无论该损害是否为保险事故,依照法律规定或合同约定,第三人应向被保险人赔偿损失。

关于保险代位求偿权的取得方式,世界各国有两种立法例:一是当然代位主义,即代位求偿权的取得仅以理赔为条件,只要保险人向被保险人给付保险金后即可自动取得代位求偿权;另一是请求代位主义,即保险人向被保险人赔付后并不能自动取得代位求偿权,还须被保险人明示地将享有的对第三人的损害赔偿请求权让渡给保险人,保险人方能取得代位求偿权。我国保险立法采用的是当然代位主义,只要保险人支付了保险赔偿金,就相应取得了向第三人请求赔偿的权利,而无须被保险人确认。当然,代位主义的优势在于程序简洁明了,且有助于保险人尽快向第三人追索,维护自身财产权益。在保险业务实践中,保险人在支付保险金的同时,往往要求被保险人签署赔款收据和权益让与书,作为被保险人将对第三人损害赔偿请求权让渡给保险人的有效证明。实际上,权益让与书或类似声明的签署与否不影响保险人取得代位求偿权,其签署至多只能起一个确认赔偿金额与赔偿时间的辅证作用,对保险人代位求偿权的取得并无实际意义。

保险人依照保险合同以及保险法律的规定,对被保险人的损失进行赔付后,即在赔偿金额范围内取得代位求偿权。但保险人在行使代位求偿权时,第三人向保险人赔偿损失的数额应依照其与被保险人之间的法律关系确定。

在保险人行使代位求偿权时,第三人享有抗辩权。但第三人的抗辩权是其对抗被保险人之事由,即基于赔偿法律关系,而不能依据保险合同法律关系进行。

代位求偿权的制度设计,虽有防止被保险人获取双重利益的目的,但同样也不应允许保险人借此获得额外的利益,损害被保险人利益。依照《保险法》,保险人仅可在赔偿金额范围内行使代位求偿权。实践中,由于保险合同的约定或不足额保险等原因,保险人的赔偿数额可能无法完全补偿被保险人所受损失,对于未受保险赔偿部分的损失,被保险人无疑对第三者仍有赔偿请求权。当第三者的清偿能力不足或依法所应承担的责任数额少于被保险人的损失时,保险人行使代位求偿权不影响被保险人就未取得赔偿的部分向第三者请求赔偿的权利,即适用被保险人优先受偿原则。这充分体现了保险的补偿功能。

【思考练习】

一、名词解释

保险　保险合同　投保人　保险人　被保险人

二、简答题

1. 简述保险的分类。
2. 简述保险合同的特征。
3. 简述保险利益的含义及其人身保险合同中具有保险利益的人员。
4. 简述最大诚信原则及其表现。
5. 简述保险合同订立及生效的条件。
6. 简述投保人和保险人的主要义务。
7. 简述理赔和索赔的程序。
8. 简述财产保险合同和人身保险合同的含义以及特点。
9. 简述保险公司的设立条件。
10. 简述保险公司的偿付能力管理。

第十一章 反不正当竞争法

本章导读

反不正当竞争法被称为“经济宪法”，是确定竞争规则、维护竞争秩序的非常重要的法律。本章主要阐述不正当竞争的概念，从事不正当竞争的主体，以及法律规定的十一种不正当竞争行为的主要表现。

重点问题

1. 不正当竞争与垄断的区别。
2. 不正当竞争的主体。
3. 不正当竞争行为具体表现。

第一节 反不正当竞争法概述

一、反不正当竞争法的概念和调整范围

不正当竞争是指经营者违反法律、法规的规定，损害其他经营者和消费者的合法权益，扰乱社会经济秩序的行为。这里所说的经营者，是指从事商品经营或者营利性服务的法人、其他经济组织和个人。

反不正当竞争法是指经过国家制定的，用以调整在市场经济活动中形成的不正当竞争关系的法律规范的总称。我国在 1993 年 9 月 2 日由第八届全国人大常委会第三次会议通过了《中华人民共和国反不正当竞争法》(以下简称《反不正当竞争法》)，同年 12 月 1 日起施行。该法是我国目前调整市场主体之间竞争关系的主要法律规范。除了《反不正当竞争法》以外，国家有关部门发布的有关反不正当竞争的法规、规章，各地颁布的《反不正当竞争条例》和散见于各个单行

法律中的反不正当竞争条款均属于反不正当竞争法的范畴，如《国务院关于整顿和规范市场经济秩序的决定》、《国家工商行政管理局关于禁止仿冒知名商品特有的名称、包装、装潢的不正当竞争行为的若干规定》、《国家工商行政管理局关于禁止公用企业限制竞争行为的若干规定》、《国家工商行政管理局关于禁止侵犯商业秘密行为的若干规定》、《国家工商行政管理局关于禁止有奖销售活动中不正当竞争行为的若干规定》、《国家工商行政管理局关于禁止串通招标投标行为的暂行规定》。

《反不正当竞争法》是以平等的市场主体之间的竞争关系为调整对象。竞争关系既可以是正当竞争，也可以是垄断竞争、限制竞争等不正当竞争。由于我国《反不正当竞争法》出台之时，《反垄断法》(2007 年 8 月 30 日通过，2008 年 8 月 1 日施行)尚未出台，而当时经济生活中行政性垄断，滥用行政权力限制竞争的行为又大量存在，威胁着市场竞争的健康发展，另外，公用企业滥用优势地位强制交易的行为也甚为严重，对这一部分行政垄断及强制交易的限制竞争行为，我国《反不正当竞争法》也将其纳入了调整范围。因此，我国《反不正当竞争法》主要调整不正当竞争行为，同时也调整一部分垄断和限制竞争行为。

二、反不正当竞争法与主要相邻部门法的关系

(一)反不正当竞争法与反垄断法

垄断一般是指少数大企业或经济组织之间为攫取高额利润，利用正当或不正当手段，彼此达成协议独占某种商品的生产和销售。即当一个行业的生产集中到少数大企业时，它们就有可能就该行业产品的生产、销售和规定价格等方面达成协议，从而形成独霸该项商品的生产和销售，这就是垄断。目前不少人认为，像电力、燃气、电信、公交、供水、铁路、民航等都为垄断行业。竞争导致垄断，但垄断并没有消灭竞争，而是凌驾于竞争之上，使垄断组织内部、垄断组织之间以及垄断组织与局外企业之间的竞争更尖锐和激烈。反不正当竞争法与反垄断法有着密切的联系，它们同属于竞争法的范畴，相互配合、相互补充，共同规范经营者的竞争行为，维护市场竞争秩序，但两部法律还是有区别的，其调整的范围不完全相同。我国早在 1994 年就将《反垄断法》列入第八届全国人大常委会的立法规划，1998 年又列入第九届全国人大常委会的立法规划，2006 年再一次列入了十届全国人大常委会的立法规划，并最终在 2007 年 8 月 30 日第十届全国人大常委会第二十九次会议中通过了《反垄断法》，并于 2008 年 8 月 1 日起正式实施。

(二)反不正当竞争法与消费者权益保护法

反不正当竞争与消费者权益保护是既密切联系又各自独立发展的经济法的

两项法律制度。不正当竞争行为侵害的客体往往不是单一的，而是双重或多重的，它在侵害合法经营者的权益的同时，总是实质上侵害或最终可能侵害消费者的权益，并且破坏正常的社会经济秩序。如利用广告欺骗、误导消费者是当前不正当竞争行为的主要表现形式之一，在药品、保健品、医疗等领域，经营者在从事广告宣传时，随意夸大功效、虚假承诺、使用绝对化用语、利用科技概念进行商业炒作，假借患者、专家、医疗机构的名义作证明等，一方面构成不正当竞争，同时又损害了消费者的利益。

（三）反不正当竞争法与产品质量法

它们都属于市场管理法的主要内容，都旨在保护消费者的合法权益，维护社会经济秩序，并且在许多规范内容上有所竞合。不正当竞争行为表现在产品质量上的假冒伪劣是重要手段之一，同样的道理，我国《产品质量法》也有大量条款对涉及产品质量的一些不正当竞争行为做了规定。在执法与司法实践中如发生法条竞合时，本着特别法优先适用的原则，优先适用产品质量法，产品质量法没做规定的，适用反不正当竞争法。

第二节　不正当竞争行为

一、不正当竞争的概念及其基本特征

《反不正当竞争法》第 2 条第 2 款对不正当竞争作了定义："本法所称的不正当竞争，是指经营者违反本法规定，损害其他经营者的合法权益，扰乱社会经济秩序的行为。"这个定义对不正当竞争的本质特征作了基本概括。从上述定义和《反不正当竞争法》的有关规定看，不正当竞争具有以下几个基本特征。

（一）主体的特定性

这是指不正当竞争是经营者的行为，经营者是指从事商品经营或者赢利性服务的法人、其他经济组织和个人。只有向社会、向他人提供商品或者服务并以营利为目的，才是《反不正当竞争法》中的经营者，非经营者一般不是竞争行为的主体，因而，也就不能成为不正当竞争行为的主体。但是，非经营者的有些行为有时也可能成为妨碍经营者的正当经营活动，并损害其合法权益。《反不正当竞争法》第 7 条把政府及其所属部门滥用行政权力，限定他人购买其限定的经营者的商品、限制其他经营者正当的经营活动或者限制商品在地区之间正常流通的行为，列为不正当竞争行为，实质上是由于这种滥用行政权力的行为妨碍了经营者之间的正当竞争。如辽宁省大洼县、东港市对酒类实行地方保护和地区封锁

案。1999年以前，大洼县专卖事业管理局在发放酒类经营许可证时，按照盘锦市专卖事业管理局的统一要求，把经营范围限定为“地产啤酒”。在换发酒类经营许可证时，对经营本地产啤酒的业户放松管理，对主要经营外地生产的啤酒的业户却多次处罚。

（二）行为的违法性

这是指不正当竞争行为违反了《反不正当竞争法》及其他一些法律、法规的规定。不正当竞争行为的违法性，具体可以包括四个方面的违法内容：一是违反《反不正当竞争法》；二是违反规范市场经济法律的有关规定，如《产品质量法》、《消费者权益保护法》、《专利法》等法律中有关市场竞争的规定；三是违反有关市场竞争的地方性法规；四是违反实施《反不正当竞争法》的有关部委规章。

（三）行为的危害性

这是指不正当竞争行为损害其他经营者的合法权益，损害消费者的合法权益，扰乱了社会经济秩序。不正当竞争行为侵害的客体是多重客体：一是竞争对手的财产权和人身权等；二是市场管理秩序；三是消费者的合法权益。实践中具体到某一具体的不正当竞争行为，是否同时都侵犯了这三个客体，则不能一概而论，而要具体分析。一般地说，任何一个不正当竞争行为，都会侵害竞争对手的合法权益，破坏市场管理秩序。至于消费者的合法权益，有的会受到不正当竞争行为的侵害，有的并没有受到实际损害。如侵犯商业秘密的行为侵害的是竞争对手的利益，不会直接损害到消费者的权益。

二、不正当竞争行为

为了保护公平竞争，必须坚决制止不正当竞争行为。《反不正当竞争法》明确规定不正当竞争行为的内容，作为经营者不得采用这些不正当手段从事市场交易。

（一）假冒行为

假冒行为也称采用欺骗性标志从事交易行为，是指经营者采用假冒或者仿冒的标志或者采用其他虚假标志从事交易，引起公众的误解，诱使消费者误购，牟取非法利益的行为。我国《反不正当竞争法》第5条规定的经营者的假冒行为包括以下方面。

1.假冒他人的注册商标。

2.擅自使用知名商品特有的名称、包装、装潢，或者使用与知名商品近似的名称、包装、装潢，造成和他人的知名商品相混淆，使购买者误认为是该知名商品。根据国家工商局《关于禁止仿冒知名商品特有的名称、包装、装潢的不正当竞争行为的若干规定》有关规定，知名商品是指在市场上具有一定知名度，为相关公众所知悉的商品。特有的商品名称、包装、装潢是指商品名称、包装、装潢非为相关商品所通用，并具有显著的区别性特征。对使用与知名商品近似的名称、包装、装潢，可以根据主要部分和整体印象相似、一般购买者施以普通注意力会发生误认等综合分析认定；一般购买者已经发生误认或者混淆的，可以认定为近似。

3.擅自使用他人的企业名称或者姓名，引人误认为是他人的商品。如贵阳的游某自1998年8月以来擅自使用“贵阳漆江炒炸店”、“贵阳永安食品厂”、“贵阳黔春食品厂”、“富顺名味瓜子厂”、“六盘水市钟山区食品厂”等企业名称从事糖果、瓜子的生产加工和销售长达三年之久，后被当地工商部门查处。

4.在商品上伪造或者冒用认证标志、名优标志等质量标志，伪造产地，对商品质量作引人误解的虚假表示。包括：(1)伪造或者冒用认证标志、名优标志等质量标志，使用被取消的质量标志；(2)伪造或者冒有专利标志，使用已经失效的专利号；(3)伪造或者冒用质量检验合格证、许可证号、准产证号或者监制单位；(4)伪造或者冒用商品的生产地、制造地、加工地；(5)虚假表述商品的性能、用途、规格、等级、数量、制作成分和含量；(6)伪造商品生产日期、安全使用期和失效日期或者对日期作模糊标注；(7)商品及其包装上应当标明的内容未按规定标明的等。

（二）商业贿赂行为

《反不正当竞争法》第8条第1款规定，经营者不得采用财物或者其他手段进行贿赂以销售或者购买商品，在账外暗中给予对方单位或者个人回扣的，以行贿论处；对方单位或者个人在账外暗中收受回扣的，以受贿论处。在我国，商业贿赂的主要表现形式为回扣。所谓回扣，是指在商品购销中，卖方从明确标价应支付的价款外，账外暗中向买方退还钱财及其他报偿以争取交易机会和交易条件的行为。

但是，在确定商业贿赂行为时，应将回扣同折扣、佣金区别开来。经营者销售或者购买商品，可以以明示方式给对方折扣，可以给中间人佣金。经营者给对方折扣、给中间人佣金的，必须如实入账，接受折扣、佣金的经营者也必须如实入账，对于这样的佣金、折扣，《反不正当竞争法》承认其为合法行为。

（三）虚假广告行为

根据《反不正当竞争法》第9条规定，经营者不得利用广告或其他方法，对商品的质量、制作成分、性能、用途、生产者、有效期限、产地等作引人误解的虚假宣传。广告的经营者不得在明知或者应知的情况下，代理、设计、制作、发布虚假广告。

(四)侵犯商业秘密行为

商业秘密，是指不为公众所知悉、能为权利人带来经济利益、具有实用性并经权利人采取保密措施的技术信息和经营信息。商业秘密应具有的特征主要有秘密性、保密性和实用性三个方面。

根据《反不正当竞争法》第 10 条规定，侵犯商业秘密行为的主要表现有：

1. 以盗窃、利诱、胁迫或者其他不正当手段获取权利人的商业秘密；

2. 披露、使用或者允许他人使用以上述手段获取的权利人的商业秘密；

3. 违反约定或者违反权利人有关保守商业秘密的要求，披露、使用或者允许他人使用其掌握的商业秘密。

第三人明知或者应知上款所列违法行为，获取、使用或者披露他人的商业秘密，视为侵犯商业秘密。

(五)低价销售行为

低价销售行为是指经营者采用在一定的市场和一定的时期内，以低于成本的价格销售商品的手段，以排挤竞争对手的行为。我国《反不正当竞争法》第 11 条规定，经营者不得以排挤竞争对手为目的，以低于成本的价格销售商品。根据该条规定，低价销售行为应具备三个条件：一是经营者实行倾销的目的是为了排挤竞争对手；二是以低于成本的价格销售商品；三是该行为必须持续一定时间。认定低价销售行为，并不要求实际上完全发生同业竞争者遭实际排挤的结果，而仅同业竞争者有遭实际排挤的可能，并在实际上已有同业竞争者的市场活动难以维持的事实，即可认定其行为已构成低价销售。

在某些特定情况下，降价销售并不是为了侵害他人的利益，仅仅是因经济规律的要求，此时的低于成本销售法律是允许的。按《反不正当竞争法》第 11 条的规定，凡有下列低价销售行为之一者，不属于不正当竞争行为：(1)销售鲜活商品；(2)处理有效期限即将到期的商品或者其他积压的商品；(3)季节性降价；(4)因清偿债务、转产、歇业降价销售商品。

(六)搭售和附加不合理交易条件的行为

搭售和附加不合理交易条件的行为，是指经营者利用其经济优势，违背交易相对人的意愿，在交易中搭配销售其他商品或附加不合理交易条件的行为，这种行为属于限制竞争的行为。《反不正当竞争法》第 12 条规定，经营者销售商品，不得违背购买者的意愿搭售商品或者附加其他不合理的条件。

（七）不正当的有奖销售行为

有奖销售作为经营者的一种促销手段，是指经营者以提供物品、金钱或者其他条件作为奖励，刺激消费者购买商品或服务的行为。其方式包括抽奖式的有奖销售和附赠式的有奖销售两种。世界各国对有奖销售都有立法加以规范和限制，规定这些以奖励、让利为特征的促销手段的实施不得有碍于公正自由的竞争，且其方式必须正当。我国《反不正当竞争法》充分考虑了我国实际情况，并未对其一并禁止，而是确定了其适用范围。《反不正当竞争法》第 13 条规定了经营者不得从事下列有奖销售：(1)采取谎称有奖或故意让内定人员中奖的欺骗方式进行有奖销售；(2)利用有奖销售的手段推销质次价高的商品；(3)抽奖式的有奖销售，最高奖的金额超过 5000 元的。

不正当有奖销售的目的在于同竞争对手争夺顾客和市场，推销质次价高的商品；同时，不正当的巨额抽奖销售行为是靠刺激顾客的投机心理来推销商品，会助长违法经营者在有奖销售中采取欺骗性交易行为，从而会严重地危害公共利益和善良风俗，不利于经济和社会健康发展。

（八）诋毁商业信誉的行为

商业信誉能为经营者带来巨大的经济效益和市场竞争中的优势地位。诋毁商业信誉行为是指经营者通过捏造、散布虚假事实等不正当手段，损害竞争对手的商业信誉和商品声誉，削弱竞争对手的竞争能力行为。

（九）强制性交易行为

强制性交易行为，是指公用企业或者依法具有独占地位的经营者，限定他人购买其指定的经营者的商品，以排挤其他经营者公平竞争的行为。从事强制性交易行为的经营者主要指供电、供水、供暖、煤气等公用企业。这类企业由于历史的原因，形成了垄断及独占地位，但如果在经营中滥用这种垄断及独占地位的特权，就属于强制性交易行为。

（十）滥用行政权力限制竞争的行为

滥用行政权力限制竞争的行为，是指政府及其所属部门滥用行政权力，限定他人购买其指定的经营者的商品，限制其他经营者正当的经营活动，或者限制外地商品进入本地市场，或者本地商品流向外地市场的行为。政府及其所属部门竞争行为的表现既可以是直接的指令、命令，也可以是利用职权限制他人自由选择经营者商品。禁止滥用行政权力限制竞争行为是我国《反不正当竞争法》的特色规定。

（十一）串通投标的行为

招标投标作为一种通过竞争方式选择交易对象的方式，有利于招标项目降低成本，保证履行质量，提高经济效益，也有利于投标人加强经济核算，提高经营管理水平。而串通投标的行为将严重破坏这一竞争机制，必须严加制止。我国《反不正当竞争法》第 15 条明文规定禁止串通投标行为，该条规定，投标者不得串通投标，抬高标价或者压低标价。投标者和招标者不得相互勾结，以排挤竞争对手的公平竞争。串通投标行为包括投标者之间的串通投标行为和招标者与投标者之间的勾结投标行为。

第三节　违反《反不正当竞争法》的法律责任

一、对不正当竞争行为的监督检查部门

《反不正当竞争法》第 3 条第 2 款规定："县级以上人民政府工商行政管理部门对不正当竞争行为进行监督检查；法律、行政法规规定由其他部门检查的，依照其规定。"这一规定说明，在我国有权对不正当竞争行为进行监督检查的部门主要有县级以上人民政府工商行政管理部门和法律、行政法规规定的其他部门。

二、违反反不正当竞争法的法律责任

不正当竞争行为属于一种违法行为，从事不正当竞争行为的经营者应承担相应的法律责任。根据我国《反不正当竞争法》的规定，经营者应承担的法律责任主要有民事责任、行政责任和刑事责任。

（一）民事责任

《反不正当竞争法》规定的民事责任，主要是民事损害赔偿责任，即经营者违反《反不正当竞争法》的有关规定，给被侵害的经营者造成损害所应承担的损害赔偿责任。根据《反不正当竞争法》第 20 条规定，实施不正当竞争行为的经营者应当承担赔偿责任，具体分为以下几种情形。

1. 经营者的损失可以计算的，损失多少，赔多少。

2. 经营者的损失难以计算的，赔偿额为侵权人在侵权期间因侵权所获得的利润；也就是说，如果经营者的损失难以计算时，就将实施不正当竞争行为的经营者因侵权获得的非法利润视为受害者的损失，把非法利润赔出来。

3. 除赔偿损失外，并应承担调查费用，即要承担被侵害的经营者因调查该经营者侵害其合法权益的不正当竞争行为所支付的合理费用。

（二）行政责任

根据《反不正当竞争法》的规定，实施违法的不正当竞争行为，应当承担行政责任。行政责任分为行政处分和行政处罚。

行政处分是国家机关根据法律、法规或者规章制度，按行政隶属关系给予犯有轻微违法失职行为或者内部纪律人员的一种制裁。行政处分分为八种：警告、记过、记大过、降级、降职、撤职、留用查看、开除。对实施不正当竞争行为的经营者，由工商行政管理部门或者法律、行政法规规定的其他监督检查部门进行行政处罚。处罚的方式主要有：没收违法所得、罚款、吊销营业执照。其中罚款的幅度分为五种：

1.1 万元以上 10 万元以下，如对违反规定进行有奖销售的罚款；

2.1 万元以上 20 万元以下，如对贿赂性不正当竞争行为的罚款；

3.5 万元以上 20 万元以下，如对限定购买行为的罚款；

4.违法所得 1 倍以上 3 倍以下，如对被政府及其所属部门指定的经营者，借被指定之机销售质次价高商品或者滥收费用的罚款；

5.依照有关法律、法规的规定处以罚款。如对伪造产地的罚款，根据《反不正当竞争法》第 21 条第 1 款的规定，要依照《中华人民共和国产品质量法》的规定进行，但《中华人民共和国产品质量法》并未规定具体的罚款数额或者幅度，只规定"可以并处罚款"。鉴于此，对伪造产地行为的罚款，就只能依照有关行政法规或地方性法规的具体规定施行。

为了保障行政处罚的公正性，《反不正当竞争法》规定了被处罚当事人对处罚不服的救济程序，即行政复议和行政诉讼程序。该法第 29 条规定：当事人对监督检查部门作出的处罚决定不服的，可以自收到处罚决定之日起 15 日内向上一级主管机关申请复议；对复议决定不服的，可以自收到复议决定书之日起 15 日内向人民法院提起诉讼；也可以直接向人民法院起诉。

（三）刑事责任

有些不正当竞争行为，由于情节严重而触犯了刑律，构成犯罪，就应当依法追究刑事责任。我国法律规定，能够构成犯罪的不正当竞争行为主要是假冒、冒充行为，商业贿赂行为和侵权性不正当竞争行为。如《反不正当竞争法》第 22 条规定："经营者采用财物或者其他手段进行贿赂以销售或者购买商品，构成犯罪的，依法追究刑事责任。"1997 年 3 月，八届全国人大五次会议对《中华人民共和国刑法》进行了修订，根据修订后的刑法，侵犯商业秘密行为，诋毁性不正当竞争行为即捏造、散布虚假事实，损害他人的商业信誉、商品声誉行为等，都可构成犯罪，依照刑法追究刑事责任。

案例评析

【案例 1】

原告广州好迪化妆品有限公司于 1994 年注册并正式开始使用“好迪”这一商标作为旗下系列化妆品品牌。自 90 年代初至今，广州好迪公司通过包括中央电视台在内的全国多家电视台以及广播、报刊等媒体对其“好迪”系列产品进行了广告宣传，其“好迪”系列产品销售范围遍布全国各地，经过多年努力，广州好迪公司及其“好迪”品牌获得了较多的荣誉，他们的图形等商标自 2001 年至 2008 年连续被评为广州市著名商标、广东省著名商标。尤其是“好迪”牌美发用品近年来始终列同类产品市场综合占有率前五位，所以，“好迪”不仅仅是广东省的名牌产品，在全国范围内也具有一定的知名度。

但随着品牌日渐被消费者认同，“好迪”也招来了不少仿冒。2007 年 7 月，以相同的“好迪”注册的上海好迪化妆品有限公司出现在上海，这家公司的经营范围同样是化妆品、日用百货等。上海的好迪公司在中国化妆品招商网上发布了企业介绍，对外进行商品招商，引起了广州好迪公司的注意。

2008 年 10 月，原告广州好迪公司在上海好迪公司处取得了印有“上海好迪妆业”字样的宣传资料、化妆品外包装等，于 2009 年 1 月起诉到法院，要求上海“好迪”停止使用含有“好迪”字样的企业名称，限期变更企业名称，赔偿因调查和制止上海“好迪”不正当竞争行为所支付的合理费用人民币 3600 元，并在《中国工商报》、《化妆品报》上刊登声明、消除影响。

法院经审理后认为，广州好迪公司对“好迪”文字使用在先。广州好迪公司无论是“好迪”企业字号的登记时间还是带有“好迪”文字的商标的注册时间均远早于被告的“好迪”企业字号获得登记的时间。同时，“好迪”一词并非汉语通用词汇，“好迪”字号与商标在行业内及消费者心目中有了较高的知名度。从两家“好迪”的经营范围来看，主要均为化妆品的生产与销售，双方具有直接的竞争关系，上海“好迪”具有明显攀附广州好迪商誉的故意。如此相似的企业名称势必会使相关公众对两家“好迪”在法律上是否有关联造成混淆或误认，故认定上海好迪的行为已经构成了对广州好迪的不正当竞争，遂判决上海好迪公司立即停止不正当竞争行为；变更企业名称，变更后的企业名称中不得包含“好迪”文字；在《中国工商报》除中缝以外的版面上刊登声明，消除因其不正当竞争行为给广州好迪化妆品有限公司造成的不良影响；支付广州好迪公司为本案诉讼支出的合理费用人民币 3600 元。

【评析】

本案涉及被告上海好迪化妆品有限公司的行为是否属于“擅自使用知名商品特有的名称、包装、装潢，或者使用与知名商品近似的名称、包装、装潢，造成和他人的知名商品相混淆，使购买者误认为是该知名商品”这一不正当竞争行为。侵犯知名商品所特有的名称的不正当竞争行为必须具备三个构成条件：第一，被仿冒装潢的商品属知名产品；第二，被仿冒的名称属该产品所特有的；第三，两者的产品名称相同或者相近似，足以导致消费者的混淆或误认。判断被告的行为是否构成不正当竞争就要依据这三个条件。国家工商局《关于禁止仿冒知名商品特有的名称、包装、装潢的不正当竞争行为的若干规定》对知名商品下的定义是：在市场上具有一定知名度，为相关公众所知悉的商品。众所周知，原告广州好迪化妆品有限公司是我国一家生产化妆品的知名企业，该企业生产的“好迪”化妆品系列具有良好的市场信誉。广州好迪化妆品有限公司的图形等商标2001年至2008年连续被评为广州市著名商标、广东省著名商标。尤其是“好迪”牌美发用品近年来始终列同类产品市场综合占有率前五位，“好迪”应属知名商品是不争的事实。原告在其产品上使用“好迪”商标作为其产品名称属知名商品所特有的名称，受法律的保护，被告在其生产化妆品上使用的产品名称与原告知名产品特有的名称完全相同，足以使消费者产生误认，被告的行为构成不正当竞争，应承担相应的法律责任。

【案例2】

原告青岛啤酒股份有限公司是我国一家生产啤酒的知名企业，该企业生产的青岛啤酒具有良好的市场信誉。1998年9月25日，原告自行设计并委托青岛人民印刷厂印制“超爽圆标”啤酒瓶贴，用于其500mL的超爽型青岛啤酒，1999年3月17日该型号的青岛啤酒投入市场。2000年3月28日，被告青岛黄海啤酒厂委托青岛印刷股份有限公司印制“超爽型”啤酒瓶贴65万张，用于其生产的500mL星岛啤酒。1998年11月4日，原告自行设计并委托青岛印刷股份有限公司印制方形青岛鲜啤酒瓶贴，1999年6月1日，原告将该啤酒瓶贴改为“淡爽方标”啤酒贴，用于其640mL淡爽型青岛啤酒，并于1999年6月24日投入市场。1999年8月25日至2000年3月17日，被告青岛黄海啤酒厂委托青岛印刷股份有限公司印制“清爽型”啤酒瓶贴共计354万张，用于其生产的640mL“清爽型”星岛啤酒。原告认为，原告公司的产品有近百年的历史，属知名产品，曾多次获得国内外评比会的奖项，1991年获得国家首批“中国驰名商标”。被告未经原告许可，擅自生产制造和销售带有酷似原告产品标识的产品，被告侵权产品的外包装的色彩和装潢设计和原告公司销售的产品极为相似，原告产品的外装潢设计以绿色为主，标识上有图案文字、字体的安排、设计、构型等，这些设计和安排构型都出现在被告产品上，且惊人的相似，因此，被告的行为已经构成不正当竞争，应依法承担法律责任。

法院经审理认为：本案涉及原告在其生产啤酒上使用的两种瓶贴属知名商品所特有的装潢，受法律的保护，被告在其生产的500mL啤酒上使用的圆标和640mL啤酒上使用的方标与原告知名产品特有的装潢相近似，足以使消费者产生误认，被告的行为不仅扰乱了市场秩序，也影响了原告的正常经营活动，已构成不正当竞争，被告应停止侵权，在《青岛日报》向原告赔礼道歉并赔偿原告经济损失。法院根据《中华人民共和国反不正当竞争法》第5条第(二)项、第20条之规定，判决被告青岛黄海啤酒厂停止在其生产的啤酒的容器上使用与原告特有的“超爽圆标”和“淡爽方标”瓶贴相近似的产品装潢；赔偿原告经济损失人民币125382.33元；将其封存的130万张“清爽型”星岛啤酒瓶贴进行销毁；并在《青岛日报》刊登向原告赔礼道歉的声明。

【评析】

本案涉及被告青岛黄海啤酒厂的行为是否属于“擅自使用知名商品特有的名称、包装、装潢，或者使用与知名商品近似的名称、包装、装潢，造成和他人的知名商品相混淆，使购买者误认为是该知名商品”这一不正当竞争行为。侵犯知名商品所特有包装装潢的不正当竞争行为必须具备三个构成条件：第一，被仿冒装潢的商品属知名产品；第二，被仿冒的装潢属该产品所特有的；第三，两者的产品装潢相同或者相近似，足以导致消费者的混淆或误认。判断被告的行为是否构成不正当竞争就要依据这三个条件。国家工商局《关于禁止仿冒知名商品特有的名称、包装、装潢的不正当竞争行为的若干规定》对知名商品下的定义是：在市场上具有一定知名度，为相关公众所知悉的商品。众所周知，原告青岛啤酒股份有限公司是我国一家生产啤酒的知名企业，该企业生产的青岛啤酒具有良好的市场信誉。1991年9月19日原告的“青岛”牌商标(英文名称为TSINGTAO)，在首届“中国驰名商标”消费者评选活动中，被评为“中国驰名商标”称号，由于原告生产的青岛啤酒在全国范围内有较高的知名度，作为中国的第一批驰名商标，青岛啤酒应属知名商品属于不争的事实。原告在其生产啤酒上使用的两种瓶贴属知名商品所特有的装潢，受法律的保护，被告在其生产的500mL啤酒上使用的圆标和640mL啤酒上使用的方标与原告知名商品特有的装潢相近似，足以使消费者产生误认，被告的行为构成不正当竞争，应承担相应的法律责任。

【案例 3】

原告北京斯威格—泰德电子工程公司自 1993 年投入资金，开始研制、开发 IC 卡管理系统，1995 年完成了食堂售饭、商场管理、证件管理和考勤等系统的 IC 卡软件开发及硬件设计等工作，并在大专院校和企业推广使用。1995 年 6 月至 1996 年 11 月间，被告刘永春、丛伟滋、刘生洪分别与泰德公司(甲方)签订过劳动合同和协议书。劳动合同第 7 条约定："(1)由于乙方原因未按时完成工作任务或泄漏甲方机密，乙方必须承担必要的经济损失和法律责任；(2)乙方在受聘从事有关专利、专有技术和技术秘密的经营管理和开发研究的，在技术合同解除后三年内不得从事与专利、专有技术、技术秘密有关的工作，否则以侵权论。"协议书约定：所有 IC 卡应用技术(资料、软件程序、硬件设计)，包括乙方在职期间开发出来的软件、硬件技术，都归泰德公司所有；乙方不得将此项技术据为己有或转交他人作为产品开发之用；乙方调离时，应将所有资料、软件程序、硬件设计等归还泰德公司；乙方如有任何违约行为，泰德公司有权追究乙方的法律责任。

1997 年 3 月 24 日，被告刘永春与被告北京银兰科技公司签订承包合同，成立银兰公司金卡部，职员有刘永春和被告丛伟滋、刘生洪。同年 4 月至 7 月，刘永春、刘生洪、丛伟滋分别从泰德公司辞职。丛伟滋曾于 1996 年代表原告泰德公司与北京贵友大厦有限公司签订过"贵友购物卡(IC 卡)工程"合同，泰德公司已经完全履行了该合同中的全部义务。1997 年 3 月，贵友大厦有限公司工作人员吴卫东向泰德公司打电话，要求购买 IC 卡，丛伟滋接电话后通知刘永春与吴卫东接洽。双方就费用等有关事项协商完毕后签订合同时，丛伟滋才说明其是银兰公司职员，要求贵友大厦有限公司与银兰公司签订合同。之后，丛伟滋代表北京银兰公司先后跟多家公司达成 IC 卡、IC 卡读写机等物品的购买协议，而各相对方均证实了银兰科技公司所交付的商品与原先从泰德公司处购入的商品并无实质性的区别，只是在若干功能上有些许改进。同时，从大量相关证据中显示，被告丛伟滋曾多次从北京科技大学处复制泰德公司 IC 卡程式，被告银兰公司金卡部电脑中，存有泰德公司的 IC 卡管理系统软件程序，还有对相关细节的程序改写文档。

经审理之后，北京市海淀区人民法院认为银兰公司以及刘永春、丛伟滋、刘生洪是在利用掌握的泰德公司商业秘密，已经构成了对泰德公司的不正当竞争。银兰公司牟取非法利益，已经构成了对泰德公司商业秘密的侵犯，应该承担相应的侵权责任。泰德公司要求上述被告停止侵害、公开赔礼道歉，理由正当，应予支持；其经济损失，依照《反不正当竞争法》第 20 条第 1 款之规定，按被告在侵权期间因侵权所获得的利润核算，为136450元。

【评析】

本案争议的焦点在于原告泰德公司的“IC卡系列管理系统”是否是商业秘密。依照《反不正当竞争法》第10条第3款的规定，商业秘密应当符合四个要件：(1)不为公众所知悉，即不为不特定的人所知的秘密性；(2)能为权利人带来经济利益，即一定的经济价值性；(3)具有实用性，即商业秘密一定要具有现实的使用价值，而不仅仅停留在理论的水平上；(4)权利人必须采取保密措施，如果权利人不采取保密措施，说明他自己也未意识到其技术信息和经营信息是商业秘密，法律则更无法对其进行保护。泰德公司投入大量人力财力开发的IC卡技术，投放到市场后用户反映良好，给该公司带来了较好的经济效益。该公司对此项技术没有进行计算机软件的著作权登记，而是通过与员工签订保密协议和加强公司内部管理等方式进行保护，使自己的技术及其经营信息始终处于不为公众所知悉的秘密状态中。因此，泰德公司的IC卡技术信息和商业信息是商业秘密，应该受到法律的保护。

《反不正当竞争法》第10条第1款第(3)项规定，“违反约定或者违反权利人有关保守商业秘密的要求，披露、使用，或者允许他人使用其所掌握的商业秘密”，是侵犯商业秘密的不正当竞争行为。现代商业秘密的权利人为了工作的需要，不得不让他的雇员掌握和使用商业秘密。为避免商业秘密被泄露，法律允许权利人采取签订保密协议的方式对雇员进行约束，防止其泄露本公司的商业秘密。雇员无论是在职期间，还是调离以后，都应当按照约定保守秘密。原告泰德公司与被告刘永春、刘生洪、丛伟滋签订的劳动合同、保密协议系双方真实意思表示，合法有效，双方均应严格执行。刘永春、丛伟滋、刘生洪违反该合同约定，早在泰德公司工作期间，就私自到被告银兰公司兼职，成立银兰公司金卡部，利用掌握泰德公司的经营秘密，以不正当手段将本已属泰德公司的“贵友大厦IC卡工程”项目业务窃为已有，又利用掌握的泰德公司技术秘密，将泰德公司的产品稍加改动后，换个名字当作自己的产品出售。银兰科技公司、刘永春、丛伟滋、刘生洪的上述行为违反了《反不正当竞争法》第10条的规定，侵犯了原告的商业秘密，应受到法律的追究。

【案例4】

原告北京桑普电器有限公司是一家生产民用平板式电暖器的公司，其旗下的三款电暖器自投入市场以来，其商品为客户所熟知，并且多次获奖。但自从1996年冬季以来，被告创先利科技有限公司开始生产销售同样的民用平板式电暖器,原被告成为竞争对手。创先利公司为扩大其产品的知名度,在全国各地的商场广为散发广告彩页,此广告页正面上端标记“创先利”字样,并印有“节能冠军”、“省电·省钱”的醒目字体,底端印有“XT800 节能型电暖器,使您 15 平方米取暖,不需 1500W,只需 800W”;广告页背面在介绍商品“高效的节能措施”一栏下,标示有“800W 的额定功率所发散的热量相当于油汀电暖气 1500W 所发散热量,使电耗节约一倍以上”的商品性能的说明。原告指出,被告的这一公告内容明显违背了热学原理,该广告肆意夸大了被告产品的性能,贬低原告的同类产品,用暗示影响消费者购买决策,已构成了不正当竞争,并且使桑普公司生产的 1300W 油汀电暖气严重滞销,给其造成经济损失。

在审理的过程中,法院组织了专家论证会,到会的专家一致认可:被告生产的平板式电暖器是采用将电能转变为热能的工作原理,将电能输入到产品内部的电阻丝,通过加热中介质,形成中介质的流动,传热给面板,散发热量,再通过面板对空气的热辐射,来达到取暖的效果。依据众所周知的能量守恒定律,在一个封闭的体系内所输入的各种能量之和应与输出的各种能量之和是相等的,即整体的能量处于恒等状态。在当今国内外热能科研领域内,尚无一种能量在转化成另一种形式的能量时,可以获得能量增加的权威定论。所以,被告产品的性能是不可能实现的。同时,法院要求被告创先利公司提交其“XT800 节能型电暖器”散热量的技术检测报告、测试技术数据及其彩色广告页中所称的“独家研制的速热工质”的技术资料,被告创先利公司在举证期限内未能提交科学、准确、完整的全部技术档案。

故法院最后判决创先利公司的产品广告是虚假广告,创先利公司的行为构成不正当竞争。

【评析】

商业广告作为最常使用的一种竞争行为的方式,法律是严格要求广告主(经营者)必须以真实、合法为商业广告的基本要素。就本案而言,创先利公司在其产品的广告彩页中,刻意将“节能”作为 XT800 电暖器一个突出的性能特点,并具体地告知了社会公众此类型产品的独特之处是其 800W 额定功率的电暖器所发散的热量能够相当于 1500W 同类产品的散热量,电耗将会节约一倍以上。如此产品功能性的广告宣传,对普通的社会公众中不特定的消费者的购买决策将极具影响力。故创先利公司在提供商品服务,并对其商品功能作出关键性宣传之际,有向消费者陈述真情,作出合乎客观事实的解释的义务。综观本案的全部证据,创先利公司无法向法院递交其广告中对产品在散热量和电耗节约功能上所陈述的特有的、可否定国内外热能研究领域内被公认的科学定律的证据,从而使得该广告的商品功能的公开宣传失去理应具备的基本依据，致使广告虚假、失实。而虚假的商品广告不仅将会使创先利公司的经营活动违背诚实信用原则、违背公认的商业道德，误导消费者的购买意向，而且更为恶劣的是，这将会使同行业经营者受到不正当竞争的侵害，销售市场的份额被不法挤占，以至扰乱经济体制整体环境和商业竞争的公平状态。所以，被告的行为违反了《反不正当竞争法》第9条禁止虚假广告的规定，构成不正当竞争，应承担相应的责任。

【思考练习】

一、名词解释

不正当竞争　垄断　商业秘密　回扣　商业贿赂

二、简答题

1. 简述不正当竞争的基本特征。
2. 经营者的假冒行为有哪些？
3. 侵犯商业秘密的行为主要有哪些？
4. 简述不属于不正当竞争的低价销售行为。
5. 简述属于不正当竞争的有奖销售行为。

>>>>> 第十二章

产品质量法

本章导读

产品质量法是市场经济管理法中一个重要的法律制度，是国家规范经营者的产品质量行为的法律。本章主要阐述了产品的范围，产品质量法的适用范围，产品质量法律关系的主体以及经营者的产品质量义务和产品质量法律责任。

重点问题

1. 产品质量法中产品的范围。
2. 产品质量的权利主体。
3. 经营者的产品质量义务。
4. 产品责任的构成要件。
5. 产品责任的归责原则。

第一节　产品质量法概述

一、产品与产品质量

(一)产品的概念

产品本是经济学中的一个术语，现法学中也已使用。从经济学上讲，产品即劳动生产物，是人们为了生存的需要，通过有目的的生产劳动所创造的物质资料。但就法律观点而言，产品这一概念在不同国家的法律中有其不同的内涵：有的国家的产品质量法把产品只限于工业品，也有的国家的产品泛指所有经过加工的动产。我国《产品质量法》规定："本法所称产品是指经过加工、制作，用于销售的产品。""建设工程不适用本法规定。""军工产品质量监督管理办法，由国务院、中央军事委员会另行规定。”因此，我国《产品质量法》上所指的“产品”，排除了初级农产品，未经加工的天然形成的物品，由建筑工程形成的房屋、桥梁、其他建筑物等不动产，以及军工产品。根据上述法律规定，我国《产品质量法》所称的产品必须同时具备以下几个条件：

1. 必须是人们的劳动产品；

2. 必须是经过加工、制作的制成品，半成品或在制品不是产品质量法中所称的产品，但零部件也是制成品，因而也是质量法所称的产品；

3. 必须是动产，不动产即建设工程，如房屋、桥梁、铁路、公路等，虽然也是人们的劳动产品，但因其与动产有许多不同的特点，故不适用产品质量法的规定，但是，建筑工程使用的建筑材料、建筑构配件和设备，则属于该法规定的产品范围；

4. 必须是用于销售的产品，那些非用于销售的产品，不在产品质量法调整的范围之内。

（二）产品质量

产品质量是指产品所应具有的、符合人们需要的各种特性，如适用性、安全性、可靠性、可维修性等。影响产品质量的，既有物质因素，又有技术的因素，甚至还有社会的因素。在我国，产品质量是指国家有关法规、质量标准以及合同规定的对产品适用、安全和其他特性的要求。产品质量是产品的生命，是用户和消费者要求的集中体现，任何一种产品的质量主要由产品的外观，产品的适用性能、适用范围，产品的安全性能等因素构成。产品质量责任是指因产品质量不符合上述要求，给用户、消费者造成损失而应承担的责任。

二、产品质量法的概念和适用范围

（一）产品质量法的概念

产品质量法是调整产品生产者、销售者和消费者之间在产品生产、流通及使用等一系列活动过程中发生的财产关系和人身关系的法律规范的总和。产品质量法有广义和狭义之分。狭义的产品质量法是指七届全国人大常委会第三十次会议通过的，于1993年9月1日起施行，2000年7月8日修改的《中华人民共和国产品质量法》（以下简称《产品质量法》）；广义的产品质量法是指除《产品质量法》外，还包括《产品质量法》颁布前后全国人大及国务院所颁布的与产品质量有关的一系列法律、法规。本章所称的《产品质量法》是指广义的产品质量法。产品质量法主要调整以下两方面的社会关系：一是国家机关在对产品质量进行监督管理活动中所产生的社会关系；二是产品质量主体因产品质量所产生的权利和义务关系。

（二）产品质量法的适用范围

《产品质量法》第2条规定："在中华人民共和国境内从事产品生产、销售活动必须遵守本法。"据此，从空间上说，《产品质量法》适用于我国的所有领土、领空、领海等领域。只要在中国境内从事产品生产、销售活动，则不论其是中国的公民、法人或其他经济组织，还是外国的公民、法人或其他经济组织，抑或是无国籍人，都受本法约束。从客观上说，该法只适用生产、流通的产品，即各种动产，而不包括不动产。从主体上说，该法适用于生产者、销售者、用户和消费者以及监督管理机构。需要补充的一点是，运输者、仓储者也有可能成为责任主体，不过它们是对产品制造者、销售者或者是收货方、寄存方承担责任，属于合同法的范围，因此《产品质量法》删去了原草案中关于调整范围延伸到产品的运输、仓储活动的条款。

第二节　产品质量法律关系主体

一、产品质量的义务主体

产品质量的义务主体，是指对保证产品质量负有义务的人。根据《产品质量法》的规定，产品质量的义务主体是指产品的生产者和销售者。产品的生产者是指直接从事产品的生产、加工、制作的人，包括自然人和法人。生产者有狭义和广义之分。广义的生产者是指一切与产品生产有关联的人，包括原材料生产者、零部件生产者、成品生产者、组装者等。而狭义的生产者仅指最终产品生产者，而不包括其他生产者。由于历史和法律传统的不同，各国对生产者的法律规定不尽一致。如德国《产品责任法》所规定的生产者就既包括产品的最终生产者，也包括原材料、零部件的生产者。但大多数国家法律规定的生产者仅包括最终产品的生产者。我国现有的法律没有明文规定生产者究竟是最终生产者还是指一切与产品生产有关联的人，但根据《产品质量法》的立法宗旨，产品的生产者仅指最终产品生产者，而不包括其他生产者。产品的销售者是指从事产品销售的单位或个人。销售者也有广义和狭义之分。广义的产品销售者是指在生产者和用户、消费者之间参与产品销售活动的所有的单位和个人，包括产品生产者、批发商和零售商，因为产品的生产者有时也同时是销售者；狭义的产品销售者是指将产品直接出售给用户、消费者的单位或个人，主要是指零售商。我国《产品质量法》所称的销售者是指广义的销售者。

二、产品质量的权利主体

产品质量的权利主体，是指因生产者、销售者违反保证产品质量义务而遭受人身伤害或财产损失的受害者，包括自然人和法人。受害者按其使用和消费产品的不同途径可分为产品买受人、使用人和其他受害人三种。其中，产品买受人是指为满足自身消费需要而亲自购买产品并因此受到损害的人；产品的使用人是指使用、消费他人购买的产品而因此受到损害的人；其他受害人是指除上述受害人以外的，因产品缺陷而受到损害的人。

第三节　产品质量义务

一、生产者的产品质量义务

1.生产者应保证产品的内在质量。生产者产品质量应当符合下列要求：(1)不存在危及人身、财产安全的不合理的危险，有保障人体健康，人身、财产安全的国家标准、行业标准的，应当符合该标准；(2)具备产品应当具备的使用性能，但是，对产品存在使用性能的瑕疵作出说明的除外；(3)符合在产品或其包装上注明采用的产品标准，符合以产品说明、实物样品等方式表明的质量状况。

2.产品或其包装上的标识应具备如下法定要求：(1)有产品质量检验合格证明；(2)有中文标明的产品名称、生产厂厂名和厂址；(3)根据产品的特点和使用要求，需要标明产品规格、等级、所含主要成分的名称和含量的，用中文相应予以标明；需要事先让消费者知晓的，应当在外包装上标明，或者预先向消费者提供有关资料；(4)限期使用的产品，应当在显著位置清晰地标明生产日期和安全使用期或者失效日期；(5)使用不当，容易造成产品本身损坏或者可能危及人身、财产安全的产品，有警示标志或者中文警示说明。裸装的食品和其他根据产品的特点难以附加标识的裸装产品，可以不附加产品标识。易碎、易燃、易爆、有毒、有腐蚀性、有放射性等危险物品以及储运中不能倒置和其他有特殊要求的产品，其包装必须符合相应要求，有警示标志或者中文警示说明，标明储运注意事项。

3.生产者不得生产国家明令淘汰的产品。

4.生产者不得生产假冒伪劣产品。具体包括：(1)生产者不得伪造产地，不得伪造或者冒用他人的厂名、厂址；(2)生产者不得伪造或者冒用认证标志、名优标志等质量标志；(3)生产者生产的产品，不得掺假、掺杂，不得以假充真、以次充好，不得以不合格产品冒充合格产品。

生产者如违反上述产品质量义务的，应依法承担民事责任、行政责任乃至刑事责任。2003年安徽阜阳市质量技术监督局接到举报称某化学工业公司生产的农药质量不合格，造成用户大量损失，经调查发现，该批产品无质量保证书，无产品质量检验合格证，无等级，无标准代号，无厂址，遂立案进行查处。阜阳市产品质量监督检验所经抽样检测，结论为“该批产品不合格”。市质监局即对化学工业公司作出行政处罚。

二、销售者的产品质量义务

1. 销售者应当执行进货检查验收制度，验明产品合格证明和其他标识。

2. 销售者应当采取措施，保持销售产品的质量。

3. 销售者不得销售国家明令淘汰并停止销售的产品和失效、变质的产品。

4. 销售者销售的产品的标识应符合法定要求。具体包括：(1)有产品质量检验合格证明；(2)有中文标明的产品名称、生产厂名和厂址；(3)根据产品的特点和使用要求，需要表明的产品规格、等级、所含主要成分的名称和含量的，应相应予以标明；(4)限制使用的产品，应标明生产日期和安全使用期或失效期；(5)使用不当容易造成产品本身损坏或可能危及人身、财产安全的产品，应有警示标志或者中文警示说明。裸装的食品和其他根据产品的特点难以附加标识的裸装产品，可以不附加产品标识。

5. 销售者不得销售假冒伪劣产品。具体有：(1)销售者不得伪造产地，不得伪造或者冒用他人的厂名、厂址；(2)销售者不得伪造或者冒用认证标志、名优标志等质量标志；(3)销售者销售产品不得掺杂、掺假，不得以假乱真、以次充好，不得以不合格产品冒充合格产品。

销售者如违反上述义务的，应承担相应的民事、行政以及刑事责任。

第四节　法律责任

一、产品责任

产品责任又称产品质量侵权责任，是指产品生产者、销售者因产品缺陷、不法制造，侵害用户、消费者人身、财产权利时，应负的民事赔偿责任。产品责任是一种特殊的民事侵权责任，不受合同关系的限制，即使受害者与生产者、销售者之间没有合同关系存在，也能就其损害向生产者、销售者提出赔偿要求。因此，产品责任是产品质量责任中重要的、不可缺少的组成部分。

(一)产品责任的构成要件

产品责任的构成必须同时具备以下三个要件。

1.产品存在缺陷。产品缺陷也称瑕疵，它是产品责任人行为违法性最集中的表现。我国《产品质量法》第46条规定："本法所称缺陷，是指产品存在危及人身、他人财产安全的不合理的危险；产品有保障人体健康和人身、财产安全的国家标准、行业标准的，是指不符合该标准。"从上述规定中可以看出：产品缺陷与产品质量是有密切联系的。产品缺陷就其实质而言是指产品质量上的缺陷，即产品不能满足其使用价值的性能，不能满足用户和社会的需求。根据产品责任法的理论和《产品质量法》的规定，产品缺陷包括设计上的缺陷、制造上的缺陷和指示上的缺陷。(1)设计缺陷。设计缺陷是指产品设计不符合安全性能指标，对人身、财产安全具有潜在的危险。设计缺陷大致包括：不适当的材料和配方，有缺陷的说明书，缺乏安全性。设计缺陷的实质是生产者没有遵守特定的安全标准，具体原因既可以是因为非故意的设计错误，也可以是设计者进行了审慎选择的结果。但无论是何种情况，由于设计缺陷表明产品具有内在的危险，故这种缺陷的危害性很大。(2)制造缺陷。制造缺陷是指产品制造过程中发生的缺陷。如制造过程不符既定设计规范、零部件装配错误或遗漏等。判断产品是否存在制造缺陷，是以生产者自己特定的生产意图作为标准的。如果产品符合生产者预定的设计要求和质量标准，产品就无制造上的缺陷。反之，就存在制造缺陷。(3)指示上的缺陷。又称使用说明缺陷，是指对产品本身的危险缺乏必要的警告或警告不当以及对一些可能造成危险的产品的使用缺少告知或告知不当。如没有指明产品本身的危险特征、未说明生产者能够合理预见的产品误用等。

总之，无论是设计上的缺陷、制造上的缺陷还是指示上的缺陷，都是生产者违反法律义务造成的，因而生产者对这种缺陷造成的损害均应承担责任。例如：1995年3月，北京市中学生贾某等正在餐厅就餐，突然桌上的卡式炉燃气罐爆炸，造成贾某脸部和双手深度烧伤。据查，北京国际气雾剂有限公司生产的白旋风牌边炉石油气气罐和龙口市厨房配套设备用具厂生产的众乐牌卡式炉质量存在缺陷，是北京国际气雾剂有限公司生产的有缺陷的石油气气罐和龙口市厨房配套设备用具厂生产的质量不合格的燃气具，造成严重伤害贾某的事件，应当承担相应的法律责任。

2.产品已经造成了人身伤害或财产损害。反言之，如果产品虽有缺陷，但并未造成他人人身和财产损害的事实，则生产者、销售者也就不用承担产品侵权的赔偿责任。

3.产品缺陷与损害事实之间有因果关系。即损害事实是由产品缺陷直接造成的，如果损害事实不是产品缺陷造成的，就不负民事责任。在产品责任诉讼中，对于受害者来说，证明缺陷产品同最终损害之间的因果关系是至关重要的，产品责任诉讼的因果关系问题涉及到以下几个重要因素：(1)制造商生产该产品的证据；(2)产品有缺陷的证明；(3)产品离开生产厂家时就有缺陷的证据；(4)缺陷引起损害的证据；(5)不存在引起损害的意外原因的证据。

（二）产品责任的归责原则

产品责任的归责原则，是指生产者、销售者就产品缺陷所致的损害应承担何种形式的责任。根据《产品质量法》第 41 条、第 42 条以及 2009 年 12 月 26 日通过的《侵权责任法》第 41 条、42 条的规定，我国《产品质量法》采取了严格责任与过错责任相结合的归责原则，即对生产者适用严格责任原则，对销售者适用过错责任原则。生产者承担严格责任，指的是只要存在产品缺陷、产品造成了损害事实，则该产品的生产者就要承担产品责任。确立严格责任的最重要的法律意义在于把举证责任由原告（受害人）转嫁给了被告（生产者），即所谓“举证责任倒置”，这就大大推进了法律对受害者的保护。但严格责任并不等同于无过失责任，因为严格责任虽然严格，却非绝对。在严格责任下，并非表示加害人就其行为所产生的损害在任何情况下都应负责，各国立法多承认加害人可以提出特定抗辩或免责事由。按照《产品质量法》第 40 条的规定，生产者如果能证明有下列情形之一的，可不承担赔偿责任：(1)未将产品投入流通的；(2)产品投入流通时，引起损害的缺陷尚不存在的；(3)将产品投入流通时的科学技术水平尚不能发现缺陷的存在的。

可见，严格责任实际上是一种过错推定的办法，即从损害事实中推定生产者有过错，但如果生产者能提出上述情形之一的，可免于承担责任。

销售者承担过错责任，指的是销售者只有在因自己的过错致使产品存在缺陷，造成他人人身、财产损害时，销售者才承担赔偿责任。我国《侵权责任法》第 42 条规定：“因销售者的过错使产品存在缺陷，造成他人损害的，销售者应当承担侵权责任。销售者不能指明缺陷产品的生产者也不能指明缺陷产品的供货者的，销售者应当承担侵权责任。该条规定和《产品质量法》第 42 条的规定如出一辙。因为这种情况下的销售者，实际上已被视作是生产者，因而不论缺陷是否由销售者的过错造成的，都应由其承担赔偿责任。因产品存在缺陷造成损害的，被侵权人可以向产品的生产者请求赔偿，也可以向产品的销售者请求赔偿。产品缺陷由生产者造成的，销售者赔偿后，有权向生产者追偿。因销售者的过错使产品存在缺陷的，生产者赔偿后，有权向销售者追偿。

（三）产品责任的承担方式

产品责任的承担方式因其损害对象性质的不同而不同。如果产品缺陷仅造成受害者的财产损失的，则采用恢复原状或赔偿损失这两种责任承担方式。如果因产品存在缺陷造成受害者人身伤害，则因伤害程度的不同赔偿的范围也不同。具体有：(1)造成受害人一般伤害的应当赔偿医疗费、治疗期间的护理费、因误工减少的收入等费用；(2)造成受害人残疾的，除了支付上述费用外，还应赔偿残疾者生活自助具费、生活补助费、残疾赔偿金以及由其扶养的人所必需的生活费用等；(3)造成受害人死亡的，还应当支付丧葬费、死亡赔偿金以及由死者生前抚养的人所必需的生活费等费用。

(四)产品责任的诉讼时效

因产品存在缺陷造成损害要求赔偿的诉讼时效期为2年，自当事人知道或者应当知道其权益受到损害时开始计算。

因产品存在缺陷造成损害要求赔偿的请求权，在造成损害的缺陷产品交付最初消费者满10年后丧失；但是，尚未超过明示的安全使用期的除外。

二、产品质量违法的民事责任、行政责任和刑事责任

(一)民事责任

《侵权责任法》第5章产品责任的规定，较《产品质量法》中民事责任的规定更为全面。除了上面讲到的生产者的严格责任以及销售者的过错责任外，如下情形也应承担侵权民事责任：(1)因运输者、仓储者等第三人的过错使产品存在缺陷，造成他人损害的，产品的生产者、销售者赔偿后，有权向第三人追偿。(2)产品投入流通后发现存在缺陷的，生产者、销售者应当及时采取警示、召回等补救措施；未及时采取补救措施或者补救措施不力造成损害的，应当承担侵权责任。此外，明知产品存在缺陷仍然生产、销售，造成他人死亡或者健康严重损害的，被侵权人有权请求相应的惩罚性赔偿。

(二)行政责任

根据《产品质量法》的规定，应承担行政责任的违法行为有：(1)生产、销售不符合保障人体健康和人身、财产安全的国家标准、行业标准的产品；(2)在产品中掺杂、掺假，以假充真，以次充好，或者以不合格产品冒充合格产品；(3)生产国家明令淘汰的产品，销售国家明令淘汰并停止销售的产品；(4)销售失效、变质产品；(5)伪造产品产地，伪造或者冒用他人厂名、厂址，伪造或者冒用认证标志等质量标志；(6)产品标识或者有包装的产品标识不符合法律规定；(7)拒绝接受依法进行的产品质量监督检查；(8)产品质量检验机构、认证机构伪造检验结果或者出具虚假证明；(9)产品质量检验机构、认证机构出具的检验结果或者证明不实，造成重大损失的。

承担行政责任的主要形式是行政处罚。质量技术监督部门、工商行政管理部门依照各自的职权，对违反《产品质量法》的行为可以责令纠正，并给予下列行

政处罚：警告，罚款，没收违法生产、销售的产品和没收违法所得，责令停止生产、销售，情节严重的，吊销营业执照。

（三）刑事责任

根据《产品质量法》的规定，应承担刑事责任的犯罪行为有：(1)生产、销售不符合保障人体健康和人身、财产安全的国家标准、行业标准的产品的，构成犯罪的，依法追究刑事责任；(2)在产品中掺杂、掺假，以假充真，以次充好，或者以不合格产品冒充合格产品的，构成犯罪的，依法追究刑事责任；(3)销售失效、变质的产品的，构成犯罪的，依法追究刑事责任；(4)产品质量检验机构、认证机构伪造检验结果或者出具虚假证明的，构成犯罪的，依法追究刑事责任。

根据现行《刑法》的规定，对生产、销售伪劣商品犯罪行为负有追究责任的国家机关工作人员，徇私舞弊，不履行法律规定的追究职责，情节严重的，处 5 年以下有期徒刑或者拘役。此举对强化产品质量管理体制和机制，有着重要的意义。

案例评析

【案例 1】

原告：李承富、朱某某、周红、李某某

被告：山东时风（集团）有限责任公司（以下简称时风集团）

案情：原告诉称，2001 年 6 月 27 日 9 时 20 分，司机张某某驾驶鄂 E11663 号三轮农用车行驶至宜昌市宜古路华通加油站门前时，因左后轮脱落，驶入对向行车道与向亚力驾驶的车辆相撞，致使张某某车上的乘客李某某死亡。经湖北省宜昌市交警支队现场勘察和委托鉴定，张某某车系被告时风集团生产的时风牌三轮农用车，其后轮脱落的原因是五个轮胎螺栓中有一个轮胎螺栓头部完全脱落，有三个屈胎变形翻边，导致紧固失效，直至螺母完全脱落。而造成螺栓头部脱落和变形的原因是轮毂螺栓孔径偏大与轮胎螺栓滚花处配合的过盈量减小，紧固轴向力主要作用于螺栓的头部，加之螺母拧紧时扭矩过大造成的。由于时风集团生产的鄂 E11663 号时风牌三轮农用车存在缺陷，是导致受害人李某某死亡的直接原因，时风集团对李某某的死亡应承担民事责任。请求判令时风集团赔偿四原告因李某某死亡而造成的损失 182201.74 元，其中医疗费 14374.24 元、死亡补偿费 80300 元、丧葬费 3400 元、原告李文博生活费 34127.50 元、精神损失费 50000 元。

被告辩称：(1)四原告的诉讼主体不当。本案中，死者李某某系乘坐张某某所驾车辆出现事故导致死亡，原告方只诉时风集团而不诉直接导致事故的车主张某某显属不当，为漏列当事人，请求追加张某某为本案第三人。(2)根据宜昌市交警支队的勘验及委托鉴定结论，对轮毂螺栓孔径偏大问题，并非螺栓孔径不符合要求。交警部门对事故车进行检测时，该车为出厂车，鉴定报告所鉴定螺孔尺寸为螺栓拆卸后的螺孔尺寸，螺栓与螺孔安装时为过盈配合，螺栓拆卸后进行鉴定，螺孔孔径肯定大于图纸设计的原孔径，这是一般的机械原理，并不说明轮毂孔径一开始就偏大。另外，该车车主张某某对该车进行了维修保养，拆卸了轮毂并加有黄油，其在安装时扭矩力过大导致螺栓拉伤、损坏，造成孔径变大，这显然不是时风集团的产品质量问题，而是用户张某某使用造成的后果。(3)交警部门在处理事故现场时，车辆左后两个轮子都不在，而事故现场只有一个轮子，足以说明车主张某某在双轮只剩一轮的情况下严重违章行车，造成车辆整体失衡，出事故也是必然的。(4)原告方要求的种种费用显属脱离当地生活水平的实际情况，赔偿数额过高，应实事求是。请求依法驳回四原告的诉讼请求。

经湖北省宜昌市伍家岗区人民法院审理，查明：2001 年 6 月 27 日 9 时 20 分许，张某某驾驶鄂 E11663 号时风牌 7YPJ-950 型三轮农用运输车的螺栓头部脱落和变形的原因是轮毂螺栓孔孔径偏大与轮胎螺栓滚花处配合的过盈量减少，紧固轴向力主要作用于螺栓的头部，加之螺母拧紧时扭矩过大造成的。2001 年 8 月 6 日，宜昌市公安局交警支队伍家大队以经现场勘查、调查取证不能确认此次事故的发生是任何一方当事人的违章行为所造成，对事故死者李某某家属作出《不予受理通知书》。四原告遂向本院提起民事诉讼，以被告时风集团生产的鄂 E11663 号时风牌三轮农用车存在缺陷，直接导致受害人李某某死亡，要求时风集团承担民事责任。四原告中，李承官、朱某某和周红分别系死者李某某的父、母和妻，李文博系李某某之女，生于 2000 年 5 月 12 日。李某某受伤后在医院抢救中的医疗费为 14374.24 元。

依照《民法通则》第 106 条第 3 款、第 122 条、第 134 条第 1 款第(7)项，《产品质量法》第 41 条、第 44 条第 1 款，《最高人民法院关于确定民事侵权精神损害赔偿责任若干问题的解释》第 9 条第(2)项、第 10 条第 2 款之规定，判决被告时风集团赔偿原告李承富、朱某某、周红、李文博医疗费 14374.24 元、丧葬费 3400 元、死亡赔偿金 40150 元、被抚养人李文博生活费 36135 元，合计 94059.24 元。

一审判决后，原告李承富、朱某某、周红、李文博与被告时风集团均服从判决。

【评析】

本案属受害人李某某乘坐被告时风集团生产的三轮农用车因车辆发生事故致李某某死亡，其家属即四原告请求时风集团承担产品侵权损害赔偿责任之诉。双方争议的焦点是时风集团生产的鄂 E11663 号三轮农用车是否存在缺陷；鄂

E11663号车主张某某是否应当作为本案的当事人即第三人。

所谓产品侵权损害赔偿责任，是指因产品存在可能危及人身、财产安全的不合理危险，造成消费者或他人人身伤害或除缺陷产品以外的其他财产损失后，缺陷产品的生产者、销售者应当依法承担的法律后果。鄂E11663号车辆在行驶过程中，左后轮突然脱落，致使车辆驶入对向车道与另一车辆相撞，导致鄂E11663号车上乘车人李某某死亡。事故发生后，公安交警部门经现场勘查，调查取证，认为此次事故的发生不是任何一方当事人的违章行为所造成。其间，公安交警部门依法委托国家机械工业局农用运输车鉴定试验湖北检测站、湖北省机动车辆及零部件质量监督检验站对鄂E11663号车左后轮脱落的原因进行鉴定，其鉴定结论清楚地反映鄂E11663号时风牌三轮农用车后轮轮毂螺栓孔径不符合技术要求，孔径偏大，即说明该车后轮轮毂存在不合理的危险即产品缺陷。本案受害人李某某因乘坐存在缺陷的车辆而发生事故导致李某某死亡，符合《产品质量法》对生产者承担产品责任时的三个要件规定，即产品存在缺陷、造成了人身伤害或者财产损失的损害事实、产品缺陷与损害事实之间存在着必然的因果联系。故此，时风集团应对李某某的死亡承担民事赔偿责任，四原告的诉讼请求法院依法予以支持。

时风集团以车辆所有人即使用人对该车车轮进行了保养，属使用问题而导致发生事故，请求追加车辆所有人张某某为本案第三人，笔者认为，首先，四原告起诉时风集团，属产品责任法律关系，而受害人李某某乘坐车辆与车辆所有人张某某则系另一民事法律关系。其次，时风集团仅以公安交警部门对车辆车轮的拆检笔录判断车辆所有人使用不当，证据不足，同时，时风集团没有证据证明其产品存在《产品质量法》第41条第2款规定的三项免责条件之一。时风集团要求追加第三人的请求不符合法律规定，法院应不予支持。关于鄂E11663号时风牌三轮农用车的鉴定结论，法院经审查，其鉴定单位具备相应的鉴定资格，鉴定单位经过检验出具检验报告(鉴定结论)，其鉴定程序并无违反法律规定的情形。时风集团仅以“该检验报告与事实不符，所下结论有误”为由，要求另行委托鉴定部门重新鉴定，法院应不予采纳。该检验报告(鉴定结论)法院予以确认，作为本案定案的根据。

关于本案赔偿的范围，法院依法确认如下，抢救受害人李某某的医疗费14374.24元、丧葬费3400元、死亡赔偿金40150元、被抚养人(李文博)生活费36135元，合计94059.24元。关于精神损失费，由于死亡赔偿金属对死者家属的慰问金以及对死者家属遭受的损失的补偿金，死亡赔偿金不是对死者本身失去生命的赔偿，生命无价，也无法予以赔偿。立法上设立死亡赔偿金，目的在于安定死者家属的生活，抚慰死者家属所遭受的精神创伤，弥补死者家属所受到的相应的财产损失。故四原告在主张死亡赔偿金的同时，又主张精神损失费，不符合最高人民法院有关精神损害的司法解释，法院不予重复支持。

【案例 2】

原告陆某为装修新买的房屋先后向恒成装饰材料门市部购买了 138.27 平方米的水曲柳实木地板，购买价人民币 8711 元。装修竣工后不久，其发现室内飞虫不断，越来越多，影响正常生活。原告称，飞虫系地板中所长出，显然地板质量不合格，故要求将已铺设使用的地板退货，并由被告承担赔偿责任。

本案在法院审理过程中，有两种意见：一种意见认为，地板铺设后出现飞虫是质量瑕疵，属于没有按照合同约定交付合格的货物，是违约行为；另一种意见认为，地板出现飞虫，不仅是质量瑕疵，而且是产品缺陷，属于产品责任，原告可以选择诉讼。

【评析】

我国《产品质量法》第 46 条规定产品缺陷，是指产品存在危及人身、他人财产安全的不合理的危险；产品有保障人体健康和人身、财产安全的国家标准、行业标准的，是指不符合该标准。产品质量与合同责任的“质量”要求是不同的。我国关于“缺陷”的理解应是“不合理的危险”与“不符合标准”。所称缺陷，是指产品存在危及人身、他人财产安全的不合理的危险；产品有保障人体健康和人身、财产安全的国家标准、行业标准的，是指不符合该标准。

美国《侵权行为法重述》第 402A 条将缺陷认定为“对使用者或消费者或其财产有不合理危险的缺陷状态。欧洲共同体则认为，产品没有人们有权期待的安全程度，就是有缺陷的。由此看出，欧美国家一般将产品缺陷定义为产品缺乏合理的安全性。

因而，产品出现不合理危险或不符合相关标准危及使用者或消费者的人身和财产安全时，就是存在缺陷。而产品合理危险就不是缺陷范围内，而质量不合格的产品也不一定就是有缺陷的产品，《辞源》解释产品质量为“产品性能符合规定用途的程度。包括内在质量和客观质量”。所谓的质量不合格就是产品的质量不符合人们对产品适用、安全和其他标准的要求。缺陷产品意味着产品的期望合理安全性的瑕疵，与合同责任上的“瑕疵”是不同的，合同法上说的瑕疵是指产品规格、质量不符合法定或约定的标准。此时的两种“瑕疵”实质是不等同的。合同约定的质量标准是约束合同当事人的，而产品责任的产品质量是要求对任何人都是统一的，不能因人而异。产品质量符合消费者正常使用中对安全的期望，不存在不合理危险，以及产品质量符合法律规定的标准，就应当认为不存在缺陷。值得说明的是,《民法通则》规定的"质量不合格"不能简单的从字面理解,而应作缺乏应有安全,不存在不合理危险解释。产品质量不合格,造成产品本身使用效能的降低,或无法使用不属于产品缺陷。产品对于使用过程中产生危及人身、其他财产的安全,才是产品责任上的质量缺陷。

于此,本案地板出飞虫是否属于缺陷产品,主要考量地板铺设后使用中出现飞虫是否为"不合理的危险"或不符合《产品质量法》规定的相关标准。一般认为,不合理的危险下产品缺陷包括:产品设计、制造上存在不合理危险;产品未给予适当的警告或指示,使得产品存在不合理危险;产品不符合销售者的明示担保,使得产品存在不合理危险。案中地板是属于木制品,由木材制得的,树木在生长过程中生有虫子,是合理的情况,也是一般的常识,但树木加工成木材,制成地板,就要求加工过程须采用必要的技术,杀死木材中的活虫及虫卵,使得地板能够符合其本身的用途,不致产生安全隐患,虫蛀地板的断裂就存在伤人毁物的可能性,飞虫乱飞就会造成破坏居住环境、人体健康的危险性。所以,虽然木材生虫是可能、合理的,但是地板进入流通时仍然存在虫患,就存在不合理的危险了,不符合地板的有关标准。因而在地板铺设后出现虫子、虫蛀,应属于产品缺陷。

【案例 3】

1990 年 3 月 1 日,原告何荣在被告上海联合水暖卫生洁具公司购买了一台被告浙江省温州市新华日用电器厂生产的山峰牌 DL-20 型不锈钢淋浴器,价格 341.33 元。同月 3 日,原告何荣又购买了一台被告上海无线电三十三厂生产的双三牌 GCB-1 型多功能漏电保护器,价格 34.10 元。该月中旬,原告在家中安装了这两件电器。4 月 1 日晚 9 月 30 分左右,原告之妻李志华用该淋浴器洗澡时被电击死亡。

为此,原告何荣向上海市长宁区人民法院提起诉讼称:因三被告生产、销售的淋浴器及漏电保护器质量有问题,致使其妻在使用中被电击死亡,被告应当赔偿经济损失 25800 元,两台电器退回,按退货处理。

被告上海联合水暖卫生洁具公司辩称:淋浴器是该公司代销的,赔偿责任应由产品制造者承担,该公司没有责任。

被告浙江省温州市新华日用电器厂辩称:其生产的淋浴器部分产品确有质量问题,但上海无线电三十三厂生产的漏电保护器失灵,以及原告安装不当,亦是李志华触电死亡的原因,上海无线电三十三厂和原告应承担相应责任。

被告上海无线电三十三厂辩称:淋浴器质量不合格,是原告之妻触电死亡的主要原因,浙江省温州市新华日用电器厂对此应负主要责任;原告违反有关规定，擅自安装大功率电热淋浴器，致该厂生产的漏电保护器失效而酿成事故，亦应负担一定责任；该厂生产的漏电保护器无质量问题，不应负赔偿责任，可酌情予以补偿。

上海市长宁区人民法院受理此案后，请上海市技术监督局对原告所购淋浴器、漏电保护器进行质量鉴定。鉴定结论认定：事发现场的山峰牌 DL-20 型不锈钢淋浴器接地线路接触不良，电热管绝缘不好，电源进线一个接线端与保护盖之间有电击穿，使外壳带电，该产品安全性能不符合要求。双三牌 GCB-1 型多功能漏电保护器接线正确，脱扣线圈已严重烧坏，线圈回路中可控硅及三只二极管击穿，导致该漏电保护器失效，该保护器质量有问题。同时查明：原告安装淋浴器时，未按产品说明要求装好接地线；按照供电部门的规定，安装耗电严重的电热淋浴器，应向供电部门申请批准后派人安装，原告并未申请而自行安装。

该院在庭审过程中，经过调解，由于原告、被告之间对本案责任及赔偿数额意见不一，调解未成，判决结案。判决认定，被告浙江省温州市新华日用电器厂生产的山峰牌 DL-20 型不锈钢淋浴器的质量不符合安全要求，使用时漏电致人死亡，该厂应负主要责任。被告上海联合水暖卫生洁具公司销售不合格商品应承担连带责任，并负责接受退货。被告上海无线电三十三厂在双三牌 GCB-1 型多功能漏电保护器的说明书中，虽然标明了工作电压范围，但在上海电网供电不稳定的情况下，没有注明在低于工作电压时不能发挥漏电保护的作用，应在今后的产品设计和销售中予以改进，其自愿对原告进行补偿，可予准许。原告何荣在安装 DL-20 型不锈钢淋浴器时，未按说明书要求切实装好接地线；并且未向供电部门申请批准派人安装，以致使用时局部电压严重下降，漏电保护器不能正常工作而被烧毁，对事故发生负有一定责任。据此，于 1990 年 8 月 18 日，根据《民法通则》第 122 条之规定，判决如下：(1)被告浙江省温州市新华日用电器厂应赔偿受害人李志华家属经济损失计人民币 12600 元，于判决生效后十天内一次付给原告何荣；(2)被告浙江省温州市新华日用电器厂不能履行第一项时，由被告上海联合水暖卫生洁具公司代为履行；(3)准许被告上海无线电三十三厂补偿受害人李志华家属人民币 4000 元，于判决生效后 10 天内一次付给原告何荣；(4)被告上海联合水暖卫生洁具公司应接受原告何荣退还的山峰牌 DL-20 型不锈钢淋浴器一台，并当即退还原告何荣货款 341.33 元，在判决生效后 10 天内履行完毕；(5)原告其余诉讼请求不予支持。上述各项判决，在判决生效后 10 日内履行完毕。

【评析】

本案是一起产品质量不合格致人死亡的严重事故，受害人之夫何荣提起民事赔偿诉讼，上海市长宁区人民法院按产品质量责任损害赔偿案件受理，并适用《民法通则》第122条的规定处理，对案件定性和适用法律是正确的。

《民法通则》第122条规定："因产品质量不合格造成他人财产、人身损害的，产品制造者、销售者应当依法承担民事责任。"这是我国法律对因产品质量不合格致人损害的民事责任所作的原则规定。产品质量责任是一种特殊侵权责任，这种责任实行的是一种严格责任原则，只要产品制造者、销售者不能证明自己制造、销售的产品是合格产品，就应当对产品造成的损害后果承担全部民事责任。受害人有权选择产品制造者或者销售者承担全部责任，产品制造者不得以自己不是销售者为由而推诿，销售者也不得以自己不是制造者为由而推诿。产品制造者或者销售者在赔偿受害人的全部损失后，可以另依合同关系向其他人追究合同责任。

产品质量不合格指的是产品质量不符合相应的质量标准要求。质量标准指的是保证消费者消费安全和保证产品正常实现其功能的要求。对电器产品来说，通常包括其安全性能保障、工作电流大小、工作电压适用范围等质量标准要求。产品质量应当由制造者来保障，销售者应当保证其销售的是合格商品，产品制造者、销售者负有这种社会保障的义务，如果制造或者销售的产品质量不合格，违反了这种社会保障义务，就应当承担产品造成的损害后果的赔偿责任。

综合本案来看，经质量鉴定，被告浙江省温州市新华日用电器厂生产的淋浴器电热管绝缘不好，产品安全性能不符合要求，明显属于不合格产品，它是造成原告之妻被电击死亡的直接原因，该厂负有直接责任。被告上海无线电三十三厂生产的漏电保护器，经鉴定质量有问题，在使用说明书中又未说明产品在低于工作电压时不能发挥漏电保护作用。该厂对原告之妻被电击死亡负有次要责任。承担这种责任的方式，应当是赔偿，而不是补偿。

产品质量责任，对产品制造者或者销售者来说，都是一种全部的和独自的对受害者的责任，这种责任既不能代为履行，也不能完全用连带责任来解释。产品制造者或者销售者在向受害人赔偿损失后，如果认为这笔损失不应由自己承担，而应向谁去索赔，那是另外一回事。

产品质量责任既然作为一种严格责任，产品质量是不能靠消费者使用方式正确来保证的。在产品质量责任问题中，并不包括消费者是否正确使用的因素。本案原告擅自安装耗电严重的淋浴器的行为，与被害人死亡无直接因果关系。而且原告的上述行为，违反的是行政管理法律规范，即供电管理法律规范，他应当对其违反行政法律规范的行为承担行政责任，即由供电部门对其追究行政责任。因此，让原告对被害人死亡事故承担相应的民事责任，是没有道理的。

此外，本案还应当判决上海无线电三十三厂接受原告退回不合格漏电保护器并返还货款。对原告提出的赔偿数额，应当在判决书中说明具体指向，并且应当说明某项请求是否成立，以确定赔偿范围和赔偿数额，然后才是根据当事人的责任问题确定其应承担的赔偿数额。

【思考练习】

一、名词解释

产品　产品质量　产品质量的权利主体　产品责任　缺陷

二、简答题

1. 简述《产品质量法》的适用范围。

2. 简述经营者的产品质量义务。

3. 简述产品责任的构成要件。

4. 简述生产者不承担赔偿责任的情形。

5. 简述产品责任的承担方式。

>>>>> 第十三章 消费者权益保护法

本章导读

《消费者权益保护法》是为了保护消费者的合法权益，维护社会经济秩序而制定的，是经济法的重要部门法，强调从消费者的角度来直接保护消费者这一特定的市场主体的权益。本章主要介绍消费者的权利，与此相对应的经营者的义务，以及消费者权益争议的解决途径和有关法律责任的确定。

重点问题

1. 消费者权益的内容。
2. 经营者义务。
3. 如何体现对消费者权益的保护。

第一节　消费者权益保护法概述

一、消费者的概念

消费包括生产消费和生活消费两大方面。其中，生活消费作为人类的基本需要，自然成为法律必须加以规制的重要领域。而在法学上，一般都认为消费者是指从事生活消费的主体，是各国消费者保护法最重要的主体。从多数国家的立法来看，所谓消费者，就是为了满足个人生活消费的需要而购买、使用商品或者接受服务的居民。这里的居民是指自然人或称个体社会成员。我国《消费者权益保护法》第 2 条也规定："消费者为生活消费需要购买、使用商品或者接受服务，其权益受本法保护。"虽然该条未明确指出我国《消费者权益保护法》上所指的消费者是自然人，但这里将消费限定为生活消费，生活消费当然主要是个人行为。此外，我国《消费者权益保护法》在强调生活消费的同时还规定，农民购买、使用直接用于农业生产的生产资料，也应参照该法执行。当然，《消费者权益保护法》也不排除在特殊情况下社会组织作为消费者的情形，我国不少的地方性法规对此已做了规定。

与消费者相伴而生的是消费者权益。没有消费者及消费者权益，《消费者权益保护法》也就失去了其赖以存在的根基。所谓消费者权益，是指消费者依法享有的权利以及该权利受到保护时给消费者带来的应得的利益。消费者权益的核心是消费者的权利，而对于消费者权利的实现直接提供法律保障的，则是《消费者权益保护法》。

二、消费者权益保护法的概念

消费者权益保护法，是调整在保护消费者权益的过程中发生的经济关系的法律规范的总称。其调整对象是保护消费者权益过程中所发生的经济关系，其保护的核心则是消费者权益。我国的《消费者权益保护法》是 1993 年 10 月 31 日由全国人大常务委员会第四次会议通过，1994 年 1 月 1 日实施的。各地在该法的基础上相继制定了适用于地方的实施条例，为保护消费者合法权益提供了充分的法律保障。

三、消费者权益保护法的原则

我国《消费者权益保护法》规定了下列四项原则：一是经营者应当依法提供商品或者服务的原则，二是经营者与消费者进行交易应当遵循自愿、平等、公平、诚实信用的原则，三是国家保护消费者的合法权益不受侵犯的原则，四是一切组织和个人对损害消费者合法权益的行为进行社会监督的原则。

第二节 消费者的权利和经营者的义务

一、消费者权利和经营者义务概述

在保护消费者权利方面，经营者、国家、社会均负有相应的义务；其中，经营者义务更为直接、更为具体。要有效地保护消费者的权利，就必须使经营者能够全面地履行其相应的义务，并且，经营者义务的履行对于确保消费者权利的实现具有重要的作用。正因如此，有关消费者权利和经营者义务的内容，历来是消费者权益保护法的核心内容。从历史上看，一般认为世界上最早明确提出消费者权利的是美国总统约翰·肯尼迪。他在 1962 年 3 月 15 日向国会提出的《关于保护消费者利益的特别国情咨文》中，提出了消费者应享有的四项权利，即获得商品的安全保障的权利、获得正确的商品信息资料的权利、对商品的自由选择的权利、提出消费者意见的权利。肯尼迪的“四权论”提出以后，渐为各国所广泛认同，并在实践中相继增加了获得合理赔偿的权利、获得有益于健康的环境的权利和受到教育的权利，以作为上述的“四权论”的补充。

我国《消费者权益保护法》不仅对于消费者权利和经营者义务有明确、具体的规定，同时，还从总体上规定了其适用范围：消费者为生活消费需要购买、使用商品或者接受服务，其权益受该法保护；经营者为消费者提供其生产、销售的商品或者提供服务，应当遵守该法；对于上述具体情况该法未作规定的，应当适用其他有关法律、法规的规定。另外，农民购买、使用直接用于农业生产的生产资料，亦应参照该法执行。

二、消费者的具体权利

根据我国《消费者权益保护法》第二章的规定，消费者的权利主要包括以下几个方面。

（一）保障安全权

保障安全权是消费者最基本的权利，它是消费者在购买、使用商品和接受服务时所享有的保障其人身、财产安全不受损害的权利。由于消费者取得商品和服务是用于生活消费，因此，消费者依法有权要求经营者提供的商品和服务必须符合保障人身、财产安全的条件。这是消费者的第一权利，包括人身安全权和财产安全权。

（二）知悉真情权

知悉真情权，或称获取信息权、知情权、了解权，是指消费者享有知悉其购买、使用的商品或者接受服务的真实情况的权利。可以发生在交易前的选择、鉴别阶段，也可以发生在交易中的协商和交易后的维修、保养甚至诉讼阶段。根据《消费者权益保护法》规定，消费者有权根据商品或者服务的不同情况，要求经营者提供商品的价格、产地、生产者、用途、性能、规格、等级、主要成分、生产日期、有效期限、检验合格证明、使用方法说明书、售后服务，或者服务的内容、规格、费用等有关情况。

（三）自主选择权

自主选择权是指消费者享有自主选择商品或者服务的权利，是消费者意思自治的表现。该权利包括以下几个方面：(1)自主选择提供商品或者服务的经营者的权利；(2)自主选择商品品种或者服务方式的权利；(3)自主决定购买或者不购买任何一种商品，接受或者不接受任何一项服务的权利；(4)在自主选择商品或服务时所享有的进行比较、鉴别和挑选的权利。选择权一般发生在消费交易达成之前，消费者只有行使了选择权，才有可能决定是否与经营者进行交易。

（四）公平交易权

公平交易权是指消费者在购买商品或者接受服务时所享有的获得质量保障和价格合理、计量正确等公平交易条件的权利。它主要发生在消费者与经营者就商品或者服务达成交易的过程中，即消费合同的订立阶段。公平交易权的实现，应当以经营者提供价格合理、质量保障的商品或者服务为前提。由于经营者比消费者更了解商品或服务的成本和利润情况，经营者应该以公允的价格向消费者提供符合法定或约定质量标准的商品或服务。不得相互串通，操纵市场价格，损害消费者的合法权益；不得捏造、散布涨价信息，哄抬物价；不得利用虚假或引人误解的价格手段诱骗消费者与之交易；不得采用各种手段变相提高或压低价格；不得违反法律、法规的规定牟取暴利。此外，消费者还有权拒绝经营者的强制交易行为。

（五）依法求偿权

依法求偿权是指消费者因购买、使用商品或者接受服务而受到人身、财产损害时，依法享有的要求并获得赔偿的权利。求偿权包括人身损害求偿权和财产损害求偿权，一般发生在消费者对商品或服务进行消费的过程中。其索赔的方式一般是要求物质补偿，可采用支付违约金、赔偿金以及退货、换货、维修等补救措施，不包括赔礼道歉、恢复名誉等非财产方式。依法求偿权是弥补消费者所受损害的必不可少的救济权。

（六）依法结社权

依法结社权是指消费者享有依法成立维护自身合法权益的社会团体的权利。这是消费者作为公民的一项宪法权利。政府对合法的消费者团体不应加以限制，并且，在制定有关消费者方面的法律、法规时，还应当向消费者团体征求意见，以求更好地保护消费者权利。消费者社团的普遍形式是消费者协会、消费者互助会或者合作社。消费者的依法结社权是通过集体的力量来改变自己的弱者地位，以对抗实力雄厚的经营者。

（七）接受教育权

接受教育权，也称获取知识权，是从知悉真情权中引申出来的一种消费者权利，它是指消费者享有获得有关消费和消费者权益保护方面的知识的权利，是公民教育权在消费领域的体现。它能使消费者更好地掌握所需商品或者服务的知识和使用技能，正确使用商品，提高自我保护意识和自我保护能力。

（八）获得尊严权

获得尊严权是指消费者在购买、使用商品和接受服务时所享有的其人格尊严、民族风俗习惯得到尊重的权利。它是公民的人格尊严权在消费活动中的体现。其内容包括两个方面：一是人格尊严权，指消费者享有独立人格，其身体和精神不受非法侵犯；二是民族风俗习惯权，指消费者所拥有的特殊民族的习惯、礼节、禁忌等行为方式不受非法侵犯。尊重消费者的人格尊严和民族风俗，是社会文明进步的表现，也是尊重和保障人权的重要内容。

（九）监督批评权

监督批评权是指消费者享有对商品和服务以及保护消费者权益工作进行监督的权利。这是消费者参与社会经济事务管理的权利的表现。此外，消费者有权检举、控告侵害消费者权益的行为和国家机关及其工作人员在保护消费者权益工作中的违法失职行为，有权对保护消费者权益工作提出批评、建议。

三、经营者的具体义务

由于经营者是为消费者提供商品和服务的市场主体，是与消费者直接进行交易的另一方，因此，明确经营者的义务对于保护消费者权益至为重要。我国《消费者权益保护法》第三章较为全面地规定了经营者所负的义务。

（一）依法定或约定履行义务

经营者向消费者提供商品或服务，应当依照我国的《产品质量法》和其他有关法律、法规的规定履行义务，即经营者必须依法履行其法定义务。此外，经营者和消费者有约定的，应当按照约定履行义务，但双方的约定不得违背法律、法规的规定。《消费者权益保护法》第 23 条规定，经营者提供商品或者服务，按照国家规定或者与消费者的约定，承担包修、包换、包退或者其他责任的，应当按照国家规定或者约定履行，不得故意拖延或者无理拒绝。这一规定体现了上述依法定或约定履行义务的精神。

（二）听取意见和接受监督的义务

经营者应当听取消费者对其提供的商品或者服务的意见，接受消费者的监督。经营者接受消费者的监督，以消费者利益为导向，有利于其改善经营环境，提高经济效益。对经营者提出意见或建议的消费者，可以是实际发生交易的消费者，也可以是一般社会公众，即“潜在”消费者。法律规定经营者的这一义务，有利于提高和改善消费者的地位。

（三）保障人身和财产安全的义务

根据《消费者权益保护法》规定，经营者应当保证其提供的商品或者服务符合保障消费者人身、财产安全的要求。对可能危及人身、财产安全的商品和服务，应当向消费者作出真实的说明和明确的警示，并说明和标明正确使用商品或者接受服务的方法以及防止危害发生的方法。这是经营者对产品安全的标志、警示和说明义务，通常发生在消费合同订立阶段。经营者发现其提供的商品或服务存在严重缺陷，即使正确使用商品或接受服务仍然可能对人身、财产安全造成危害的，应当立即向有关行政部门报告和告知消费者，并采取防止危害发生的措施。这是经营者对严重缺陷的告知义务和防范义务，通常发生在消费者对商品或服务进行消费的过程中。

（四）不作虚假宣传的义务

经营者应当向消费者提供有关商品或者服务的真实信息，不得作引人误解的虚假宣传。经营者在从事广告宣传、业务洽谈、合同签订、售后服务等活动时，应当向消费者披露、告知商品、服务及交易的真实情况，不得进行不实陈述，误导消费者。经营者对消费者就其提供的商品或者服务的质量和使用方法等具体问题提出的询问，应当作出真实、明确的答复。该义务一般发生在消费者选择商品、服务以及售后服务阶段。在价格标示方面，商店提供商品应当明码标价。否则即构成对消费者权益的侵犯。

（五）出具相应的凭证和单据的义务

经营者提供商品或者服务，应当按照国家有关规定或者商业惯例向消费者出具购货凭证或者服务单据；消费者索要购货凭证或者服务单据的，经营者必须出具。凭证具有证据效力，比如发票、收据等，是证明交易事实及相关内容的书面文件。某些特殊商品、服务交易中，凭证还具有合同的效力，比如商场的购物小票、车船票等。

（六）提供符合要求的商品或服务的义务

经营者应当保证在正常使用商品或者提供服务的情况下说明其提供的商品或者服务应当具有的质量、性能、用途和有效期限；但消费者在购买该商品或者接受该服务前已经知道其存在瑕疵的除外。经营者以广告、产品说明、实物样品或者其他方式表明商品或者服务的质量状况的，应当保证其提供的商品或者服务的实际质量与表明的质量状况相符。

（七）不得从事不公平、不合理交易的义务

根据《消费者权益保护法》规定，经营者不得以格式合同、通知、声明、店堂告示等方式作出对消费者不公平、不合理的规定，或者减轻、免除其损害消费者合法权益应当承担的民事责任。格式合同、通知、店堂告示等含有对消费者作出的不公平、不合理的规定或者减轻、免除损害赔偿责任等内容的，其内容无效。这一规定不是禁止经营者使用格式合同，或者发布通知、声明或店堂告示，而是禁止经营者用这种方式作出对消费者不利的规定。

（八）不得侵犯消费者人格权的义务

消费者的人身自由、人格尊严不受侵犯，经营者不得对消费者进行侮辱、诽谤，不得搜查消费者的身体及其携带的物品，不得侵犯消费者的人身自由。

第三节　消费者权益的保护措施

在消费者权益的保护方面，不仅经营者负有直接的义务，国家、社会也都负有相应的义务。只有各类主体都有效地承担起相应的保护消费者权益的义务，消费者的各项权利才能得到有效的保障。

一、国家对消费者权益的保护

依据我国《消费者权益保护法》第四章的规定，国家对消费者合法权益的保护措施主要体现在以下几个方面。

1. 在立法方面的保护。国家通过制定和完善消费者权益保护方面的法律、法规来保护消费者的权益；国家在制定有关消费者权益的法律、法规时，听取消费者的意见和要求，使这些法律、法规能更有效地保护消费者的权益。

2. 在行政管理方面的保护。根据我国《消费者权益保护法》的规定，各级人民政府应当加强领导，组织、协调、督促有关行政部门做好保护消费者合法权益的工作；并应加强监督，预防危害消费者人身、财产安全行为的发生，及时制止危害消费者人身、财产安全的行为。

《消费者权益保护法》除对各级政府在消费者权益保护方面的义务作出规定以外，还特别对政府的一些具体职能部门在消费者权益保护方面的义务做了规定。根据该法规定，各级人民政府工商行政管理部门和其他有关行政部门，应当依照法律、法规的规定，在各自的职责范围内，采取措施，保护消费者的合法权益。此外，有关行政部门应当听取消费者及其社会团体对经营者交易行为、商品和服务质量的意见，及时调查处理。

3. 在惩处违法犯罪行为方面的保护。对违法犯罪行为有惩处权力的有关国家机关，应当依照法律、法规的规定惩处经营者在提供商品和服务中侵害消费者合法权益的违法犯罪行为，以切实保护消费者的合法权益。

二、社会对消费者权益的保护

保护消费者的合法权益是全社会的共同责任，国家鼓励、支持一切组织和个人对损害消费者合法权益的行为进行社会监督。最主要的社会监督为大众传播媒介的舆论监督和消费者组织的监督。在保护消费者合法权益方面，各种消费者组织起着至为重要的作用。

根据《消费者权益保护法》规定，消费者组织包括消费者协会和其他消费者组织。消费者协会和其他消费者组织是依法成立的对商品和服务进行社会监督的保护消费者合法权益的社会团体。它们作为非营利的、公益性的社团，不得从事商品经营和营利性服务，不得以牟利为目的来向社会推荐商品和服务。在消费者组织中，消费者协会是最普遍、最重要的。消费者协会的职能包括以下几个方面：(1)向消费者提供消费信息和咨询服务；(2)参与有关行政部门对商品和服务的监督、检查；(3)就有关消费者合法权益的问题，向有关行政部门反映、查询，提出建议；(4)受理消费者的投诉，并对投诉事项进行调查、调解；(5)投诉事项涉及商品和服务质量问题的，可以提请鉴定部门鉴定，鉴定部门应当告知鉴定结论；(6)就损害消费者合法权益的行为，支持受损害的消费者提起诉讼；(7)对损害消费者合法权益的行为，通过大众传播媒介予以揭露、批评。

第四节　消费者权益争议的解决和法律责任的确定

一、消费者权益争议的解决

(一)争议的解决途径

根据我国《消费者权益保护法》的规定，消费者与经营者发生消费者权益争议时，可以通过下列途径解决：(1)与经营者协商和解；(2)请求消费者协会调解；(3)向有关行政部门申诉；(4)根据与经营者达成的仲裁协议提请仲裁机构仲裁；(5)向人民法院提起诉讼。

在发生争议解决时，消费者可以选择总体上对自己有利的争议解决途径。

(二)最终承担损害赔偿责任主体的确定

根据《消费者权益保护法》规定，最终承担损害赔偿责任的主体可以从以下几个方面来确定。

1. 消费者在购买、使用商品时，其合法权益受到损害的，既可以向销售者要求赔偿，也可以向生产者要求赔偿。销售者赔偿后，属于生产者的责任或者属于向销售者提供商品的其他销售者的责任的，销售者有权向生产者或者其他销售者追偿。属于销售者责任的，生产者赔偿后，有权向销售者追偿。

2. 消费者在接受服务时，其合法权益受到损害的，可以向服务者要求赔偿。

3. 消费者在展览会、租赁柜台购买商品或者接受其服务，使自身合法权益受到损害的，可以向销售者或者服务者要求赔偿。展览会结束或者柜台租赁期满后，也可以向展览会的举办者、柜台的出租者要求赔偿。展览会的举办者、柜台的出租者赔偿后，有权向销售者或者服务者追偿。

4. 消费者在购买、使用商品或者接受服务时，其合法权益受到损害的，因原企业分立、合并的，可以向变更后承受其权利义务的企业要求赔偿。

5. 使用他人营业执照的违法经营者提供商品或者服务损害消费者合法权益的，消费者可以向其要求赔偿，也可以向营业执照的持有人要求赔偿。

6. 消费者因经营者利用虚假广告提供商品或者接受服务，其合法权益受到损害的，可以向经营者要求赔偿。广告的经营者发布虚假广告的，消费者可以请求行政主管部门予以惩处。广告的经营者不能提供经营者的真实名称、地址的，应当承担赔偿责任。

二、法律责任的确定

（一）民事责任的确定

违反《消费者权益保护法》，侵犯了消费者的人身权或财产权的，应承担相应的民事责任。

1. 侵犯人身权的民事责任。我国《消费者权益保护法》对侵犯人身权的民事责任作了专门规定，这些责任包括3种情况。(1)致人伤害的民事责任。经营者提供商品或者服务，造成消费者或者其他受害人人身伤害的，应当支付医疗费、治疗期间的护理费、因误工减少的收入等费用，造成残疾的，还应当支付残疾者生活自助用具费、生活补助费、残疾赔偿金以及由死者生前扶养的人所必需的生活费等费用。(2)致人死亡的民事责任。经营者提供商品或者服务，造成消费者或者其他受害人死亡的，应当支付丧葬费、死亡赔偿金以及由死者生前扶养的人所必需的生活费等费用。(3)侵害人格尊严或侵犯人身自由的民事责任。经营者侵害消费者的人格尊严或者侵犯消费者人身自由的，应当停止侵害、恢复名誉、消除影响、赔礼道歉，并赔偿损失。

2. 侵犯财产权的民事责任。我国《消费者权益保护法》对侵犯财产权的民事责任的规定主要有如下情况。(1)经营者提供商品或者服务，造成消费者财产损害的，应当按照消费者的要求，以修理、重作、更换、退货、补足商品数量、退还货款和服务费用或者赔偿损失等方式承担民事责任。(2)国家规定或者经营者与消费者约定包修、包换、包退的商品，经营者应当负责修理、更换或者退货。在保修期内两次修理仍不能正常使用的，经营者应当负责更换或者退货。对包修、包换、包退的大件商品，消费者要求经营者修理、更换、退货的，经营者应当承担运输费用等合理费用。此外，依法经有关行政部门认定为不合格的商品，消费者要求退货的，经营者应当负责退货。(3)经营者以邮购方式提供商品的，应当按照约定提供。未按照约定提供的，应当按照消费者的要求履行约定或者退回货款；并应当承担消费者必须支付的合理费用。此外，经营者以预付款方式提供商品或者服务的，应当按照约定提供。未按照约定提供的，应当按照消费者的要求履行约定或者退回预付款；并应当承担预付款的利息和消费者必须支付的合理费用。(4)经营者提供商品或者服务有欺诈行为的，应当按照消费者的要求增加赔偿其受到的损失，增加赔偿的金额为消费者购买商品的价款或者接受服务的费用的一倍。这就是著名的“一倍赔偿”条款。

(二)行政责任的确定

我国《消费者权益保护法》规定，经营者违反该法规定，侵害消费者合法权益的，如果我国《产品质量法》等法律、法规对处罚机关和处罚方式有规定，则应依照其规定执行；否则，由工商行政管理部门责令其改正，可以根据情节单处或者并处警告、没收违法所得、处以违法所得 1 倍以上 5 倍以下的罚款，没有违法所得的，处以 1 万元以下的罚款；情节严重的，责令停业整顿、吊销营业执照。

经营者对上述处罚决定不服的，可以自收到处罚决定之日起 15 日内向上一级机关申请复议，对复议决定不服的，可以自收到复议决定书之日起 15 日内向人民法院提起诉讼；也可以直接向人民法院提起诉讼。

(三)刑事责任的确定

依据我国《消费者权益保护法》的规定，追究刑事责任的情况主要有如下 3 种。

1. 经营者提供商品或者服务造成消费者或者其他受害人人身伤害，构成犯罪的，或者经营者提供的商品或者服务，造成消费者或者其他受害人死亡，构成犯罪的，依法追究刑事责任。

2. 以暴力、威胁等方法阻碍有关行政部门工作人员依法执行公务，构成犯罪的，依法追究刑事责任。

3. 国家机关工作人员有玩忽职守或者包庇经营者侵害消费者合法权益的行为，由其所在单位或者上级机关给予行政处分；情节严重，构成犯罪的，依法追究刑事责任。

案例评析

【案例 1】

9 月 30 日 8 时左右，冯某带儿子王某到张某开办的饮食店买包子吃，此时，在隔壁开液化气店的杨某提着液化气钢瓶在距离张某饮食摊煤球炉(在饮食店门外 3 米处)约十余米的下水沟入口处倾倒残余在钢瓶内的水和液化气,液化气飘散至煤球炉时遇热突然起火,将王某面部、手指、双腿烧伤。熄火后冯某、张某、杨某速将王某送至吉安市中心人民医院烧伤科住院治疗了 48 天,共用去医疗费 8658 元,交通费 340 元。经医生诊断,王某脸面、四肢、阴部烧伤为 8.5%。经法医检验,依据《职工工伤与职业病致残程度鉴定》之规定,评定王某为伤残七级。

此案中,对王某的医疗费、伤残补助费、残疾赔偿金等费用应由谁赔偿,有两种观点,一是由杨某负主要赔偿责任,张某负次要赔偿责任。其理由是:杨某明知液化气属易燃物品,却麻痹大意将钢瓶中残余液化气倾倒在下水沟里,飘散的液化气遇张某的煤球炉燃起而烧伤王某,其行为与王某被烧伤有直接的因果关系;张某将煤球炉放置于离店 3 米处,属超店经营,对液化气遇热燃起,有不可推卸的责任,故应负相应的民事责任。二是由杨某负全部赔偿责任。

【评析】

杨某的行为与王某被烧伤有直接的完全的因果关系,应承担全部赔偿责任。其理由如下。

1. 杨某倾倒残余液化气的行为对王某的烧伤存在过错。王某随母亲冯某到张某的饮食摊买包子吃,本来安然无恙,只因杨某在附近下水沟入口处倾倒残余在钢瓶内的液化气飘散至张某饮食摊的煤球炉遇热燃起,才被烧伤致残。而经营液化气店的杨某明知液化气是易燃物品,却不顾周围环境倾倒,其主观上明显存在过错。况且根据《民法通则》第 123 条规定,从事对周围环境有高度危险作业造成他人损害的,应承担民事责任。因此,不管杨某对王某被烧伤有否过错,均应承担赔偿责任。而张某将煤球炉放置在离店门口 3 米之远处,虽属超店经营,影响了县城市容,但对于王某被杨某倾倒的残余液化气遇热燃起而烧伤,不存在任何过错。

2. 杨某倾倒残余液化气的行为与王某被烧伤有直接的因果关系。张某煤球炉虽属超店经营,理应受到有关城市管理部门依法纠正或处罚,但不可能会烧伤前来购买包子吃的王某。王某被烧伤完全是因杨某不顾周围环境倾倒残余在钢瓶内的液化气,飘散的液化气遇热燃起而导致,且造成了王某伤残七级的严重后果。显然,杨某的行为与王某被烧伤存在直接的因果关系。

3. 从行为人的社会危害性看,张某超店经营的行为虽影响了市容,具有一定的社会危害性,但这种危害性与王某因飘散开来的液化气遇热燃起而被烧伤是风马牛不相及的。而杨某不顾周围环境倾倒残余液化气的行为,具有潜在的危害公共安全的社会危害性，假如飘散的液化气不是遇到张某的煤球炉而是遇到其他的烟火或热量，也有可能被燃起，也会造成不应有的损害。

综上所述，杨某不顾周围环境倾倒残余液化气的行为对王某的烧伤既有过错，也有直接的因果关系，更造成了王某伤残七级的严重后果。因此，吉安市人民法院审理后判决杨某负本案全部赔偿责任是正确的。

【案例2】

2003年秋某日，张某和儿子到本区的百货商场电器柜台购买收放机。张某想买一个功能全质量好的收放机，但又不太懂这方面的知识，于是就请售货员帮忙推荐。女售货员立即热情地拿出某牌收放机，说这种收放机功能全音质好，价钱还不算太高，买的人很多。张某信以为真，没有认真检查便付款买了一台售货员推荐的某牌收放机。回到家中，张某的儿子便根据说明书的介绍开始用该收放机学习英语。使用中发现，该收放机缺少自动倒带功能，而且有个按钮刚用一天就已不太灵敏。看来，这台收放机的功能和质量同女售货员所介绍的不太一样。于是，张某急匆匆赶到百货商场，找到那位女售货员要求退货。售货员往墙上一指说："你看，我们商场墙上贴着告示，上面写着'商品售出，概不退换'。我没法给你退货！"一气之下，张某便向法院提起诉讼，要讨个说法。

经法院审理认为，百货商场所贴的店堂告示损害了消费者的利益，故百货商场做出的"商品售出，概不退换"的规定无效，责令撤销这一店堂告示；支持张某的合理要求，判令商场予以退货。

【评析】

本案是一起经营者以"店堂告示"的方式损害消费者利益、减轻自己应承担的民事责任的案例。

1.法律不允许经营者在经营场所设立损害消费者权益的告示、声明、通知等。

我们常在一些经营场所看到经营者悬挂、张贴的标语、标牌，告诉消费者在选购商品或者接受服务时应注意的事项或者其他商业用语。消费者在选购商品或接受服务时，一旦对这种商品或服务提出不同意见，经营者就以这些早已规定好的店堂告示、声明、通知等为理由推脱责任。在这种情况下，许多消费者心里很窝火却不知该怎么办，最后常常是忍气吞声，不了了之。《消费者权益保护法》第24条规定："经营者不得以格式合同、通知、声明、店堂告示等方式做出对消费者不公平、不合理的规定，或者减轻、免除其损害消费者合法权益而应当承担的民事责任。格式合同、通知、声明、店堂告示等含有前款所列内容的，其内容无效。”从这一法律规定可以看出，法律不允许经营者在经营场所设立损害消费者权益的告示、声明、通知，即使设立了，其内容也是无效的，并不能免除经营者应承担的责任和义务。

2. 购买商品中事实合同关系的形成。

经营者提供商品或服务，消费者购买商品或接受服务，经营者和消费者之间就建立起一种合同关系。本案中的张某在商场购买收放机，张某与百货商场之间就形成一个收放机买卖合同关系。作为合同一方当事人的百货商场负有向买方张某提供合乎合同约定的合格收放机的义务；张某作为买方负有支付价款的义务。张某依约定履行了义务，却没有按合同的约定得到符合约定的合格的收放机。在这里，百货商场违反了合同的约定，应当承担违约责任。张某有权解除合同，把收放机还给商场，商场把价款退还给张某并赔偿张某的损失。但是，百货商场却以其店堂告示上明确规定“商品售出，概不退换”为理由，拒绝退货，实际上是自行免除其违反合同的民事责任。这种自我免责是违反公平和诚实守信原则的，也是违反法律的强制性规定，因此是不能成立的。经营者设置这种店堂告示的目的，是将该告示内容自动作为将要订立的合同的当然条款，消费者要订立合同就必须接受该条款；如果不接受该条款，经营者就不与你订立合同。这对消费者是不公平、不合理的，损害了消费者合法权益，因而《消费者权益保护法》明文规定这类告示、声明、通知是无效的，不能免除经营者应承担的责任和义务。

生活中，经营者自行设立的这类格式合同、通知、声明、店堂告示还是很多的，但并不是全部无效。判断其是否有效，需要依据民法通则和相关的法律规定加以分析。一般来说，这类声明、通知、店堂告示的内容大体可以分为两类：一类是关于经营情况的一般性告示，如“本店盘点暂不营业”，这类告示一般不涉及消费者的权利和利益，也没有不公平、不合理之处，因而是有效的。另一类告示涉及到交易的内容，如“商品售出，概不退换”等。这类告示涉及到消费者与经营者之间的权利义务关系，如果该店堂告示的内容对消费者不公平、不合理，或者免除、减轻经营者损害消费者合法权益而应当承担的民事责任，这样的内容无效。

【案例3】

2000年5月2日晚20时许，原告董淑庆之夫，李显志、李显杰之父李俊生(1936年1月24日出生)在其女婿耿瑞华陪同下，持总参三部科装局内部所购57303部队招待所(61195部队招待所的原名称)编号为071号的游泳池月卡到被告61195部队招待所(以下简称被告)游泳池游泳。该游泳池长23米、宽12米，分深水区和浅水区，深水区水位1.8米，浅水区水位1.2米，深水区与浅水区之间无隔离设施。在游泳过程中，李俊生溺水沉入池底，此时陪同李俊生游泳的耿瑞华不在其身边。其他人发现有人溺水后急向场边工作人员呼救。当晚协助值班的救生员杨洪宝随即下水救生，并在游泳池边与前来游泳的中国人民解放军316医院的工作人员庞亚玲、韦红一起对李俊生实施人工呼吸等徒手抢救措施。庞亚玲还拨打了316医院的急救电话，316医院派救护车将李俊生拉到该院抢救，经抢救无效死亡，李俊生家属支付抢救费747.60元。2000年5月3日凌晨，北京急救中心根据李俊生家属的要求，将李俊生的尸体运送回青岛市并于5月4日火化，对此，共支付运输费14000元，丧葬费1340元。此外，原告李显杰及其爱人等因赴青岛处理李俊生后事的返京路费582元。

另查，被告的游泳馆于2000年4月20日开始试营业，5月1日正式营业。在此之前被告委托持有北京市游泳救护员上岗证的北京市香山饭店职工杨勇鹏开办救生员培训班，对杨洪宝等人进行了岗前培训，杨洪宝等人经内部考核合格后担任该游泳馆救生员工作，但未取得北京市游泳救护人员上岗证。

原告董淑庆、李显志、李显杰诉称，李俊生在被告处游泳时溺水死亡，被告应承担相应责任，故请求法院判令：被告向董淑庆、李显志、李显杰赔礼道歉，赔偿抢救费747.6元、丧葬费1340元、交通费14582元，支付死亡赔偿金157320元，退还游泳票款150元，并承担本案的诉讼费用。

被告辩称，其作为经营者已尽必要的义务，在此次事故中无任何过错，不同意原告的诉讼请求。

一审法院经审理认为，被告提供服务存在缺陷，对李俊生溺水死亡存在明显过错，应对损害的发生承担主要责任；李俊生的亲属在陪同其游泳的过程中，对李俊生疏于照顾，对导致老人溺水死亡的后果，亦有一定的责任。依照《中华人民共和国民法通则》第119条和《中华人民共和国消费者权益保护法》第18条第1款、第42条之规定作出如下判决：(1)被告向原告董淑庆、李显志、李显杰予以书面致歉；(2)被告赔偿原告董淑庆、李显志、李显杰各种费用共计12402.64元(其中：抢救费672.84元、丧葬费1206元、交通费523.80元、死亡赔偿金10000元)；(3)驳回原告董淑庆、李显志、李显杰其他诉讼请求。

原告董淑庆、李显志、李显杰以一审判决赔偿数额偏低为由提出上诉，二审法院经审理，判决驳回上诉，维持原判。

【评析】

本案的审理主要涉及以下3个问题。

第一，被告主观上是否存有过错及其责任承担问题。公共游泳场馆系人身危险多发区，国家有关管理机关颁布有相关的强制性经营、管理规章，对救生人员实施特殊许可证制度。被告虽然取得了游泳场馆营业许可证，并配备了一定的救生人员和器械，但其在提供服务中却存有疏忽管理的过错：一是在游泳池的深、浅水区之间无任何标识及警告标志，当游泳者进入深水区时，对游泳者游泳技能也没有查验审核，无法保障游泳者的安全；二是被告配备的救生员未取得北京市游泳救护人员上岗证，且在李俊生溺水时未能及时发现，未尽到救生员的注意义务。可以认定被告提供的消费服务中有瑕疵，被告应对李俊生溺水死亡承担主要责任。

第二，死者李俊生及其近亲属是否有过错的问题。我国《民法通则》第131条规定："受害人对于损害的发生也有过错的，可以减轻侵害人的民事赔偿责任。"在本案中，死者李俊生已年逾花甲，退休在家，在其未拥有经过专业测试取得的深水游泳合格证的情况下，到具有高度危险的游泳池游泳，本应格外谨慎小心，但却在陪伴者不在身边时，贸然进入水深达1.8米的深水区游泳，以致溺水死亡。其女婿在陪伴老人游泳的过程中，远离老人，使李俊生处于一种孤立无援的状态，甚至在李俊生溺水沉入水底时，其女婿仍无察觉。由此可见，李俊生的亲属也存在疏于对行动迟缓的老人给予有效的帮助和监管的过错，因此，对损害结果，李俊生及其亲属应自行承担一定的责任。

第三，关于本案赔偿数额的确定问题。人身损害赔偿诉讼，在确认了赔偿责任和承担者后，在计算具体赔偿数额时，一方面要根据民法理论中的"填平原则"，判令侵权者将受害人的经济损失予以补偿；另一方面还要严格审核证据，减除原告方不合理或人为扩大的经济损失。本案中，李俊生的丧葬费、亲属返京交通费、抢救费等3项为合理开支，应由被告方按过错责任的比例予以承担；根据有关规定，原告要求的死亡赔偿金数额显属过高，法院可依法确定相应的数额；死者亲属雇用专车将死者尸体运回原籍的行为违反了《北京市殡葬管理暂行条例》的规定，因此而支出的费用属人为扩大的经济损失，理应由原告自行承担。

综上，一、二审法院对本案双方当事人过错责任的认定及赔偿数额的承担是正确的。

【思考练习】

一、名词解释

消费者　消费者权益

二、简答题

1.《消费者权益保护法》规定的消费者享有的权利有哪些？

2.经营者在消费交易中应当履行哪些义务？

3.解决消费者权益争议的途径有哪些？

第十四章 税法

本章导读

税收是国家财政收入最主要的来源，是实行宏观调控的重要经济杠杆。税法是国家税收活动的法律依据。本章主要阐述税法的基本原理，税收征纳实体法律制度，税收征纳程序法律制度以及违反税法的法律责任等。

重点问题

1. 税收的分类。
2. 税法的构成要素。
3. 流转税的法律规定。
4. 所得税的法律规定。
5. 税收征管制度的内容。

第一节 税收与税法概述

一、税收的概念和特征

（一）税收的概念

税收简称税，是指国家为实现其公共职能而凭借其政治权力，依法强制、无偿地取得财政收入的活动或手段。

税收有着非常重要的地位。税收活动是国家参与社会产品分配和再分配的重要手段，税收杠杆是国家据以进行宏观调控的重要工具，税收收入是国家财政收入的最主要的来源。没有税收，国家机器就不能有效运作，国家也将难以存续。

（二）税收的特征

税收的特征是税收与其他财政收入形式相比较而表现出来的、反映税收本质的征象。从上述有关税收的概念中，我们可以将税收的特征概括为如下几点。

1. 国家主体性。国家是税收的主体，征税权只属于国家并由中央政府和地方政府来具体实现，国家或政府在税收活动中居于主导地位。

2. 公共目的性。税收作为提供公共物品的最主要的资金来源，着重以满足公共欲望、实现国家的公共职能为直接目的。为此，税收必须根据纳税主体的负担能力依法普遍课征，但它并不具有惩罚性。

3. 强制性。税收并不取决于纳税主体的主观意愿或征纳双方的意思表示，而只取决于征税主体的认识和意愿，因而具有强制性。税收的这一特征使其也区别于国有资产收入等非强制性的财政收入。

4. 无偿性。税收是无偿征收的，即国家征税既不需要事先支付对价，也不需要事后向各个纳税人作直接、具体的偿还。因此，就具体的、特定的时空而言，税款的征收是无偿的。

5. 确定性。也称固定性，即税收的征收标准是相对明确、稳定的，并体现在税法的课税要素的规定之中，从而使税收具有确定性或称固定性的特征。

二、税收的分类

税收的分类也是税法中的一个重要问题。税收如何分类，直接影响到一国的税收体系，影响到一国的税制建设，也影响到一国的税收立法、执法等。税收依不同的标准，可以作出多种分类，较为重要的分类有如下几种。

1. 直接税与间接税。依据税负能否转嫁，税收可以分为直接税和间接税。凡税负不能转嫁给他人，而是由纳税人直接来承担税负的税种，即为直接税。如各类所得税。凡税负可以转嫁他人，纳税人只是间接承担税负的税种，即为间接税。如各类商品税。

2. 从量税与从价税。依据税收计征标准的不同，税收可分为从量税和从价税。凡是以征税对象的数量、重量、容量等为标准从量计征的税种为从量税。如资源税等税种便是。凡以征税对象的价格为标准从价计征的税种，为从价税。如增值税等。

3. 商品税、所得税和财产税。依据征税对象的不同，税收可以分为商品税、所得税和财产税，这通常被认为是税收最重要、最基本的分类。

4. 中央税和地方税。依据税收管理权和税收收益权的不同，税收可分为中央税和地方税。凡由国家最高权力机关或经其授权进行税收立法开征，税收管理权和税收收益权归属于中央政府的税收，为中央税，简称国税。凡由地方权力机关立法开征，或者税收管理权和税收收益权归属于地方政府的税收，为地方税，简称地税。此外，有时某些税种的税收收入由中央政府和地方政府按分成比例共同享有，被称为中央与地方共享税。

5. 价内税和价外税。依据税收与价格的关系，税收可分为价内税和价外税。凡在征税对象的价格中包含税款的，为价内税。如我国现行的消费税。凡税款独立于征税对象的价格之外的税为价外税，如我国现行的增值税。

6. 独立税和附加税。依据课税标准是否具有依附性，税收可分为独立税和附加税。凡不需依附于其他税种而仅依自己的课税标准独立课征的税，为独立税，也称主税。大多数税种为独立税。凡需附加于其他税种之上课征的税，为附加税。独立税可以单独征收，而附加税只能附加征收。

除了上述分类以外，税收还可分为对人税与对物税、实物税和货币税、经常税和临时税、财政税和调控税、累进税和累退税等。此外，在我国的税收实务中，还把税收分为工商税收、农业税收和关税税收等。

三、税法的概念和体系

（一）税法的概念

税法是调整在税收活动中发生的社会关系的法律规范的总称。在我国，税法的形式是多种多样的，有的表现为法律、法规、条例、暂行条例、实施细则，如《税法》、《〈消费税暂行条例〉实施细则》、《关于营业税会计处理的规定》等；也有的表现为命令、决议、办法、通知等，比如《国家税务总局关于贯彻落实企业所得税法若干税收问题的通知》。

（二）税法的调整对象

税法的调整对象是在税收活动中发生的社会关系，这种社会关系简称税收关系。它可以分为两大类，即税收体制关系和税收征纳关系。前者是指各相关国家机关因税收方面的权限划分而发生的社会关系，实质上是一种权力分配关系；后者是指在税收征纳过程中发生的社会关系，主要体现为税收征纳双方之间的关系。同时，税收征纳关系还可进一步分为税收征纳实体关系和税收征纳程序关系两类。

（三）税法的体系

税法的体系是指各类税法规范所构成的协调、统一的整体。其结构与分类同税法的调整对象直接相关。

由于税法所调整的税收关系包括税收体制关系和税收征纳关系，因此，调整税收关系的法律规范也就可以分为两类，即税收体制法和税收征纳法。同时，税收征纳法又可进一步分为税收征纳实体法和税收征纳程序法。其中，税收征纳实体法依其所涉及的税种的不同，又可以进一步分为流转税法、所得税法和财产税法，它们在整个税法体系中都占有重要地位，是需要适时变动以保障宏观调控的有效实施的部分。

四、税法的构成要素

（一）税法的构成要素的概念及其分类

税法的构成要素，是构成税法的必要因素，是税法必不可少的内容。对于税法的构成要素，可以依不同的标准，作出不同的分类。在税法构成要素的分类中，最为重要、最通常的一种分类，是将其分为实体法要素和程序法要素。

（二）实体法要素

税法中的实体法要素，是构成税收征纳实体法的必不可少的内容。实体法要素主要包括以下几个。

1. 税法主体。税法主体是在税收法律关系中享有权利和承担义务的当事人。包括征税主体和纳税主体两类。征税主体是国家，因为征税权是国家主权的一部分。在具体的征税活动中，国家授权政府的职能部门来实际行使征税权。纳税主体又称纳税义务人，简称纳税人，是依照税法规定直接负有纳税义务的自然人、法人和非法人组织体。纳税主体在具体的税法中还可能有其他的分类。如在增值税法中有一般纳税人和小规模纳税人的区分。

2. 征税客体。征税客体，也称征税对象或课税对象，是指征税的直接对象或称标的。征税客体在税法的构成要素中居于十分重要的地位。它是各税种相区别的主要标志，也是进行税法分类的最重要的依据，同时，还是确定征税范围的重要要素。依据征税对象性质的不同，可以将其分为商品、所得和财产三大类。

3. 税目与计税依据。税目与计税依据是对征税对象在质与量上的具体化。所谓税目，就是税法规定的征税的具体项目。所谓计税依据，也称计税标准、计税基数，简称税基，是指根据税法规定所取得的用以计算应纳税额的依据，亦即用以计算应纳税额的基数。它是征税对象在量的方面的具体化，直接影响纳税人最终的税负承担。

4. 税率。税率是应纳税额与计税基数之间的数量关系或比率。它是衡量税负高低的重要指标，是税法的核心要素。税率可分为比例税率、累进税率和定额税率。比例税率，是指对同一征税对象，不论其数额大小，均按照同一比例计算应纳税额的税率。累进税率，是指随着征税对象的数额由低到高逐级累进，所适用的税率也随之逐级提高的税率。即按征税对象数额的大小划分若干等级，各等级由低到高规定相应的税率，征税对象数额越大，适用的税率越高，反之则越低。累进税率可分为全额累进税率、超额累进税率、超率累进税率等。定额税率，是指按征税对象的一定计量单位直接规定的固定的税额，因而也称固定税额。一般适用于从量计征。

5.税收特别措施。税收特别措施包括两类，即税收优惠措施和税收重课措施。前者以减轻纳税人的税负为主要目标，并与一定的经济政策和社会政策相关；后者是以加重纳税人的税负为目标而采取的措施，如税款的加成、加倍征收等。

（三）程序法要素

税法中的程序法要素，作为保障税收征纳实体法有效实施的必不可少的要件，同样是非常重要的。其中包括纳税时间和纳税地点。

1.纳税时间。纳税时间，是指在纳税义务发生后，纳税人依法缴纳税款的期限，因而也称纳税期限。纳税期限可分为纳税计算期和税款缴库期。前者说明纳税人应多长时间计缴一次税款，反映了计税的频率；后者说明应在多长期限内将税款缴入国库，它是纳税人实际缴纳税款的期限。

2.纳税地点。纳税地点是纳税人依据税法规定向征税机关申报纳税的具体地点。它说明纳税人应向哪里的征税机关申报纳税以及哪里的征税机关有权进行税收管辖的问题。

除了上述两项以外，程序法要素还可包括纳税环节、计税方法、处罚程序等。

第二节 税收征纳实体法律制度

一、税收征纳实体法律制度概述

税收实体法，主要包括税收体制法和税收征纳实体法两个部分。其中，税收体制法是调整税收体制关系的法律规范的总称。我国目前有关税收体制法的立法尚不健全。而税收征纳实体法在整个税法体系中居于主体地位，在实现税法的宗旨方面有着重要的作用。在我国现行的税收立法中，有关税收征纳实体法律的规范所占比重较大。它具体包括流转税、所得税和财产税三个方面的法律制度。

二、流转税法律制度

流转税是以商品（包括劳务）为征税对象，以依法确定的商品的流转额为计税依据而征收的一类税。流转税主要包括增值税、消费税、营业税和关税，是我国税收收入的主要来源。流转税法律制度在整个税法体系中也占有重要地位。

(一)增值税法律制度

增值税是以应税商品或劳务的增值额为计税依据而征收的一种流转税。它是流转税中的核心税种,对于保障财政收入、避免重复征税、保护公平竞争等具有特别重要的意义。我国现行增值税制度的法律规定主要体现为《增值税暂行条例》及其配套的法规、规章等,其主要内容包括如下几项。

1.税法主体。我国增值税的征税主体是税务机关(进口环节的增值税由海关代征);纳税主体是在我国境内销售货物、提供应税劳务以及进口货物的单位和个人。其中,单位是指各种类型的企业、行政事业单位、军事单位、社会团体及其他单位;个人是指个体经营者及其他个人。此外,从税法地位和税款计算的角度,增值税的纳税主体还可以分为两类,即一般纳税人和小规模纳税人。其中,后者是指年销售额在规定标准以下,并且会计核算不健全,不能按规定报送有关税务资料的纳税人。前者是指小规模纳税人以外的其他纳税人。个人、非企业性单位、不经常发生增值税应税行为的企业,即使年应税销售额超过小规模纳税人的标准,也视同小规模纳税人。一般纳税人可以使用增值税专用发票,可以用"扣税法"进行税款抵扣;而小规模纳税人则不得使用增值税专用发票,只能用简便的方法来计税。

2.征税范围。增值税的征税范围包括三个方面,即销售货物、提供应税劳务和进口货物。销售货物包括:(1)一般销售,即销售有形动产,包括电力、热力和气体;(2)视同销售,包括税法列举的各个项目,如将自产或购买的货物用于非增值税应税项目,或者用于集体福利、个人消费、无偿赠送他人等;(3)混合销售,即一项销售行为既涉及货物又涉及非应税劳务的行为。凡从事货物的生产、批发或零售的企业、企业性单位及个体经营者的混合销售行为,视为销售货物,征收增值税。提供应税劳务,是指提供应当征收增值税的劳务。包括提供加工、修理修配劳务。如果纳税人兼营非应税劳务(即应征收营业税的劳务),则应当对不同项目的销售额分别进行核算,分别征税;否则,将一并征收增值税。进口货物,在货物报关进口时要征收进口环节增值税。

3.税率。我国增值税的税率分为三档,即基本税率、低税率和零税率。基本税率为17%,适用于一般情况下的销售货物、提供应税劳务和进口货物。低税率为13%,适用于下列货物的销售和进口:(1)粮食、食用植物油;(2)自来水、暖气、冷气、热水、煤气、石油液化气、天然气、沼气、居民用煤炭制品;(3)图书、报纸、杂志;(4)饲料、化肥、农药、农机、农膜;(5)国务院规定的其他货物。零税率仅适用于法律不限制或不禁止的报关出口的货物,以及输往海关管理的保税区等特殊区域的货物。零税率与增值税制度中的出口退税制度直接相关。

4.增值税应纳税额的计算。(1)一般纳税人销售货物或者提供应税劳务，其应纳税额适用“扣税法”计算，其公式为：应纳税额＝当期销项税额－当期进项税额。在上述公式中，当期销项税额＝当期销售额×税率。(2)小规模纳税人销售货物或者提供应税劳务，其应纳税额适用简易的方法计算，其公式为：应纳税额＝销售额×征收率。按税法有关规定，小规模纳税人增值税征收率为3%。(3)进口货物，无论是一般纳税人还是小规模纳税人，都应按组成计税价格计算，其公式为：应纳税额＝组成计税价格×税率。组成计税价格＝关税完税价格＋关税税额＋消费税税额。如果进口的货物不征消费税，则上述的组成计税价格中不含消费税税额。

5.税收减免。我国增值税的税收减免主要有：农业生产者销售的自己生产的农产品、避孕药品和用具，古旧图书，直接用于教学、科研的进口仪器和设备，直接用于科学研究、科学试验和教学的进口仪器、设备，个人销售自己使用过的物品等。此外，个人的销售额未达到规定的起征点的，也免征增值税。

(二)消费税法律制度

消费税，是指以特定的消费品的流转额为计税依据而征收的一种税。我国的消费税制度的法律规定主要表现为《消费税暂行条例》及与之配套的相关法规、规章等。其实体法规范的主要内容如下。

1.在税法主体方面，消费税的征税主体是税务机关(进口环节的消费税由海关代征)；纳税主体是在我国境内从事生产、委托加工和进口应税消费品的单位和个人。

2.在征税范围方面，根据《消费税税目税率表》，消费税的征税范围包括11个税目，可以概括为以下几类消费品：(1)过度消费会对人类健康、社会秩序和生态环境等造成危害的消费品，包括烟、酒及酒精、鞭炮和焰火三个税目。(2)奢侈品、非生活必需品，包括贵重首饰及珠宝玉石、化妆品两个税目。(3)高能耗的高档消费品，包括小汽车、摩托车两个税目。(4)石油类消费品，包括汽油、柴油两个税目。(5)具有特定的财政意义的消费品，包括汽车轮胎、护肤护发品两个税目。

3.在税率方面，消费税的税率包括两类，即比例税率和定额税率。有9个税目适用比例税率，从3%到50%，分别适用于不同税目的消费品。此外，定额税率适用于汽油、柴油两个税目以及啤酒、黄酒两个子目。

4.在应纳税额的计算方面，适用比例税率的消费品的计算公式为：应纳税额＝消费品的销售额×税率。适用定额税率的消费品的计算公式为：应纳税额＝消费品销售数量×单位税额。

5.在税收减免方面，消费税的减免项目很少，主要是纳税人出口应税消费品,除国家限制出口的以外,免征消费税。此外,纳税人自产自用的应税消费品和用于连续生产应税消费品的,不征收消费税。

(三)营业税法律制度

营业税是以应税商品或劳务的销售收入额为计税依据而征收的一种流转税。营业税是财政收入的重要来源。我国的营业税制度的法律规定主要表现为《营业税暂行条例》及与其配套的相关法规、规章等,其实体法规范的内容主要如下。

1.在税法主体方面,营业税的征税主体是税务机关;纳税主体是在我国境内提供应税劳务、转让无形资产、销售不动产的单位和个人。

2.在征税范围方面,营业税的征税范围包括9个税目,可以分为三个方面。(1)提供应税劳务,包括交通运输业、建筑安装业、金融保险业、邮电通信业、文化体育业、娱乐业、服务业,共7个税目。(2)转让无形资产,包括转让土地使用权、知识产权等。(3)销售不动产,包括销售建筑物及其他土地附着物等。此外,从事货物的生产、批发或零售的企业、企业性单位及个体经营者以外的其他单位和个人的混合销售行为,视为提供应税劳务,征收营业税。

3.在税率方面,交通运输业、建筑安装业、邮电通信业、文化体育业适用的税率为3%;服务业、转让无形资产、销售不动产适用的税率为5%;金融保险业适用的税率为8%;娱乐业适用5%—20%的幅度比例税率。

4.在计税方法方面,营业税的计税依据是营业额,其应纳税额的计算公式是:应纳税额=营业额×税率。

5.在税收减免方面,营业税的减免项目较多。例如,医疗机构提供的医疗服务,教育机构提供的教育劳务,农业机耕、排灌等以及相关的技术培训,纪念馆、博物馆、文化馆、美术馆、展览馆、图书馆等举办文化活动的门票收入等,均属法定免税项目。

(四)关税法律制度

关税是以进出关境的货物或物品的流转额为征税对象而征收的一种流转税。关税可分为进口税、出口税和过境税,但一般主要是征收进口税,且以对进口货物征税为主。我国的关税法律制度的法律规定主要表现为《进出口关税条例》、《海关进出口税则》、《海关法》等相关的法律、法规。其实体法规范的主要内容如下。

1.在征税范围方面,关税的征税范围包括准许进出我国关境的各类货物和物品。其中,货物是指贸易性的进出口商品,物品是指非贸易性的与特定的个人相关的物品。

2. 在税法主体方面，关税的征税主体是海关，纳税主体包括进口货物的收货人，出口货物的发货人，接受委托办理有关货物进出口手续的代理人，物品的持有人或所有人、收货人。

3. 在税率方面，我国关税实行差别比例税率，并且，同一税目的货物适用的税率可分为进口税率和出口税率两类。而进口税率又分设普通税率和优惠税率，其中，对原产于与我国订有关税互惠协议的国家或地区的进口货物，适用优惠税率征税；否则，按普通税率征税，但经过关税税则委员会特别批准的也可以按照优惠税率征税。

4. 在计税依据方面，关税的计税依据是关税的完税价格。其中，进口货物以海关审定的到岸价格为完税价格，到岸价格不能确定的，由海关估定。出口货物应当以海关审定的货物售与境外的离岸价格，扣除出口关税后，作为完税价格。离岸价格不能确定时，亦由海关估定。在完税价格确定或估定以后，即可计算关税的应纳税额，其计算公式为：应纳税额＝关税的完税价格×税率。

5. 在税收减免方面，关税的税收减免项目较多，可分为法定减免、特定减免和临时减免三大类。其中，法定减免是指应依据税法的明确规定来实施的税收减免；特定减免是国务院及其授权机关在法定减免以外，为实现特定的目的而特准给予的税收减免；临时减免是对某个具体纳税人的某次进出口货物临时给予的减免，它不具有普遍的减免效力。

三、所得税法律制度

所得税是以所得为征税对象，向获取所得的主体征收的一类税。所得税主要可以分为企业所得税和个人所得税两类。

（一）企业所得税制度

在2007年之前，我国在企业所得税领域实行内外有别的两套税制，2007年3月十五届全国人大第四次会议通过的《企业所得税法》自2008年1月1日起施行，1991年4月9日第七届全国人民代表大会第四次会议通过的《中华人民共和国外商投资企业和外国企业所得税法》和1993年12月13日国务院发布的《中华人民共和国企业所得税暂行条例》同时废止。《企业所得税法》将境内外企业统一规定在了其中。我国的企业所得税制度主要表现为《企业所得税法》及其他相关法规、规章。其实体法规范的主要内容如下。

1. 在税法主体方面，征税主体是税务机关，纳税主体分为两类：居民企业和非居民企业。居民企业是指依法在中国境内成立，或者依照外国（地区）法律成立但实际管理机构在中国境内的企业；非居民企业是指依照外国（地区）法律成立且实际管理机构不在中国境内，但在中国境内设立机构、场所的，或者在中国境内没有设立机构、场所，但有来源于中国境内的所得的企业。

2. 在征税范围方面，征税对象包括两类所得，一类是生产、营业所得，另一类是其他所得，包括股息、利息、租金、特许权使用费等所得。居民企业与非居民企业不同，居民企业应当就其来源于中国境内、境外的所得缴纳企业所得税。非居民企业在中国境内设立机构、场所的，应当就其所设机构、场所取得的来源于中国境内的所得，以及发生在中国境外但与其所设机构、场所有实际联系的所得，缴纳企业所得税；未在中国设立机构、场所的，或者虽设立了机构、场所但取得的所得与其所设机构、场所没有实际联系的，应当就其来源于中国境内的所得缴纳企业所得税。

3. 在税率方面，企业所得税实行比例税率，税率为 25%，其中非居民企业未在中国设立机构、场所的，或者虽设立机构、场所但取得的所得与其所设机构、场所没有实际联系的，就其来源于中国境内的所得缴纳企业所得税的税率为 20%。

4. 在计税依据和计算方法方面，计税依据是应税所得额，它是收入总额与税法规定的准予扣除项目金额的差异。其中，收入总额包括生产、经营收入，投资收入，转让财产收入，提供劳务收入，利息租金收入，接受捐赠收入和其他收入。而准予扣除的项目包括：(1)四项基本扣除项目，即成本、费用、税金和损失，此外还包括实际发生的与取得收入有关的、合理的其他支出；(2)限额扣除项目，如公益性捐赠支出等。此外，罚没损失、超标捐赠、向投资者支付的股息、红利等权益性投资收益项目、赞助支出、未经核定的准备金支出、与取得收入无关的其他支出等属于不得扣除的项目。

应纳税额的计算公式是：应纳税额＝应税所得额×税率。

5. 在税收减免、优惠方面，国家对重点扶持和鼓励发展的产业和项目，给予企业所得税优惠。下列收入为免税收入：(1)国债利息收入；(2)符合条件的居民企业之间的股息、红利等权益性投资收入；(3)在中国境内设立机构、场所的非居民企业从居民企业取得与该机构、场所有实际联系的股息、红利等权益性投资收益；(4)符合条件的非营利组织的收入。另外，从事农、林、牧、渔业项目的所得、从事国家重点扶持的公共基础设施项目投资经营所得、从事符合条件的环境保护、节能节水项目的所得、符合条件的技术转让所得以及非居民企业应当缴纳的税率为 20%的所得可以免征、减征企业所得税。

符合条件的小型微利企业，减按 20%的税率征收企业所得税；国家需要重点扶持的高新技术企业，减按 15%的税率征收企业所得税。

此外，开发新技术、新产品、新工艺发生的研究开发费用，安置残疾人员及国家鼓励安置的其他人员所支付的工资可以在计算应纳税所得额时加计扣除。

6.纳税地点。除另有规定外,居民企业以企业登记注册地为纳税地点,但登记注册地在境外的,以实际管理机构所在地为纳税地点。非居民企业以机构、场所所在地为纳税地点,有多个机构或者场所的,可以选择一地汇总缴纳;未在中国境内设立机构、场所的,以扣缴义务人所在地为纳税地点。

(二)个人所得税法律制度

个人所得税是以个人所得为征税对象,并由获取所得的个人缴纳的一种税。我国的个人所得税制度的法律规定表现为全国人大于1980年9月10日通过,并于1993年10月31日、1999年8月30日、2005年10月27日和2007年6月29日修正的《个人所得税法》,以及其他与之配套的法规、规章等。其实体法规范的主要内容如下。

1.在税法主体方面,征税主体是税务机关,纳税主体可分为两类,即居民纳税人和非居民纳税人。其中,凡在我国境内有住所,或者无住所而在境内居住满1年的个人,即为居民纳税人;凡在我国境内无住所又不居住,或者无住所而在我国境内居住不满1年的个人,为非居民纳税人。

2.在征税范围方面,我国实行分类所得税制,包括11个税目,即工资、薪金所得,个体工商户的生产、经营所得,对企事业单位的承包经营、承租经营所得,劳务报酬所得,稿酬所得,特许权使用费所得,利息、股息、红利所得,财产租赁所得,财产转让所得,偶然所得,以及经国务院财政部门确定征税的其他所得。1999年8月30日修改的《个人所得税法》将储蓄存款利息纳入应纳个人所得税的所得范围。2007年6月29日对这一所得修改为,对储蓄存款利息所得开征、减征、停征个人所得税及其具体办法,由国务院规定。

3.在税率方面,上述的前三类所得适用超额累进税率;而其他各类所得则适用比例税率。由于税目不同,所适用的税率也不尽相同。

4.在应纳税额的计算方面,首先按税法规定确定应纳税所得额,然后计算应纳税额,其计税公式是:应纳税额=应税所得额×税率。2005年10月27日修改的《个人所得税法》将工资、薪金所得的应纳税所得额的减除费用提高到1600元,大大减轻了工薪阶层的税负。

5.在税收减免方面,个人所得税法的规定较多,如国债利息,福利费、抚恤金和救济金,军人的转业费、复员费等,均应免税。此外,残疾、孤老人员和烈属的所得、严重自然灾害造成重大损失等,经批准可以减征。

四、财产税法律制度

财产税是以财产为征税对象,并由对财产进行占有、使用或收益的主体缴纳的一类税。是地方税收收入的主要来源。我国财产税的税种较多,主要包括资源税、房产税、土地使用税、土地增值税、耕地占用税、契税、车船使用税等。我国财产税方面的立法尚有待进一步完善。到目前为止，只是资源税、土地增值税、契税得到完善，而房产税、车船使用税长期存在着内外两套税制的问题，遗产税的立法也尚待制定。

第三节　税收征纳程序法律制度

一、税收征纳程序法律制度概述

税收程序法律制度，包括税收征纳程序制度以及与其相关的各项程序制度，但税收征纳程序制度是其核心。我国的税收征纳程序法律制度在总体上仍不够完善。目前在这一领域中的立法主要是全国人大常委会于 1992 年 9 月 4 日通过的《中华人民共和国税收征收管理法》（简称《税收征收管理法》，1995 年 2 月 28 日第一次修订，2001 年 4 月 28 日第二次修订）），以及与其相配套的《实施细则》和其他法规、规章。其中，最重要的立法是《税收征收管理法》。我国的《税收征收管理法》规定了税务管理制度、税款征收制度、税务检查制度，以及违反该法应当承担的法律责任。

二、税务管理制度

税务管理是税收征纳的前提和基础。它主要包括三个方面，即税务登记，账簿、凭证管理，纳税申报。

（一）税务登记

根据《税收征收管理法》的规定，从事生产、经营的纳税人必须在法定期限内依法办理税务登记。税务登记包括三类，即设立税务登记、变更税务登记、注销税务登记。纳税人应当自领取营业执照之日起 30 日内，持有关证件，向税务机关申报办理税务登记；税务机关审核合格后，发给其税务登记证件。此外，纳税人还应在法定情况发生时，按照法定的期限和程序，办理变更税务登记和注销税务登记。

（二）账簿、凭证管理

账簿、凭证管理主要包括账簿设置的管理以及账簿、凭证的使用和保存的管理。依据《税收征收管理法》规定，纳税人应当自领取营业执照之日起 15 日内，按照国务院财政、税务主管部门的规定设置账簿，根据合法、有效的凭证记账和进行核算。此外，采用计算机记账的，应当在使用前将其记账软件、程序和使用说明书及有关资料报送主管税务机关备案。另外，账簿、凭证必须依据有关的法律规定进行使用和保管。发票应依照《发票管理办法》等规定进行管理。纳税人应当按照国务院财政、税务主管部门规定的期限（通常为10年）保管账簿、凭证，且对于需保管的资料不得伪造、变造或者擅自损毁。

（三）纳税申报

纳税申报是现行税收征管体制的重要组成部分，是税收征纳的基础，因此，纳税人必须在法定或者税务机关依法确定的申报期限内办理纳税申报，报送纳税申报表、财务会计报表以及税务机关根据实际需要要求纳税人报送的其他纳税资料。纳税人进行纳税申报的内容主要包括：(1)税种、税目；(2)应税项目；(3)适用税率；(4)计税依据；(5)应纳税额；(6)税款所属期限。

纳税人按照规定的期限办理纳税申报确有困难，需要延期的，应在规定期限内向税务机关提出书面延期申请，经税务机关核准，在核准的期限内办理。纳税人因不可抗力，不能按期申报的，可以延期办理，无须事先申请，但在不可抗力情形消除后，应立即向税务机关报告。税务机关应当查明事实，予以核准。

三、税款征收制度

所谓税款征收，是税务机关依法将纳税人的应纳税款征收入库的一系列活动的总称。税款征收制度包括征纳主体、税务管辖、税款征收方式、征纳期限、税收减免、税收退补、税收保全、强制执行、文书送达等方面的规定。根据我国《税收征收管理法》及其《实施细则》的规定，税务机关可以采取查账征收、查定征收、查验征收、定期定额征收以及其他方式（如代扣代缴、委托代征）征收税款。此外，纳税人应按照法定期限或者税务机关依法确定的期限缴纳税款。纳税人未按照上述期限缴纳税款的，税务机关除责令限期缴纳外，从滞纳税款之日起，按日加收2%的滞纳金。如果纳税人有特殊困难，不能按期缴纳税款，则经县级以上税务局（分局）批准，可以延期缴纳税款，但最长不得超过3个月。

在税款的退补方面，退税、补税必须依法进行。纳税人超过应纳税额缴纳的税款，税务机关发现后应当立即退还；纳税人自结算缴纳税款之日起3年内发现的，有权向税务机关要求退还并加算银行同期存款利息。此外，因税务机关的责任，致使纳税人未缴或者少缴税款的，税务机关在3年内可以要求纳税人补缴，但不得加收滞纳金。若因纳税人的过失，未缴或者少缴税款的，税务机关在3年内可以追征税款、滞纳金，若需追征的税额在10万元以上，则追征期可延长至10年。对于纳税人的偷税、抗税、骗税行为所造成的税款流失，税务机关可以无限期追征。

此外，为了保障税款征收，《税收征收管理法》还规定了税收保全制度和强制执行制度。税收保全措施是在纳税期限以前，为预防纳税人逃避税款缴纳义务而采取的措施，包括：(1)责令限期缴纳税款；(2)责成提供纳税担保；(3)通知金融机构暂停支付相当于应纳税额的存款金额；(4)扣押、查封纳税人的价值相当于应纳税款的商品、财产等；(5)附条件地限制出境。

强制执行措施是在纳税人超过纳税期限未缴纳税款的情况下，税务机关在符合法定条件时，所采取的措施，包括：(1)书面通知金融机构扣缴税款；(2)扣押、查封、拍卖其价值相当于应纳税款的商品、财产等。

四、税务检查制度

税务检查通常是指征税机关依法对纳税主体履行纳税义务的情况所进行的检验、核查。它有利于及时发现问题，纠正和处理税收违法行为，确保税收足额入库，促进税收法律的进一步完善。为了有效地进行税务检查，必须赋予税务机关以税务检查权。

我国税务机关的税务检查权主要有：(1)资料检查权。税务机关有权检查纳税人的账簿、记账凭证、报表和有关资料。税务机关既可以在纳税人的业务场所进行检查，也可以在必要时，经过批准，将纳税人以往会计年度的账簿、记账凭证、报表和其他有关资料调回税务机关检查。(2)实地检查权。税务机关有权到纳税人的生产、经营场所和货物存放地实地检查纳税人应纳税的商品、货物或者其他财产。(3)资料取得权。税务机关有权责成纳税人提供与纳税有关的文件、证明材料和其他有关资料。(4)单证查核权。税务机关有权到车站、码头、机场、邮政企业及其分支机构检查纳税人托运、邮寄应纳税商品、货物或者其他财产的有关单据、凭证和有关资料。(5)税情询问权。税务机关有权询问纳税人与纳税有关的问题和情况。(6)存款查核权。税务机关有权依照法定程序查核纳税人在金融机构的存款账户。在税务机关依法进行税务检查时，纳税人必须接受检查，如实反映情况，提供有关资料；同时，相关部门和单位也应当支持、协助。税务机关在行使税务检查权时应承担以下义务：①资料退还的义务；②保守秘密的义务；③持证检查的义务。

五、税务代理制度

税务代理是代理人受纳税主体委托，在法定的代理范围内依法代其办理相关税务事宜的行为。它与税收征纳活动密切相关，是联系征纳双方的中介和纽带，有利于从总体上降低税收成本。我国的税务代理制度发展亦较为迅速，目前已制定和发布了《税务代理试行办法》、《注册税务师资格制度暂行规定》等，从而使我国的税务代理制度更趋完备。

我国的税务代理制度的主要内容是:(1)注册税务师的考试和注册;(2)税务代理机构的管理;(3)税务代理的业务范围;(4)税务代理关系的产生和终止;(5)税务代理人的权利和义务;(6)违法从事税务代理的法律责任。注册税务师可以从事的税务代理业务主要包括:办理税务登记、发票领购、纳税申报、税款缴纳和申请退税、文书制作、税务咨询、税务行政复议等。

第四节　违反税法的法律责任

违反税法的法律责任,是税法主体违反税法规定应承担的法律后果。依据承担责任的主体的不同,可以分为纳税人的责任、扣缴义务人的责任、税务人员的责任。

一、纳税人违反税法的法律责任

纳税人违反税法的行为包括一般违法行为和犯罪行为,对其应依法处以罚款或予以刑事处罚。主要包括以下几种情况。

(一)纳税人违反税务管理规定的法律责任

纳税人违反税务管理规定,包括违反税务登记、账证管理的规定,以及违反纳税申报的规定这两类情况。对于前一类情况,税务机关有权责令其限期改正,逾期不改正的,可处以2000元以下的罚款;情节严重的,处以2000元以上10000元以下的罚款。对于后一类情况,由税务机关责令限期改正,并可处与前类情况相同的罚款。

(二)纳税人违反税款征收规定的法律责任

1.偷税行为。即纳税人采取伪造、变造、隐匿、擅自销毁账簿、记账凭证,在账簿上多列支出或者不列、少列收入,或者进行虚假的纳税申报等手段,不缴或者少缴应纳税款的行为。偷税行为未构成犯罪的,除追缴其偷税款及滞纳金外,处以偷税数额50%以上5倍以下的罚款;构成犯罪的,除追缴偷税款外,应处有期徒刑或拘役,并处偷税数额50%以上5倍以下的罚金。

2.欠税行为。即纳税人在纳税期限届满后,仍未缴或少缴应纳税款的行为。税务机关应责令欠税人限期缴纳并加收滞纳金,逾期仍未缴纳的,可采取强制执行措施。此外,如果欠税人采取转移、隐匿等手段,致使税务机关无法追缴税款,则构成妨碍追缴欠税的行为。未构成犯罪的,除追缴欠款外,处以欠缴税款50%以上5倍以下的罚款;构成犯罪的,处拘役、有期徒刑和罚金。

3.抗税行为。即以暴力、威胁方法拒不缴纳税款的行为。未构成犯罪的,则追缴税款和滞纳金，并处拒缴税款1倍以上5倍以下的罚款；构成犯罪的，处拘役、有期徒刑，并处罚金。

4. 骗税行为。即骗取国家出口退税款的行为，未构成犯罪的，应追缴其骗取的退税款，处以骗取税款1倍以上5倍以下的罚款；构成犯罪的，依法追究刑事责任。对骗取国家出口退税款的，税务机关可以在规定期间内停止为其办理出口退税。

二、扣缴义务人违反税法的法律责任

扣缴义务人是《税法》规定的负有代扣代缴、代收代缴税款义务的单位和个人。扣缴义务人违反其法定义务，同样要承担相应的法律责任，主要包括以下几种情况。

1. 未按规定设置、保管代扣代缴、代收代缴税款的账簿、记账凭证及有关资料的，未按规定报送代扣代缴、代收代缴税款报表的，由税务机关限期改正，逾期不改正的，处2000元以下的罚款，情节严重的，可在法定限度内处更高额度的罚款。扣缴义务人采取偷税手段进行偷税的，由税务机关追缴其不缴或者少缴的税款、滞纳金，并处不缴或者少缴的税款50%以上5倍以下的罚款；构成犯罪的，依法追究刑事责任。

2. 扣缴义务人应扣未扣、应收未收税款的，由扣缴义务人缴纳应扣未扣、应收未收的税款，除非其已将纳税人拒绝抵扣、代收的情况及时报告税务机关。

三、税务人员违反税法的法律责任

税务人员违反税法的行为主要有：(1)唆使或协助纳税人、扣缴义务人实施偷税、骗税和妨碍追缴欠税；(2)收受或索取纳税人、扣缴义务人的财物；(3)玩忽职守，徇私舞弊，不征或者少征税款，致使国家税收遭受重大损失；(4)私分所扣押、查封的商品、货物或者其他财产；(5)违法擅自决定税收的开征、停征或者减免、退补；(6)滥用职权，故意刁难纳税人、扣缴义务人。

税务人员实施了上述的前4项行为，构成犯罪的，依法追究刑事责任；未构成犯罪的，给予行政处分；实施了第5项行为的，除撤销其决定外，应追究直接责任人员的行政责任；实施了第6项行为的，应对违法者给予行政处分。例如，1998年8月，某县国税局稽查局根据群众举报，对某个体加油站业主刘某进行突击检查，初步核定其应补缴增值税87000元。稽查局检查人员在口头告知其违法事实后，对刘某当场下达了《税务处理决定书》和《税务行为处罚决定书》，采取了先预收款项再补办手续的办法，当场开具了7000元的罚款票据和5000元的税收票证。这里，稽查局进行处罚时，未履行告知程序，其行政处罚违反法定程序。

案例评析

【案例 1】

2001 年，刘某承包某县七中学校内商店，该店未申请工商登记，刘某也未自觉申报纳税。2001 年 10 月 25 日，某县国税局依法核定其 1 月至 9 月纳税额为 2161.02 元，次日下达了应纳税额核定通知书，限在 10 月 28 日前缴纳入库。之后逾期，刘某的丈夫留置 400 元于局负责人住处(此款后以准缴税款处理)，未缴纳税款。11 月 1 日、11 月 9 日国税局分别发送催缴通知书，催其接通知后 3 日内全部缴纳，刘某置之不理。2001 年 12 月 4 日，县国税局 5 名税务干部开专车至商店催收，刘某推卸责任不管，税务人员即依法扣押其价值相当于税款的 1 台长虹彩电和 10 条长沙香烟，扣物上车时，刘某上前阻止，争夺彩电，争夺中刘某用手推一税务干部，致使该税务干部受伤，后经法医鉴定为：下嘴唇肿胀 3.0cm×3.5cm，相应部位伴有口腔黏膜破损淤血，结论为轻微伤。刘某还躺在小车前面，阻止车辆行使，同时大叫："税务干部抢我的东西，还打我。"在学校里不明真相的学生、教职员工等人闻讯而至，致使税务人员被围困 4 个小时。2002 年 1 月 12 日，某县国家税务局以刘某 2001 年 1 月至 9 月欠税 2161.02 元不缴纳，且于 2001 年税务人员扣押财物时殴打税务人员，煽动不明真相的群众围攻、谩骂并限制税务人员人身自由，其行为已经构成抗税为理由，依照《税收征收管理法》第 45 条的规定，对刘某作出处理决定，处以罚款 3522 元。刘某认为国税局作出处理决定没有事实根据，其并未采用暴力和威胁的方法，抗税事实不能成立，因此向某县人民法院提出行政诉讼。法院经审理，认为原告拖欠税款属实，经多次催收未缴纳，税务机关依法扣押其价值相当于税款的物资是合法的。在扣押中，刘某予以阻止，拖抢被扣押的物资，又用双手推税务人员致其轻微伤；刘某还采用威胁方法躺在装运扣押物资的专车前，堵住去路，同时使用煽动语言，唤来几十个不明真相的群众，围困税务人员达几个小时，其行为已经构成抗税。按照《行政诉讼法》第 54 条第 1 项的规定，判决维持某县国税局对刘某的处理决定。

【评析】

纳税人应当在规定的期限内缴纳税款，纳税人未按规定期限缴纳税款的，税务机关除责令其限期缴纳外，从滞纳税款之日起，按日加收滞纳税款万分之五的滞纳金。另外，《税收征收管理法》第 37 条规定：对未按照规定办理税务登记的从事生产、经营的纳税人以及临时从事经营的纳税人，由税务机关核定其应纳税额，责令缴纳；不缴纳的，税务机关可以扣押其价值相当于应纳税款的商品、货物。另外，根据《税收征收管理法》第 67 条的规定：以暴力、威胁方法拒不缴纳税款的，是抗税，除由税务机关追缴其拒缴的税款、滞纳金外，依法追究刑事责任。情节轻微，未构成犯罪的，由税务机关追缴其拒缴的税款、滞纳金，并处拒缴税款 1 倍以上 5 倍以下的罚款。

本案中，刘某从事生产经营活动未申请工商登记也未自觉申报纳税，因此，国税局依法核定了刘某的应纳税额，并通知其在规定的 10 月 28 日前缴纳入库。刘某仍未缴纳，国税局之后多次催缴，刘某也置之不理，税务人员因此依法扣押其相当于欠缴税款价值的物品。而对于刘某的情节轻微的抗税行为，国税局依法作出了对其 3522 元的罚款。根据法律规定，国税局的这些做法都是完全正确的。因此法院判决维持国税局对刘某所做的处理决定。

纳税期限是根据纳税人所生产经营的对象、规模等特点确定的，一般情况下，纳税人必须在规定的纳税期限内缴纳税款，但《税收征收管理法》又作了弹性规定，有特殊困难的纳税人不能按期缴纳税款的，经省、自治区、直辖市国家税务局、地方税务局批准，可以延期缴纳税款，但是最长不得超过 3 个月。据此，特殊情况下也可以延期缴纳，但是前提是有“特殊困难”，根据《税收征收管理法实施条例》，特殊困难是指：因不可抗力，导致纳税人发生较大损失，正常生产经营活动受到较大影响的；当期货币资金在扣除应付职工工资、社会保险费后，不足以缴纳税款的。从本案来看，刘某未在规定期限内缴纳税款并不存在“特殊困难”，经多次催缴仍不缴纳，并且还有抗税行为，表明其具有拒不缴纳税款的目的，不符合延期缴纳税款的条件。因此，国税局对其进行了处罚。

【案例 2】

原告张某系某县个体工商户，从事路牌、灯箱等工艺广告的设计、制作、安装业务，1995 年开业并依法向当地国税、地税机关申请办理了税务登记证，1998 年 2 月以前一直按规定向主管国税分局申报缴纳增值税，从 1998 年 3 月以后未再申报缴纳增值税。1998 年 8 月，主管国税分局经核实、责令张某限期缴纳未缴的增值税 8700 元。张某不服，在缴纳增值税 3000 元后，向该县国税局申请复议。县国税局于 1999 年 12 月 18 日作出维持主管国税分局原征税行为的复议决定，张某仍不服，遂向该县人民法院提起诉讼。张某认为，其已取得广告经营资格，而广告业不属《增值税暂行条例》调整范围，应征收营业税。原告已依法履行纳税义务，所以国税局不应向其征收增值税。

该县法院经审理认为：张某从事路牌、灯箱等工艺广告的设计、制作、安装业务，只是进行广告载体的制作，而不是广告经营活动，依据《增值税暂行条例实施细则》第5条规定，张某生产销售行为涉及非增值税应税劳务，属混合销售行为，应当缴纳增值税，但依据《增值税暂行条例实施细则》第35条的规定，县国税局在确定张某应缴纳的税额前，应当查核其应补缴税款的事实依据，国税局未向本院提供该事实证据材料，其具体行政行为视为缺乏重要的事实依据。因此判决：(1)撤销国税局作出的复议决定；(2)国税局重新作出对张某1999年7月以前的征税决定；(3)驳回张某其他诉讼请求。张某对这一判决不服，上诉到市中级人民法院。市中院于2000年12月8日作出终审判决：驳回上诉，维持原判。

【评析】

这起税务争议前后经历了复议、一审、终审，历时3年之久。在争讼过程中，县国税局与张某争论的焦点是：张某是否是本案的纳税人，即是否为增值税的纳税主体。本案中张某采取"按照客户提供的式样或要求，自购材料，店内加工，现场安装"的方式经营，生产销售并安装路牌、门牌、铜字、灯箱等广告载体，其经营行为的核心是生产销售特定的货物，设计、安装只不过是生产销售过程中的辅助行为。根据《增值税暂行条例实施细则》第5条的规定，一项销售行为如果既涉及货物又涉及非应税劳务，为混合销售行为，应当征收增值税。此外，本案还涉及以下值得重视的问题：

1. 关于受理复议申请。《税收征收管理法》第56条规定，纳税人、扣缴义务人、纳税担保人同税务机关在纳税上发生争议时，必须先依照法律、行政法规的规定缴纳或者解缴税款及滞纳金，然后可以在收到税务机关填发的缴税凭证之日起60日内向上一级税务机关申请复议。本案中，纳税人张某在主管国税分局下达《限期缴纳税款通知书》后，仅仅缴纳3000元税款就提出了复议申请，而县国税局竟然受理了其复议申请。这显然不当，其结果是让个体户张某拖欠税款近3年之久，致使国家税款无法及时入库。

2. 关于核定应缴税款的证据。证据是用以证明案件真实性情况的事实材料，必须具有较强的说服力和证明力。在本案中，主管国税机关在确定张某应缴纳税款前，应根据《税收征收管理法》第23条及其《实施细则》第35条规定核实其应补缴的税额，其行为应建立在客观实在、充分可信、真实有效的证据基础上。本案中，由于张某是未建账的个体户，对其核定税款的程序为，依法由其自报，受理其申请，再进行典型调查、初步拟定、集体评税，经批准后方可下达《核定税款通知书》。本案税务机关直接核定税款，证据明显不足，因此导致法院责令其重新做出具体行政行为。

3. 关于混合销售行为的税收管理。从《增值税暂行条例》和《营业税暂行条例》的相关规定来看，对混合销售行为征收增值税是毫无疑问的。但是，由于经济形势的复杂多变，跨行业经营的企业较多，有的并不能一概而论定其行业性质，造成在具体的实践中，对“混合销售”行为的确认有一定的难度。国家对一些行业的税收还制定了相应的管理办法，如本案涉及的《广告业税收征管办法》，使得纳税人容易产生偏见，并给纳税人进行偷税或避税创造一定的条件，加大主管税务机关对混合销售行为的确认难度，在一定程度上牵制了税收征管工作。

【思考练习】

一、名词解释

税收　增值税　个人所得税　税收保全　税务检查

二、简答题

1.简述税收的特征。

2.《税法》的构成要素有哪些？

3.简述增值税的征税对象和征税范围。

4.简述个人所得税的征税对象和征税范围。

5.税务管理制度的主要内容有哪些？

第十五章 劳动法

本章导读

劳动法以保障劳动者“劳动权”的实现为宗旨，是调整特定的劳动关系以及与劳动关系有密切联系的其他社会关系的法律规范的总称。本章着重就劳动法的概念、劳动合同、工资、劳动保护等几个方面，介绍了有关劳动合同的订立与解除、工资支付的法律保障、劳动保护的相关法律规定。

重点问题

1. 劳动法的调整对象。
2. 劳动合同的性质和劳动合同的解除。
3. 企业最低工资及其支付的法律规定。
4. 劳动保护的法律规定。

第一节 劳动法概述

一、劳动法的概念

一般认为，劳动是人的脑力和体力的支出和消耗，劳动法中的劳动是指劳动者依据劳动合同或国家确认的劳动关系从事的有偿活动。

劳动法是调整特定的劳动关系以及与劳动关系有密切联系的其他社会关系的法律规范的总称。劳动法有狭义与广义之分。狭义的劳动法仅指劳动法典，即由第八届全国人大常委会第八次会议于 1994 年 7 月 5 日正式通过的《中华人民共和国劳动法》（以下简称《劳动法》），该法自 1995 年 1 月 1 日起施行。而广义的劳动法则是指一切有关调整劳动关系和与劳动关系密切联系的关系的法律规范。

二、劳动法的调整对象

劳动法调整对象，也即劳动法所调整的社会关系，主要包括以下两个方面。

1. 特定的劳动关系。劳动法所调整的劳动关系并不是指人们在劳动过程中相互间所产生的一切社会劳动关系，而是仅限于劳动者与用人单位之间在运用劳动能力、实现劳动过程中所产生的社会关系。这种劳动关系的一方是劳动者，另一方是与之形成劳动关系的用人单位，包括企业、事业单位、国家机关、社会团体以及个体经济组织等。在这一劳动关系中，劳动者与用人单位之间的法律地位是平等的，但劳动关系一经建立，作为用人单位管理范围内的劳动者，就负有完成单位交给的生产或工作任务、遵守单位内部劳动纪律的义务，这使得劳动者与用人单位之间的劳动关系又具有隶属性。

2. 与劳动关系有密切联系的其他社会关系。与劳动关系有密切联系的其他社会关系本身并不是劳动关系，但由于它们与劳动关系之间所存在的某种特殊的联系，使得它们也成为劳动法的调整对象。这些社会关系包括在劳动就业、劳动力调动、职前培训过程中所发生的各种社会关系，在劳动争议处理以及有关部门监督检查《劳动法》执行情况的过程中所发生的社会关系，以及劳动者在享受养老金等保险待遇的过程中与有关部门所产生的关系等。

上述几种社会关系涉及国家有关行政机关、工会组织、仲裁组织、司法机关、社会保险机构、职业培训学校等当事单位，与劳动关系有很大的不同。但是同时在这些关系中，一方必定是劳动者或其所属单位，这又与劳动关系存在着密切的联系。

劳动法以保障劳动者“劳动权”的实现为宗旨。劳动权是指劳动者因劳动而产生或与劳动有密切联系的各项权利，如劳动就业权、取得报酬权、劳动保护权、职业培训权和物质帮助权等。劳动权对于公民来说具有极为重要的意义。公民的劳动权利是获得生存权的必要条件，没有劳动权，生存权也就没有保障。劳动法就其实质而言，既不是劳动行政管理法，也不是企业法，而是对公民劳动权这一基本人权的保障法。劳动法尽管也要对保护用人单位的权益作出相应的规定，以维护和发展稳定和谐的劳动关系，但这并非是劳动法的基本要旨。

第二节　劳动合同法

一、劳动合同概念

劳动合同，是指劳动者与用人单位之间确立劳动关系，明确双方权利和义务的协议。它是建立和调整劳动关系的主要法律形式。

在我国,劳动合同在50年代前期适用得相当广泛。但自50年代末期到1979年,劳动合同在我国的适用只以季节工的招用为限。1979年,我国开始实行改革开放政策,出于引进外资的需要,我国法律规定合营企业职工的招用适用劳动合同。1980年《中外合资经营企业劳动管理规定》十分明确地规定了合营企业同其职工之间的关系,“通过订立劳动合同加以规定”。可以说,我国现行的劳动合同制度,首先形成和发展于外商投资企业中施行的劳动合同制度。1986年7月12日国务院发布《国营企业实行劳动合同制暂行规定》,该规定对新招职工普遍实行劳动合同制。1992年7月23日发布的《全民所有制工业企业转换经营机制条例》第17条第6款则进一步规定:“企业可以实行合同化管理或者全员劳动合同制。”2007年6月29日中华人民共和国第十届全国人民代表大会常务委员会第二十八次会议审议通过《中华人民共和国劳动合同法》(以下简称《劳动合同法》),自2008年1月1日起施行,并在2008年9月18日正式出台了《劳动合同法实施条例》,为《劳动合同法》的贯彻实施提供了主要依据。目前,劳动合同作为建立劳动关系的基本形式已经为企业和广大劳动者所普遍接受,从而为消除两种用工制度长期并存的弊病,完成从固定工制向合同工制的转变打下了基础。在市场经济条件下推行劳动合同制,既有利于增强企业的活力,又有利于调动劳动者的积极性,做到人尽其才。

二、劳动合同的性质

劳动合同作为一种独立的合同形态,其性质具体表现在以下几方面。

1.劳动合同是平等主体之间订立的合同。作为合同当事人之一的劳动者,在地位上与用人单位平等。即使是因劳动合同而形成了劳动关系,使得劳动者成为用人单位的雇员,但劳动者仍为劳动合同的平等主体。

2.劳动合同的实质在于让渡劳动力使用权而非提供劳务。以提供劳务为核心成立的劳务合同,是以完成一定的工作或者提供一定的工作成果为目的。劳务合同当事人之间并不产生劳动关系。劳动关系的产生只能基于劳动力使用权的让渡,使得用人单位可依劳动合同的约定合理安排和使用劳动力;正因为劳动力商品不同于其他商品,不具有物化形态,更不能同劳动者本身相分离,用人单位使用劳动力的过程也必然是劳动者劳动的过程,这也是劳动合同区别于其他以提供劳务为目的的合同的本质所在。

3.劳动合同是双务有偿合同。劳动者和用人单位互负义务,并以各自所负义务为对价来成立和履行合同。劳动者有让渡劳动力使用权的义务,以此取得用人单位支付劳动报酬、提供劳动保护、劳动保险等方面的权利;用人单位支付劳动报酬、提供职业安全保障及劳动保险待遇，以使用劳动力即劳动者进行劳动为前提。只有一方当事人无偿提供劳务而另一方当事人不负任何义务的合同，绝对不能成为劳动合同。

4.劳动合同是诺成性合同。劳动合同在双方自由表达意志，经充分协商达成一致意见的基础上即能成立。

5.劳动合同是要式合同。劳动合同应以书面形式订立，并具备法定的必备条款。

三、劳动合同的订立

（一）订立劳动合同的原则

劳动合同的订立是劳动者和用人单位依法就劳动合同的内容协商一致，建立合同关系的法律行为。劳动合同的订立必须遵循合法、公平、平等自愿、协商一致、诚实信用的原则。所谓合法原则是指企业与被招用的工人签订劳动合同时，必须遵守国家法律、行政法规的规定，这是劳动合同具有法律约束力的前提。双方不得在合同中合意排除有关法律、法规的适用。如实践中有些劳动关系当事人订立“工伤概不负责”之类的“生死合同”即为我国法律所禁止。平等自愿、协商一致原则是指尽管在劳动关系建立后的存续期间里，劳动者和用人单位之间具有管理上的隶属关系，但是在双方订立劳动合同时仍须坚持平等自愿和协商一致的原则，不允许通过欺诈、胁迫等手段订立内容显失公平、侵犯任何一方尤其是劳动者一方合法权益的劳动合同。根据《劳动合同法》第26条规定，违反法律、行政法规的劳动合同和采取欺诈、威胁等手段订立的劳动合同无效。

（二）劳动合同的订立时间

用人单位自用工之日起即与劳动者建立劳动关系。建立劳动关系，应当订立书面劳动合同。已建立劳动关系，未同时订立书面劳动合同的，应当自用工之日起1个月内订立书面劳动合同。用人单位与劳动者在用工前订立劳动合同的，劳动关系自用工之日起建立。

用人单位未在用工的同时订立书面劳动合同，与劳动者约定的劳动报酬不明确的，新招用的劳动者的劳动报酬按照集体合同规定的标准执行；没有集体合同或者集体合同未规定的，实行同工同酬。

若用人单位自用工之日起超过1个月不满1年未与劳动者订立书面劳动合同的，应当向劳动者每月支付两倍的工资。但自用工之日起1个月内，经用人单位书面通知后，劳动者不与用人单位订立书面劳动合同的，用人单位应当书面通知劳动者终止劳动关系，无须向劳动者支付经济补偿，但是应当依法向劳动者支付其实际工作时间的劳动报酬。

用人单位自用工之日起超过1个月不满1年未与劳动者订立书面劳动合同的，应当依照《劳动合同法》第82条的规定向劳动者每月支付两倍的工资，并与劳动者补订书面劳动合同；劳动者不与用人单位订立书面劳动合同的，用人单位应当书面通知劳动者终止劳动关系，并依照《劳动合同法》第47条的规定支付经济补偿。

用人单位招用劳动者时，应当如实告知劳动者工作内容、工作条件、工作地点、职业危害、安全生产状况、劳动报酬，以及劳动者要求了解的其他情况；用人单位有权了解劳动者与劳动合同直接相关的基本情况，劳动者应当如实说明。

用人单位招用劳动者，不得扣押劳动者的居民身份证和其他证件，不得要求劳动者提供担保或者以其他名义向劳动者收取财物。用人单位违反规定，扣押劳动者居民身份证等证件的，由劳动行政部门责令限期退还劳动者本人，并依照有关法律规定给予处罚。用人单位违反规定，以担保或者其他名义向劳动者收取财物的，由劳动行政部门责令限期退还劳动者本人，并以每人500元以上2000元以下的标准处以罚款；给劳动者造成损害的，应当承担赔偿责任。

（三）劳动合同的种类

劳动合同分为固定期限劳动合同、无固定期限劳动合同和以完成一定工作任务为期限的劳动合同。

固定期限劳动合同，是指用人单位与劳动者约定合同终止时间的劳动合同。用人单位与劳动者协商一致，可以订立固定期限劳动合同。

无固定期限劳动合同，是指用人单位与劳动者约定无确定终止时间的劳动合同。用人单位与劳动者协商一致，可以订立无固定期限劳动合同。有下列情形之一，劳动者提出或者同意续订、订立劳动合同的，除劳动者提出订立固定期限劳动合同外，应当订立无固定期限劳动合同：(1)劳动者在该用人单位连续工作满10年的；(2)用人单位初次实行劳动合同制度或者国有企业改制重新订立劳动合同时，劳动者在该用人单位连续工作满10年且距法定退休年龄不足10年的；(3)连续订立二次固定期限劳动合同，且劳动者没有存在法律规定的有关情形，续订劳动合同的。

用人单位自用工之日起满1年未与劳动者订立书面劳动合同的，自用工之日起满1个月的次日至满1年的前1日应当依照《劳动合同法》的规定向劳动者每月支付两倍的工资，并视为自用工之日起满1年的当日已经与劳动者订立无固定期限劳动合同，应当立即与劳动者补订书面劳动合同。

以完成一定工作任务为期限的劳动合同，是指用人单位与劳动者约定以某项工作的完成为合同期限的劳动合同。用人单位与劳动者协商一致，可以订立以完成一定工作任务为期限的劳动合同。

(四)劳动合同的内容

劳动合同的内容包括必备条款和约定条款两部分。必备条款有:(1)用人单位的名称、住所和法定代表人或者主要负责人;(2)劳动者的姓名、住址和居民身份证或者其他有效身份证件号码;(3)劳动合同期限;(4)工作内容和工作地点;(5)工作时间和休息休假;(6)劳动报酬;(7)社会保险;(8)劳动保护、劳动条件和职业危害防护;(9)法律、法规规定应当纳入劳动合同的其他事项。劳动合同除前款规定的必备条款外,用人单位与劳动者可以约定试用期、培训、保守秘密、补充保险和福利待遇等其他事项。

用人单位提供的劳动合同文本未载明法律规定的劳动合同必备条款或者用人单位未将劳动合同文本交付劳动者的,由劳动行政部门责令改正;给劳动者造成损害的,应当承担赔偿责任。

(五)劳动合同的试用期

1. 试用期的期限。劳动合同期限 3 个月以上不满 1 年的,试用期不得超过 1 个月;劳动合同期限 1 年以上不满 3 年的,试用期不得超过 2 个月;3 年以上固定期限和无固定期限的劳动合同,试用期不得超过 6 个月。

同一用人单位与同一劳动者只能约定一次试用期。以完成一定工作任务为期限的劳动合同或者劳动合同期限不满 3 个月的,不得约定试用期。试用期包含在劳动合同期限内。劳动合同仅约定试用期的,试用期不成立,该期限为劳动合同期限。

2. 试用期的工资。劳动者在试用期的工资不得低于本单位相同岗位最低档工资的 80%或者不得低于劳动合同约定工资的 80%,并不得低于用人单位所在地的最低工资标准。

在试用期中,除劳动者有法律规定的情形外,用人单位不得解除劳动合同。用人单位在试用期解除劳动合同的,应当向劳动者说明理由。

用人单位违反规定与劳动者约定试用期的,由劳动行政部门责令改正;违法约定的试用期已经履行的,由用人单位以劳动者试用期满月工资为标准,按已经履行的超过法定试用期的期间向劳动者支付赔偿金。

四、劳动合同的效力

劳动合同依法订立即具有法律约束力,当事人必须履行劳动合同规定的义务。

按照《劳动合同法》第 26 条规定,下列劳动合同无效或者部分无效:(1)以欺诈、胁迫的手段或者乘人之危,使对方在违背真实意思的情况下订立或者变更劳动合同的;(2)免除自己的法定责任、排除劳动者权利的;(3)违反法律、行政法规强制性规定的。

对劳动合同的无效或者部分无效有争议的,由劳动争议仲裁机构或者人民法院确认。劳动合同部分无效,不影响其他部分效力的,其他部分仍然有效。

劳动合同被确认无效,劳动者已付出劳动的,用人单位应当向劳动者支付劳动报酬。劳动报酬的数额,参照本单位相同或者相近岗位劳动者的劳动报酬确定。如果劳动合同被确认无效而给对方造成损害的,有过错的一方应当承担赔偿责任。

五、劳动合同的履行和变更

用人单位与劳动者应当按照劳动合同的约定,全面履行各自的义务。

在合同的履行过程中,用人单位应当按照劳动合同约定和国家规定,向劳动者及时足额支付劳动报酬。若拖欠或者未足额支付劳动报酬的,劳动者可以依法向当地人民法院申请支付令,人民法院应当依法发出支付令。

用人单位应当严格执行劳动定额标准,不得强迫或者变相强迫劳动者加班。用人单位安排加班的,应当按照国家有关规定向劳动者支付加班费。

劳动者拒绝用人单位管理人员违章指挥、强令冒险作业的,不视为违反劳动合同。对危害生命安全和身体健康的劳动条件,有权对用人单位提出批评、检举和控告。

在劳动合同的履行期间,用人单位有权变更名称、法定代表人、主要负责人或者投资人等事项。用人单位发生合并或者分立等情况,原劳动合同继续有效,劳动合同由承继其权利和义务的用人单位继续履行。

用人单位与劳动者协商一致,可以变更劳动合同约定的内容。但应当采用书面形式。变更后的劳动合同文本由用人单位和劳动者各执一份。

六、劳动合同的解除和终止

劳动合同的解除是指劳动合同订立后,尚未全部履行以前,由于某种原因导致劳动合同一方或双方当事人提前消灭劳动关系的法律行为。《劳动合同法》对劳动合同解除的条件和程序作了详细规定。劳动合同的解除主要包括两大类:一是当事人经协商一致,解除劳动合同,即“约定解除”,在劳动合同成立以后全部履行完毕之前,只要双方当事人协商同意,即可解除劳动合同。二是在规定的情形下,劳动合同一方当事人单方面决定解除劳动合同,即“法定解除”。根据《劳动合同法》规定,单方解除劳动合同的情形有以下几种。

(一)用人单位可以解除劳动合同的情形

用人单位解除劳动合同主要有下列情形。

1.用人单位可以随时解除劳动合同的情形。根据《劳动合同法》第39条规定,劳动者有下列情形之一的,用人单位可以随时解除劳动合同:(1)劳动者在试用期间被证明不符合录用条件;(2)劳动者严重违反用人单位的规章制度的;(3)严重失职,营私舞弊,给用人单位造成重大损害的;(4)劳动者同时与其他用人单位建立劳动关系,给完成本单位的工作任务造成严重影响,或者经用人单位提出,拒不改正的;(5)以欺诈、胁迫的手段或者乘人之危,使对方在违背真实意思的情况下订立或者变更劳动合同致使劳动合同无效的;(6)劳动者被依法追究刑事责任的。

2.用人单位可以解除劳动合同,但应提前30日书面通知劳动者的情形。根据《劳动法》第40条规定,有下列情形之一的,用人单位可以单方解除劳动合同,但应提前30天以书面形式通知劳动者本人或者额外支付劳动者一个月工资:(1)劳动者患病或者非因工负伤,在规定的医疗期满后,不能从事原工作也不能从事由用人单位另行安排的工作;(2)劳动者不能胜任工作,经过培训或者调整工作岗位,仍不能胜任工作;(3)劳动合同订立时所依据的客观情况发生重大变化,致使原劳动合同无法履行,经用人单位与劳动者协商不能就变更劳动合同内容达成协议的。其中第(1)项所指医疗期,根据劳动部有关规定,按本人实际参加工作年限和在本单位工作年限分别确定,期限为3个月至24个月。对于某些患特殊疾病(如癌症、精神病、瘫痪等)的职工,在24个月内尚不能痊愈的,经企业和当地劳动部门批准,可以适当延长医疗期。

3.用人单位因"经济性裁员"而解除劳动合同的情形。根据《劳动合同法》第41条规定,有下列情形之一,需要裁减人员20人以上或者裁减不足20人但占企业职工总数10%以上的,用人单位提前30日向工会或者全体职工说明情况,听取工会或者职工的意见后,裁减人员方案经向劳动行政部门报告,可以裁减人员:(1)依照《企业破产法》规定进行重整的;(2)生产经营发生严重困难的;(3)企业转产、重大技术革新或者经营方式调整,经变更劳动合同后,仍需裁减人员的;(4)其他因劳动合同订立时所依据的客观经济情况发生重大变化,致使劳动合同无法履行的。

裁减人员时,应当优先留用下列人员:(1)与本单位订立较长期限的固定期限劳动合同的;(2)与本单位订立无固定期限劳动合同的;(3)家庭无其他就业人员,有需要扶养的老人或者未成年人的。

用人单位依照企业破产法规定进行重整而裁减人员,在6个月内重新招用人员的,应当通知被裁减的人员,并在同等条件下优先招用被裁减的人员。

用人单位单方解除劳动合同，应当事先将理由通知工会。用人单位违反法律、行政法规规定或者劳动合同约定的，工会有权要求用人单位纠正。用人单位应当研究工会的意见，并将处理结果书面通知工会。

（二）用人单位不得解除劳动合同的情形

根据《劳动合同法》第 42 条规定，劳动者有下列情形之一的，用人单位不得解除劳动合同：(1)从事接触职业病危害作业的劳动者未进行离岗前职业健康检查，或者疑似职业病病人在诊断或者医学观察期间的；(2)在本单位患职业病或者因工负伤并被确认丧失或者部分丧失劳动能力的；(3)患病或者非因工负伤，在规定的医疗期内的；(4)女职工在孕期、产期、哺乳期的；(5)在本单位连续工作满 15 年，且距法定退休年龄不足 5 年的；(6)法律、行政法规规定的其他情形。

（三）劳动者可以解除劳动合同的情形

解除劳动合同是劳动者的权利，但也受到法律的一定限制。根据《劳动合同法》第 37 条规定，劳动者提前 30 日以书面形式通知用人单位，可以解除劳动合同。劳动者在试用期内提前 3 日通知用人单位，可以解除劳动合同。此外，根据《劳动合同法》第 38 条规定，有下列情形之一的，劳动者可以随时通知用人单位解除劳动合同：(1)未按照劳动合同约定提供劳动保护或者劳动条件的；(2)未及时足额支付劳动报酬的；(3)未依法为劳动者缴纳社会保险费的；(4)用人单位的规章制度违反法律、法规的规定，损害劳动者权益的；(5)以欺诈、胁迫的手段或者乘人之危，使对方在违背真实意思的情况下订立或者变更劳动合同致使劳动合同无效的；(6)法律、行政法规规定劳动者可以解除劳动合同的其他情形。

用人单位以暴力、威胁或者非法限制人身自由的手段强迫劳动者劳动的，或者用人单位违章指挥、强令冒险作业危及劳动者人身安全的，劳动者可以立即解除劳动合同，无须事先告知用人单位。

（四）劳动合同终止的情形

根据《劳动合同法》第 44 条规定，有下列情形之一的，劳动合同终止：(1)劳动合同期满的；(2)劳动者开始依法享受基本养老保险待遇的；(3)劳动者死亡，或者被人民法院宣告死亡或者宣告失踪的；(4)用人单位被依法宣告破产的；(5)用人单位被吊销营业执照、责令关闭、撤销或者用人单位决定提前解散的；(6)法律、行政法规规定的其他情形。

劳动合同期满，有符合用人单位不得解除劳动合同的情形之一的，劳动合同应当续延至相应的情形消失时终止。但是，在本单位患职业病或者因工负伤并被确认丧失或者部分丧失劳动能力的劳动者的劳动合同的终止，应按照国家有关工伤保险的规定执行。

（五）劳动合同解除后的补偿

按照有关规定，劳动者有权向用人单位要求支付经济补偿的情形主要有：(1)因用人单位的过错致使劳动者依法解除劳动合同；(2)用人单位向劳动者提出并与劳动者协商一致解除劳动合同的；(3)用人单位提前解除劳动合同的；(4)用人单位依照《企业破产法》规定进行重整而解除劳动合同的；(5)除用人单位维持或者提高劳动合同约定条件续订劳动合同，劳动者不同意续订的情形外，劳动合同期满后终止固定期限劳动合同的；(6)用人单位被依法宣告破产、被吊销营业执照、责令关闭、撤销或者用人单位决定提前解散而终止劳动合同的；(7)法律、行政法规规定的其他情形。

经济补偿的标准。经济补偿按劳动者在本单位工作的年限，每满 1 年支付 1 个月工资的标准向劳动者支付。6 个月以上不满 1 年的，按 1 年计算；不满 6 个月的，向劳动者支付半个月工资的经济补偿。劳动者月工资高于用人单位所在直辖市、设区的市级人民政府公布的本地区上年度职工月平均工资三倍的，向其支付经济补偿的标准按职工月平均工资三倍的数额支付，向其支付经济补偿的年限最高不超过 12 年。这里所称月工资是指劳动者在劳动合同解除或者终止前 12 个月的平均工资。

七、违反劳动合同的责任

劳动合同与其他种类的合同一样，一经依法订立，双方当事人即负有全面履行的义务。对不履行或者不适当履行合同义务的当事人应追究违约责任，既是维护守约方合法权益所必须的，又是劳动合同具有法律效力的必然结果。

根据《劳动合同法》和劳动部发布的《违反〈劳动法〉有关劳动合同规定的赔偿办法》的有关规定，用人单位违反规定或劳动合同的约定解除或者终止劳动合同的，应当依照法定经济补偿标准的两倍向劳动者支付赔偿金。劳动者违反法律规定解除劳动合同，或者违反劳动合同中约定的保密义务或者竞业限制，给用人单位造成损失的，应当承担赔偿责任。

用人单位违反《劳动合同法》有关建立职工名册规定的，由劳动行政部门责令其限期改正；逾期不改正的，由劳动行政部门处 2000 元以上 2 万元以下的罚款。

用人单位依照《劳动合同法》的规定应当向劳动者每月支付两倍的工资或者应当向劳动者支付赔偿金而未支付的，劳动行政部门应当责令用人单位支付。

用工单位《违反劳动合同法》和《劳动合同法实施条例》有关劳务派遣规定的，由劳动行政部门和其他有关主管部门责令其改正；情节严重的，以每位被派遣劳动者 1000 元以上 5000 元以下的标准处以罚款；给被派遣劳动者造成损害的，劳务派遣单位和用工单位承担连带赔偿责任。

用人单位招用与其他用人单位尚未解除或者终止劳动合同的劳动者，给其他用人单位造成损失的，应当承担连带赔偿责任。违反规定或劳动合同的约定解除劳动合同，对用人单位造成损失的，劳动者应赔偿用人单位下列损失：(1)用人单位招收录用其所支付的费用；(2)用人单位为其支付的培训费用，双方另有约定的按约定办理；(3)对生产、经营和工作造成的直接经济损失；(4)劳动合同约定的其他赔偿费用。劳动者违反劳动合同中约定的保密事项，给用人单位造成经济损失的，按《反不正当竞争法》的有关规定处理。

此外，《劳动法》第99条特别规定，用人单位招用尚未解除劳动合同的劳动者，给原用人单位造成经济损失的，该用人单位应当依法承担连带赔偿责任。赔偿损失的范围包括：(1)对原用人单位生产、经营和工作造成的直接经济损失；(2)因获取商业秘密给原用人单位造成的经济损失。

《劳动合同法》第88条规定，用人单位有下列情形之一的，依法给予行政处罚；构成犯罪的，依法追究刑事责任；给劳动者造成损害的，应当承担赔偿责任：(1)以暴力、威胁或者非法限制人身自由的手段强迫劳动的；(2)违章指挥或者强令冒险作业危及劳动者人身安全的；(3)侮辱、体罚、殴打、非法搜查或者拘禁劳动者的；(4)劳动条件恶劣、环境污染严重，给劳动者身心健康造成严重损害的。

第三节 工 资

一、工资的概念

工资是指用人单位按照劳动者提供劳动的数量和质量，根据预先规定的标准，用货币形式向劳动者支付的劳动报酬。工资是劳动者取得劳动报酬的主要表现形式，工资制度也是劳动法的一项重要制度。

在我国，国家对工资总量实行宏观调控，企业在坚持工资总额增长幅度低于本企业经济效益增长幅度，职工实际平均工资增长幅度低于本企业劳动生产率增长幅度的前提下，根据本单位的经济效益、劳动生产率和劳动就业供求状况，有权依法自主确定本单位的工资分配方式，提高劳动者的工资水平。在工资分配方式上，实行以按劳分配为主体，多种分配方式并存的原则。

二、企业最低工资保障法律制度

最低工资立法是当前世界上所有发达国家和绝大部分发展中国家普遍建立的一项工资法律制度，它的确立有助于维护处于弱者地位的劳动者的合法权益，保障劳动者个人及其家庭成员的基本生活。同时，有助于限制资方或用人单位对劳动者的剥削程度，防止企业无节制地压低劳动者的个人收入，从而达到维护社会分配公平、保障社会稳定的目的。

1984 年 5 月我国政府决定承认 1928 年第 11 届国际劳工大会通过的《制订最低工资确定办法公约》。为了更好地建立起这一制度，强化对企业滥用分配权力倾向的法律约束，1993 年 11 月 24 日劳动部印发了《企业最低工资规定》。2007 年 6 月 29 日通过的《中华人民共和国劳动合同法》也对有关工资问题做了相应规定。综合起来，我国有关法律法规主要对以下几方面的问题做了规定。

1. 最低工资的概念及其组成。最低工资是指劳动者在法定工作时间内提供了正常劳动的前提下，其所在企业应支付的最低劳动报酬。最低工资的范围应当是职工的全部劳动报酬，但下列各项不作为最低工资的组成部分：(1)加班加点工资；(2)中班、夜班、高温、低温、井下、有毒有害等特殊工作环境、条件下的津贴；(3)国家法律、法规和政策规定的劳动者保险、福利待遇；(4)用人单位通过补贴伙食、住房等支付给劳动者的非货币性收入。

2. 确定最低工资的依据。确定最低工资一般应考虑如下因素：(1)城市居民人均生活费用；(2)平均工资；(3)劳动生产率；(4)失业率；(5)经济发展水平；(6)调整因素。最低工资率应高于当地的社会救济金和待业保险金标准，低于平均工资。

3. 最低工资的确定方式。最低工资的确定实行政府、工会、企业三方代表民主协商原则。最低工资率在国务院劳动行政主管部门的指导下，由省、自治区、直辖市人民政府劳动行政主管部门会同同级工会、企业家协会研究确定。最低工资率一般按月确定，也可按周、日或小时确定。实行计件工资或提成工资等工资形式的企业，必须进行合理的折算。最低工资率发布实施后，所依据的各项因素发生变化，或本地区职工生活费用价格指数累计变动较大时，应当适时调整，但每年最多调整一次。

4. 最低工资的法律效力。最低工资的法律效力体现在两个方面。一是企业支付给劳动者的工资不得低于其适用的最低工资率。劳动者因探亲、结婚、直系亲属死亡而按照规定休假期间，以及依法参加国家和社会活动，视为提供了正常劳动。但劳动者由于本人原因造成在法定工作时间内未提供正常劳动的，不适用上述规定。二是企业违反前述规定的，由当地政府劳动部门责令其限期补发所欠劳动者工资，并视其欠付工资时间的长短向劳动者支付赔偿金。拒发所欠工资和赔偿金的，对企业和责任人给予经济处罚。

三、工资支付的法律保障

(一)工资支付形式、对象和时间

根据《劳动法》第50条规定,工资应当以货币形式按月支付给劳动者本人,我国法律禁止发放实物工资。劳动部于1994年12月6日发布的《工资支付暂行规定》对此作了更具操作性的规定:工资应当以法定货币支付,不得以实物及有价证券替代货币支付;用人单位应将工资支付给劳动者本人;劳动者本人因故不能领取工资时,可由其亲属或委托他人代领;用人单位也可以委托银行代发工资;工资必须在用人单位与劳动者约定的日期支付;如遇节假日或休息日,则应提前在最近的工作日支付;工资至少每月支付一次,实行周、日、小时工资制的可按周、日、小时支付工资;不得克扣或者无故拖欠劳动者的工资。

此外,《劳动合同法》第68条专门就非全日制用工做了规定。非全日制用工是指以小时计酬为主,劳动者在同一用人单位一般平均每日工作时间不超过4小时,每周工作时间累计不超过24小时的用工形式。根据《劳动合同法》第72条规定,非全日制用工小时计酬标准不得低于用人单位所在地人民政府规定的最低小时工资标准。非全日制用工劳动报酬结算支付周期最长不得超过15日。

(二)特殊情况下的工资支付

《劳动法》第51条规定,劳动者在法定休假日和婚丧假期间以及依法参加社会活动期间,用人单位应当依法支付工资。这里所指的依法参加社会活动主要包括:(1)依法行使选举权或被选举权;(2)当选代表出席乡(镇)、区以上政府、党派、工会、青年团、妇女联合会等组织召开的会议;(3)出任人民法庭证明人;(4)出席劳动模范、先进工作者大会;(5)《工会法》规定的不脱产工会基层委员会委员因工会活动占用的生产或工作时间;(6)其他依法参加的社会活动。劳动者在法定工作时间内依法参加社会活动期间,用人单位应视同其提供了正常劳动而支付工资。

《劳动合同法实施条例》第15条规定,劳动者在试用期的工资不得低于本单位相同岗位最低工资的80%或者不得低于劳动合同约定工资的80%,并不得低于用人单位所在地的最低工资标准。

(三)禁止非法扣除工资

工资是劳动者的主要生活来源,对劳动者切身利益影响甚大,故对工资扣除应严加限制,只有在法律法规允许扣除的情形下,才可以扣除工资。同时,扣除工资不能影响职工的基本生活,对允许扣除的最高额应有法律限制。根据劳动部现行规定,有下列情况之一的,用人单位可以代扣劳动者工资:(1)用人单位代扣代缴的个人所得税;(2)用人单位代扣代缴的应由劳动者个人负担的各项社会保险费用;(3)法院判决、裁定中要求代扣的抚养费、赡养费;(4)法律、法规规定可以从劳动者工资中扣除的其他费用。

第四节　劳动保护

一、劳动保护的概念

劳动保护是指直接保护劳动者在劳动过程中的安全与健康的各种措施。劳动保护是由《劳动法》加以规定的。关于劳动保护的法律规定主要包括三个方面:关于安全技术的法律规范、关于劳动卫生的法律规范以及关于劳动保护管理制度的法律规范。从广义上讲,劳动保护的法律规定还应包括关于工时的规定和关于对女职工、未成年工特殊劳动保护的规定两个方面。

二、安全技术法律规范

安全技术法律规范又称为安全技术规程,是指为了防止和减少劳动过程中的伤亡事故,保障劳动者的安全而制定的各种制度、规程和标准。

我国目前的许多工业企业中较多地出现各种机器设备事故、锅炉压力容器爆炸事故等,同时,由于行业不同,存在的安全技术问题亦有所不同。我国的安全技术规程主要对各行业普遍存在的一些共同问题做了规定,内容涉及机械设备、电气设备、动力锅炉、有毒和危险物品、工作场所、厂院等方面的安全制度和标准。迄今为止已颁行的重要法规有:1956 年 5 月国务院发布的《工厂安全卫生规程》、《建筑安装工程安全技术规程》,1982 年 2 月国务院发布的《矿山安全条例》,1992 年 11 月全国人大常委会通过的《矿山安全法》,等等。

三、劳动卫生法律规范

劳动卫生法律规范又称为劳动卫生规程、生产卫生规程或工业卫生规程,是指为了保障劳动者在生产过程中的健康,防止和降低职业危害而制定的各种制度、规程和标准。在生产劳动中,存在着多种职业性有害因素,如粉尘、有害气体和液体、噪音和强光,等等。在这样的环境下工作,劳动者易患上职业病。职工被确诊患有职业病后,其所在单位应安排其医治或疗养。不宜继续从事原有害作业或工作的,应及时将其调离原工作岗位,另行安排工作。职工可享受国家规定的工伤保险待遇或职业病待遇。

四、劳动保护管理制度

劳动保护管理制度又称为安全卫生管理规程，是指国家规定的工矿企业为保证劳动保护法规得以贯彻实施而应实行的各项管理制度的总称。根据现有的有关法律规定，企业劳动安全卫生制度主要包括如下内容。

1. 安全生产责任制度。企业的各级领导人员在管理生产的同时，必须负责管理安全工作。安全生产人人有责，企业法定代表人是安全生产第一责任者，要对本企业的安全生产全面负责。

2. 安全技术措施计划制度。企业在编制生产、技术、财务计划的同时，必须编制安全技术措施计划。

3. 安全生产教育制度。企业单位必须认真地对新工人进行安全生产的“三级教育”（入厂教育、车间教育和现场教育），并且要经过考试合格后，才能准许其进入操作岗位。对于电气、起重、锅炉、焊接、车辆驾驶等特殊工种的工人，必须进行专门的安全操作技术训练，在考试合格后，才能准许他们操作。

4. 安全生产定期检查制度。

5.“三同时”制度。新建、改建、扩建工程的劳动安全卫生设施必须与主体工程同时设计、同时施工、同时投入生产和使用。

6. 个人劳动防护用品和保健食品发放制度。

7. 企业职工伤亡事故报告和处理制度。企业职工伤亡事故是指我国境内的一切企业的职工在劳动过程中发生的人身伤害、急性中毒事故等，包括轻伤、重伤、死亡、重大死亡事故等四种。1991 年 2 月 22 日国务院发布的《企业职工伤亡事故报告和处理规定》，对职工伤亡事故的报告、统计、调查和处理作了全面规定。根据该规定，伤亡事故的处理应经过三个阶段。首先是事故报告。伤亡事故发生后，有关人员要把伤亡的情况以最快的速度层层上报。具体上报到哪一级，视伤亡事故的严重程度而定。其次是事故调查。事故调查组的职责是查明事故发生的原因、过程和人员伤亡、经济损失情况，确定事故责任者，提出事故处理意见和防范措施的建议，写出事故调查报告。事故调查组在查明事故情况以后，如果对事故的分析和事故责任者的处理不能取得一致意见，劳动部门有权提出结论性意见。最后是事故处理。主要由发生事故的企业及其主管部门对事故调查组提出的事故处理意见和防范措施的建议负责处理。伤亡事故处理工作应当在 90 日内结案，特殊情况不得超过 180 日。伤亡事故处理结案后，应当公开宣布处理结果。

五、女职工和未成年工特殊劳动保护的法律规定

(一)女职工特殊劳动保护

女职工特殊劳动保护是指根据女职工生理机能变化的特点及抚育下一代的需要,对女职工特殊劳动权益的保护。有关女职工特殊劳动保护的法律规定与一般劳动保护规定相比有其特殊之处,它更多地着眼于女职工生理卫生和医学上的保护,除了对直接劳动过程中的安全和健康加以保护外,还包括对女职工劳动权利所提供的保护。具体内容包含如下几个方面。

1.就业权利的保护。1992年4月3日全国人大通过的《妇女权益保障法》第21条、第22条明确规定:“国家保障妇女享有与男子平等的劳动权利。”“各单位在录用职工时,除不适合妇女的工种或者岗位外,不得以性别为由拒绝录用妇女或者提高对妇女的录用标准。”妇女的就业应照顾到女性的特点和优势、法律限制妇女从事不利于身体健康的工作。

2.其他劳动权益的保护。包括实行男女同工同酬;在分配住房和享受福利待遇方面男女平等;在晋职、晋级、评定专业技术职称等方面,不得歧视妇女。

3.女职工“四期”特殊保护。(1)经期保护。女职工在月经期间,所在单位不得安排其从事高空、低温、冷水和国家规定的第3级体力劳动强度的劳动。(2)孕期保护。女职工在怀孕期间,所在单位不得安排其从事国家规定的第3级体力劳动强度的劳动和孕期禁忌从事的劳动,不得在正常劳动日以外延长劳动时间;对不能胜任原劳动的,应予以减轻劳动量或者安排其他劳动。怀孕7个月以上(含7个月)的女职工,不得安排其从事夜班劳动;在劳动时间内应当安排一定的休息时间。怀孕的女职工,在劳动时间内进行产前检查的时间,应当算作劳动时间。(3)产期保护。女职工产假为90天,其中产前休假15天;难产的,增加产假15天。多胞胎生育的,每多生育一个婴儿,增加产假15天。此外,女职工怀孕流产的,其所在单位应当根据医务部门的证明,给予一定时间的产假。(4)哺乳期保护。有不满1周岁婴儿的女职工,其所在单位应当在每班劳动时间内给予其两次哺乳(含人工喂养)时间,每次30分钟。哺乳时间和在本单位内哺乳往返途中的时间,算作劳动时间。还有,女职工在哺乳期内,所在单位不得安排其从事国家规定的第3级体力劳动强度的劳动和哺乳期禁忌从事的劳动,不得延长其劳动时间,不得安排其从事夜班劳动。

4.关于妇幼保健设施的规定。女职工较多的单位应当按照国家有关规定,以自办或者联办的形式,逐步建立女职工卫生室、孕妇休息室、哺乳室、托儿所、幼儿园等设施,并妥善解决女职工在生理卫生、哺乳、照料婴儿方面的困难。

（二）未成年工特殊劳动保护

未成年工是指年满16周岁但未满18周岁的少年劳动者。未成年工特殊劳动保护，是指根据未成年工的身体、智力等特点，对他们的特殊劳动权益的保护。根据我国目前有关的法律规定，对未成年工特殊劳动保护的主要内容有：(1)不得安排未成年工从事矿山井下、有毒有害、国家规定的第4级体力劳动强度的劳动和其他禁忌从事的劳动；(2)用人单位应当对未成年工定期进行健康检查；(3)对未成年工应缩短工时，以保证他们得到充足的休息；(4)不得安排他们加班加点和从事夜班工作；(5)应给他们创造特殊的劳动条件；(6)用人单位应组织和指导他们的文化和技术学习。

六、工时制度的法律规定

工时是指劳动者依据法律规定，在一定时间内用于生产和工作的时数。工时制度是有关工作时间和休息时间的一系列规定的总称。

（一）标准工时制度

我国早在1949年9月29日中国人民政治协商会议通过的《共同纲领》中基本确立了我国劳动者每天8小时、每周48小时的工时制度，并实施了40余年。在当今科技和经济飞速发展的条件下，企业劳动生产率的提高已不再简单取决于工时的延长，而主要是依靠管理水平、科技水平和劳动力素质的提高，即依赖于有效工时的提高。因而，1994年2月3日发布的《国务院关于职工工作时间的规定》确立了我国的新工时制度。该规定指出，自1994年3月1日起，国家实行职工每日工作8小时，平均每周工作44小时的工作制度。同年颁布的《劳动法》第36条对此也作了明确规定。1995年3月25日，国务院发布命令决定修改1994年发布的《国务院关于职工工作时间的规定》，修改后的《国务院关于职工工作时间的规定》，决定从1995年5月1日起，职工每日工作8小时，每周工作40小时的新工时制度。这一工时制度适用于在中国境内的国家机关、社会团体、企业事业单位以及其他组织的职工。1995年5月1日施行有困难的企业、事业单位，可以适当延期；但事业单位最迟应当自1996年1月1日起施行，企业最迟应当自1997年5月1日起施行。

（二）延长工时制度

我国工时立法对加班加点采取限制的政策。因特殊情况和紧急任务确需延长工作时间的，应当按照国家有关规定执行。根据我国《劳动法》的有关规定，我国对延长工时的限制主要体现在以下几个方面。

1. 从条件和时间上限制。用人单位由于生产经营需要可以延长工作时间，一般每日不得超过1小时;因特殊原因需要延长工作时间的,在保障劳动者身体健康的条件下延长工作时间每日不得超过3小时,但是每月不得超过36小时。有下列情形之一的,延长工作时间可以不受上述规定的限制:(1)发生自然灾害、事故或者因其他原因,威胁劳动者生命健康和财产安全,需要紧急处理的;(2)生产设备、交通运输线路、公共设施发生故障,影响生产和公众利益,必须及时抢修的;(3)法律、行政法规规定的其他情形。

2.从手续上限制。用人单位需要加班加点的,应先与工会和劳动者进行协商。协商的具体程序,可在集体合同中予以规定。

3.从报酬上予以限制。劳动者有延长工时情形的,用人单位应当按照下列标准支付高于劳动者正常工作时间工资的工资报酬:(1)安排劳动者延长工作时间的,支付不低于工资的150%的工资报酬;(2)休息日安排劳动者工作又不能安排补休的,支付不低于工资的200%的工资报酬;(3)法定休假日安排劳动者工作的,支付不低于工资的300%的工资报酬。

4.从参加人员上限制。法律禁止用人单位安排未成年工、怀孕和哺乳期女职工延长工作时间。

案例评析

【案例1】

李某等5人是某建材厂劳动合同制工人,2005年6月与该厂签订了为期6年的劳动合同。2008年9月份以来,该厂由于产品质量问题,经营状况一直不好,产品大量积压,造成资金困难。从2008年11月份起厂里连续8个月给李某等5人只发放60%的工资,其余部分一直拖着未发。从2009年7月份开始,李某等5人多次向厂里提出补发工资的要求,但厂方总以资金周转困难,暂时没有钱为其补发工资为由一拖再拖,当李某等5人看到要厂里补发工资无望时,便提出解除劳动合同。该厂以车间人员不足,解除劳动合同会给厂里带来损失为由,拒绝了李某等5人解除劳动合同的要求,并称如果李某等5人一定要解除合同,厂方将不予为其办理转移社会保险手续。李某等5人虽同厂方进行了多次协商,但问题始终没有得到解决,只好向当地劳动争议仲裁委员会申诉,请求劳动争议仲裁委员会维护他们的合法权益。

仲裁委员会受理该案后,查明李某等5人所反映的情况属实,经调解无效,作出了如下裁决:(1)某建材厂应于裁决书生效之日起3日内为李某等5人办理解除劳动合同及转移社会保险手续;(2)该厂在办理李某等5人解除劳动合同手续的同时,一次性补发所拖欠的工资并赔偿损失。

【评析】

这是一起因企业不按劳动合同约定支付劳动报酬，拖欠职工工资，由职工提出解除劳动合同而与企业发生的劳动争议案件。《劳动合同法》第38条规定，用人单位未及时足额支付劳动报酬的，劳动者可以通知用人单位解除劳动合同。第46条和47条还规定，用人单位应该按劳动者在本单位工作的年限，每满一年支付一个月工资的标准向劳动者支付经济补偿。而按《劳动法》第50条规定，工资应当以货币的形式按月支付给劳动者本人。《劳动合同法》第38条所规定的用人单位未按劳动合同约定支付劳动报酬，既包括劳动合同中约定的工资数额，也包括由法律规定的和劳动合同中约定的工资支付日期。

本案中，该建材厂连续8个月不按劳动合同约定支付李某等5人的工资报酬，构成了对劳动者享有劳动报酬权益的侵犯，李某等5人根据《劳动合同法》第38条的规定，提出解除劳动合同是符合法律规定的，该建材厂应当接受并为他们依法办理解除劳动合同的有关手续，不应当无理拒绝，更不应以不办理转移社会保险手续相威胁。因此，仲裁委员会作出如上裁决是正确的。

【案例2】

1984年2月，原告王某(女)到某国营丝厂工作。后丝厂经改制变更名称为某制丝公司，王某仍在该单位工作。2002年初，王某与制丝公司签订为期五年的劳动合同一份，合同截止时间为2007年5月1日。2004年10月，上级行政主管公司为整合资源做大做强茧丝绸后道产品，将制丝公司的针织车间、丝绵车间的人员(包括王某在内)随资产和岗位整体划出，与某服饰公司整合，组建了新的服饰公司。

此后，王某为服饰公司提供劳动，接受服饰公司的管理，服饰公司向其支付劳动报酬，但服饰公司与王某间没有签订新的合同。从2004年12月起，服饰公司为王某缴纳养老保险和失业保险金。2006年9月12日，制丝公司向服饰公司移交了包括王某在内的117名职工的保险本及档案资料，并将原丝厂改制提取的安置职工费用按比例转给服饰公司。

从2005年起，由于服饰公司工作任务的需要，王某所在的车间经常加班。服饰公司未能按规定安排王某休息，亦未发放加班报酬。2006年4月21日，服饰公司因生产需要向劳动行政部门申请实行综合计算工时工作制，并经行政部门批准。服饰公司实行综合计算工时工作制后，仍安排王某等职工超过法定工作时间加班工作，不发放加班期间的工资报酬，引起王某的不满。

2006年11月29日，王某向制丝公司、服饰公司发出通知，要求两公司支付其加班加点报酬,两公司未予答复。2007 年 2 月 16 日,王某又向两公司发出了《关于解除与你单位劳动合同的通知》,提出了要求与单位解除劳动合同、支付经济补偿金、为其办理相关手续的请求。当日,王某离开单位。

同年 2 月 28 日,王某向当地劳动争议仲裁委员会提出了仲裁请求。同年 3 月 25 日,仲裁委员会以本案超过法定仲裁时效为由,作出不予受理案件通知书。王某不服,一纸诉状将制丝公司告上法庭,后追加服饰公司为被告。

原告王某诉称:"2002 年初,我与被告制丝公司签订了为期五年的劳动合同,合同期至 2007 年 5 月 1 日。从 2004 年 10 月起,制丝公司将我安排到服饰公司上班,但我与服饰公司并未签订劳动合同,因而与制丝公司仍保持劳动关系。2005 年 1 月至 2006 年 11 月,服饰公司每周双休日均安排我和单位的其他职工加班,平时的工作时间每天均超过八小时,单位均未支付相应的加班加点工资。为此,本人曾于 2006 年 11 月 29 日向被告制丝公司、服饰公司发出通知,要求单位支付加班加点的报酬,但两被告未予答复。2007 年 2 月 16 日,本人再次向两被告发出通知,提出与单位解除劳动合同,并要求办理相关手续、支付经济补偿金的请求,两被告仍未予答复。2007 年 2 月 28 日,我向劳动争议仲裁委员会提出仲裁申请,请求制丝公司、服饰公司承担下列义务:(1)支付加班工资报酬 3907 元;(2)支付解除劳动合同经济补偿金 21082.68 元;(3)办理失业手续,让本人享受失业待遇。同年 3 月 25 日,仲裁委员会以本案超过法定仲裁时效为由,作出不予受理案件通知书。本人不服,故向法院提起诉讼,请求法院判令:(1)被告制丝公司向我支付解除劳动合同经济补偿金 21082.68 元,被告服饰公司承担连带责任;(2)两被告为我办理失业手续,并享受失业待遇。"

被告制丝公司辩称:"原告王某原来虽然是我公司的职工,但从 2004 年 10 月起,已经随我公司的针织车间、丝绵车间的全体人员随资产和岗位整体划出与服饰公司实现了整合。2006 年 9 月 1 日,我公司与服饰公司及主管部门的《实施意见》中明确规定,原制丝公司职工可以选择留在服饰公司工作或回到制丝公司,由于原告王某选择继续留在服饰公司工作,因而我公司与王某的劳动合同关系即终止,王某在服饰公司加班与我公司无关。"

被告服饰公司辩称:"原告王某与我公司形成了事实上的劳动合同关系,但我公司从 2006 年 4 月 21 日起已实行了综合计时工作制,因而从这以后并不存在加班加点的说法。2006 年 3 月前,我公司曾有加班加点的事实,但并非证人所称每天均加班,即使加班,加班的工资也已发放,加之王某对加班工资的异议也未在法定期限内主张权利,请求法院依法驳回原告王某对我公司的诉讼请求。"

庭审中,被告制丝公司抗辩认为,2002 年 5 月,该公司与原告王某签订劳动合同属实，但合同的期限为4年，至2006年5月；原合同早已履行期满，原告只能根据合同期满后的事实劳动关系主张权利。对此，原告王某予以否认，坚持合同期为5年。为此，法院要求被告制丝公司在指定期限内提交合同原件，逾期则推定原告主张的事实成立。到期后，被告制丝公司未予提交。

诉讼中，法院根据原告王某提供的工资储蓄本的记载，经核算，2007年2月16日王某离开服饰公司前12个月的平均工资为922.72元。王某本人主张月平均工资标准为878.45元。

法院经审理后认为，原告王某与被告制丝公司签订的劳动合同合法有效，劳动者及用人单位的合法权益应受到法律平等保护。制丝公司持有与王某签订的劳动合同而不提交，故应推定王某所主张的劳动合同期限为五年，期限至2007年5月1日的事实成立。2004年10月，两被告的主管部门在组建服饰公司时，将制丝公司所属车间的人员及资产整体整合到服饰公司，系主管部门对两公司内部体制进行调整的行为。此后，王某接受了服饰公司对其工作上的安排、管理，服饰公司向王某支付劳动报酬，为其缴纳养老保险及失业保险费用，因而服饰公司事实上承继了王某与制丝公司订立的劳动合同中所确定的权利和义务，合同应继续履行至2007年5月1日，故原告王某辞职时合同并未履行届满。王某在向用人单位主张加班加点的工资报酬，提出解除劳动合同以及向仲裁委员会提出仲裁申请时，均将服饰公司列为被主张对象，可见王某对主管部门及两公司之间的整体整合的行为并无异议。据此，应认定王某与服饰公司之间已形成事实劳动关系，制丝公司与王某之间约定的劳动合同义务已转移给服饰公司，故应由服饰公司对王某承担相应的义务，王某要求制丝公司亦承担义务的请求于法无据，不予支持。

按照我国《劳动法》及有关行政法规规定，企业实行综合计算工时工作制时，计算周期内的总实际工作时间不应超过总法定标准工作时间，超过部分应视为延长工作时间，并按《劳动法》规定支付工资报酬。王某在服饰公司工作期间，接受单位安排加班加点，服饰公司并未向王某支付相应报酬，其行为违反了法律、行政法规的相关规定，王某依法有权随时向用人单位提出解除劳动合同，故王某与服饰公司的劳动合同关系于2007年2月16日即告解除。合同解除后，王某有权要求用人单位按其实际工作年限支付经济补偿金。王某主张的月平均工资为878.45元，低于核算的月平均922.72元，应按其主张计算经济补偿金。劳动合同解除后，服饰公司依法应及时向王某出具解除劳动合同的证明，办理养老保险等转移手续，并协助王某办理相关失业手续，让其享受失业保险待遇。

关于两被告所抗辩的原告王某向企业主张加班加点工资时已超过2个月的法定仲裁期限，其无权以此为理由随时与企业解除劳动合同的观点，依法难以成立。仲裁时效的起算必须同时具备两个前提:(1)权利发生争议;(2)权利人知道权利受到侵犯。鉴于王某在劳动合同履行期内就加班加点工资问题曾向服饰公司主张过权利,但服饰公司并未明示拒绝,因而不能因此认定双方之间已产生争议,故不存在时效起算问题。当王某因单位未支付加班加点报酬而提出解除劳动合同,并实际离开单位后,双方的劳动争议全面产生,此时应当开始起算仲裁时效,即从 2007 年 2 月 16 日起算,因而王某于 2007 年 2 月 16 日提出仲裁申请时并不超过仲裁时效。据此,原告王某以企业未支付加班加点工资为由随时辞职不存在时效问题,但王某向法院起诉时未提出加班加点工资要求,故法院只能针对其诉讼请求作出判决。遂依照《中华人民共和国民事诉讼法》、最高人民法院《关于民事诉讼证据的若干规定》、《中华人民共和国劳动法》及最高人民法院《关于审理劳动争议案件适用法律若干问题的解释》的有关规定,作出如下判决:(1)被告服饰公司向原告王某支付解除劳动合同的经济补偿金 20204.35 元(按原告王某的实际工作年限 23 年计算,每满 1 年发给其相当于 1 个月工资的经济补偿金);(2)被告服饰公司向原告王某出具解除劳动合同关系的证明,将原告王某失业情况报送社会保险经办机构,并为其办理失业保险手续,让其按规定享受失业待遇。

一审判决后,被告服饰公司不服,提出上诉。二审中院审理过程中,服饰公司与王某达成和解协议,并向中院撤回上诉。

【评析】

本案实质上涉及二个焦点问题:(1)综合计时工作制下是否存在加班工资;(2)职工能否以单位拒付加班加点工资随时辞职。

综合计算工作时间是指因用人单位生产或工作的特点,劳动者的工作时间不宜以日计算,需要分别以周、月、季、年等为周期综合计算工作时间长度(小时数)的一种工时形式。国家劳动部于 1994 年 12 月 14 日颁布的《关于企业实行不定时工作制和综合计算工时工作制的审批办法》(以下简称《审批办法》),对我国综合计算工时工作制的实行条件、方式和审批办法都作了明确的规定。根据《审批办法》第 6 条的规定,综合计算工时工作制可采用集中工作、集中休息、轮休调休、弹性工作时间等方式进行。企业需要实行综合计算工时工作制的,应报经劳动行政部门履行一定的审批手续。应当注意的是,综合计算工时工作制仅是我国工时法律制度中的一种工时形式,实行这一工时形式的企业,无论选用周、月为周期,还是以季、年为周期综合计算工作时间,职工的平均月工作时间和周工作时间都应与法定标准工作时间基本相同,超过法定标准工作时间部分,应视为延长工作时间,应按规定支付职工延长工作时间的工资。因而,本案中被告服饰公司以综合计时工作制为由拒付加班加点工资缺乏法律依据。

《中华人民共和国劳动合同法》第38条规定:“用人单位有下列情形之一的,劳动者可以解除劳动合同:(1)未按照劳动合同约定提供劳动保护或者劳动条件的;(2)未及时足额支付劳动报酬的;(3)未依法为劳动者缴纳社会保险费的;(4)用人单位的规章制度违反法律、法规的规定,损害劳动者权益的;(5)因本法第26条第1款规定的情形致使劳动合同无效的;(6)法律、行政法规规定劳动者可以解除劳动合同的其他情形。”《江苏省劳动合同条例》第33条第2款第(4)项同样规定,用人单位未按照法律、法规规定或者劳动合同约定支付劳动报酬或者提供劳动条件的,劳动者可以随时通知用人单位解除劳动合同。在劳动仍为公民谋生手段的今天,在不损害人身权利的前提下获取劳动报酬,是劳动者与用人单位订立劳动合同最直接和最根本的目的。因此,如果用人单位不能按照法律或合同约定支付劳动报酬,劳动者可以随时解除劳动合同。

从本案的情况看,被告服饰公司并未举证证明其已向原告王某支付加班加点工资,在其长期拒付加班加点工资的情况下,原告王某有权随时解除与被告服饰公司的劳动合同,并要求其依法支付经济补偿金。

【案例3】

1993年2月,张某与北京某研究所签订劳动合同,合同期限为10年。在合同履行期间,2002年3月26日,张某向北京某研究所递交书面的解除劳动合同协议书,同意与北京某研究所解除劳动合同,领取补助费10500元,由北京某研究所出具解除劳动合同关系证明信,以便张某领取失业保险金。同年4月1日,双方签订了解除劳动合同协议书,双方劳动关系解除。2002年5月,张某因经济补偿金问题至劳动争议仲裁委员会申诉。仲裁委员会驳回了张某的申诉请求。裁决后,张某不服,诉至法院请求判令其与北京某研究所签订的解除劳动合同协议书无效;北京某研究所单方解除劳动合同,应支付其经济补偿金15000元,额外经济补偿金7500元;北京某研究所辩称,双方签订劳动合同及解除劳动合同协议书一事属实。双方签订的解除劳动合同协议书是双方自愿的表示,该协议合法有效。故不同意其诉讼请求。

本案一审判决驳回张某的诉讼请求;张某上诉后,二审法院维持原判。

【评析】

本案争议的焦点是该解除劳动合同行为系协议解除劳动合同还是单方解除劳动合同的问题,现从以下三个方面分析。

1. 何谓协议解除劳动合同。依照我国《劳动法》以及相关法规的规定,双方当事人经协商一致,在不违背国家利益和社会公共利益的前提下,提前终止劳动合同的法律效力。我国《劳动法》第24条规定,经劳动合同当事人协商一致,劳动合同可以解除。协议解除具有以下特点。(1)双方当事人具有平等的解除合同请求权。劳动者或用人单位都可主动向对方提出终止劳动合同关系的请求。(2)必须经双方平等自愿协商一致而达成协议,才可解除合同,任何一方不能强加自己的意志于对方当事人。(3)协议解除不受约定终止合同条件的约束。(4)由用人单位提出解除劳动合同的,必须依法向劳动者支付经济补偿金。由劳动者提出解除劳动合同如给用人单位造成经济损失应承担赔偿责任。此种情况下,用人单位应根据劳动者在本单位工作年限,每满1年发给相当于1个月工资的经济补偿金,最多不超过12个月,工作时间不满1年的按三年的标准发给。属于劳动合同解除后,用人单位未按规定给予劳动者经济补偿的,除发给经济补偿外,还须按经济补偿金数额的50%支付额外经济补偿金。上述经济补偿金的发放,应由用人单位一次性发给劳动者。2002年4月1日,双方签订了解除劳动合同协议书,张某领取补助费10500元,并由北京某研究所出具解除劳动合同关系证明信,以便张某领取失业保险金。双方劳动关系解除符合协议解除合同的特征。

2.单方解除劳动合同(法定解除)及其法律后果。依照《劳动法》第25条、第26条、第27条、第31条和第32条共5个条文的规定,法律同等赋予用人单位和劳动者单方解除劳动合同的权利,其中第25—27条是用人单位单方解除劳动合同的法定情形,第31条和第32条是关于劳动者单方解除劳动合同的规定。从单方解除劳动合同的形式来看,又可分为"提前通知解除"和"即时解除"两种形式。依照《劳动法》规定,用人单位或劳动者以提前30日并采用书面方式通知对方当事人的方式称为"提前通知解除"。所谓"即时解除"是指当事人一方无须预先告知对方当事人而采用随时通知的方式解除劳动合同,该种方式不涉及经济补偿或承担赔偿责任。《劳动法》对用人单位采用"提前通知解除合同"方式规定了必备条件,而对劳动者未作任何限制性条件规定。

单方解除合同系违反劳动合同的行为,用人单位或劳动者由于本身的过错造成的不履行或不适当履行合同义务,应承担相应的法律责任。按照现行的《劳动法》、《违反〈劳动法〉行政处罚办法》及《违反和解除劳动合同的补偿办法》的规定,此种违反劳动合同的责任的承担方式有三种,即行政责任、经济责任和刑事责任。其中经济责任是指解除劳动合同的经济补偿,即解除劳动合同后,用人单位依法一次性给劳动者经济上的补助费用。按照劳动部办公厅《关于终止劳动合同经济补偿金问题的复函》(劳办发〔1996〕243号)所作解释:"经济补偿金"是指在劳动合同解除时,企业按照《劳动法》及其配套规定《违反和解除劳动合同的经济补偿办法》(劳部发〔1994〕481号),支付给职工一定数额的补偿金。

根据上述规定,经济补偿金主要运用于下列范围。(1)非过失性辞退的经济补偿。劳动者患病或者非因工负伤,经劳动鉴定委员会确认不能从事原工作,也不能从事用人单位另行安排的工作而解除劳动合同的,用人单位应按其在本单位的工作年限,每满1年发给其相当于1个月工资的经济补偿金,没有最高额限制,同时还应发给不低于6个月工资的医疗补助费。患重病和绝症的,还应增加医疗补助费。患重病的增加部分不低于医疗补助费的50%;患绝症的增加部分不低于医疗补助费的100%。劳动者的月平均工资低于企业月平均工资的,按企业月平均工资的标准支付。劳动者不能胜任工作,经过培训或者调整工作岗位仍不能胜任工作,由用人单位解除劳动合同的,用人单位应按其在本单位的工作年限,每满1年发给相当于1个月工资的经济补偿金,但最多不超过12个月。劳动合同订立时所依据的客观情况发生重大变化,致使原劳动合同无法履行,经当事人协商不能就变更劳动合同达成协议,由用人单位解除劳动合同的,用人单位应按劳动者在本单位的工作年限,每满1年发给相当于1个月工资的经济补偿金,但没有最高额限制。若劳动者月平均工资低于企业月平均工资的,按企业月平均工资的标准支付。(2)经济性裁员的经济补偿。用人单位濒临破产进行法定整顿期间,或者生产经营状况发生严重困难,必须裁减人员的,由用人单位按被裁减人员在本单位工作的年限支付经济补偿金。在本单位工作的时间每满1年发给其相当于1个月工资的经济补偿金,但没有最高额限制。劳动者的月平均工资低于企业月平均工资的,按企业月平均工资的标准支付。(3)用人单位逾期给付经济补偿金的责任。用人单位在解除劳动合同后,未按规定给予劳动者经济补偿的,除应全额补发经济补偿金外,还须按该经济补偿金数额的50%支付额外经济补偿金。本案中,张某与北京某研究所双方签订了解除劳动合同协议书,系双方真实意思之表示,且协议之内容不违反《劳动法》之规定,应当认定合法有效。双方当事人应当依该协议享有权利、履行义务。北京某研究所并非单方解除与张某的劳动合同,因此用人单位不应支付双重经济补偿。

3.张某承担举证不能的法律后果。我国《民事诉讼法》规定了"谁主张,谁举证"的原则,即当事人对自己的主张有责任提供证据。张某主张双方所签订的解除劳动合同协议书,系在北京某研究所胁迫的情况下达成,应由其举证加以证明。所谓胁迫,最高人民法院《关于贯彻执行〈中华人民共和国民法通则〉若干问题的意见(试行)》第69条规定:"以给公民及其亲友的生命健康、荣誉、名誉、财产等造成损害或者以给法人的荣誉、名誉、财产等造成损害为要挟,迫使对方作出违背真实的意思表示的,可以认定为胁迫行为。"可见,行为人受胁迫作出的承认行为是违背其真实意思表示的。因此,当事人在受胁迫情况下承认的事实与真实事实有不一致的地方。如果当事人行为的后果正是其主观所追求的，那么也就谈不上受胁迫了。也就是说，当事人不可能被胁迫承认其主观希望承认的事情，只要当事人能证明其民事行为是在受胁迫情况下作出的，就可依法主张该行为无效。

本案中双方所签订的协议明确写有“甲乙双方在自愿、平等协商的前提下，就乙方(张某)提出提前与甲方(北京某研究所)终止劳动合同，解除劳动关系相关事宜，签订本协议”。张某据此已经实际领取10500元。张某上诉称，该协议系在受北京某研究所胁迫下而签订的主张，因无证据加以证明，法院不予采信。

需要指出的是，劳动合同一经依法签订就具有法律约束力，未经双方当事人协商一致解除或劳动仲裁机关与人民法院确认无效，劳动者与用人单位都应严格履行劳动合同。解除劳动合同是终结劳动合同双方当事人劳动法律关系的一种形式。劳动合同解除后，劳动者与用人单位的权利义务即行终止。解除劳动合同对劳动者影响巨大，世界各国都对解除劳动合同规定了较为严格和具体的条件。我国也不例外地用法律来规范和约束用人单位的行为，预防和防止其滥用解除劳动合同权利，维护劳动合同的稳定性，以达到正确适用解除劳动合同条件的目的。本案中北京某研究所解除与张某的劳动合同系协议解除劳动合同，且用人单位已依法支付劳动者经济补偿，劳动者的利益已经得到保护。张某主张该协议解除无效，用人单位应以单方解除劳动合同支付其经济补偿不能成立。

【思考练习】

一、名词解释

劳动法　劳动权　工资　劳动合同　最低工资

二、简答题

1. 简述劳动法的调整对象。

2. 试述《劳动法》中有关单方解除劳动合同的情形。

3. 简述企业最低工资保障法律制度。

3. 试述《劳动法》对女职工和未成年工特殊劳动保护的有关规定。

4. 违反劳动合同应承担什么责任？

5. 简述劳动保护管理制度的内容。

>>>>> 第十六章

社会保险法

本章导读

社会保险是社会保障体系的核心内容。社会保险制度是一种强制性保险，属于社会政策性保险，国家通过立法手段规范和保障公民生活与安全需要。本章主要介绍有关社会保险的主要内容，阐述了社会保险的概念、我国社会保险立法的有关情况以及社会保险制度的具体内容。

重点问题

1. 社会保险的概念与特征。
2. 养老保险法。
3. 失业保险法。
4. 医疗保险法。
5. 工伤保险法。
6. 生育保险法。

第一节　社会保险法概述

一、社会保险的概念和特征

社会保险，是针对全体社会成员，国家通过立法就公民的医疗、工伤、失业养老、生育等实行的强制性保险制度，保障公民因疾病、工伤、失业和年老收入减少或丧失时得到必要的物质补偿以保证其基本生活所需的一种社会保障制度。社会保险是一种社会政策性保险。

社会保险制度最早起源于德国，19 世纪 70 年代德国首创了社会保险立法，其中包括残疾、老年和死亡保险法。此后，采取社会保险筹集资金，并以立法手段规范和保障公民生活与安全需要的办法为世界各国所仿效。

保险制度作为一种有偿配置社会资源的制度，向社会提供两种保险服务，一是公共性保险服务，即社会保险；二是私人性保险服务，即商业保险。各国对上述两种保险都给予分别立法，即制定社会保险法和保险法。

社会保险具有以下法律特征。

1. 社会保险具有强制性。社会保险是国家以立法形式强制推行的一种社会性保障项目。按社会保险立法的规定，用人单位和职工都必须参加社会保险。社会保险费的缴纳和社会保险费的管理、社会保险待遇等都必须严格按照法律规定办理。

2. 社会保险具有福利性。社会保险的目的在于保障社会成员的基本生活，是社会的公益事业，不是以赢利为目的。社会保障基金由国家、单位和个人三方共同负担，专款专用。

3. 社会保险具有互济性。社会保险是政府为其社会成员提供一系列基本生活保障。由于年老、失业、疾病、伤残等人员在社会上分布不均，各地区和各单位承受的压力情况也是不同的。社会保险实行互济原则，集中资金在大范围内分散风险，保障劳动者在失去生活来源时能得到物质帮助，维持基本的生活需要。

4. 社会保险具有社会性。社会保险不同于商业保险，其适用范围十分广泛，不同地区、不同行业、不同经济形式中的所有人员都可参加，并保证尽可能多的社会成员能享受到社会保险待遇，起到稳定社会的目的。正因为该种保险的社会性才称之为社会保险。

二、社会保险的内容

我国《劳动法》第 70 条规定："国家发展社会保险事业，建立社会保险制度，设立社会保险基金，使劳动者在年老、患病、工伤、失业、生育等情况下获得帮助和补偿。"该法第 73 条第 1 款又规定，劳动者在下列情况下，依法享受社会保险待遇：(1)退休；(2)患病、负伤；(3)因工伤残或患职业病；(4)失业；(5)生育。劳动者死亡后，其遗属依法享受遗属津贴。根据上述规定，我国现行的社会保险的内容由以下若干方面构成。

1. 工伤保险。是指对因工负伤或因职业病致残而丧失劳动能力者，给予工资补偿、医疗保健护理、伤残补偿及生活照顾，对因工或职业病死亡者生前供养的直系亲属给予丧葬费、抚恤费等。

2. 失业保险。是指向因故失业的劳动者提供基本生活费、医疗费，并为他们提供再就业培训、职业介绍等服务。

3. 医疗保险。是指对因患病、伤残等原因暂时丧失劳动能力的公民，提供所需医疗费用以保证其基本生活保障的制度。

4. 伤残、死亡遗属保险。是指对非因工负伤及因疾病而丧失劳动能力的职工，给予相应的生活费用和医疗待遇，对非因工死亡职工的遗属给予丧葬费、救济款等。

5. 养老保险。是指对因年老丧失劳动能力而退职、退休的职工在其养老期间，提供养老金和生活照顾，以保障其基本生活的制度。

6. 生育保险。是指对育龄妇女在因怀孕、生育而暂时丧失劳动能力期间提供医疗保健和生活所需的制度。

有关社会保险的内容，各国的保险法上规定不尽一致。我国法律的有关规定，体现了中国特色，基本适合我国现阶段社会保险的需要。

第二节　我国社会保险法概述

一、我国社会保险与立法概述

与世界各国社会保险相比，我国的社会保险起步相对较晚。改革开放以前，我国公民的保险意识较差，绝大多数人根本不投保，甚至一半以上的人根本不知道“保险”这回事。随着改革开放和商业保险的兴起，人们逐渐有了保险意识，投资保险的居民也越来越多。

从社会保险立法情况来看，我国的社会保险立法也起步较晚。最早出现的有关社会保险的法律条文应该是我国第一部《宪法》第 93 条：“中华人民共和国的劳动者在年老、疾病或者丧失劳动能力的时候，有获得物质帮助的权利。国家举办社会保险、社会救济和群众卫生事业，并且逐步扩大这些设施，以保证劳动者享受这种权利。”尽管如此，在中华人民共和国 40 多年的历史中，实现《宪法》规定的社会保障权利经历了曲折的发展过程。1978 年以前，人们一般认为社会保障是对一部分人的待遇，而不是所有社会成员的权利。直到 90 年代初，中国的法律分类中还没有“社会保障法”这一范畴，有关的法律和法规一般都归在“劳动行政”的标题之下。1951 年中央政务院颁布的《中华人民共和国劳动保险条例》(1953 年修订)是中国社会保障制度的第一个基础性专门法规。进入 80 年代后，改革开放改变了人们对社会保障的认识，20 年来建立社会保障制度成为中国法制建设和法律改革的重要内容。在这 20 年中，我国制定和颁布了大量有关社会保险方面的法律法规，这些法律法规涵盖了养老保险、失业保险、医疗保险、工伤保险和生育保险等各个方面。1986 年颁布的《国营企业职工待业保险暂行规定》，初步建立起了失业保险制度；1989 年颁发了《关于公费医疗保险的通知》，对公费医疗制度进行改革；1997 年 7 月国务院发布《关于建立统一的企业职工基本养老保险制度的决定》，提出要在全国范围内实行统一的养老保险制度；1998 年 12 月 26 日国务院发布并实施了《失业保险条例》，1999 年 1 月 14 日国务院又发布实施了《社会保险费征缴暂行条例》，1999 年 3 月 19 日劳动和社会保障部制定实施了《社会保险登记管理暂行办法》、《社会保险费申报缴纳管理暂行办法》、《社会保险费征缴监督检查办法》等法规。2000 年 12 月，国务院发布了《关于完善城镇社会保障体系的试点方案》，方案提出完善社会保障体系的总目标是：建立独立于企业事业单位之外、资金来源多元化、保障制度规范化、管理服务社会化的社会保障体系。2005 年 10 月 19 日召开的国务院常务会议讨论并通过了《国务院关于完善企业职工基本养老保险制度的决定》。并且，1994 年 7 月 5 日第八届全国人民代表大会常务委员会通过的《中华人民共和国劳动法》就社会保险的范围以法律的形式作了原则规定。至此，我国基本建立了一套相对完整的社会保险法律体系。

二、社会保险费

随着社会保险立法的不断完善，参加社会保险的居民人数也不断增加。据国家统计局统计，至 2009 年末全国参加城镇基本养老保险人数为 23498 万人，比上年末增加 1607 万人。其中参保职工 17703 万人，参保离退休人员 5795 万人。参加城镇基本医疗保险的人数为 40061 万人，增加了 8239 万人。其中，参加城镇职工基本医疗保险人数为 21961 万人，参加城镇居民基本医疗保险人数为 18100 万人；参加城镇医疗保险的农民工 4335 万人，增加了 69 万人；参加失业保险的人数为 12715 万人，增加了 316 万人。参加工伤保险的人数为 14861 万人，增加了 1074 万人。其中参加工伤保险农民工 5580 万人，增加了 638 万人；参加生育保险的人数为 10860 万人，增加了 1606 万人。2716 个县（市、区）开展了新型农村合作医疗工作，新型农村合作医疗参合率为 94.0%。新型农村合作医疗基金累计支出总额为 646 亿元，累积受益 4.9 亿人次。新型农村社会养老保险试点顺利启动。年末全国领取失业保险金人数为 235 万人。这一统计情况表明，目前社会保险已经为大多数城镇职工所接受，并已经逐步向农村延伸，成为我国社会保险制度的一个坚实基础。

社会保险费是按照社会保险法的规定，用人单位和个人向社会保险机构缴纳的直接用于社会保险事业的费用。不同于商业保险，社会保险费是由国家组织并强制征缴的，缴纳社会保险费是用人单位和个人的义务，其中主要的缴费义务人是单位，个人只承担少数险种，如养老、医疗、失业等险种的部分缴费义务，其费率由社会保险法规定。并且社会保险费必须专款储存、专款专用,直接用于社会保险事业,不得挪作他用。

按负担主体不同,社会保险费可以分为用人单位社会保险费和个人社会保险费。

用人单位社会保险费是企业、机关、事业单位、社会团体等用人单位按照单位缴费工资基数(一般为所属职工工资总额)的一定比例定期向社会保险机构缴纳的费用。用人单位社会保险费是社会保险基金的主要来源,在有的社会保险项目中(如工伤社会保险)是保险基金的唯一来源。

个人社会保险费是指个人按照缴费工资基数(一般为自己工资总额)的一定比例定期向社会保险机构缴纳的费用。个人一般只负担养老、医疗和失业三个险种的部分保险费用。个人所缴的社会保险费用虽然不占主要地位,但对于形成合理的社会保险费用分担机制,减轻政府和企业的社会保险负担有着不可忽视的作用。目前世界上社会保险发展的一个明显趋势是加强个人的社会保险责任,增强自我保障的意识和能力。

按照社会保险的项目不同,社会保险费可以分为养老保险费、失业保险费、工伤保险费、医疗保险费和生育保险费。各单项保险费都有其专门的用途,各有不同的征收比例。在各单项保险费中,养老保险费的比重最大,其次是医疗保险费、失业保险费、工伤保险费和生育保险费。

将用人单位和个人缴纳的社会保险费相加构成社会保险费的总额。社会保险费的总额一方面可以反映社会保险的给付需要,另一方面也反映用人单位和个人的负担水平与承受能力。

第三节 养老保险法

一、养老保险的概念、特征和作用

养老保险,是指劳动者在达到国家规定的退休年龄,退出社会劳动领域后,由社会提供物质帮助,保障其基本生活需要的一种社会保险制度。养老保险是社会保险的主要组成部分。

养老社会保险起源于法国。1669 年,法国制定了《年金法典》,规定对不能继续从事海上工作的老年海员发给养老金。而具有现代意义的养老保险法则最早出现在德国,即 1889 年 5 月 24 日通过的《老年保障社会保险法》,该法于 1891 年 1 月 1 日开始生效。继德国之后,西方国家相继建立了社会养老保险制度。国际劳工大会于 1933 年第 17 届大会通过了《工商业或自由职业、受雇佣人及厂外工人与家庭用工的强制性老年保险公约》,1952 年的第 35 届大会通过的《社会保障(最低标准)公约》第五部分为“养老金”,1960 年第 66 届大会通过了《老年工人建议书》。这些公约和建议书的通过为世界各国建立养老社会保险提供更加明确的要求。

我国养老社会保险起步相对较晚,始建于 50 年代初期。1951 年颁布的《劳动保险条例》中规定了养老保险制度,这是我国最早有关养老社会保险的规定。该条例在 1958 年和 1978 年作了再次修改。但在 1978 年以前,我国的养老社会保险始终处于停滞阶段。我国养老社会保险的真正实施是在 1978 年以后。随着《劳动保险条例》的修改,我国养老社会保险进入了一个新的阶段。1978 年 5 月 24 日第五届全国人民代表大会常务委员会第二次会议原则批准了《国务院关于工人退休、退职的暂行办法》和《国务院关于安置老弱病残干部的暂行办法》。自 20 世纪 80 年代中期开始,我国的养老社会保险进入改革阶段,国务院及其职能部门颁发或转发了许多涉及养老保险改革的文件,这些文件主要有劳动部 1990 年 10 月 18 日发布的《关于加强养老保险基金的征缴和管理工作的通知》,国家体改委、民政部、劳动部 1991 年 4 月 11 日发布的《关于城镇和农村社会养老保险分工的通知》,1991 年 6 月 26 日《国务院关于企业职工养老保险制度改革的决定》,1992 年 12 月 14 日农业部发布的《乡镇企业职工养老保险办法》,1993 年 7 月 2 日劳动部发布的《企业职工养老保险基金管理规定》,1995 年 3 月 1 日《国务院关于深化企业职工养老保险制度改革的通知》,1997 年 7 月 16 日《国务院关于建立统一的企业职工基本养老保险制度的决定》等。2005 年 12 月,《国务院关于完善企业职工基本养老保险制度的决定》指出,下一阶段在企业职工基本养老保险领域的主要任务是:确保基本养老金按时足额发放,保障离退休人员基本生活;逐步做实个人账户,完善社会统筹与个人账户相结合的基本制度;统一城镇个体工商户和灵活就业人员参保缴费政策,扩大覆盖范围;改革基本养老金计发办法,建立参保缴费的激励约束机制;根据经济发展水平和各方面承受能力,合理确定基本养老金水平;建立多层次养老保险体系,划清中央与地方、政府与企业及个人的责任;加强基本养老保险基金征缴和监管,完善多渠道筹资机制;进一步做好退休人员社会化管理工作,提高服务水平。随着我国养老保险方面有关法律法规的出台,我国的养老保险制度已基本建立。

养老保险有以下法律特征。

1. 普遍性。与工伤、失业、生育等对于个体而言具有一定偶然性的风险不同,因年老而丧失劳动能力,从而丧失劳动收入,是每个劳动者生命发展的必然。因此养老保险作为法定保险,要尽可能多地把大多数的劳动者纳入保险范围,这是各国养老保险制度的一项共同原则,即养老保险在其适用范围上具有更大的普遍性。

2.强制性。国家为确保社会安定和经济的持续发展，通过立法形式推行养老保险，运用国家强制力收取养老保险费，建立养老保险基金。

3.保障性。养老保险的目的是为退出社会劳动后的劳动者提供稳定可靠的经济来源，以维持其退休后的基本生活。按法律规定，养老保险的待遇水平必须能够保障老年人的基本生活水准，尤其是对低收入老年人口提供基本的生活保障。

4.互济性。养老保险属于收入再分配范畴，与商业保险一样遵守大多数法则，通过广泛筹资和社会互助来达到分散风险的目的，体现了养老保险追求公平，对国民收入进行再分配的原则。

养老保险的作用主要体现在以下几个方面。

1.养老保险保证了工业化社会劳动力再生产的顺利进行。

2.养老保险对于社会安定具有重要意义。随着我国人口老龄化的发展，老年人口的比重和绝对数量越来越大，养老保险制度保障了他们的基本生活，从而维护了整个社会的安定。

3.养老保险制度是促进经济发展的重要条件。按照公平与效率相结合原则建立起来的养老保险制度，不仅解除了劳动者的后顾之忧，而且能够调动劳动者的生产积极性。养老保险制度还有利于劳动力的合理流动和劳动力市场的形成，促进劳动力资源的合理配置。

二、养老保险的基本类型

就目前而言，世界各国所实行的养老保险制度主要有三种类型，即传统型、国家统筹型和强制储蓄型。传统型养老保险制度是国家通过立法程序强制雇主和劳动者分别按一定费率投保，并建立养老保险基金，实行多层次养老金制度。退休金一般由普遍养老金、雇员退休金和企业补充养老金组成，其中雇员退休金起主导作用。国家则在财政、税收和利息政策上给予扶持。目前世界上大多数国家实行的是这种制度。国家统筹型养老保险制度是由雇主负担全部养老保险费，雇员个人不缴费，是一种典型的福利型养老保险制度。这种制度由于国家和企业的负担较重，现在仅有少数国家实行，且这些国家要求改革的呼声也很高。强制储蓄型养老保险制度也称公积金模式，它是一种固定缴费模式，由雇主和雇员按具体的缴费率共同缴费，缴费及利息记入个人账户，待遇由个人账户积累额决定。这种制度虽然可以减轻国家和企业的负担，但由于相对缺乏互济性，对低收入者的老年保障不力，因此实行这种养老保险制度的国家也不多。

我国现在的养老保险制度采用的是社会统筹与个人账户相结合的制度，这是根据我国国情首创的一种新型基本养老保险类型。这种制度在基本养老保险基金的筹集上采用传统型的基本养老保险费用筹集模式，即由国家、单位、个人共同负担；基本养老保险基金实行社会互济；在基本养老金的计发上采用结构式计发办法，强调个人账户养老金的激励因素和劳动者贡献差别。因此，该制度既吸收了传统型养老保险制度的优点，又借鉴了个人账户模式的长处；既体现了传统意义上社会保险的互济、分散风险、保障性强等特点，又强调了职工的自我保障意识和激励机制。

我国在实行社会统筹与个人账户相结合制度的同时，将养老保险分为三类，即基本养老保险、企业补充养老保险和职工个人储蓄性养老保险。

基本养老保险是按国家统一政策规定强制实施的为保障广大离退休人员基本生活需要的一种养老保险制度。

补充养老保险是在基本养老保险的基础上，由用人单位根据本单位的实际情况，为本单位职工建立的一种追加式的或称辅助性的养老保险制度。

个人储蓄养老保险是由劳动者个人自愿参加的，国家在政策上给予鼓励和支持的一种养老保险制度。

三、基本养老保险的主要内容

（一）养老保险的对象

根据《社会保险费征缴暂行条例》第 3 条的规定，实行基本养老保险的对象为我国境内的国有企业、城镇集体企业、私营企业、股份制企业及其职工、外商投资企业及其中方职工、城镇个体劳动者本人及其雇工、私营企业主、自由职业者、企业化管理的事业单位及其职工。2005 年开始实施的《国务院关于完善企业职工基本养老保险制度的决定》扩大了基本养老保险覆盖范围，城镇各类企业职工、个体工商户和灵活就业人员都要参加企业职工基本养老保险。

（二）养老保险费的计费办法和缴纳程序

养老保险费由企业和职工共同负担。企业以全部职工工资总和为计算依据，职工个人以本人缴费工资为依据。缴费费率为企业按职工工资总额的20%，职工按实际工资收入的 4%缴纳养老保险费。根据《国务院关于建立统一的企业基本养老保险制度的决定》第 3 条规定，从 1998 年起每两年提高一个百分点，最终达到本人缴费工资的 8%，有条件的地区和工资增长较快的年份，个人缴费比例提高的速度应适当加快。

城镇个体工商户和灵活就业人员参加基本养老保险的缴费基数为当地上年度在岗职工平均工资，缴费比例为 20%，其中 8%记入个人账户，退休后按企业职工基本养老金计发办法计发基本养老金。

养老保险费的缴纳办法为职工个人缴纳的基本养老保险费，由企业在发工资时代为扣缴，企业和职工缴纳的基本养老保险费由社会保险经办机构委托开户银行在其账户中直接划转，或由企业直接到社会保险机构缴纳。

（三）职工养老保险个人账户的管理

社会保险机构为每一个参加养老保险的职工建立一个终身不变的养老保险个人账户，在2006年1月1日前个人账户的比例按职工本人缴费工资的11%计入，其余部分从企业缴费中划入。随着个人缴费比例的提高，企业缴费将最终降至3%。但从2006年1月1日起，按照《国务院关于完善企业职工基本养老保险制度的决定》的规定，个人账户的规模统一由本人缴费工资的11%调整为8%，全部由个人缴费形成，单位缴费不再划入个人账户。个人账户的储存额，每年参考银行同期存款利率计息，其只能用于个人养老，不得提前支取。职工跨统筹范围流动时，个人账户储蓄额全部随同转移。职工或离退休人员死亡时，个人账户中的个人缴费部分可以继承。

（四）个人养老金的发放

按照原有规定，个人缴费年限累计满15年，达到退休年龄的，退休后按月发给基本养老金。基本养老金由基础养老金和个人账户养老金两部分组成。其中基础养老金为职工退休时全省上年度职工月平均工资的20%，个人账户养老金月标准为个人账户储存额除以120。达到退休时缴费年限累计不满15年的，退休后不享受基础养老金待遇，其个人账户储存额一次性支付给本人，同时终止养老保险关系。

为了进一步完善鼓励职工参保缴费的激励约束机制，《国务院关于完善企业职工基本养老保险制度的决定》对基本养老金计发办法作了相应调整。《国务院关于建立统一的企业职工基本养老保险制度的决定》实施后参加工作、缴费年限（含视同缴费年限，下同）累计满15年的人员，退休后按月发给基本养老金。基本养老金由基础养老金和个人账户养老金组成。退休时的基础养老金月标准以当地上年度在岗职工月平均工资和本人指数化月平均缴费工资的平均值为基数，缴费每满1年发给1%。个人账户养老金月标准为个人账户储存额除以计发月数，计发月数根据职工退休时城镇人口平均预期寿命、本人退休年龄、利息等因素确定。

《国务院关于建立统一的企业职工基本养老保险制度的决定》公布前参加工作，2006年1月1日后退休且缴费年限累计满15年的人员，在发给基础养老金和个人账户养老金的基础上，再发给过渡性养老金。各省、自治区、直辖市人民政府要按照待遇水平合理衔接、新老政策平稳过渡的原则，在认真测算的基础上，制订具体的过渡办法，并报劳动保障部、财政部备案。2006 年 1 月 1 日后到达退休年龄但缴费年限累计不满 15 年的人员，不发给基础养老金；个人账户储存额一次性支付给本人，终止基本养老保险关系。

2006 年 1 月 1 日前已经离退休的人员，仍按国家原来的规定发给基本养老金，同时执行基本养老金调整办法。

2009 年 12 月 28 日，国务院办公厅发出通知，要求各省、自治区、直辖市人民政府，国务院各部委、各直属机构，结合实际，认真贯彻执行人力资源和社会保障部、财政部颁发的《城镇企业职工基本养老保险关系转移接续暂行办法》。该办法从 2010 年 1 月 1 日起施行，适用于参加城镇企业职工基本养老保险的所有人员，包括农民工。旨在切实保障参加城镇企业职工基本养老保险人员的合法权益，促进人力资源合理配置和有序流动，保证参保人员跨省流动并在城镇就业时基本养老保险关系的顺畅转移接续。同时，已经按国家规定领取基本养老保险待遇的人员，不再转移基本养老保险关系。

四、农村社会养老保险

1991 年《国务院关于企业职工养老保险制度改革的决定》明确了我国也应实行农村社会养老保险。1992 年民政部发布了《县级农村社会养老保险基本方案》，1995 年国务院办公厅转发了民政部《关于进一步做好农村社会养老保险工作的意见》，更加明确了在我国广大农村实行社会养老保险制度的精神，农村社会养老保险也由此展开。但 1998 年以后，由于多种因素的影响，全国大部分地区出现参保人数下降、基金运行难度加大等困难，一些地区农村社会养老保险工作甚至陷入停顿状态。1999 年 7 月，国务院指出，目前我国农村尚不具备普遍实行社会养老保险的条件，决定对已有的业务实行清理整顿，停止接受新业务，有条件的地区应逐步向商业保险过渡。

（一）农村养老保险的对象

农村养老保险的对象为非城镇户口和不由国家供应商品粮的农村人口。保险对象一般以村为单位确认（包括村办企业职工、私营企业职工、个体户、外出人员等），其中乡镇办企业职工、民办教师、乡镇招聘干部、职工等，也可以乡镇为单位确认。外来劳务人员，原则上在户口所在地参加养老保险。

（二）农村养老保险费的缴纳

农村社会养老保险费的缴纳坚持以个人缴纳为主，集体补助为辅，国家给予扶持的原则。个人缴纳占一定比例；集体补助主要从乡镇企业的利润和集体积累中支付；国家给予政策支持，主要是通过对乡镇企业支付集体补助部分予以税前列支体现。

由于大多数农民收入不固定，农村社会养老保险的缴费方式十分灵活，大体分为以下三种：一是定期缴费。即对收入比较稳定或比较富裕的地区和人群采取这种方式。如乡镇企业可按月、按季缴纳保费，富裕地区的农民可按半年或按年缴纳保费，其缴纳额可以按收入的比例，也可以按一定的数额缴纳。二是不定期缴费。多数地区因收入不稳定而采取这种方式，丰年多缴，欠年少缴，灾年缓缴。家庭收入好时缴，不好时不缴。三是一次性缴费。多数是岁数偏大的农民，根据自己年老后的保障水平将保费一次性缴足。

农村社会保险缴纳保险费的年龄一般为 20 周岁至 60 周岁。保费的缴费档次也较多，月缴费标准设有 2 元到 20 元不等的十个档次。养老保险费可以补缴和预缴。个人的缴费和集体的补助分别记在个人名下。

（三）养老保险金的发放

农村养老保险金的发放从 60 周岁以后开始，并根据缴费的标准、年限确定具体支付标准。投保人领取养老金的保证期为 10 年。领取养老金不足 10 年身亡的，保证期内的养老金余额可以继承。无继承人或指定受益人的，按农村社会养老保险管理机构的有关规定支付丧葬费用。领取养老金超过 10 年的长寿者，支付养老金直至身亡为止。

2009 年 9 月 4 日国务院办公厅发布《国务院关于开展新型农村社会养老保险试点的指导意见》，决定从 2009 年起开展新型农村社会养老保险试点。按照《指导意见》，我国农民 60 周岁以后能享受到国家普惠式的养老金。中央确定的基础养老金标准为每人每月 55 元，地方政府可根据实际情况提高基础养老金标准。

改革开放以来，我国大量农村劳动力向城市转移，农村老龄化现象因此变得日益严重。相关数据显示，当前我国农村的老龄化问题比城市更为严重。一方面，随着农村年轻劳动力向城市转移，农村传统的家庭保障功能也受到削弱。另一方面，随着农村人口结构的变化与家庭承包土地数量的普遍减少，以及土地被征用与开发的增多，土地对于农村老年人的保障功能不断受到削弱，已有越来越多的农村老年人难再倚靠土地养老。在这种情形下，正如有关专家所指出的，有必要建立制度化的养老保障制度，以弥补农民家庭保障与土地保障的不足。从这个意义上来说，推行新农保制度首先是更为有效地应对日益严峻的农村养老问题之所需。

第四节 失业保险法

一、失业保险的概念和特征

失业保险是指国家通过立法强制实行的、由社会集中建立基金，对因失业而暂时中断生活来源的劳动者提供物质帮助的一种社会保险制度。

与其他社会保险相比，失业保险具有以下特征：

1. 失业保险的实施范围主要以劳动年龄之内的社会劳动者为保险对象，不是以全体社会劳动者和未进入及超过劳动年龄的人为保险对象。

2. 在享受条件上，失业保险是对有劳动能力但无劳动机会的人提供物质帮助，而不是对丧失劳动能力的人提供保障。

3. 在保障功能上，失业保险不仅要为失业者提供物质救济，还要为其提供再就业机会，最终目的是促使他们就业。而其他社会保险主要是提供物质帮助。

二、我国失业保险的立法概况

我国从 20 世纪 50 年代承认失业的事实，并采取了国际上通行的做法来解决失业人员的生活问题。1950 年 6 月，中央人民政府下达了《关于救济失业工人的指示》，同年 7 月 1 日，原劳动部也制定了《救济失业工人暂行办法》，国家还设立了失业工人救济委员会，建立失业救济基金，用于国营企业、私营企业、码头运输业的失业人员以及文教部门的失业人员的救济。国家当时还规定了失业工人登记办法，对失业人口进行登记管理，并为所有失业人口发放失业救济金。通过一系列措施，到 1957 年，解放前遗留下来的失业问题基本得到了解决。

从 1958 年开始，由于认识上的偏差，认为失业是资本主义制度的产物，不承认社会主义也有失业，因而认为没有必要和理由再搞失业保险，刚刚建立起来的失业保险制度不再发生作用，失业保险项目也从劳动保险中被排除出去。直到 1978 年，特别是党的十四大把建立社会主义市场经济体制确定为我国经济体制改革目标后，失业问题被重新认识。此后，国家相继颁布了一些内容简单的失业保险规定。如 1986 年国务院发布的《国营企业职工待业保险暂行规定》，1993 年在总结经验的基础上，又发布了《国营企业职工待业保险规定》，该规定将待业保险的对象从 1986 年的 4 种人扩大到了 7 种人。但适用范围仍仅限于国有企业。随着我国社会保障制度改革总思路的确定，许多地方开始试行社会保险制度改革，不少地方制定并实施了地方性的失业保险法规。据有关资料统计，到 1994 年底，全国已有 26 个省、市、自治区根据国务院颁发的失业保险有关规定，制定了本地区的实施办法，其中25个省、市、自治区将本地区失业人员的保障范围扩大到了城镇所有企业的全部职工。通过几年改革，我国探索出了失业保险制度与再就业工程等制度紧密衔接的失业保险方式。中国的失业保险正逐步向前发展。1998年12月26日，国务院第十一次常务会议通过了《失业保险条例》，第一次全面统一规范城镇所有用人单位职工的失业保险问题，并将我国所有企业及其职工均强制性纳入失业保险范围，这标志着我国的失业保险制度已基本建立。

三、失业保险的适用范围及失业保险金

根据我国《失业保险条例》的规定，失业保险适用于我国境内城镇所有用人单位、城镇企事业单位职工。凡国有企业、城镇集体企业、外商投资企业、城镇私营企业以及其他城镇企业及其职工，均应强制参加失业保险。社会团体及其从业人员、民办非企业单位及其职工、有雇工的城镇个体工商户及其雇工是否适用《失业保险条例》参加失业保险，由各省、自治区、直辖市人民政府根据当地实际情况决定。

我国目前采用的是强制性失业保险制度，即国家采用立法手段强制所有企业和在职劳动者参加失业保险并承担缴费责任，以建立失业保险基金，保证劳动者失业时的基本生活。

我国的失业保险基金由以下五个方面的资金来源组成。

1.城镇企业、事业单位缴纳的失业保险费。根据《失业保险条例》规定，城镇企事业单位应按照本单位工资总额的2%缴纳失业保险费。

2.城镇企业、事业单位职工缴纳的失业保险费。职工按照本人工资的1%缴纳失业保险费。但城镇事业单位招用的农民合同制工人，本人不缴纳失业保险费。

3.失业保险基金的利息。

4.财政补贴。

5.依法纳入失业保险基金的其他资金。

按照《失业保险条例》规定，城镇企事业单位的缴费基数为本单位工资总额，个人缴费基数为本人工资额。单位工资总额按照国家有关工资政策予以认定其构成和计算方式。它是指单位在一定时期内直接支付给本单位全部职工的劳动报酬总额。包括计时工资、计件工资、奖金、津贴和补贴、加班加点工资以及特殊情况下支付的工资。本人工资是指由单位支付的劳动报酬，包括计时工资或计件工资、奖金、津贴和补贴、加班加点工资等，不包括其他来源的收入。

失业保险基金在直辖市和设区的市实行全市统筹；其他地区的统筹层次由

省、自治区人民政府规定。省、自治区、直辖市人民政府根据本行政区域失业人员数量和失业保险基金数额，报国务院批准，可以适当提高本行政区域内失业保险费的费率。省、自治区、直辖市可以建立失业保险调剂金。失业保险调剂金以统筹地区依法应当征收的失业保险费为基数，按照省、自治区、直辖市人民政府规定的比例筹集。统筹地区的失业保险基金不够使用时，由失业保险调剂金调剂地方财政补贴。

失业保险基金的用途。失业保险基金实行专款专用，不得挪作他用，不得用于平衡财政收支。失业保险基金用于下列支出：(1)失业保险金；(2)领取失业保险金期间的医疗补助；(3)领取失业保险金期间死亡的失业人员的丧葬补助金和其供养的配偶、直系亲属的抚恤金；(4)领取失业保险金期间接受职业培训、职业介绍的补贴；(5)国务院规定或者批准的与失业保险有关的其他费用。

失业保险基金的预算、决算，由统筹地区社会保险经办机构编制，经同级劳动保障行政部门复核、同级财政部门审核，报同级人民政府审批。失业保险的财务制度和会计制度按照国家有关规定执行。

四、失业保险待遇

（一）享受失业保险的条件

享受失业保险的各项待遇必须具备一定的条件，根据我国《失业保险条例》第14条的规定，享受失业保险待遇的条件主要有。

1.失业者必须处于劳动年龄阶段，即在法定最低劳动年龄和退休年龄之间。未达法定最低劳动年龄或者已经退休的劳动者不得享受失业保险待遇。

2.失业者必须是非因本人意愿中断就业的，即并非是劳动者个人出于获得更体面或更优厚工资报酬的岗位考虑，或者其他个人考虑，自愿放弃现有的工作，而是由于诸如企业破产、经济性裁员、严重自然灾害等原因而使劳动者失去工作。而这些原因与劳动者本人无关，国家应给予其保险待遇。

3.必须已按照规定参加了失业保险，劳动者所在单位和本人已按规定履行缴纳保险费义务满1年的。

4.失业后已办理失业登记，有求职要求。所谓有求职要求是指愿意寻找新的工作岗位，接受就业机构提供的职业介绍和再就业培训。如果失业者无正当理由拒绝职业介绍所介绍的适当工作，则他的失业不再视为非自愿性的失业，可取消其享受失业保险待遇的资格。至于如何判断“适当职业”，根据国际劳工组织《促进就业和失业保护公约》和《建议书》的规定，判断职业的性质是否适当，要在规定的条件下，在适当的程度上，特别考虑失业者的年龄、过去职业的工龄、已取得的经验、失业时期劳动力市场的状况，以及这项职业对劳动者个人和家庭状况的影响等条件。如果介绍的职业不能算是“适当职业”，失业者有权拒绝，应该继续享受失业保险待遇。

按照我国《失业保险条例》规定，失业者在领取失业保险金期间如果发生下列情况之一的，应停止领取失业保险金，并同时停止享受其他失业保险待遇。这些情况包括：(1)重新就业；(2)应征服兵役；(3)移居境外；(4)享受基本养老保险待遇；(5)被判刑收监执行或者被劳动教养；(6)无正当理由，拒不接受当地人民政府指定的部门或机构介绍的工作；(7)有法律、行政法规规定的其他情形。

（二）失业保险待遇

根据我国《失业保险条例》的有关规定，城镇企业、事业单位应当及时为失业人员出具终止或者解除劳动关系的证明，告知其按照规定享受失业保险待遇的权利，并将失业人员的名单自终止或者解除劳动关系之日起 7 日内报社会保险经办机构备案。

城镇企业、事业单位职工失业后，应当持单位为其出具的终止或者解除劳动关系的证明，及时到指定的社会保险经办机构办理失业登记。失业保险金自办理失业登记之日起计算。失业保险金由社会保险经办机构按月发放。社会保险经办机构为失业人员开具领取失业保险金的单证，失业人员凭单证到指定银行领取失业保险金。

失业保险金具体发放数额为：失业人员失业前所在单位和本人按照规定累计缴费时间，满 1 年不满 5 年的，领取失业保险金的期限最长为 12 个月；累计缴费时间满 5 年不满 10 年的，领取失业保险金的期限最长为 18 个月；累计缴费时间 10 年以上的，领取失业保险金的期限最长为 24 个月。重新就业后再次失业的，缴费时间重新计算，领取失业保险金的期限可以与前次失业应领取而尚未领取的失业保险金的期限合并计算，但是最长不得超过 24 个月。

失业保险金的发放标准应当低于当地最低工资标准、高于城市居民最低生活保障标准。具体标准由省、自治区、直辖市人民政府确定。

其他失业待遇。失业人员在领取失业保险金期间患病就医的，可以按照规定向社会保险经办机构申请领取医疗补助金。医疗补助金的标准由省、自治区、直辖市人民政府规定。失业人员在领取失业保险金期间死亡的，参照当地对在职职工的规定，发给其家属一次性丧葬补助金和抚恤金。失业人员符合城市居民最低生活保障条件的，按照规定享受城市居民最低生活保障待遇。

单位招用的农民合同制工人，连续工作满 1 年，本单位已缴纳失业保险费，劳动合同期满未续签或提前解除劳动合同的，由社会保险经办机构根据其工作时间长短，支付一次性生活补助。补助的办法和标准由省、自治区、直辖市人民政府规定。

城镇企事业单位所在建制跨统筹地区转移，失业人员跨统筹地区流动的，失业保险关系随之转迁。

不符合享受失业保险待遇条件，骗取失业保险金和其他失业保险待遇的，由社会保险经办机构责令当事人退还；情节严重的，由劳动保障行政部门对其处以所骗取金额1倍以上3倍以下的罚款。

五、失业保险的管理和监督

根据我国《失业保险条例》第3条规定，国务院劳动和社会保障部主管全国的失业保险工作，县级以上地方各级人民政府劳动保障行政部门主管本行政区域内的失业保险工作，失业保险经办机构具体承办失业保险工作。

劳动保障行政部门的主要职责有：(1)贯彻实施失业保险的法律、法规；(2)指导社会保险经办机构的工作；(3)对失业保险费的征收和失业保险待遇的给付进行监督和检查。

社会保险经办机构的主要职责有：(1)负责失业人员的登记、调查、统计；(2)按照规定负责失业保险基金的管理；(3)按照规定核定失业保险待遇，开具失业人员在指定银行领取失业保险金和其他补助的单证；(4)拨付失业人员培训、职业介绍补贴费用；(5)为失业人员提供免费咨询服务；(6)国家规定由其履行的其他职责。

劳动保障行政部门和社会保险经办机构的工作人员应认真履行自己的职责，不得滥用职权、徇私舞弊、玩忽职守。任何单位、个人挪用失业保险基金的，追回挪用的失业保险基金，有违法所得的，没收违法所得，并纳入失业保险基金；构成犯罪的，依法追究刑事责任；尚不构成犯罪的，对直接负责的主管人员和其他直接责任人员依法给予行政处分。

第五节　医疗保险法

一、医疗保险概述

(一)医疗保险的概念

医疗保险是指被保险人发生疾病风险时，从社会和国家获得医疗服务的社会保障制度。医疗保险有广义与狭义之别。广义的医疗保险又称健康保险，内容包括补偿因疾病给病人带来的医疗费等直接经济损失和误工损失等的间接经济损失，还包含对分娩、残疾、死亡给予经济补偿，支持预防疾病、健康维护等。狭义的医疗保险仅指对医疗费用的保险或补偿。

（二）我国医疗保险制度的改革

我国传统的医疗保险制度建立于20世纪50年代初，一直沿用至20世纪90年代初期。1951年政务院公布的《劳动保险条例》首次确立了我国的职工劳保医疗制度。次年又发布了《国家工作人员公费医疗预防实施办法》，确立了行政、事业单位工作人员的公费医疗制度，使我国城镇基本建立了劳保医疗和公费医疗体制。其基本内容是：国家对国家机关干部实行公费医疗，对国营企业职工实行劳保医疗；凡享受公费医疗和劳保医疗的人员，只有住院治疗费用个人需承担5%，其他情况下医疗所需支出基本上由国家财政和国营企业全部承担。这种做法在保障职工身体健康，维护社会安定上发挥了重要作用，但也同时导致医疗待遇的不公平或不平等和医疗资源的严重浪费，这给国家和社会带来了沉重的负担。因此，这种医疗保险制度并不是现代意义上的医疗保险，而是国家统包统配的另一种形式，并不适合现代社会保障制度的发展需要。我国从80年代开始尝试对医疗保障制度进行改革。到1989年3月，国务院正式批准吉林四平、辽宁丹东、湖北黄石、湖南株洲等四个城市开展医疗保险试点。1997年将医疗保险试点改革的城市扩大到50多个。1998年11月，国务院在北京召开全国城镇职工医疗保险制度改革工作会议，会议讨论通过了《国务院关于建立城镇职工基本医疗保险制度的决定》，并于1998年12月14日发布实施。根据该《决定》，从1999年1月开始，我国启动城镇职工基本医疗保险制度，至同年底基本完成。这次医疗改革的基本原则是。

1. 保障职工的基本医疗需求。基本医疗需求不能太高，不能超过城镇社会生产力水平和地方财政、企业的实际承受能力。

2. 扩大基本医疗保险的覆盖面。将职工医疗保险的范围扩大到城镇所有各类企业以及各类职工和个体劳动者。

3. 实行社会统筹和个人账户相结合原则，医疗保险金由用人单位和职工共同缴纳。

4. 在基本医疗范围以外，效益好的企业可以通过建立补充医疗保险以满足不同层次的医疗需求。

5. 建立社会医疗救助制度，对没有能力参加基本医疗保险的职工进行社会医疗救助。

建立起新的城镇职工医疗保险制度，使它和职工养老、失业等保险一起，形成比较完善的社会保险体系，才能使职工的基本生活得到较好保障，促进经济发展和各项改革继续深入进行。为了配合该《决定》的实施，劳动和社会保障部会同有关部委共同制定了6个医改配套文件，并于1999年上半年全部出台。

二、医疗保险的基本内容

我国现在改革实行的是城镇职工基本医疗保险制度，根据有关规定，其内容主要有。

（一）适用对象

根据《决定》第2条的规定，城镇所有用人单位（包括国有企业、集体企业、外商投资企业、私营企业等）、机关、事业单位、社会团体、民办非企业单位及其职工，都要参加基本医疗保险。乡镇企业及其职工、城镇个体经济组织业主及其从业人员是否参加医疗保险，由各省、自治区、直辖市人民政府决定。可见，城镇基本医疗保险的覆盖面是十分广泛的。

（二）医疗保险的形式

我国目前的医疗保险可以分为三种形式：(1)综合医疗保险（含门诊、住院），它适用于用人单位的在职职工和退休人员；(2)住院医疗保险，适用于用人单位的劳务工和领取失业救济金期间的失业人员；(3)特殊医疗保险，适用于离退休人员和二等乙级以上革命残疾军人。

（三）保险费的缴纳

保险费的缴费比例因其所参加的医疗保险的形式及参保对象的不同而有所不同，具体如下。

1. 在职职工的综合医疗保险费，按其月工资总额的9%缴交，其中财政或用人单位缴交7%，职工个人缴交2%。职工缴费月工资不得低于上年度职工月平均工资的60%，不得高于300%，超过部分免缴医疗保险费。

2. 离退休人员的医疗保险费，按其月离、退休金的12%由财政、用人单位或养老保险共济基金全额缴交。

3. 劳务工的住院医疗保险费，由用人单位按上年度职工月平均工资的2%缴交，个人不负担。

4. 领取失业救济金期间的失业人员的医疗保险费，由失业保险机构按当地上年度职工月平均工资的2%缴交，个人也不负担。

（四）医疗保险费的列支

用人单位应按月缴交医疗保险费。职工个人缴交的医疗保险费由用人单位负责在税前工资中扣缴，用人单位缴交的医疗保险费，在成本、行政事业费中列支。

（五）医疗保险基金的账户储存

医疗保险基金分别建立基本医疗保险统筹基金和个人账户。职工个人缴纳的基本医疗保险费全部计入个人账户。用人单位缴纳的基本医疗保险费分为两部分,一部分用于建立统筹基金,一部分划入个人账户。划入个人账户的比例一般为财政或用人单位缴交综合医疗保险费在提取管理费和风险储备金后,40周岁以上的参保人员,60%计入个人账户,40%计入统筹基金账户;40周岁以下的参保人员,50%计入个人账户,50%计入统筹基金账户。住院医疗保险费在提取管理费和风险储备金后,全部进入统筹基金。离休人员、二等乙级以上革命残疾军人、劳务工不设个人账户。

储存在账户内的医疗保险基金应计算银行利息。按《决定》规定,当年筹集的基本医疗保险基金部分,按活期存款利率计息;上年结转的基金本息,按3个月期整存整取银行存款利率计息;存入社会保障财政专户的沉淀资金,比照3年期零存整取储蓄存款利率计息,并不低于该档次利率水平。个人账户的本金和利息归个人所有,可以结转使用和继承。

(六)医疗保险待遇的享受

1.参加综合医疗保险的人员保险待遇的享受。参加综合医疗保险的在职职工,住院基本医疗费用由统筹基金支付90%,个人现金支付10%。门诊基本医疗费用由个人账户支付。参加综合医疗保险的退休人员,住院基本医疗费用由统筹基金支付95%,个人现金支付5%,门诊基本医疗费用由个人账户支付。个人账户用完以后,超额部分在上年度职工平均工资10%以内的,全部由个人自理;超过上年度职工平均工资10%以上部分,根据基本医疗保险有关规定和就诊的医院级别确定报销比例,具体为:三级(市级)医院的,由统筹基金支付65%,个人支付35%;二级(区级)医院的,由统筹基金支付70%,个人自付30%;一级(街道、镇级)医院的,由统筹基金支付75%,个人支付25%。

2.参加住院医疗保险人员的保险待遇的享受。参加住院医疗保险的劳务工和失业人员,住院基本医疗费用由统筹基金支付90%,个人现金支付10%,门诊基本医疗费用自理,但失业人员个人账户有余额的,可用于支付门诊基本医疗费用。

3.市一、二、三级保健对象及特殊医疗保险对象的医疗费用,在基本医疗保险范围内的费用由社会保险局按规定支付,超出基本医疗保险规定部分由其他缴费渠道支付。

4.参加医疗保险人员,经社会保险局批准的特殊检查治疗费用,一般由统筹基金支付80%,个人现金支付20%。

5.连续参加医疗保险时间不满一年的人员的医疗保险待遇。参保人员连续参保时间不满6个月的,在该期间内所发生的医疗费用在一万元以内的,由社会保险局从医疗保险统筹基金中按一定比例支付;满6个月不满一年的,在该期间内发生的医疗费用在两万元以内的，由社会保险局从医疗保险统筹基金中按一定比例支付。

6.市外转诊的医疗保险费用的给付。参保人因急诊、探亲期间、出差及经批准的市外转诊等所发生的基本医疗费用，凭当地公立医院的病历或病历复印件、收费收据等有关资料到社会局审核报销。报销门诊费用时，要从个人账户上扣除相应的金额。

7.特殊情况下终止医疗保险时个人账户的处理。参保人员离开所在城市时，个人账户的余额转入其所在地的社会保险机构，可以继续享用；当地无相应机构的，一次性发还给本人。出国定居的，个人账户的余额一次性发还给本人。参保人员死亡的，个人账户的余额由其继承人依法继承，如无人继承的，转入医疗保险统筹基金。

(七)不得享受医疗保险待遇的情形

根据医疗保险的有关规定，有下列情形之一的，不得享受医疗保险待遇：(1)未经社会保险机构批准到非指定医疗单位就诊的；(2)因故意自伤或本人违法行为造成伤害的；(3)施行美容或对先天性残疾进行矫正治疗的；(4)按照有关规定应当自费的。

第六节 工伤保险法

一、工伤保险法概述

(一)工伤和工伤保险的概念

工伤，也称职业伤害，是指由于职业危险因素给处在劳动过程中的劳动者造成的伤害，包括急性伤害和慢性伤害。急性伤害即因工伤亡；慢性伤害即职业病，是指劳动者在生产劳动及其他职业性活动中，因接触职业有毒有害环境而引发的，并由国家主管部门明文规定的疾病。工伤一词最早比较规范的界定是在1921年的《国际劳工大会公约》中，该公约规定的工伤是“由于工作直接或间接引起的伤害事故”。随着时间的推移，各国又逐渐把职业病纳入工伤范畴。

我国自新中国成立以来因劳动安全卫生工作的波折，在不同时期工伤和职业病的发病状况也有所不同。特别是进入20世纪80年代以后，我国一方面加强了工伤事故及职业病的控制和预防工作，另一方面，由于经济的发展，工伤事故和职业病危害也呈上升趋势。产生这一后果的原因，有经济和工业发展的因素，也有企业自身的原因。特别是一些用人单位和这些单位的领导安全意识差，法制观念淡薄，不严格执行劳动保护法律、法规；有些用人单位和劳动者片面追求经济效益，忽视劳动安全和健康保护等。

工伤保险，也称职业伤害保险，是指劳动者在劳动过程中或者在规定的特殊情形下，因发生意外事故而负伤、致残、致死，使本人及其家属丧失工资收入，生活难以维持，从国家和社会获得一定物质补偿以保证其基本生活所需的社会保险制度。工伤保险待遇从项目上看，包括三个方面。

1. 对“伤”的保险。即劳动者在生产过程中因不测受到伤害，暂时、部分地丧失劳动能力而得到的保险补偿。

2. 对“残”的保险。即劳动者因受包括职业病在内的职业伤害，虽经治疗休养仍不能完全康复，以致身体或智力功能部分或全部丧失时得到的保险补偿。

3. 对“死亡”的保险。即劳动者在劳动过程中遭受伤害死亡时，给予其遗属相应的物质补偿。

（二）我国的工伤保险立法

工伤保险是世界上最早出现的社会保险项目，其立法在世界各国也是较为普遍和完善的。我国自 1951 年的《劳动保险条例》开始规定工伤保险待遇，1957 年 2 月 28 日，卫生部颁布了《职业病范围和职业病患者处理办法的规定》，将 14 种病症列为我国法定职业病。1963 年 1 月，卫生部复函同意杆菌病按职业病处理。1974 年 2 月，卫生部又同意将尘肺列入职业病范围，1979 年 2 月，又同意将电焊混合尘肺病参照矽肺病处理。1987 年 11 月 5 日，卫生部、劳动人事部、财政部和全国总工会联合发布了新的《职业病范围和职业病患者处理办法的规定》，该规定将我国法定职业病扩大到 9 类 99 种疾病。此外，国务院于 1958 年 2 月发布的《关于工人、职工退休处理暂行规定》中，对没有实行劳动保险条例的企业、机关因工伤残人员的退休费标准的规定，体现了工伤保险的精神。1978 年 6 月 2 日国务院发布了《关于安置老弱病残干部的暂行办法》和《关于工人退休、退职的暂行办法》，较大幅度地提高了因工致残工人和干部的退休标准。1996 年 8 月劳动部发布了《企业职工工伤保险试行办法》（共 63 条），第一次采用专门立法形式，较完整地规范了工伤保险问题。2003 年 12 月 3 日国务院颁布的《工伤保险条例》对工伤保险法律体系作了进一步完善。

（三）工伤保险的基本原则和任务

工伤保险的基本原则主要有以下四个方面。

1. 强制保险原则。它是指工伤保险是政府组织的、必须实行的社会保险，而不是自愿参加的商业保险，不论雇主或雇员是否愿意参加，政府必须以法律、法规的严肃性明确加以约束，雇主和雇员必须执行。

2.无责任补偿原则。它指不论职业伤害责任是属于雇主还是属于其他人或者受伤害者本人,受伤者均应得到必要的补偿。当然,这种补偿责任不是由雇主直接承担,而是由国家社会保险机构来承担。

3.个人不缴纳保险费原则。在工伤保险中,工伤劳动保险费是由企业或雇主缴纳,劳动者个人不缴纳任何费用。这是工伤保险与养老保险、失业保险的显著区别。

4.补偿与预防、康复相结合的原则。工伤事故一旦发生,给予受伤害者以补偿是必需的,但工伤保险制度的目的不仅仅是补偿,还包括预防事故发生和帮助伤害者康复等制度。因此,工伤保险法要求企业通过改善劳动条件,以减少事故的发生;同时,也应加强对劳动者的安全培训,增强其安全意识,防止事故的发生。

二、工伤保险基金

(一)工伤保险基金的筹集原则和方式

工伤保险制度要顺利实施,必须有稳定的资金来源。建立工伤保险基金是实行工伤保险的核心。按《工伤保险条例》第7条规定,工伤保险基金由用人单位缴纳的工伤保险费、工伤保险基金的利息和依法纳入工伤保险基金的其他资金构成。综观世界各国的工伤保险制度,工伤保险基金的筹集原则主要有:用人单位缴费原则、按风险程度征收保险费原则、需求与可能均衡原则和以支定收,留有储备原则。我国在工伤保险费的筹集原则上采用的是用人单位缴费原则,即工伤保险费由企业缴纳,劳动者不承担缴费责任。采用这一原则是因为职业伤害是在劳动过程中发生的,工人为用人单位创造财富而付出了代价,企业有责任负担全部工伤保险费用。

在工伤保险费的筹集方式上,我国在20世纪50年代初期采用的是综合基金的模式,即由企业按一定比例向主管部门上缴“总基金”,用于各项保险之间的调剂,而工伤保险支付仍由企业直接负责。后来采用由政府规定统一的待遇项目和标准,由企业自行支付的方式,即由职工所在单位按国家规定的统一标准直接支付保险待遇。在当前的工伤保险改革中,我国的工伤保险费正向社会统筹模式转变。工伤保险费的缴费比例,按用人单位职工工资总额厘定,列入企业成本,并强制定期向社会保险机构缴纳,国家为支持职业伤害社会保险事业,规定职业伤害保险费一律在企业税前提取,并且筹集的职业伤害保险基金免征税款,银行还提供优惠存储利率。

(二)工伤保险费费率的确定及缴纳

我国的工伤保险费根据以支定收、收支平衡的原则,确定费率。国家根据不同行业的工伤风险程度确定行业的差别费率。所谓差别费率是指征收工伤保险费按各行业的伤亡事故风险和职业危害程度的类别而实行不同的收费率。我国现在大多数地方实行的是差别费率。行业差别费率及行业内费率档次由国务院劳动保障行政部门会同国务院财政部门、卫生行政部门、安全生产监督管理部门制定，报国务院批准后公布施行。

实行差别费率的地方，国务院劳动保障行政部门应当定期了解全国各统筹地区工伤保险基金收支情况，及时会同国务院财政部门、卫生行政部门、安全生产监督管理部门提出调整行业差别费率及行业内费率档次的方案，报国务院批准后公布施行。

统筹地区经办机构根据用人单位工伤保险费使用、工伤发生率等情况，适用所属行业内相应的费率档次确定单位缴费费率。

工伤保险费由用人单位按时缴纳，职工个人不缴纳工伤保险费。用人单位缴纳工伤保险费的数额为本单位职工工资总额乘以单位缴费费率之积。

工伤保险基金在直辖市和设区的市实行全市统筹，其他地区的统筹层次由省、自治区人民政府确定。跨地区、生产流动性较大的行业，可以采取相对集中的方式异地参加统筹地区的工伤保险。具体办法由国务院劳动保障行政部门会同有关行业的主管部门制定。

工伤保险基金存入社会保障基金财政专户，用于工伤保险待遇、劳动能力鉴定以及法律、法规规定的用于工伤保险的其他费用的支付。任何单位或者个人不得将工伤保险基金用于投资运营、兴建或者改建办公场所、发放奖金，或者挪作其他用途。

工伤保险基金应当留有一定比例的储备金，用于统筹地区重大事故的工伤保险待遇支付；储备金不足支付的，由统筹地区的人民政府垫付。储备金占基金总额的具体比例和储备金的使用办法，由省、自治区、直辖市人民政府规定。

三、工伤保险事故

（一）工伤保险事故的范围

工伤保险事故范围的确定，也即工伤的认定。职工负伤、残疾或者死亡是否为工伤，一般是看是否是因工造成的，还是非因工造成的。根据我国《工伤保险条例》第 14 条的规定，职工由于下列情形之一负伤、致残、死亡的，应当认定为工伤：(1)在工作时间和工作场所内，因工作原因受到事故伤害的；(2)工作时间前后在工作场所内，从事与工作有关的预备性或者收尾性工作受到事故伤害的；(3)在工作时间和工作场所内，因履行工作职责受到暴力等意外伤害的；(4)患职业病的；(5)因工外出期间，由于工作原因受到伤害或者发生事故下落不明的；

(6)在上下班途中,受到机动车事故伤害的;(7)法律、行政法规规定应当认定为工伤的其他情形。

按照《工伤保险条例》第 15 条规定,职工有下列情形之一的,视同工伤:(1)在工作时间和工作岗位,突发疾病死亡或者在 48 小时之内经抢救无效死亡的;(2)在抢险救灾等维护国家利益、公共利益活动中受到伤害的;(3)职工原在军队服役,因战、因公负伤致残,已取得革命伤残军人证,到用人单位后旧伤复发的。职工有前述(1)、(2)情形的,按照本条例的有关规定享受工伤保险待遇;职工有前述(3)情形的,按照本条例的有关规定享受除一次性伤残补助金以外的工伤保险待遇。

《工伤保险条例》同时又规定,职工由于下列情形之一负伤、致残、死亡的,不应认定为工伤或者视同工伤,这些情形有:犯罪或违反治安管理;自杀或自残;醉酒导致伤亡的。

(二)确认工伤保险事故的程序

企业职工在遭受负伤、致残或死亡等事故后,对于是否属于工伤,还必须经法定程序加以确认。只有经法定程序确认为工伤的,才能依法享受工伤保险待遇。有关工伤的确认程序,我国 1956 年 5 月 26 日国务院发布的《工人职员伤亡事故报告规程》中便已开始确立了伤亡事故报告处理制度。随着我国经济建设的发展和社会主义法制的进一步完善,我国的劳动安全卫生立法也得到进一步加强,相继发布了一系列有关职工工伤处理方面的法规。1991 年 2 月 22 日,国务院以第 75 号令发布了《关于企业职工事故报告和处理规定》,对事故的概念、报告、调查和处理作了程序上的规定,对伤亡鉴定问题作了原则性规定,这是我国处理伤亡事故的一个纲领性文件。1996 年的《企业职工工伤保险试行办法》对工伤保险事故的认定也作了原则性的规定。按照目前我国的有关规定,确认工伤的法定程序包括申请、审核和决定三个阶段。

1. 申请。按照有关规定,职工发生事故伤害或者按照《职业病防治法》规定被诊断、鉴定为职业病,所在单位应当自事故伤害发生之日或者被诊断、鉴定为职业病之日起 30 日内,向统筹地区劳动保障行政部门提出工伤认定申请。遇有特殊情况,经报劳动保障行政部门同意,申请时限可以适当延长。

用人单位未按前款规定提出工伤认定申请的,工伤职工或者其直系亲属、工会组织在事故伤害发生之日或者被诊断、鉴定为职业病之日起 1 年内,可以直接向用人单位所在地统筹地区劳动保障行政部门提出工伤认定申请。

用人单位未在规定的时限内提交工伤认定申请,在此期间发生符合规定的工伤待遇等有关费用由该用人单位负担。

提出工伤认定申请应当提交下列材料。(1)工伤认定申请表。应当包括事故发生的时间、地点、原因以及职工伤害程度等基本情况。(2)与用人单位存在劳动关系(包括事实劳动关系)的证明材料。(3)医疗诊断证明或者职业病诊断证明书(或者职业病诊断鉴定书)。

工伤认定申请人提供材料不完整的,劳动保障行政部门应当一次性书面告知工伤认定申请人需要补正的全部材料。申请人按照书面告知要求补正材料后,劳动保障行政部门应当受理。

2.审核。劳动保障行政部门接到企业的工伤报告或职工工伤保险待遇申请后,根据审核需要可以对事故伤害进行调查核实,用人单位、职工、工会组织、医疗机构以及有关部门应当予以协助。对依法取得职业病诊断证明书或者职业病诊断鉴定书的,劳动保障行政部门不再进行调查核实。

3.决定。劳动保障行政部门对有关材料进行审核后应当自受理工伤认定申请之日起 60 日内作出工伤认定的决定,并书面通知申请工伤认定的职工或者其直系亲属和该职工所在单位。

(三)工伤评残

在对伤残职工给予工伤保险待遇之前,应对伤残职工的伤残等级进行评定。工伤评残是处理工伤的关键所在,所确定的伤残等级是享受工伤保险待遇和安置伤残职工的主要依据,它涉及职工个人和用人单位的实际利益,因此,我国有关伤残评定方面的规定对伤残鉴定的时间和伤残等级标准都作了明确的规定。

1.伤残鉴定的时间。《工伤保险条例》第 21 条规定,职工发生工伤,经治疗伤情相对稳定后存在残疾、影响劳动能力的,应当进行劳动能力鉴定。劳动能力鉴定是指劳动功能障碍程度和生活自理障碍程度的等级鉴定。在具体的时间确定上,设区的市级劳动能力鉴定委员会应当自收到劳动能力鉴定申请之日起 60 日内作出劳动能力鉴定结论,必要时,作出劳动能力鉴定结论的期限可以延长 30 日。劳动能力鉴定结论应当及时送达申请鉴定的单位和个人。

2.伤残等级的确定。1996 年 3 月 14 日,国家技术监督局发布的《职工工伤与职业病致残程度鉴定》(GB/T6180—1996)是我国评定伤残等级的国家标准。该标准根据不同系统和器官致残类型,将伤残丧失劳动能力程度分为三类共十级,俗称三分法十级,其主要是依据器官损伤、功能障碍、医疗依赖、护理依赖及心理障碍等五个方面来加以确定。根据器官的损伤程度及生活自理能力等方面将伤残等级定为十级。其中伤残第 1—4 级的,为完全丧失劳动能力,表现为器官缺失或严重缺损畸形,有严重的功能障碍或并发症需特殊医疗依赖,需护理依赖。伤残 5—6 级为大部分丧失劳动能力,表现为器官大部分缺损或明显畸形,有中度至重度功能障碍或并发症,需一般医疗依赖,生活能自理。伤残第 7—10

级的为部分丧失劳动能力，表现为器官部分至大部分缺损畸形，形态异常，无功能障碍至轻度功能障碍或并发症，无医疗依赖或需一般的医疗依赖。

按照《工伤保险条例》的规定，劳动功能障碍分为十个伤残等级，最重的为一级，最轻的为十级。生活自理障碍分为三个等级：生活完全不能自理、生活大部分不能自理和生活部分不能自理。

我国县(市)以上劳动部门都成立有劳动鉴定委员会。省、自治区、直辖市劳动能力鉴定委员会和设区的市级劳动能力鉴定委员会分别由省、自治区、直辖市和设区的市级劳动保障行政部门、人事行政部门、卫生行政部门、工会组织、经办机构代表以及用人单位代表组成。劳动能力鉴定委员会建立医疗卫生专家库。列入专家库的医疗卫生专业技术人员应当具备下列条件：(1)具有医疗卫生高级专业技术职务任职资格；(2)掌握劳动能力鉴定的相关知识；(3)具有良好的职业品德。设区的市级劳动能力鉴定委员会收到劳动能力鉴定申请后，应当从其建立的医疗卫生专家库中随机抽取3名或者5名相关专家组成专家组，由专家组提出鉴定意见。设区的市级劳动能力鉴定委员会根据专家组的鉴定意见作出工伤职工劳动能力鉴定结论；必要时，可以委托具备资格的医疗机构协助进行有关的诊断。劳动鉴定人员在进行劳动鉴定时，应当全面了解被鉴定人情况，严格执行工伤保险政策和法律，遵守评残标准，客观公正地作出鉴定结论。劳动能力鉴定委员会组成人员或者参加鉴定的专家与当事人有利害关系的，应当回避。

申请鉴定的单位或者个人对设区的市级劳动能力鉴定委员会作出的鉴定结论不服的，可以在收到该鉴定结论之日起15日内向省、自治区、直辖市劳动能力鉴定委员会提出再次鉴定申请。省、自治区、直辖市劳动能力鉴定委员会作出的劳动能力鉴定结论为最终结论。

自劳动能力鉴定结论作出之日起1年后，工伤职工或者其直系亲属、所在单位或者经办机构认为伤残情况发生变化的，可以申请劳动能力复查鉴定。

四、工伤保险待遇

工伤保险待遇是指对工伤职工及其亲属给予一定的经济补偿和医疗救治费用等，主要包括医疗待遇、伤残待遇和死亡待遇。

(一)医疗待遇

职工因工负伤治疗，享受的医疗保险待遇主要有以下几点。

1.医疗等项费用。职工治疗工伤应当在签订服务协议的医疗机构就医，情况紧急时可以先到就近的医疗机构急救。工伤职工治疗工伤或职业病所需的挂号费、住院费、医疗费、药费、就医路费全额报销。职工住院治疗工伤的，由所在单位按照本单位因公出差伙食补助标准的70%发给住院伙食补助费；经医疗机构出具证明,报经办机构同意,工伤职工到统筹地区以外就医的,所需交通、食宿费用由所在单位按照本单位职工因公出差标准报销。

工伤职工治疗非工伤引发的疾病,不享受工伤医疗待遇,按照基本医疗保险办法处理。

2. 工伤津贴。职工因工作遭受事故伤害或者患职业病需要暂停工作接受工伤医疗的,在停工留薪期内,原工资福利待遇不变,由所在单位按月支付。停工留薪期一般不超过 12 个月。伤情严重或者情况特殊,经设区的市级劳动能力鉴定委员会确认,可以适当延长,但延长不得超过 12 个月。工伤职工在停工留薪期满后仍需治疗的,继续享受工伤医疗待遇。生活不能自理的工伤职工在停工留薪期需要护理的,由所在单位负责。

（二）伤残待遇

《工伤保险条例》规定,职工工伤医疗期满或者评定伤残等级后应当停发工伤津贴,改为享受伤残待遇。享受的伤残待遇主要有以下几点。

1. 生活护理费。工伤职工已经评定伤残等级并经劳动能力鉴定委员会确认需要生活护理的,应当按月发给生活护理费。生活护理费按照生活完全不能自理、生活大部分不能自理或者生活部分不能自理 3 个不同等级支付,其标准分别为统筹地区上年度职工月平均工资的 50%、40%或者 30%。

2. 辅助器具费。工伤职工因日常生活或者就业需要,经劳动能力鉴定委员会确认,可以安装假肢、矫形器、假眼、假牙和配置轮椅等辅助器具,所需费用按照国家规定的标准从工伤保险基金支付。

3. 伤残抚恤金和补助金。被评定为 1—4 级伤残的职工保留劳动关系,退出工作岗位,享受以下待遇。(1)从工伤保险基金中按伤残等级支付一次性伤残补助金,标准为:1 级伤残为 24 个月的本人工资,2 级伤残为 22 个月的本人工资,3 级伤残为 20 个月的本人工资,4 级伤残为 18 个月的本人工资。(2)从工伤保险基金按月支付伤残津贴,标准为:1 级伤残为本人工资的 90%,2 级伤残为本人工资的 85%,3 级伤残为本人工资的 80%,4 级伤残为本人工资的 75%。伤残津贴实际金额低于当地最低工资标准的,由工伤保险基金补足差额。(3)工伤职工达到退休年龄并办理退休手续后,停发伤残津贴,享受基本养老保险待遇。基本养老保险待遇低于伤残津贴的,由工伤保险基金补足差额;职工因工致残被鉴定为 1—4 级伤残的,由用人单位和职工个人以伤残津贴为基数,缴纳基本医疗保险费。

被评定为 5 级、6 级的伤残职工,享受以下待遇。(1)从工伤保险基金中按伤残等级支付一次性伤残补助金,标准为:5 级伤残为 16 个月的本人工资,6 级伤残为 14 个月的本人工资。(2)保留与用人单位的劳动关系,由用人单位安排适当工作。难以安排工作的，由用人单位按月发给伤残津贴，标准为：5级伤残为本人工资的70%，6级伤残为本人工资的60%，并由用人单位按照规定为其缴纳应缴纳的各项社会保险费。伤残津贴实际金额低于当地最低工资标准的，由用人单位补足差额。经工伤职工本人提出，该职工可以与用人单位解除或者终止劳动关系，由用人单位支付一次性工伤医疗补助金和伤残就业补助金。具体标准由省、自治区、直辖市人民政府规定。

职工因工致残被鉴定为7级至10级伤残的，享受以下待遇。(1)从工伤保险基金中按伤残等级支付一次性伤残补助金，标准为：7级伤残为12个月的本人工资，8级伤残为10个月的本人工资，9级伤残为8个月的本人工资，10级伤残为6个月的本人工资；(2)劳动合同期满终止，或者职工本人提出解除劳动合同的，由用人单位支付一次性工伤医疗补助金和伤残就业补助金。具体标准由省、自治区、直辖市人民政府规定。

（三）死亡待遇

职工因工死亡的，其直系亲属按照下列规定从工伤保险基金领取丧葬补助金、供养亲属抚恤金和一次性工亡补助金。

1. 丧葬补助金为6个月的统筹地区上年度职工月平均工资。

2. 供养亲属抚恤金按照职工本人工资的一定比例发给由因工死亡职工生前提供主要生活来源、无劳动能力的亲属。标准为：配偶每月40%，其他亲属每人每月30%，孤寡老人或者孤儿每人每月在上述标准的基础上增加10%。核定的各供养亲属的抚恤金之和不应高于因工死亡职工生前的工资。供养亲属的具体范围由国务院劳动保障行政部门规定。

3. 一次性工亡补助金标准为48个月至60个月的统筹地区上年度职工月平均工资。具体标准由统筹地区的人民政府根据当地经济、社会发展状况规定，报省、自治区、直辖市人民政府备案。

伤残职工在停工留薪期内因工伤导致死亡的，其直系亲属享受第1款规定的待遇。

1级至4级伤残职工在停工留薪期满后死亡的，其直系亲属可以享受第1款第1项、第2项规定的待遇。

（四）停止享受工伤保险待遇

工伤职工有下列情形之一的，停止享受工伤保险待遇：(1)丧失享受待遇条件的；(2)拒不接受劳动能力鉴定的；(3)拒绝治疗的；(4)被判刑正在收监执行的。

第七节　生育保险法

一、生育保险法概述

（一）生育保险的概念和特征

生育保险是国家和社会对女职工由于生育子女暂时失去劳动能力、中断工作时给予物质帮助的一种社会保障制度。这一制度的主要内容是在女职工生育时，以及产前产后的一段时间，对她们提供医疗服务和产假工资及生育补助的待遇。生育保险作为社会保险的一种，与其他社会保险相比有其自身的特征，主要表现在。

1.生育保险的实施对象是已婚的女劳动者，而不像其他社会保险那样以全部劳动者为实施对象。

2.生育保险具有明显的阶段性，它只适用于女职工生育时及产前产后的一段特定的期间。

3.生育保险的待遇高于社会保险待遇。因为对生育活动实行社会保险，不仅要保障女职工本人健康，还要保障婴儿的健康生存和成长，因此生育保险的待遇往往高于其他社会保险待遇。

4.生育保险的内容包括产假、医疗服务和生育津贴等，覆盖了从生育前到生育后的一段时间，不同于其他社会保险的善后功能。

（二）我国生育保险的立法概况

实行生育保险，对于保护女职工的基本权利，保证妇女劳动者的身体健康和劳动能力的恢复，保护下一代的健康成长，为社会劳动力素质的提高提供物质基础具有十分重要的意义。为此，国际劳工组织早在1919年第一届大会时便讨论通过了《妇女产前产后就业公约》，1920年第二届大会又通过了《农业女工劳动者生育前后保护建议书》，1952年第三十二届大会通过了《生育保护公约》和《生育保护建议书》。我国的生育保险制度确立相对较晚。1951年2月26日政务院发布的《中华人民共和国社会保险条例》首次对企业女职工的生育保险制度作了明确的规定。1953年1月26日劳动部制定的《劳动保险条例实施细则》对生育保险有关问题做了更加详细的规定。1955年4月26日政务院又颁布了《关于女工作人员生育假期规定的通知》，对机关、事业单位女职工生育保险做了规定，从而使女职工的生育保险待遇从企业扩大到机关、事业单位的所有女职工。1988年7月21日国务院发布了《女职工劳动保护规定》，这是我国建国以来保护女职工劳动权益，减少和解决她们在劳动中因生理机能造成的特殊困难，保护其安全和健康的第一部比较完整的、综合性的女职工劳动保护法规，与在此以前的几个法规相比，内容更广泛，规定更详尽，统一了机关、企业、事业单位的生育保险制度。1992 年 4 月，全国人大第五次会议通过的《中华人民共和国妇女权益保障法》第四章和 1994 年颁布的《劳动法》中也明确了对女职工的生育保障制度。为配合《劳动法》的实施，劳动部于 1994 年 12 月颁布了《企业职工生育保险试行办法》，该《办法》使生育保险制度改革在内容、标准、形式等方面得到了初步规范，是我国目前推行生育保险制度最基础的部门规章。

二、生育保险的内容

（一）生育保险待遇

生育保险待遇的享受同其他社会保险待遇的享受一样，应具备一定的条件。现在世界上大致有三类。一是投保制，即要求享受生育保险待遇者，必须在生育之前尽过投保义务，但生育保险的投保仅要求女职工在生育前不久投保。二是统筹制，即只对国有企业、国家机关和事业单位的女职工提供生育保险待遇，而不要求她们在生育之前进行投保。三是不规定任何投保条件作为享受生育保险待遇的前提，规定只要符合国家公民资格和财产调查手续的妇女，一般都能享受生育保险待遇。我国目前实行的是统筹制，采用的政策是个人不缴纳生育保险费，而是所在企业按工资总额的一定比例向社会保险机构投保，没有参加社会统筹的企业或单位，由本单位承担女职工的生育费用。

（二）生育保险的内容

我国现行生育保险制度由产假、医疗服务费用、假期工资等组成。

1. 产假与假期待遇。根据《女职工劳动保护规定》第 8 条规定，女职工产假为 90 天，其中产前假 15 天；难产的，增加产假 15 天；多胎生育的，每多生一个婴儿，增加产假 15 天。女职工怀孕不满 4 个月时流产的，根据医务部门的意见，给予 15—30 天的产假；怀孕满 4 个月以上流产的，给予 42 天的产假。另外，凡符合晚育条件的，增加产假 30—100 天，并给予男方护理假 7—14 天（各地规定有所不同）。

2. 医疗服务费用。女职工怀孕，在本单位的医疗机构或者指定的医疗机构分娩时，其检查费、手术费、住院费、接生费、药费和生育引起的疾病的治疗费用，由所在单位负担。单位在承担上述费用后，再由社会保险经办机构从生育保险基金中支付。

3. 假期工资。女职工休产假期间，由所在单位照发工资；怀孕期、产期、哺乳期间，不得降低女职工的基本工资。女职工产假期满，因身体原因不能工作的，经医务部门证明后，其超过产假期间的待遇，按照职工患病有关规定处理。此外，各地方政府还根据计划生育的政策，对晚婚晚育以及独生子女的女职工，给予一定的奖励，如发放独生子女保健费，提供独生子女平安健康保险、独生子女户的养老保险等。

（三）生育保险费的来源及缴付

生育保险费是企业按照其工资总额的一定比例向社会保险经办机构缴纳，由社会保险经办机构建立生育保险基金。生育保险费的提取比例由当地人民政府根据计划生育人数和生育津贴、生育医疗费等项费用确定，并可根据费用支出的情况适时调整，但最高不得超过工资总额的1%。企业必须按期缴纳生育保险费，逾期不缴纳的，按日加收2‰的滞纳金，滞纳金转入生育保险基金。企业欠付或拒付生育津贴、生育医疗费的，由劳动行政部门责令企业限期支付；对职工造成损害的，企业应当承担赔偿责任。

（四）生育保险基金的管理

根据《企业职工生育保险试行办法》的规定，生育保险基金由劳动部门所属的社会保险经办机构负责收缴、支付和管理。生育保险基金应当存入社会保险经办机构在银行开设的生育保险基金专户，产生的利息转入生育保险基金专户。社会保险经办机构可以从生育保险基金中提取管理费作为其办公费用及其他有关费用的支出，但提取比例最高不得超过生育保险基金的2%。生育保险基金及管理费依法不征收税费。

劳动行政部门或社会保险经办机构的工作人员不得滥用职权、玩忽职守、徇私舞弊、贪污、挪用生育保险基金。

案例评析

【案例1】

小李2003年从外地来上海，在一家房地产公司找到了一份满意的工作。根据国家相关法规，公司很规范地为每个员工缴纳了社会保险。但是小李由于不久将去国外，觉得国内的社会保险费缴了以后自己也享受不到。于是小李和公司商量，希望公司每月把缴纳社会保险的部分直接折算成现金发放给他，同时小李写下保证书，绝对不反悔，绝对不向劳动行政部门举报，放弃社会保险系本人自愿。可是公司还是拒绝了小李的要求。小李很奇怪，社保反正是自己的事，为什么就不能放弃？

【评析】

缴纳社会保险不光是员工的权利也是义务。

《劳动法》第73条:“劳动者在下列情形下,依法享受社会保险待遇:(一)退休;(二)患病、负伤;(三)因工伤残或者患职业病;(四)失业;(五)生育。”这就是社会保险中的五大保险费种,它们依次是养老保险、医疗保险、工伤保险、失业保险和生育保险。

《劳动法》第72条规定:“社会保险基金按照保险类型确定资金来源,逐步实行社会统筹。用人单位和劳动者必须依法参加社会保险,缴纳社会保险费。”社会保险是一项统筹基金,其中大部分资金来源于用人单位与员工依法缴纳的社会保险费。基金的正常运作也依赖于社保费的缴纳,国家社保统筹基金同样在社会保险关系中拥有权利义务。缴纳社会保险费,不仅仅是对员工负责,也是对社会负责,更何况在城镇社会保险中员工自己也有缴纳社会保险的义务。所以小李既然符合缴纳社保条件,必须缴纳,即使他自己写保证也不能放弃。

至于补充社会保险,是依据《劳动法》第75条“国家鼓励用人单位根据本单位实际情况为劳动者建立补充保险”建立的。补充保险是自愿的,是由用人单位选择是否建立,由用人单位为员工缴纳的保险。补充保险并不进入社会保险统筹基金,缴纳、使用、支取方式往往由用人单位制订。

【案例2】

刘某是广东某机械厂电焊工。2001年3月2日上午,刘某感到身体不适,就到厂长处请假。厂长告诉刘某,因自己对电焊工作任务不太了解,不知道任务是否紧张,要他去问电焊工组长曾某,如果曾某同意刘某离开的话,厂长就准他的假。当刘某来到曾某工作处时,恰逢曾某在烧焊。于是刘某就在一旁等候,准备等曾某烧焊完毕后再向他讲请假的事。就在刘某等待曾某烧焊的过程中,曾某敲击烧焊的铁块时飞起的焊渣击中了刘某的右眼,虽经医治,但仍导致刘某右眼失明。事后,该机械厂仅向刘某支付了很少一部分医疗费即撒手不管。认为刘某是在请假,不是在工作过程中,不符合工伤认定的条件。

事故发生后,刘某及时向当地的劳动保障部门反映了有关情况并要求作工伤认定。劳动保障部门在向该厂的有关工人调查了相关情况后,根据有关工人的证言认定刘某当时已经请假,于2001年6月27日即作出该事故不是工伤的认定。

请问,刘某在请假过程中的受伤是工伤吗?

【评析】

职工在请假过程中因生产工作环境的不安全导致的工伤应认定为工伤。《企业职工工伤保险试行办法》第8条第4项规定:“在生产工作的时间和区域内,由于不安全因素造成意外伤害的,应当认定为工伤。”本案中,刘某是在工作的区域内由于不安全因素而受到意外伤害,这是毫无疑问的。关键的问题是,其受伤是否属于在工作时间内。乍看起来,刘某向单位领导请假的行为本身不属于正在工作,但是客观分析起来,按规定请假也是职工的义务,是广义的职工向单位提供义务的范畴。因此,职工履行请假义务的过程也是属于“工作的时间”,刘某的受伤应当认定为工伤。

对类似问题的处理意见。此案反映了职工在特殊时期中受伤是否为工伤的问题。是否是工伤应从以下方面进行判断:一是有无劳动关系,是否在履行劳动义务;二是有无《工伤保险条例》第16条关于不予工伤认定的几种情形;三是判断是否属于《工伤保险条例》第14、15条应予工伤认定的情形;四是坚持工伤认定的无过错原则。

【案例3】

李某2004年到某单位工作,有劳动合同,且单位给其参加了失业保险,今年他因故辞职,请问,李某能否享受失业保险待遇?

【评析】

李某虽然与单位签有劳动合同,但是他的失业属“因本人意愿中断就业”的,所以享受不了失业待遇。但是,如果李某的辞职,是因为《劳动法》第32条第2、3项所规定的原因,即用人单位以暴力、威胁或者非法限制人身自由的手段强迫劳动的以及用人单位未按照劳动合同约定支付劳动报酬或者提供劳动条件而导致职工辞职的,李某还是可以享受失业保险待遇的。

《失业保险条例》第14条规定了领取失业保险金的条件:(1)按照规定参加失业保险,所在单位和本人已按照规定履行缴费义务已满1年的;(2)非因本人意愿中断就业的;(3)已办理失业登记,并有求职要求的。失业人员在领取失业保险金期间,按照规定同时享受其他失业保险待遇。其中,非因本人愿意中断就业,根据《失业保险金申领发放办法》的规定指的是下列人员:(1)终止劳动合同的;(2)被用人单位解除劳动合同的;(3)被用人单位开除、除名和辞退的;(4)根据《劳动法》第32条第2、3项与用人单位解除劳动合同的;(5)法律、行政法规另有规定的。

根据上面的规定可知，一般情况下，如果职工自动辞职，离开工作岗位的，因为不符合非因本人意愿中断就业的规定，不能享受失业保险待遇。但是，如果职工自动辞职，是因为《劳动法》第32条第2、3项所规定的原因，即用人单位以暴力、威胁或者非法限制人身自由的手段强迫劳动以及用人单位未按照劳动合同约定支付劳动报酬提供劳动条件而导致职工辞职的，职工是可以享受失业保险待遇的。

【思考练习】

一、名词解释

社会保险　社会保险费　失业保险　医疗保险　工伤保险　生育保险

二、简答题

1. 简述社会保险的特征。
2. 简述我国现行的社会保险的内容构成。
3. 什么是养老保险？养老保险的特征是什么？
4. 简述基本养老保险的主要内容。
5. 失业保险的概念和特征。
6. 简述失业保险基金的用途。
7. 享受失业保险的条件有哪些？
8. 工伤保险的基本原则是什么？
9. 工伤保险待遇主要包括哪些内容？
10. 简述我国现行生育保险制度的主要内容构成。

参考文献

[1]崔建远. 合同法总论[M]. 北京:中国人民大学出版社,2008.

[2]李仁玉,陈敦. 合同法案例题解[M]. 北京:法律出版社,2004.

[3]曲鹤年. 合同法教程[M]. 北京:人民公安大学出版社,2005.

[4]魏振瀛. 民法[M]. 北京:北京大学出版社,2007.

[5]陈小君. 合同法学[M]. 北京:中国政法大学出版社,2007.

[6]甘培忠. 企业与公司法学[M]. 北京:北京大学出版社,2007.

[7]范健,王建文. 公司法[M]. 北京:法律出版社,2006.

[8]史际春. 企业和公司法[M]. 北京:中国人民大学出版社,2008.

[9]韩长印. 破产法学[M]. 北京:中国政法大学出版社,2007.

[10]奚晓明. 最高人民法院关于企业破产法司法解释理解与适用[M]. 北京:人民法院出版社,2007.

[11]王卫国. 破产法[M]. 北京:清华大学出版社,2006.

[12]黄勇,岑兆琦. 中外反不正当竞争法经典案例评析[M]. 北京:中信出版社,2007.

[13]孔祥俊,刘泽宇,武建英. 反不正当竞争法:原理·规则·案例[M]. 北京:清华大学出版社,2006.

[14]种明钊. 竞争法[M]. 北京:法律出版社,2005.

[15]王晓晔. 反垄断立法热点问题[M]. 北京:社会科学文献出版社,2007.

[16]《中华人民共和国反垄断法学习问答》编写组. 中华人民共和国反垄断法学习问答[M]. 北京:中国民主法制出版社,2007.

[17]李钟斌. 反垄断法的合理原则研究[M]. 厦门:厦门大学出版社,2005.

[18]刘文崎. 产品责任法律制度比较研究[M]. 北京:法律出版社,1997.

[19]高言,倪瑞兰. 消费者权益保护法理解适用与案例评析[M]. 北京:人民法院出版社,1996.

[20]闵治奎,郭卫华. 中国典型消费者纠纷法律分析[M]. 北京:中国法制出版社,2002.

[21]黄建中.消费者权益保护法新释与例解[M].北京:同心出版社,2000.

[22]吴汉东.知识产权法[M].北京:法律出版社,2009.

[23]刘春田.知识产权法[M].北京:北京大学出版社,高等教育出版社,2003.

[24]唐炳洪,沈益平.经济法教程[M].北京:中国科学技术出版社,2006.

[25]刘少军,庞淑平.税法案例教程[M].北京:知识产权出版社,2005.

[26]郝琳琳,刘影.税收法律实务[M].北京:北京大学出版社,2008.

[27]滕祥志.税法实务与理论研究[M].北京:法律出版社,2008.

[28]杨紫炬,徐杰.经济法学[M].北京:北京大学出版社,2009.

[29]刘文华,徐孟洲.经济法[M].北京:法律出版社,2009.

[30]朱崇实.经济法[M].厦门:厦门大学出版社,2009.

[31]黎剑飞.保险法教程[M].北京:北京大学出版社,2009.

[32]贾林清.保险法[M].北京:中国人民大学出版社,2009.

[33]刘少军.金融法[M].北京:中国政法大学出版社,2008.

[34]王全兴.劳动法[M].北京:法律出版社,2008.

[35]林嘉.劳动法和社会保障法[M].北京:中国人民大学出版社,2009.

[36]宋彪.经济法案例研习教程[M].北京:中国人民大学出版社,2006.

[37]钟勇生.破产法案例与评析[M].广州:中山大学出版社,2006.